Die Agentur für die Zusammenarbeit der Energieregulierungsbehörden
im europäischen Verwaltungsverbund

Kommunalwirtschaftliche Forschung und Praxis

Herausgegeben von Wolf Gottschalk

Band 25

Zur Qualitätssicherung und Peer Review der vorliegenden Publikation

Die Qualität der in dieser Reihe erscheinenden Arbeiten wird vor der Publikation durch den Herausgeber der Reihe geprüft.

Notes on the quality assurance and peer review of this publication

Prior to publication, the quality of the work published in this series is reviewed by the editor of the series.

Christian Untrieser

Die Agentur für die Zusammenarbeit der Energieregulierungsbehörden im europäischen Verwaltungsverbund

PL ACADEMIC RESEARCH

Bibliografische Information der Deutschen Nationalbibliothek
Die Deutsche Nationalbibliothek verzeichnet diese Publikation in der Deutschen Nationalbibliografie; detaillierte bibliografische Daten sind im Internet über http://dnb.d-nb.de abrufbar.

Zugl.: Bochum, Univ., Diss., 2016

Gefördert mit Mitteln des Finanz- und Wirtschaftsrats
beim Verband kommunaler Unternehmen e. V.

D 294
ISSN 1435-8468
ISBN 978-3-631-68096-4 (Print)
E-ISBN 978-3-653-07194-8 (E-Book)
E-ISBN 978-3-631-69978-2 (EPUB)
E-ISBN 978-3-631-69979-9 (MOBI)
DOI 10.3726/978-3-653-07194-8

PL Academic Research ist ein Imprint der Peter Lang GmbH.

Peter Lang – Frankfurt am Main · Bern · Bruxelles · New York · Oxford · Warszawa · Wien

Diese Publikation wurde begutachtet.

www.peterlang.com

Vorwort

Diese Arbeit wurde im Sommersemester 2016 von der Juristischen Fakultät der Ruhr-Universität Bochum als Dissertation angenommen.

Ich bedanke mich herzlich bei Prof. Dr. Johann-Christian Pielow für die Betreuung und Erstbegutachtung. Dank gebührt ebenso Prof. Dr. Klaus Joachim Grigoleit für die schnelle Erstellung des Zweitgutachtens. Prof. Dr. Wolf Gottschalk danke ich für die Aufnahme der Arbeit in die Schriftenreihe.

Bei den geschätzten Kolleginnen und Kollegen am Institut für Berg- und Energierecht der Ruhr-Universität möchte ich mich für den stets befruchtenden fachlichen Austausch, viele Diskussionen, Erfahrungen, Hilfestellungen und Anregungen, insbesondere bei den Veranstaltungen und mehrtägigen Seminaren, bedanken.

Der größte Dank gebührt meinen Eltern, die mich während meiner gesamten Ausbildung mit ihrer Unterstützung und ihrem Rückhalt, ihrer Anteilnahme, ihrem Vertrauen und ihrer Liebe immer begleitet haben. Ihnen sei diese Arbeit gewidmet.

Erkrath, im Juli 2016 — Christian Untrieser

Inhaltsverzeichnis

Abkürzungsverzeichnis

a.A.	anderer Ansicht
a.F.	alter Fassung
ABl.	Amtsblatt
Abs.	Absatz
ACER	Agency for the Cooperation of Energy Regulators
ACER-VO	Verordnung (EG) Nr. 713/2009 des europäischen Parlaments und des Rates vom 13. Juli 2009 zur Gründung einer Agentur für die Zusammenarbeit der Energieregulierungsbehörden
AEUV	Vertrag über die Arbeitsweise der Europäischen Union in der Fassung vom 01.12.2009
AG	Aktiengesellschaft
ANRE	Autoritatea Nationala de Reglementare in Domeniul Energiei (rumänische Regulierungsbehörde)
AöR	Archiv des öffentlichen Rechts
Art.	Artikel
ATSOI	Association of the Transmission System Operators of Ireland
Aufl.	Auflage
BALTSO	Baltic Transmission System Operators
BAnz	Bundesanzeiger
BB	Betriebsberater
Bd.	Band
BDI	Bundesverband der Deutschen Industrie
Bek.	Bekanntmachung
BGBl.	Bundesgesetzblatt
BGW	Bundesverband der deutschen Gas- und Wasserwirtschaft
BNetzA	Bundesnetzagentur für Elektrizität, Gas, Telekommunikation, Post und Eisenbahnen
BoR	Board of Regulators (Regulierungsrat)
BR-Drs.	Drucksache des Bundesrates
BT-Drs.	Bundestagsdrucksache

Bull.	Bulletin
BVerfG	Bundesverfassungsgericht
BVerfGE	Entscheidungssammlung des Bundesverfassungsgerichts
BVerwG	Bundesverwaltungsgericht
Bzgl.	Bezüglich
ca.	Circa
CBP	Common Business Practices
CBP	Common Business Practices
CdT	Übersetzungszentrum für die Einrichtungen der Europäischen Union
CEBS	Committee of European Insurance and Occupational Pension's Supervisors
Cedefop	Europäisches Zentrum für die Förderung der Berufsbildung
CEER	Council of European Energy Regulators
CEOPS	Committee of European Insurance and Occupational Pension's Supervisors
CEPOL	Europäische Polizeiakademie
CESR	Committee for European Securities Regulators
CMLR	Common Market Law Review
CREG	Commission de Régulation de l'Èlectricité et du Gaz / Commissie voor de Regulering van de Elektriciteit en het Gas (belgische Regulierungsbehörde)
DERA	Danish Energy Regulatory Authority (dänische Regulierungsbehörde)
ders.	Derselbe
dies.	Dieselbe
DÖV	Die öffentliche Verwaltung
DV	Die Verwaltung
DVBl.	Deutsches Verwaltungsblatt
EACEA	Exekutivagentur Bildung, Audiovisuelles und Kultur
EACI	Exekutivagentur für Wettbewerb und Innovation
EAG/EURATOM	Europäische Atomgemeinschaft
EAGV bzw. EURATOM-Vertrag	Vertrag zur Gründung der Europäischen Atomgemeinschaft vom 25.03.1957

EAHC	Exekutivagentur für Gesundheit und Verbraucher
EASA	Europäische Agentur für Flugsicherheit
EASEE-Gas	European Association for Streamlining of Energy Exchange – Gas
EBA	Europäische Bankenaufsichtsbehörde
Ebd.	Ebenda
ECDC	Europäisches Zentrum für die Prävention und die Kontrolle von Krankheiten
ECHA	Europäische Chemikalienagentur
EDA	Europäische Verteidigungsagentur
EEA	Einheitliche Europäische Akte in der Fassung vom 01.07.1987
EEA	Europäische Umweltagentur
EEG	Gesetz über den Vorrang erneuerbarer Energien in der Fassung vom 28.12.2012
EFCA	Europäische Fischereiaufsichtsagentur
EFR-Exekutivagentur	Exekutivagentur des Europäischen Forschungsrates
EFSA	Europäische Behörde für Lebensmittelsicherheit
EFTA	European Free Trade Association
EG	Europäische Gemeinschaft
EGKS	Europäische Gemeinschaft für Kohle und Stahl
EGKSV	Vertrag zur Gründung der Europäischen Gemeinschaft für Kohle und Stahl vom 23.07.1953
EGV	Vertrag zur Gründung der Europäischen Gemeinschaft in der Fassung vom 02.10.1997
EIGE	Europäisches Institut für Gleichstellungsfragen
Einl.	Einleitung
EIOPA	Europäische Aufsichtsbehörde für das Versicherungswesen und die betriebliche Altersvorsorge
EltRL 1996	Richtlinie 96/92/EG des Europäischen Parlaments und des Rates vom 19.12.1996 betreffend gemeinsame Vorschriften für den Elektrizitätsbinnenmarkt
EltRL 2003	Richtlinie des Europäischen Parlaments und des Rates vom 26.06.2003 über gemeinsame Vorschriften für den Elektrizitätsbinnenmarkt und zur Aufhebung der Richtlinie 96/92/EG

EltRL 2009	Richtlinie 2009/72/EG des Europäischen Parlaments und des Rates vom 13.07.2009 über gemeinsame Vorschriften für den Erdgasbinnenmarkt und zur Aufhebung der Richtlinie 2003/55/EG
EMA	Europäische Arzneimittelagentur
EMCDDA	Europäische Beobachtungsstelle für Drogen und Drogensucht
EMRK	Europäische Menschenrechtskonvention
EMSA	Europäische Agentur für die Sicherheit des Seeverkehrs
Endg.	Endgültig
ENISA	Europäische Agentur für Netz- und Informationssicherheit
ENTSO	European Network of Transmission System Operators
ENTSO-E oder ENTSO Strom	European Network of Transmission System Operators for Electricity
ENTSO-G oder ENTSO Gas	European Network of Transmission System Operators for Gas
EnWG 1998	Energiewirtschaftsgesetz vom 24.04.1998
EnWG 2003	Energiewirtschaftsgesetz in der Fassung vom 20.05.2003
EnWG 2005	Energiewirtschaftsgesetz vom 07.07.2005
EnWG	Energiewirtschaftsgesetz in der Fassung vom 05.03.2013
EnWGÄndG	Gesetz zur Änderung energiewirtschaftlicher Vorschriften vom 30.06.2011
EPRA	European Platform of Regulatory Authorities (broadcast)
ERA	Europäische Eisenbahnagentur
ErdgasZVO 2009	Verordnung (EG) Nr. 715/2009 des Europäischen Parlaments und des Rates vom 13.07.2009 über die Bedingungen für den Zugang zu den Erdgasfernleitungsnetzen und zur Aufhebung der Verordnung Nr. 1775/2003
ERF	Electricity Regulatory Forum
ERG	European Regulators Group

ERGEG	European Regulators Group for Electricity and Gas
ESA	Euratom-Versorgungsagentur
ESMA	Europäische Wertpapier- und Marktaufsichtsbehörde
ESRB	Europäischer Ausschuss für Systemrisiken
ET	Energiewirtschaftliche Tagesfragen
Etc.	Et cetera
ETF	Europäische Stiftung für Berufsbildung
ETSO	European Transmission System Operators
EU	Europäische Union
EuG	Gericht der Europäischen Union
EuGH	Europäischer Gerichtshof
EuGRZ	Europäische Grundrechte-Zeitschrift
EU-OSHA	Europäische Agentur für Sicherheit und Gesundheitsschutz am Arbeitsplatz
EuR	Europarecht
EUROFOUND	Europäische Stiftung zur Verbesserung der Lebens- und Arbeitsbedingungen
EUROJUST	Einheit für justizielle Zusammenarbeit der Europäischen Union
EUROPOL	Europäisches Polizeiamt
EUSC	Satellitenzentrum der Europäischen Union
EUV	Vertrag über die Europäische Union in der Fassung vom 01.12.2009
EuZW	Europäische Zeitschrift für Wirtschaftsrecht
EVP-ED	Fraktion der Europäischen Volkspartei und Europäischer Demokraten
EWG	Europäische Wirtschaftsgemeinschaft
EWG	Vertrag zur Gründung der Europäischen Wirtschaftsgemeinschaft vom 25.03.1957
EWR	Europäischer Wirtschaftsraum
EZB	Europäische Zentralbank
f.	Der /die folgende
ff.	Die folgenden
Fn.	Fußnote
FOU	Full Ownership Unbundling

FRA	Agentur der Europäischen Union für Grundrechte
FRONTEX	Europäische Agentur für die operative Zusammenarbeit an den Außengrenzen
FS	Festschrift
GasNEV	Verordnung über die Entgelte für den Zugang zu Gasversorgungsnetzen vom 25.07.2005
GasNZV	Verordnung über den Zugang zu Gasversorgungsnetzen vom 25.07.2005
GasRL 1998	Richtlinie 98/30/EG des Europäischen Parlaments und des Rates vom 22.06.1998 betreffend gemeinsame Vorschriften für den Erdgasbinnenmarkt
GasRL 2003	Richtlinie des Europäischen Parlaments und des Rates vom 26.06.2003 über gemeinsame Vorschriften für den Erdgasbinnenmarkt und zur Aufhebung der Richtlinie 98/30/EG
GasRL 2009	Richtlinie 2009/73/EG des Europäischen Parlaments und des Rates vom 13.07.2009 über gemeinsame Vorschriften für den Elektrizitätsbinnenmarkt und zur Aufhebung der Richtlinie 2003/54/EG
GD ENER	Generaldirektion Energie und Verkehr
GEREK	Gremium Europäischer Regulierungsstellen für elektronische Kommunikation
GG	Grundgesetz
GIE	Gas Infrastructure Europe
GLE	Gas LNG Europe
GmbH	Gesellschaft mit beschränkter Haftung
GNSS	Global Navigation Satellite System
GRF	Gas Regulatory Forum
GSA	Agentur für das europäische GNSS
GSE	Gas Storage Europe
GTE	Gas Transmission Europe
GTG	Gas Transmission Group
GWB	Gesetz gegen Wettbewerbsbeschränkungen
GWh	Gigawattstunde
h.M.	herrschende Meinung
HABM	Harmonisierungsamt für den Binnenmarkt (Marken, Muster und Modelle)

Hrsg.	Herausgeber
i.E.	im Ergebnis
i.S.d.	im Sinne der/des
IERN	International Energy Regulation Network
IR	InfrastrukturRecht
IRENA	International Renewable Energy Agency
ISO	Independent System Operator
ISS	Institut der Europäischen Union für Sicherheitsstudien
ITER	International Thermonuclear Experimental Reactor
ITO	Independent Transport Operator
JA	Juristische Arbeitsblätter
JDI	Journal du droit international
JPP	Journal of Public Policies
JuS	Juristische Schulung
JZ	Juristenzeitung
Kap.	Kapitel
km	Kilometer
KOM	Europäische Kommission
lit.	Littera
LNG	Liquefied Naturel Gas
LTSOSP	LNG Terminal and Storage Operator and Service Provider
m.w.N.	Mit weiteren Nachweisen
m.	Meter
m^3	Kubikmeter
MEDREG	Mediterranean Energy Regulators
Mrd.	Milliarde
MWh	Megawattstunde
N&R	Natur und Recht
NJW	Neue juristische Wochenschrift
Nr.	Nummer
OECD	Organisation for Economic Co-operation and Development
OGP	International Association of Oil and Gas Producers

ÖTV	Gewerkschaft Öffentliche Dienste, Transport und Verkehr
RdE	Recht der Energiewirtschaft
REA	Exekutivagentur für die Forschung
RGBl.	Reichsgesetzblatt
Rn.	Randnummer
Rs.	Rechtssache
Rspr.	Rechtsprechung
S.	Seite
s.o.	Siehe oben
s.u.	Siehe unten
Slg.	Sammlung
sog.	So genannte/r/s
StromhandelZVO 2003	Verordnung (EG) Nr. 1228/2003 des Europäischen Parlaments und des Rates vom 26.06.2003 über die Netzzugangsbedingungen für den grenzüberschreitenden Stromhandel
StromhandelZVO 2009	Verordnung (EG) Nr. 714/2009 des Europäischen Parlaments und des Rates vom 13.07.2009 über die Netzzugangsbedingungen für den grenzüberschreitenden Stromhandel und die Aufhebung der Verordnung Nr. 1228/2003
StromNEV	Verordnung über die Entgelte für den Zugang zu Elektrizitätsversorgungsnetzen vom 25.07.2005
StromNZV	Verordnung über den Zugang zu Elektrizitätsversorgungsnetzen vom 25.07.2005
TEN-T EA	Exekutivagentur für das transeuropäische Verkehrsnetz
TIWAG	Tiroler Wasserkraft AG
TRANS-CSP	Trans-Mediterranean interconnection for Concentrating Solar Power
TYNDP	Ten-Year Network Development Plan (gemeinschaftsweiter Netzentwicklungsplan
UAbs.	Unterabsatz
UCPTE	Union pour la Coordination et de la Production et du Transport de l'Éléctricité
UCTE	Union for the Co-ordination of Transmission of Electricity

UKTSOA	UK Transmission System Operators Association
USAID	United States Agency for International Development
VDE	Verband der Elektrotechnik
VDEW	Verband der Elektrizitätswirtschaft
verb.	verbunden(e)
Vgl.	Vergleiche
VIK	Verband der Industriellen Energie- und Kraftwirtschaft
VKU	Verband kommunaler Unternehmen
VO	Verordnung
VV Gas I	Verbändevereinbarung zum Netzzugang bei Erdgas (in der Bundesrepublik Deutschland) vom 04.07.2000
VV Gas II	Verbändevereinbarung zum Netzzugang bei Erdgas (in der Bundesrepublik Deutschland) vom 03.05.2002
VV Strom I	Verbändevereinbarung über Kriterien zur Bestimmung von Durchleitungsentgelten für elektrische Energie vom 22.05.1998
VV Strom II plus	Verbändevereinbarung über Kriterien zur Bestimmung von Netznutzungsentgelten für elektrische Energie und über Prinzipien der Netznutzung vom 13.12.2001
VV Strom II	Verbändevereinbarung über Kriterien zur Bestimmung von Netznutzungsentgelten für elektrische Energie vom 13.12.1999
VVE	Vertrag über eine Verfassung für Europa vom 29.10.2004
wbl	Wirtschaftsrechtliche Blätter
z.B.	zum Beispiel
ZaöRV	Zeitschrift für ausländisches öffentliches Recht und Völkerrecht
ZeuS	Zeitschrift für europarechtliche Studien
Ziff.	Ziffer
ZNER	Zeitschrift für neues Energierecht
ZUR	Zeitschrift für Umweltrecht
ZWeR	Zeitschrift für Wettbewerbsrecht

Literaturverzeichnis

Arndt, Felix, Vollzugssteuerung im Regulierungsverbund, DV 2006, 100–118.

Bartodziej, Peter, Reform der EG-Wettbewerbsaufsicht und Gemeinschaftsrecht. Eine Studie zu Vorbildern, Möglichkeiten und primärrechtlichen Gestaltungsgrenzen für ein Europäisches Kartellamt, Baden-Baden 1994.

Baur, Jürgen F.; Blask Holger, Regelungszuständigkeiten der EG im Bereich Energie, ET 2002, 636–641.

–; *Pritzsche Kai; Pooschke Sebastian*, „Ownership Unbundling“ von Energienetzen und der europäische Schutz des Eigentums, DVBl 2008, 483–492.

–; *Lückenbach, Andreas*, Fortschreitende Regulierung der Energiewirtschaft. Eine kritische Stellungnahme zu den Kommissionsvorschlägen zur Änderung der Binnenmarktrichtlinie Erdgas (98/30/EG), Baden-Baden 2002.

–; *Pritzsche, Kai; Simon, Stefan (Hrsg.)*, Unbundling in der Energiewirtschaft. Ein Praxishandbuch, Köln 2006.

–; *Salje, Peter; Schmidt-Preuß, Matthias (Hrsg.)*, Regulierung in der Energiewirtschaft, Köln 2008.

Bieber, Roland, The Settlement of Institutional Conflicts on the Basis of Article 4 of the EEC Treaty, CMLR 1984, 505–523.

Böckenförde, Ernst-Wolfgang, Demokratie als Verfassungsprinzip, in: Josef Isensee und Paul Kirchhof (Hrsg.), Handbuch des Staatsrechts der Bundesrepublik Deutschland, Band II: Verfassungsstaat, 3. Auflage, 2004, (zit.: *Bearbeiter* in: Isensee/Kirchhoff, Handbuch des Staatsrechts).

Bogdandy, Armin von, Supranationaler Föderalismus als Wirklichkeit und Idee einer neuen Herrschaftsform. Zur Gestalt der Europäischen Union nach Amsterdam, Baden-Baden 1999.

–; *Bast, Jürgen (Hrsg.)*, Europäisches Verfassungsrecht. Theoretische und dogmatische Grundzüge. 2. Auflage, Berlin 2009.

–; *Cassese, Sabino; Huber, Peter M. (Hrsg.)*, Handbuch Ius publicum europaeum, Heidelberg 2010, (zit.: *Bearbeiter* in: von Bogdandy/Cassese/Huber, Handbuch Ius Publicum Europaeum)

Börner, Achim-Rüdiger, Kurze Kompilation zum EG-Energierecht im Wandel, RdE 2005, 181–191.

Bourwieg, Karsten; Antoni, Julia, FOU, ISO, EEU und ITO – Bestandsaufnahme der Entflechtungsmodelle in der europäischen Diskussion, ET 2008 (9), 36–41.

Brenner, Michael, Die Agenturen der Europäischen Union – Segen oder Fluch? In: Jörn Ipsen und Bernhard Stüer (Hrsg.), Europa im Wandel. Festschrift für

Hans-Werner Rengeling zum 70. Geburtstag, Köln 2008, (zit.: *Brenner*, Die Agenturen der Europäischen Union – Segen oder Fluch?, in: Europa im Wandel, FS Rengeling)

Britz, Gabriele, Vom Europäischen Verwaltungsverbund zum Regulierungsverbund? Europäische Verwaltungsentwicklung am Beispiel der Netzzugangsregulierung bei Telekommunikation, Energie und Bahn, EuR 2006, 46–77.

–, „Selbstregulatorische Zusammenarbeit" und „moderierende Regulierung" im EnWG Energienetz, ZNER 2006, 91–96.

–, Verbundstrukturen in der Mehrebenenverwaltung: Erscheinungsformen, Funktion und verfassungsrechtliche Grenzen am Beispiel der europäischen und deutschen Energiemarktregulierung, DV (Beiheft 8/2009), 71–100.

Büdenbender, Ulrich, Energierecht nach der Energierechtsreform, JZ 1999, 62–72.

–; *Rosin Peter,* Eckpunkte der Energierechtsreform 2011, RdE 2010, 197–205.

–; *Rosin, Peter; Heintschel Heinegg, Wolff von,* Recht der Energieanlagen, Berlin 1999.

Burchard, Friedrich von; Riemer, Heinz, Die europäische Gasrichtlinie – eine erste Zwischenbilanz, ET 1998, 782–785.

Calliess, Christian; Ruffert, Matthias, EUV/AEUV. Das Verfassungsrecht der Europäischen Union mit Europäischer Grundrechtecharta, 5. Auflage, München 2016, (zit.: *Bearbeiter* in: Calliess/Ruffert, EUV/AEUV).

Cameron, Peter D., Competition in energy markets. Law and regulation in the European Union, 2. Auflage, Oxford 2007.

Coen, David; Thatcher, Marc, Network Governance and Multi-Level Delegation: European Networks of Regulatory Agencies, Journal of Public Policy 2008, Vol. 28 (1), 49–71.

Constantinesco, Léontin-Jean, Die Institutionen der Gemeinschaft an der Schwelle der 80er Jahre. Auf der Suche nach einem neuen Gleichgewicht, EuR 1981, 209–239.

Cronenberg, Martin, Das neue Energiewirtschaftsrecht, RdE 1998, 85–91.

Danner, Wolfgang; Theobald, Christian, Energierecht, Kommentar, Loseblattsammlung, München, (zit.: *Bearbeiter* in: Danner/Theobald: Energierecht).

Danwitz, Thomas von, Der europäische Elektrizitätsbinnenmarkt zwischen Wettbewerbsorientierung und Wettbewerbsbeschränkung, in: Geerlings/Mann/Ennuschat (Hrsg.): Wirtschaft und Gesellschaft im Staat der Gegenwart. Gedächtnisschrift für Peter J. Tettinger, S. 703–718.

–, Europäisches Verwaltungsrecht, Berlin 2008.

Däubler, Wolfgang, Die Delegation von Rechtsetzungsbefugnissen im Recht der EWG, DVBl. 1966, 660–664.

Dauses, Manfred A. (Hrsg.), Handbuch des EU-Wirtschaftsrechts, Kommentar, Loseblattsammlung, München, (zit.: *Bearbeiter* in: Dauses, Handbuch des EU-Wirtschaftsrechts).

Di Fabio, Udo, Das Recht offener Staaten. Grundlinien einer Staats- und Rechtstheorie, Tübingen 1998.

Drexl, Josef (Hrsg.), Europäische Demokratie, Baden-Baden 1999, (zit. *Bearbeiter* in: Drexl, Europäische Demokratie).

Durach, Wolfgang, Die Einführung kompetitiver Strukturen auf den Energiemärkten. Die Bedeutung des Europäischen Wettbewerbsrechts für die Liberalisierung der Energiemärkte unter Berücksichtigung der Erfahrungen in Großbritannien, Frankfurt am Main 1996.

Eeckhoff, Johann; Vossler, Christian, Regulierung als Grundstein wettbewerblicher Ordnungspolitik, in: Baur/Salje/Schmidt-Preuß, Regulierung in der Energiewirtschaft, Köln 2008, S. 1–13.

Ehlermann, Claus-Dieter, Die Errichtung des europäischen Fonds für währungspolitische Zusammenarbeit, EuR 1973, 193–208.

–, EG-Binnenmarkt für die Energiewirtschaft, EuZW 1992, 689–693.

–, Grundfreiheiten und Wettbewerbsregeln des EWG-Vertrages, ET 1992, 96–101.

–, Reflections on a European Cartel Office, CMLR 1995, 471–486.

Ehlers, Dirk, Verwaltung in Privatrechtsform, Berlin 1984.

Ehricke, Ulrich, Die geplante EU-Agentur für die Zusammenarbeit der Energieregulierungsbehörden (Teil 1), IR 2008, 122–126.

–, Die geplante EU-Agentur für die Zusammenarbeit der Energieregulierungsbehörden (Teil 2), IR 2008, 146–150.

–; *Hackländer, Daniel,* Europäische Energiepolitik auf der Grundlage der neuen Bestimmungen des Vertrags von Lissabon, ZEuS 2008, 579–600.

Engelmann, Ulrich, EG-Binnenmarkt für Energie, ET 1989, 182–184.

Ennuschat, Jörg; Geerlings, Jörg; Mann, Thomas (Hrsg.), Wirtschaft und Gesellschaft im Staat der Gegenwart. Gedächtnisschrift für Peter J. Tettinger, Köln 2007.

Everling, Ulrich, Elemente eines europäischen Verwaltungsrechts, DVBl. 1983, 649–658.

–, *(Hrsg.),* Das Europäische Gemeinschaftsrecht im Spannungsfeld von Politik und Wirtschaft. Ausgewählte Aufsätze 1964–1984, Baden-Baden 1985.

Fehling, Michael, Energieversorgung zwischen Daseinsvorsorge und Liberalisierung, in: Leiple/Lippert/Walter, Die Sicherung der Energieversorgung auf globalisierten Märkten, S. 115–138.

–; *Ruffert, Matthias (Hrsg.),* Regulierungsrecht, Tübingen 2010, (zit.: *Bearbeiter* in: Fehling/Ruffert, Regulierungsrecht).

Fichtmüller, Carl Peter, Zulässigkeit ministerialfreien Raums in der Bundesverwaltung, AöR 1966, 297–348.

Fischer-Appelt, Dorothee, Agenturen der Europäischen Gemeinschaft. Eine Studie zu Rechtsproblemen, Legitimation und Kontrolle europäischer Agenturen mit interdisziplinären und rechtsvergleichenden Bezügen, Berlin 1999.

Frenz, Walter, Verwaltungskooperation mit der Union im Lichte von Art. 197 AEUV und des Lissabon-Urteils, DÖV 2010, 66–73.

Füsslein, Peter, Ministerialfreie Verwaltung. Begriff, Erscheinungsformen u. Vereinbarkeit mit dem Grundgesetz, Bonn 1972.

Gärditz, Klaus Ferdinand, Die Novel Food-Verordnung – Probleme der Verwaltungskompetenzen und des Rechtsschutzes, ZUR 1998, 169–177.

–, Die Verwaltungsdimension des Lissabon-Vertrags, DÖV 2010, 453–465.

–, Europäisches Regulierungsverwaltungsrecht auf Abwegen, AöR 2010, 251–288.

Geiger, Rudolf; Kotzur, Markus; Khan, Daniel-Erasmus, EUV/AEUV. Vertrag über die Europäische Union und Vertrag über die Arbeitsweise der Europäischen Union, Kommentar, 6. Auflage, München 2016, (zit.: *Bearbeiter* in: Geiger/Kotzur/Khan, EUV/AEUV).

Gerkrath, Jörg, Die Bedingungen der Demokratie in der Europäischen Union – Ein französischer Standpunkt, EuGRZ 2006, 371–384.

Goodin, Robert Edward, Reflective democracy, Oxford 2005.

Görisch, Christoph, Demokratische Verwaltung durch Unionsagenturen. Ein Beitrag zur Konkretisierung der europäischen Verfassungsstrukturprinzipien, Tübingen 2009.

Gottschal, Erik, The Role of an Energy Agency in Regulating an Internal Energy Market, in: Roggenkamp/Hammer, European energy law report, S. 51–59.

Grabitz, Eberhard; Hilf, Meinhard; Nettesheim, Martin, Das Recht der Europäischen Union, Kommentar, Loseblattsammlung, München, (zit.: *Bearbeiter* in: Grabitz/Hilf/Nettesheim, Das Recht der Europäischen Union).

Grawe, Joachim, Binnenmarkt und Energie, EuZW 1993, 23–24.

Grewe, Constance, Demokratie ohne Volk oder Demokratie der Völker? Zur Demokratiefähigkeit der Europäischen Union, in: Drexl, Europäische Demokratie, S. 59–70.

Groebel, Annegret, European Regulators Group (ERG), MMR 2002 (12), S. XV–XVII.

Groeben, Hans von der; Schwarze, Jürgen, Kommentar zum Vertrag über die Europäische Union und zur Gründung der Europäischen Gemeinschaft, 7. Auflage, Baden-Baden 2015, (zit.: *Bearbeiter* in: von der Groeben/Schwarze).

Groß, Thomas, Die Kooperation zwischen europäischen Agenturen und nationalen Behörden, EuR 2005, 54–68.

Guillermin, Guy, Le principe de l'équilibre institutionnel dans la jurisprudence de la Cour de justice des Communautés Européennes, Journal du Droit International (JDI)1992, 319–346.

Gundel, Jörg, Der Rechtsschutz gegen Handlungen der EG-Agenturen – endlich geklärt? Zugleich Anmerkung zu EuG, Urteil vom 8.12.2008 Rs. T-411/06 – Sogelma/Europäische Agentur für den Wiederaufbau (EAR), EuR 2009, 383–392.

–; *Germelmann, Claas Friedrich,* Kein Schlussstein für die Liberalisierung der Energiemärkte: Das Dritte Binnenmarktpaket, EuZW 2009, 763–770.

Haas, Reinhard; Auer Hans, Die kalifornische Stromkrise, ET 2001, 280–287.

Häberle, Peter, Verfassungsrechtliche Fragen im Prozess der europäischen Einigung, EuGRZ 1992, 429–437.

Habermas, Jürgen, Die Einbeziehung des Anderen. Studien zur politischen Theorie, Frankfurt 1999.

Haller, Janine; Der Verwaltungsverbund in der Energieregulierung – Eine Untersuchung der Entwicklungstendenzen im Energierecht mit vergleichender Betrachtung des Wettbewerbrechts, Osnabrück 2013.

Hamdorf, Matthias, Die Verordnung (EG) Nr. 1228/2003 über die Netzzugangsbestimmungen für den grenzüberschreitenden Stromhandel, IR 2004, 245–248.

Hansmann, Uwe, Anmerkung zum Urteil des EuGH, C-217/04, DVBl. 2006, 838–840.

Hauptvorstand der ÖTV-Gewerkschaft (Hrsg.), Energie – Leistungen, Prognosen, Alternativen, Mannheim 1972.

Held, Christian; Prat, Joan, Die Bedeutung des Madrider Gasforums für den europäischen Gasmarktregulierungsverbund, IR 2004, 194–196.

Helfritz, Vark H., Verselbständigte Verwaltungseinheiten der Europäischen Union. Zur Notwendigkeit einer juristischen Person des europäischen öffentlichen Rechts, Berlin 2000.

Hermann, Hans Peter, Ordnungsgrundlagen der Elektrizitätswirtschaften in den Mitgliedstaaten der Europäischen Gemeinschaft, RdE 1988, 110–119.

Hermeier, Guido, Die Zuständigkeitsverteilung bei der Regulierung des grenzüberschreitenden Stromhandels – Mehr Binnenmarkt durch mehr Zentralisierung?, RdE 2007, 249–255.

Herzmann, Carsten, Zur Kooperation der Energieregulierungsbehörden in Europa – Ein Überblick und Vergleich mit dem Telekommunikationssektor, ZNER 2005, 216–220.

Hilf, Meinhard, Die abhängige Juristische Person des Europäischen Gemeinschaftsrechts, *ZaöRV 1976*, 551–585.

–, Die Organisationsstruktur der Europäischen Gemeinschaften. Rechtliche Gestaltungsmöglichkeiten und Grenzen, Berlin 1982.

Hobe, Stefan, Energiepolitik, EuR 2009 (Beiheft), 219–231.

Hofer, Edith, Kooperation der Regulierungsbehörden auf europäischer Ebene. Vortrag vom 29.09.2009, (online verfügbar unter: http://www.e-control.at/portal/page/portal/medienbibliothek/news/dokumente/pdfs/Vortrag%20Edith_Hofer.pdf, zuletzt geprüft am 25.01.2014).

Hoffmann-Riem, Wolfgang; Schmidt-Aßmann, Eberhard; Voßkuhle, Andreas (Hrsg.), Grundlagen des Verwaltungsrechts, München 2006, (zit.: *Bearbeiter* in: Hoffmann-Riem/Schmidt-Aßmann/Voßkuhle, Grundlagen des Verwaltungsrechts)

Holznagel, Bernd; Schumacher Pascal, ERGEGplus – Wieder der Versuch der Einführung eines Europäischen Regulierers durch die Hintertür, RdE 2007, 225–232.

Hombergs, Anne, Europäisches Verwaltungskooperationsrecht auf dem Sektor der elektronischen Kommunikation, Berlin 2006.

Hommelhoff, Peter; Kirchhof, Paul (Hrsg.), Der Staatenverbund der Europäischen Union. Beiträge und Diskussionen des Symposions am 21./22. Januar 1994 in Heidelberg, 1994, Heidelberg, (zit.: *Bearbeiter* in: Hommelhoff/Kirchhof, Der Staatenverbund der Europäischen Union).

Hosius, Tillmann, Netzzugang und Reziprozität bei grenzüberschreitenden Erdgaslieferungen in Europa, Köln 2004.

Huber, Peter M., Demokratie ohne Volk oder Demokratie der Völker? Zur Demokratiefähigkeit der Europäischen Union, in: Drexl, Europäische Demokratie, S. 27–57.

Hüffer, Uwe; Ipsen, Knut; Tettinger, Peter Josef (Hrsg.), Die Transitrichtlinien für Gas und Elektrizität. Eine Studie zu den rechtlichen Schranken bei der Verwirklichung des Binnenmarktes für Energie, Stuttgart 1991.

Hummer, Waldemar, Das „institutionelle Gleichgewicht“ als Strukturdeterminante der europäischen Gemeinschaften, in: Miehsler/Mock/Simma/Tammelo, Ius humanitatis, S. 459–485.

Ipsen, Hans Peter, Europäisches Gemeinschaftsrecht, Tübingen 1972.

Ipsen, Jörn; Stüer, Bernhard (Hrsg.), Europa im Wandel. Festschrift für Hans-Werner Rengeling zum 70. Geburtstag am 25. Februar 2008, Köln 2008, (zit.: *Bearbeiter* in: Europa im Wandel, FS Rengeling).

Isensee, Josef; Kirchhof, Paul (Hrsg.), Handbuch des Staatsrechts der Bundesrepublik Deutschland. Band II: Verfassungsstaat, 3. Auflage, Heidelberg 2004, (zit.: *Bearbeiter* in: Isensee/Kirchhof, Handbuch des Staatsrechts).

dieselben, Handbuch des Staatsrechts der Bundesrepublik Deutschland. Band V: Rechtsquellen, Organisation, Finanzen. 3. Auflage, Heidelberg, (zit.: *Bearbeiter* in: Isensee/Kirchhof, Handbuch des Staatsrechts).

Jarass, Hans D., Europäisches Energierecht. Bestand, Fortentwicklung, Umweltschutz, Berlin 1996.

Jarass, Hans D.; Pieroth, Bodo; Grundgesetz für die Bundesrepublik Deutschland. Kommentar, 14. Auflage, München 2016, (zit.: *Bearbeiter* in: Jarass/Pieroth, GG)

Joerges, Christian; Falke, Josef (Hrsg.), Das Ausschußwesen der Europäischen Union. Praxis der Risikoregulierung im Binnenmarkt und ihre rechtliche Verfassung, Baden-Baden 2000, (zit.: *Bearbeiter* in: Joerges/Falke, Das Ausschußwesen der Europäischen Union).

Kadelbach, Stefan, Bedingungen einer demokratischen Europäischen Union / Ein deutscher Standpunkt, EuGRZ 2006, 384–388.

Kahl, Wolfgang, Europäisches und nationales Verwaltungsorganisationsrecht. Von der Konfrontation zur Kooperation, DV 1996, 341–384.

–, Die Kompetenzen der EU in der Energiepolitik nach Lissabon, EuR 2009, 601–621.

Karpenstein, Ulrich, Der Vertrag von Amsterdam im Lichte der Maastricht-Entscheidung des BVerfG, DVBl. 1998, 942–952.

Kaufmann, Marcel, Europäische Integration und Demokratieprinzip, Baden-Baden 1997.

Kerber, Heike, Versorgungsengpässe und Strompreisschwankungen in Kalifornien, ET 2001, 60–66.

Keßler, Jürgen, Produktsicherheit im europäischen Binnenmarkt – Abstimmungskonflikte und Kollisionsprobleme im deutschen und europäischen Verbraucherrecht, EuZW 1993, 751–754.

Kilb, Wolfgang, Europäische Agenturen und ihr Personal – die großen Unbekannten?, EuZW 2006, 268–273.

Kirsch, Andrea, Demokratie und Legitimation in der Europäischen Union, Baden-Baden 2008.

Klein, Eckart, Die verfassungsrechtliche Problematik des ministerialfreien Raumes, Berlin 1974.

Kluth, Winfried, Die demokratische Legitimation der Europäischen Union. Eine Analyse der These vom Demokratiedefizit der Europäischen Union aus gemeineuropäischer Verfassungsperspektive, Berlin 1995.

Knieps, Günter, Wettbewerbsökonomie. Regulierungstheorie, Industrieökonomie, Wettbewerbspolitik, 3. Auflage, Berlin 2008.

Koch, Michael, Mittelbare Gemeinschaftsverwaltung in der Praxis, EuZW 2005, 455–459.

Koenig, Christian; Kühling, Jürgen; Rasbach, Winfried, Versorgungssicherheit im Wettbewerb – Ein Vergleich der gemeinschaftsrechtlichen, französischen und deutschen Energierechtsordnung, ZNER 2003, 3–12.

Krautscheid, Andreas (Hrsg.), Die Daseinsvorsorge im Spannungsfeld von europäischem Wettbewerb und Gemeinwohl. Eine sektorspezifische Betrachtung, Wiesbaden 2009, (zit.: *Bearbeiter* in: Krautscheid, Die Daseinsvorsorge im Spannungsfeld von europäischem Wettbewerb und Gemeinwohl).

Krisp, Annika, Die deutsche Stromwirtschaft – Interessenkonflikte, Klimaschutz und Wettbewerb, Frankfurt 2008.

Kühling, Jürgen; Hermeier, Guido, Die Vorschläge zur institutionellen Neuorganisation des grenzüberschreitenden Stromhandels im 3. Energiebinnenmarkt-Paket. Defizite und Verbesserungsoptionen, IR 2008, 98–102.

Kühling, Jürgen, Die Zukunft des Europäischen Agentur(un)wesens – oder: Wer hat Angst vor Meroni?, EuZW 2008, 129.

–; *Pisal, Ruben,* Das Dritte Energiemarktpaket – Herausforderungen für den deutschen Gesetzgeber, RdE 2010, 161–169.

–; *Rasbach, Winfried,* Kernpunkte des novellierten EnWG 2011 – Regulierungsaufbau im Zeichen der „Energiewende“, RdE 2011, 332–341.

Kurth, Matthias, Pressekonferenz zum Thema: „Fragen der Energie- und Gasregulierung.“ (online verfügbar unter http://www.bundesnetzagentur.de/SharedDocs/Downloads/DE/BNetzA/Presse/Reden/2004/FragenEnergieRegulierungPK-Kurth041019.pdf?__blob=publicationFile, zuletzt geprüft am 25.01.2014).

Ladeur, Karl-Heinz; Möllers, Christoph, Der europäische Regulierungsverbund der Telekommunikation im deutschen Verwaltungsrecht, DVBl. 2005, 525–535.

Langeheine, Bernd, Rechtsangleichung unter Art. 100a EWGV. Harmonisierung vs. nationale Schutzinteressen, EuR 1988, 235–256.

Läufer, Thomas, Die Organe der EG. Rechtsetzung und Haushaltsverfahren zwischen Kooperation und Konflikt: ein Beitrag zur institutionellen Praxis der EG, Bonn 1990.

Lecheler, Helmut; Gundel Jörg, Ein weiterer Schritt zur Vollendung des Energie-Binnenmarktes: Die Beschleunigungs-Rechtsakte für den Binnenmarkt für Strom und Gas, EuZW 2003, 621–628.

Lecheler, Helmut, Die Verschärfung des Regulierungsregimes durch die drei neuen Verordnungs-Entwürfe im Paket vom 19.9.2007, RdE 2008, 167–172.

–, Ungereimtheiten bei den Handlungsformen des Gemeinschaftsrechts – dargestellt anhand der Einordnung von „Leitlinien“, DVBl. 2008, 873–880.

–; *Gundel, Jörg,* Die Umsetzung der Elektrizitäts-Binnenmarktrichtlinie in Frankreich. Hat der französische Gesetzgeber die gemeinschaftsrechtlichen Vorgaben erfüllt?, RdE 2000, 165–176.

Leiple, Stefan; Lippert, Michael; Walter, Christian (Hrsg.), Die Sicherung der Energieversorgung auf globalisierten Märkten, Tübingen 2007 (zit.: *Bearbeiter* in: Leiple/Lippert/Walter, Die Sicherung der Energieversorgung auf globalisierten Märkten).

Lenaerts, Koen, Some Reflections on the Separation of Powers in the European Community, CMLR 1991, 11–35.

Lenz, Carl Otto; Borchardt, Klaus-Dieter, EU- und EG-Vertrag. Kommentar zu dem Vertrag über die Europäische Union und zu dem Vertrag zur Gründung der Europäischen Gemeinschaft, 5. Auflage, Köln 2010 (zit.: *Bearbeiter* in: Lenz/Borchardt, EU- und EG-Vertrag).

Lincoln, Abraham, The collected works of Abraham Lincoln, New Brunswick 1953.

Lippert, Michael, Energiewirtschaftsrecht: Gesamtdarstellung für Wissenschaft und Praxis, Köln 2002.

Ludwigs, Markus, Rechtsangleichung nach Art. 94, 95 EG-Vertrag. Eine kompetenzrechtliche Untersuchung unter besonderer Berücksichtigung des Europäischen Privatrechts, Baden-Baden 2004.

–, Die Bundesnetzagentur auf dem Weg zur Independent Agency? Europarechtliche Anstöße und verfassungsrechtliche Grenzen, DV 2011, 41–74.

–, Das veränderte Machtgefüge der Institutionen nach dem Dritten EU-Binnenmarktpaket, DVBl. 2011, 61–69.

Marburger, Peter (Hrsg.), Energieversorgung und Umweltschutz, Berlin 2010, (zit.: *Bearbeiter* in: Marburger, Energieversorgung und Umweltschutz).

Maunz, Theodor; Dürig, Günter, Grundgesetz. Kommentar. Loseblattsammlung, 76. Auflage, München 2016, (zit.: *Bearbeiter* in: Maunz/Dürig, GG).

Michaelis, Lars Oliver; Kemper, Sebastian, Die Umsetzung des sog. ITO-Modells des 3. EU-Energie-Binnenmarktpaketes in Deutschland und Frankreich, RdE 2011, 10–19.

Miehsler, Herbert; Mock, Erhard; Simma, Bruno; Tammelo, Ilmar (Hrsg.), Ius humanitatis. 0Festschrift zum 90. Geburtstag von Alfred Verdross, Berlin 1980, (zit.: *Bearbeiter* in: Ius Humanitatis, FS Verdross).

Mombauer, Peter M.; Balke, Joachim, EU-Binnenmarkt für Strom und Gas: Ursprung und wirklicher Inhalt des jetzt verabschiedeten neuen Gemeinschaftsrechts, RdE 2003, 161–163.

Müller, Wolfgang, Ministerialfreie Räume, JuS 1985, 497–508.

Müller-Terpitz, Ralf; Weigl, Michaela, Ownership Unbundling – ein gemeinschaftsrechtlicher Irrweg?, EuR 2009, 348–368.

Neveling, Stefanie; Theobald, Christian, Aktuelle Entwicklungen des europäischen Energiehandels: Die Vorschläge der EG-Kommission zur Anpassung der Strom- und Gasrichtlinien, EuZW 2002, 106–122.

Neveling, Stefanie, Europäisierung der Energieaufsicht? – Vorschläge der Kommission und ERGEG zur Neuordnung (Teil 1), IR 2007, 173–177.

–, Europäisierung der Energieaufsicht? – Vorschläge von Kommission und ERGEG zur Neuordnung (Teil 2), IR 2007, 194–196.

–, Verschärfte Regulierung der Strom- und Gasmärkte in der EU – Vorschläge der Kommission für ein 3. Richtlinienpaket, ZNER 2007, 378–382.

Nicolaysen, Gert, Zur Theorie von den implied powers in den Europäischen Gemeinschaften, EuR 1966, 129–142.

Oebbecke, Janbernd, Weisungs- und unterrichtungsfreie Räume in der Verwaltung, Köln 1986.

Ohler, Christoph, Anmerkung zum Urteil des EuGH vom 02.05.2006, Rs. C-217/04, Vereinigtes Königreich./. Parlament und Rat, „ENISA", Slg. 2006, I-3771, EuZW 2006, 372–374.

Oppermann, Thomas; Classen, Claus Dieter; Nettesheim, Martin, Europarecht. Ein Studienbuch, 7. Auflage, München 2009.

Pache, Eckhard; Rösch, Franziska, Der Vertrag von Lissabon, NVwZ 2008, S. 473–480.

Papenkort, Katja; Wellershoff Jan-Kristof, Der Energietitel im Vertrag von Lissabon – Alter Wein in neuen Schläuchen, RdE 2010, 77–83.

Papier, Hans-Jürgen, Durchleitung und Eigentum, BB 1997, 1213–1220.

Pateman, Carole, Participation and democratic theory, Cambridge 1970.

Pernice, Ingolf, Soll das Recht der Regulierungsverwaltung übergreifend geregelt werden? Europarechtliche Aspekte. WHI-Paper 3/06. Referat zum 66. Deutschen Juristentag, 2006.

Pescatore, Pierre, Die „Einheitliche Europäische Akte". Eine ernsthafte Gefahr für den Gemeinsamen Markt, EuR 1986, 153–169.

Peuker, Enrico, Bürokratie und Demokratie in Europa. Legitimität im Europäischen Verwaltungsverbund, Tübingen 2011.

Pielow, Johann-Christian, Grundstrukturen öffentlicher Versorgung: Vorgaben des Europäischen Gemeinschaftsrechts sowie des französischen und des deutschen Rechts unter besonderer Berücksichtigung der Elektrizitätswirtschaft, Tübingen 2001.

–, Erfolgsstory „Ownership Unbundling"? Anmerkungen aus rechtsvergleichender Sicht, RdE 2008, 345–353.

–, Elektrizität und Gas, in: Krautscheid: Die Daseinsvorsorge im Spannungsfeld von europäischem Wettbewerb und Gemeinwohl, S. 133–158.

Pipkorn, Jörg, Bericht Europäische Gemeinschaften, in: Starck, Erledigung von Verwaltungsaufgaben durch Personalkörperschaften und Anstalten des öffentlichen Rechts, S. 227–269.

Pisal, Ruben, Entflechtungsoptionen nach dem dritten Energiebinnenmarktpaket. Die Entflechtungsmodelle der Richtlinien 2009/72/EG und 2009/73/EG, Baden-Baden 2011.

Pitschas, Rainer (Hrsg.), Wege gelebter Verfassung in Recht und Politik. Festschrift für Rupert Scholz zum 70. Geburtstag, Berlin 2007, (zit.: *Bearbeiter* in: Festschrift Scholz).

Priebe, Reinhard, Entscheidungsbefugnisse vertragsfremder Einrichtungen im europäischen Gemeinschaftsrecht, Baden-Baden 1979.

Randelzhofer, Albrecht, Zum behaupteten Demokratiedefizit der Europäischen Gemeinschaft, in: Hommelhoff/Kirchhof: Der Staatenverbund der Europäischen Union, S. 39–55.

Remmert, Barbara, Die Gründung von Einrichtungen der mittelbaren Gemeinschaftsverwaltung, EuR 2003, 134–145.

Riedel, Daniel, Rechtsschutz gegen Akte Europäischer Agenturen, EuZW 2009, 565–568.

Roggenkamp, Martha M.; Hammer, Ulf (Hrsg.), European energy law report VI, Antwerpen 2009, (zit.: *Bearbeiter* in: European energy law report VI).

Ruffert, Matthias, Von der Europäisierung des Verwaltungsrechts zum Europäischen Verwaltungsverbund, DÖV 2007, 761–770.

Säcker, Franz Jürgen; Busche, Jan, Umsetzung der Elektrizitätsbinnenmarkt-Richtlinie – Richtlinienkompetenz und EG-rechtliche Probleme des „single-buyer"-Prinzips, ET 1998, 18–24.

Säcker, Franz Jürgen, Freiheit durch Wettbewerb. Wettbewerb durch Regulierung, ZNER 2004, 98–113.

Säcker, Franz Jürgen (Hrsg.), Berliner Kommentar zum Energierecht, 3. Auflage, Frankfurt 2015, (zit.: *Bearbeiter* in Säcker, Berliner Kommentar).

Salje, Peter, Das neue Energiewirtschaftsgesetz 2011, RdE 2011, 325–332.

–, EEG. Gesetz für den Vorrang Erneuerbarer Energien. Kommentar, 7. Auflage, Köln 2015, (zit.: Salje, EEG).

Saurer, Joachim, Der Rechtsschutz gegen Entscheidungen und Fachgutachten der Europäischen Agenturen nach dem Sogelma-Urteil des EuG, DVBl 2009, 1021–1027.

Saurer, Johannes, Individualrechtsschutz gegen das Handeln der Europäischen Agenturen, EuR 2010, 51–66.

Scharpf, Fritz Wilhelm, Demokratietheorie zwischen Utopie und Anpassung, Berlin 1975.

Schmidt, Manfred G., Demokratietheorien. Eine Einführung, 5. Auflage, Wiesbaden 2010.

Schmidt-Assmann, Eberhard, Das allgemeine Verwaltungsrecht als Ordnungsidee. Grundlagen und Aufgaben der verwaltungsrechtlichen Systembildung, 2. Auflage, Berlin 2010.

Schmidt-Aßmann, Eberhard, Der Europäische Verwaltungsverbund und die Rolle des Verwaltungsrechts, in: Schmidt-Aßmann/Schöndorf-Haubold, Der Europäische Verwaltungsverbund, S. 1–23.

Schmidt-Aßmann, Eberhard; Schöndorf-Haubold, Bettina (Hrsg.), Der Europäische Verwaltungsverbund. Formen und Verfahren der Verwaltungszusammenarbeit in der EU, Tübingen 2005, (zit.: *Bearbeiter* in: Schmidt-Aßmann/Schöndorf-Haubold, Der Europäische Verwaltungsverbund).

Schmidt-Preuß, Matthias, Liberalisierung – nur im Rahmen des Rechts: eine kritische Analyse der jüngsten Richtlinien- Vorschläge der Energie-Kommissarin Loyola de Palacio, ZfK 6/2001, S. 32.

–, Der Wandel der Energiewirtschaft vor dem Hintergrund der europäischen Eigentumsordnung, EuR 2006, 463–488.

–, Europäische Energiepolitik. Aktuelle Entwicklungen und rechtliche Aspekte, in: Pitschas, Festschrift Scholz, S. 903–921.

–, OU-ISO-ITO: Die Unbundling-Optionen des 3. EU-Liberalisierungspakets, ET 2009, 82–89.

Schneider, Almut Madlen, EU-Kompetenzen einer Europäischen Energiepolitik, Bonn 2010.

Schneider, Jens-Peter, Kooperative Netzzugangsregulierung und europäische Verbundverwaltung im Elektrizitätsbinnenmarkt, ZWeR 2003, 381–410.

–, Verwaltungsrecht in Europa, Göttingen 2007.

– *(Hrsg.),* Strukturen des Europäischen Verwaltungsverbunds. Ergebnisse einer deutsch-spanischen Forschergruppe, Berlin 2009.

–; *Theobald, Christian (Hrsg.),* Recht der Energiewirtschaft. Praxishandbuch, 4. Auflage, München 2013, (zit.: *Bearbeiter* in: Schneider/Theobald).

Scholtka, Boris, Das neue Energiewirtschaftsgesetz, NJW 2005, 2421–2426.

–; *Baumbach, Antje,* Die Entwicklung des Energierechts seit Inkrafttreten des EnWG 2005, NJW 2008, 1128–1133.

Scholz, Rupert, Eigentumsschutz und Entflechtung – zu den Unbundling-Plänen der Europäischen Kommission, ET 2007 (12), 76–81.

–; *Langer, Stefan,* Europäischer Binnenmarkt und Energiepolitik, Berlin 1992.

Schreiber, Kristina, Die Änderungen des Gemeinschaftsrechtsrahmens für den Energiesektor im Überblick: das dritte Legislativpaket, N&R 2009, 154–158.

Schroeder, Werner, Der EURATOM-Vertrag – Grundzüge und aktuelle Rechtsprobleme, JA 1995, 728–736.

Schulenberg, Sebastian, Die Energiepolitik der Europäischen Union. Eine kompetenzrechtliche Untersuchung unter besonderer Berücksichtigung finaler Kompetenznormen, Baden-Baden 2009.

Schulte-Beckhausen, Sabine, Netzkooperationen: Regulierung, politische Vorgaben, Szenarien, RdE 2011, 77–84.

Schütte, Matthias, Richtlinienvorschlag für Elektrizität im Rahmen des EWG-Vertrages. Vereinbarkeit mit bestehendem EG-Kompetenzrahmen und Grundrechten der Unternehmen, ET 1992, 258–261.

Schütz, Raimund; Tüngler, Stefan, Die geplante Novelle des EU-Energierechts – Inhalt und Umsetzungsbedarf, RdE 2003, S. 98–106.

Schwarze, Jürgen, Europäisches Verwaltungsrecht. Entstehung und Entwicklung im Rahmen der Europäischen Gemeinschaft, 2. Auflage, Baden-Baden 2005.

–, Der Reformvertrag von Lissabon – Wesentliche Elemente des Reformvertrages, EuR 2009 (Beiheft), 9–28.

Schwarze, Jürgen, EU-Kommentar, 3. Auflage, Baden-Baden 2012, (zit.: *Bearbeiter* in: Schwarze, EU-Kommentar).

Shirvani, Foroud, New Public Management und europäische Agenturen: Transparenzfragen bei der Modernisierung der Verwaltungsorganisation, DÖV 2008, 1–10.

Silny, Marnie, Die binnenmarktbezogene Rechtsangleichungskompetenz des Art. 95 EG. Reichweite und Grenzen der Harmonisierungskompetenz sowie ihre Stellung in der gemeinschaftsrechtlichen Kompetenzverfassung, Frankfurt 2007.

Starck, Christian (Hrsg.), Erledigung von Verwaltungsaufgaben durch Personalkörperschaften und Anstalten des öffentlichen Rechts. Aufgaben, Organisation, Verfahren und Finanzierung: Generalbericht und Landesberichte der Tagung für Rechtsvergleichung 1991 in Saarbrücken, Baden-Baden 1991, (zit. *Bearbeiter* in: Starck Erledigung von Verwaltungsaufgaben durch Personalkörperschaften und Anstalten des öffentlichen Rechts).

Steinberg, Rudolf; Britz, Gabriele, Die Energiepolitik im Spannungsfeld nationaler und europäischer Regelungskompetenzen, DÖV 1993, 313–323.

Storr, Stefan, Die Vorschläge der EU-Kommission zur Verschärfung der Unbundling-Vorschriften im Energiesektor, EuZW 2007, 232–237.

Streinz, Rudolf, EUV/EGV. Vertrag über die Europäische Union und Vertrag zur Gründung der Europäischen Gemeinschaft, 2. Auflage, München 2012, (zit.: *Bearbeiter* in: Streinz, EUV/EGV).

Swanson, Claude-Albane, The Agency for the Cooperation of Energy Regulators, in: Roggenkamp/Hammer, European energy law report VI, S. 37–50.

Talus, Kim, Does EU Need an EU Energy Regulator?, Energy and Environment 2007, Vol. 18 (2), 283–287.

Tettinger, Peter J., Zum Thema „Sicherheit" im Energierecht, RdE 2002, 225–235.

–; *Pielow, Johann-Christian,* Zum neuen Regulator für den Netzzugang in der Energiewirtschaft aus Sicht des öffentlichen Rechts, RdE 2003, 289–299.

Theobald, Christiane; Theobald Christian, Grundzüge des Energiewirtschaftsrechts. die Liberalisierung der Strom- und Gaswirtschaft, 2. Auflage, München 2008.

Tödtmann, Ulrich; Kaluza, Anna-Lena, Versteigerung von Stromdurchleitungskapazitäten an Staatsgrenzen: Ein Verstoß gegen die europarechtliche Warenverkehrsfreiheit und das Zollverbot?, RdE 2011, 241–247.

Uerpmann, Robert, Mittelbare Gemeinschaftsverwaltung durch gemeinschaftsgeschaffene juristische Personen des öffentlichen Rechts, AöR 2000, 551–586.

Vetter, Rainer, Die Kompetenzen der Gemeinschaft zur Gründung von unabhängigen europäischen Agenturen, DÖV 2005, 721–731.

Wallnöfer, Bruno; Fraidl, Alfred, TIWAG ist Motor für Tirols Energieautonomie, Interview, in: Energieforum 2012, 12.02.2012 (1), S. 2–3.

Wallnöfer, Klaus, Vereuropäisierung der Energieregulierung, wirtschaftsrechtliche Blätter 2008, 163–169.

Weiß, Wolfgang, Der Europäische Verwaltungsverbund. Grundfragen, Kennzeichen, Herausforderungen, Berlin 2010.

Weller, Matthias, Regulierungsagenturen der Europäischen Union: Rechtliche und integrationspolitische Gesichtspunkte, Speyer 2002.

Westerhof, Jan Gerrit, The Third Internal Energy Market Package, in: Roggenkamp/Hammer, European energy law report VI, S. 19–35.

Weyer, Hartmut, Der Rechtsrahmen für den Ausbau der Übertragungsnetze in Deutschland, ZNER 2009, S. 210–215.

Wieser, Matthias, Energiespeicher als zentrale Elemente eines intelligenten Energieversorgungsnetzes – Rechtliche Einordnung, ZUR 2011, 240–245.

Wittinger, Michaela, „Europäische Satelliten": Anmerkungen zum Europäischen Agentur(un)wesen und zur Vereinbarkeit Europäischer Agenturen mit dem Gemeinschaftsrecht, EuR 2008, 609–626.

Wolf, Dieter, Die Liberalisierung der europäischen Energiemärkte, BB 1998, 1433–1437.

Zenke, Ines; Schäfer, Ralf (Hrsg.), Energiehandel in Europa. Öl, Gas, Strom, Derivate, Zertifikate, 3. Auflage, München 2012.

Zimmermann, Charles F.; Talus, Kim, Regulation of Electricity Markets at the EU Level, European Energy and Environmental Law Review 2008, S. 12–22.

Zuleeg, Manfred, Demokratie ohne Volk oder Demokratie der Völker? Zur Demokratiefähigkeit der Europäischen Union, in: Drexl, Europäische Demokratie, S. 11–25.

Amtliche/Sonstige Verlautbarungen

Bundesnetzagentur für Elektrizität, Gas, Telekommunikation, Post und Eisenbahnen, Monitoringbericht 2008 – Entwicklung des Strom- und Gasmarktes, Bonn 2008.

–, Monitoringbericht 2010 – Entwicklung des Strom- und Gasmarktes, Bonn 2010.

–, Auswirkungen des Kernkraft-Moratoriums auf die Übertragungsnetze und Versorgungssicherheit. Bericht der Bundesnetzagentur an das Ministerium für Wirtschaft und Technologie, Bonn 2011.

Bundesrat, Empfehlungen der Ausschüsse, BR-Drs. 673/1/07, (online verfügbar unter http://dipbt.bundestag.de/dip21/brd/2007/0673-1-07.pdf, zuletzt geprüft am 06.04.2016).

Deregulierungskommission, Marktöffnung und Wettbewerb. Berichte 1990 und 1991., 1991, Stuttgart.

ERGEG, Status Review on the ERGEG Regional Initiatives 2010, 2010, Ref. E10-RIG-11-03.

–, Response to the European Commissions's Comunication "An Energy Policy for Europe", 2007, (online verfügbar unter: http://www.ergeg.org/portal/page/portal/ERGEG_HOME/ERGEG_DOCS/ERGEG_DOCUMENTS_NEW/Energy%20 documents/C06-BM-09-05_RespToSER_2007-02-06.pdf, zuletzt geprüft am 06.04.2016).

–, Strategy for delivering a more integrated European energy market: The role of the ERGEG Regional Initiatives. An ERGEG Conclusions Paper, 2010, Ref.: E10-RIG-10-04.

Europäische Kommission, Der Binnenmarkt für Energie, KOM (88) 238 endg.

–, Wachstum, Wettbewerbsfähigkeit, Beschäftigung, Herausforderungen der Gegenwart und Wege ins 21. Jahrhundert, Weißbuch, KOM (1993) 700 endg.

–, Bericht an den Rat und das Europäische Parlament über den Harmonisierungsbedarf. Richtlinie 96/92/EG betreffend gemeinsame Vorschriften für den Elektrizitätsbinnenmarkt, KOM (1998) 167 endg.

–, Zweiter Bericht an den Rat und das Europäische Parlament über den Harmonisierungsbedarf. Richtlinie 96/92/EG betreffend gemeinsame Vorschriften für den Elektrizitätsbinnenmarkt, KOM (1999) 164 endg.

–, Hin zu einer europäischen Strategie für Energieversorgungssicherheit. Grünbuch, KOM (2000) 769 endg.

–, Vollendung des Binnenmarktes, KOM (2001) 125 endg.

–, Europäisches Regieren. Weißbuch, KOM (2001) 428 endg.

–, Erster Benchmarkingbericht über die Verwirklichung des Elektrizitäts- und Erdgasbinnenmarktes, SEK(2001) 1957.

–, Geänderter Vorschlag für eine Richtlinie des Europäischen Parlaments und des Rates zur Änderung der Richtlinien 96/92/EG und 98/30/EG über die Vorschriften für den Elektrizitätsbinnenmarkt und den Erdgasbinnenmarkt, KOM (2002) 304 endg.

–, Zweiter Benchmarkingbericht über die Vollendung des Elektrizitäts- und Erdgasbinnenmarktes, SEK(2002) 1038.

–, Bessere Rechtsetzung 2003. Bericht der Kommission gemäß Art. 9 des Protokolls über die Anwendung der Grundsätze der Subsidiarität und der Verhältnismäßigkeit, KOM (2003) 770 endg.

–, Beschluss zur Einsetzung der Gruppe der europäischen Regulierungsbehörden für Elektrizität und Gas, 2003/796/EG, ABl. L 296/34.

–, Jährlicher Bericht über die Verwirklichung des Strom- und Erdgasbinnenmarktes, KOM (2004) 863 endg.

–, Bericht über die Fortschritte bei der Schaffung des Erdgas- und Elektrizitätsbinnenmarktes, KOM (2005) 568 endg.

–, Eine europäische Strategie für nachhaltige, wettbewerbsfähige und sichere Energie. Grünbuch, KOM (2006) 105 endg.

–, Aussichten für den Erdgas- und den Elektrizitätsbinnenmarkt, KOM (2006) 841 endg.

–, Untersuchung der europäischen Gas- und Elektrizitätssektoren gemäß Artikel 17 der Verordnung (EG) Nr. 1/2003 (Abschlußbericht), KOM (2006) 851 endg.

–, Transeuropäische Netze: Entwicklung eines integrierten Konzepts, KOM (2007) 135 endg.

–, Vorschlag für eine Verordnung des Europäischen Parlaments und des Rates zur Gründung einer Agentur für die Zusammenarbeit der Energieregulierungsbehörden, KOM (2007) 530 endg.

–, Bericht über die Fortschritte bei der Verwirklichung des Erdgas- und Elektrizitätsbinnenmarktes, KOM (2008), 192 endg.

–, Vorschlag für eine Richtlinie des Europäischen Parlaments und des Rates über die Angabe des Verbrauchs an Energie und anderen Ressourcen durch energieverbrauchsrelevante Produkte mittels einheitlicher Etiketten und Produktinformationen, KOM (2008) 778 endg.

–, Mitteilung der Europäischen Kommission an das Europäische Parlament gem. Art. 251 Abs. 2 UAbs. 2 EG-Vertrag zum Gemeinsamen Standpunkt des Rats im Hinblick auf die Annahme einer Verordnung des Rates zur Gründung einer Agentur für die Zusammenarbeit der Energieregulierungsbehörden, KOM (2008) 908 endg.

–, Bericht über die Fortschritte bei der Verwirklichung des Erdgas- und Elektrizitätsbinnenmarktes, KOM (2009) 115 endg.

–, Bericht über die Fortschritte bei der Verwirklichung des Erdgas- und Elektrizitätsbinnenmarktes, KOM (2010) 84 endg.

–, Auswirkungen des Inkrafttretens des Vertrages von Lissabon auf die laufenden interinstitutionellen Beschlussverfahren, KOM (2010) 147 endg.

–, Die künftige Rolle regionaler Initiativen, KOM (2010) 721 endg.

–, Vorschlag für eine Verordnung des Europäischen Parlaments und des Rates über die Integrität und Transparenz des Energiemarktes, KOM (2010) 726 endg.

–, Beschluss zur Aufhebung des Beschlusses 2003/796/EG der Kommission zur Einsetzung der Gruppe der europäischen Regulierungsbehörden für Elektrizität und Gas, 2011/280/EU.

–, Ein funktionierender Energiebinnenmarkt, KOM (2012) 663 endg.

–, Vollendung des Elektrizitätsbinnenmarktes und optimale Nutzung staatlicher Interventionen, KOM (2013) 7246 endg.

–, Rahmenstrategie für eine krisenfeste Energieunion mit einer zukunftsorientierten Klimaschutzstrategie, KOM (2015) 80 endg.

–, *Erreichung des Stromverbundziels von 10 %; Vorbereitung des europäischen Stromnetzes auf 2020, KOM (2015)82 endg.*

–, *Einleitung des Prozesses der öffentlichen Konsultation zur Umgestaltung des Energiemarktes, KOM (2015) 340 endg.*

Europäische Kommission; ERGEG, Gemeinsame Konferenz über die regionalen Initiativen, (online verfügbar unter http://www.energy-regulators.eu/portal/page/portal/EER_HOME/EER_INITIATIVES/Regional_Initiatives_Conferences/2010%20RI%20Conference/Programme, zuletzt geprüft am 25.01.2014).

Europäisches Parlament, Liberalisierung der Energiemärkte. Entschließung des Europäischen Parlaments zum Zweiten Bericht der Kommission an den Rat und das Europäische Parlament über den Stand der Liberalisierung der Energiemärkte, (A 5/180/2000).

–, Bericht über den Vorschlag für eine Verordnung des Europäischen Parlaments und des Rates zur Gründung einer Agentur für die Zusammenarbeit der Energieregulierungsbehörden, „Chichester-Bericht", A6-0226/2008.

–, Legislative Entschließung des Europäischen Parlaments vom 18. Juni 2008 zu dem Vorschlag für eine Verordnung des Europäischen Parlaments und des Rates zur Gründung einer Agentur für die Zusammenarbeit der Energieregulierungsbehörden, (KOM(2007)0530-C6-0318/2007-2007/0197(COD).

–, Auf dem Weg zu einer europäischen Energieunion – Entschließung des Europäischen Parlaments vom 15. Dezember 2015 über das Thema „Wege zu einer europäischen Energieunion", (2015/2113(INI)).

Europäischer Rat, Schlussfolgerungen zum Rahmen für die Klima- und Energiepolitik bis 2030, 23.10.2014, SN 79/14.

International Energy Agency, World Energy Outlook 2011, 2011, Paris.

–, World Energy Outlook 2012 Factsheet

–, World Energy Outlook 2013 Factsheet

Landesamt für Bergbau, Energie und Geologie Niedersachsen, Untertage-Gasspeicherung in Deutschland, Erdöl Erdgas Kohle 2011, 414–424.

Monopolkommission, VIII. Hauptgutachten 1998/99: Wettbewerbspolitik vor neuen Herausforderungen, Bonn 1990.

–, Strom und Gas 2009 – Energiemärkte im Spannungsfeld von Politik und Wettbewerb, 54. Sondergutachten, Bonn 2009.

–, Energie 2011: Wettbewerbsentwicklung mit Licht und Schatten, 59. Sondergutachten, Bonn 2011.

–, Energie 2013: Wettbewerb im Zeiten der Energiewende, 65. Sondergutachten, Bonn 2013.

Neelie Kroes, Towards an Efficient and Integrated European Energy Market – First Findings and Next Steps. European Commission Conference, Energy Sector Inquiry – Public Presentation of the Preliminary Findings, Rede vom 16.02.2006, (online verfügbar unter: http://europa.eu/rapid/pressReleasesAction.do?reference=SPEECH/06/92&format=HTML&aged=1&language=EN&guiLanguage=en, zuletzt geprüft am 06.04.2016).

Vidal-Quadras, Alejo, Report on the Proposal for a regulation of the European Parliament and of the Council amending Regulation (EC) No 1228/2003 on conditions for access to the network for cross -border exchanges in electricity, 2008, A6-228/2008.

Einleitung

I. Einführung in die Thematik

Energie ist für die modernen Industriegesellschaften in Europa von essentieller Bedeutung.[1] Ohne eine ausreichende, sichere und bezahlbare Energieversorgung lassen sich die Wettbewerbsfähigkeit und der Wohlstand der europäischen Staaten auf Dauer nicht aufrecht erhalten. Gleichzeitig hat die Bereitstellung von Energie den größten Anteil am Ausstoß klimaschädlicher Treibhausgase. Europa steht damit heute vor gleich mehreren großen Herausforderungen, die sich mit den Stichworten angemessene Preise, Versorgungssicherheit und Klimaschutz beschreiben lassen.

Energie wird in Zukunft immer knapper. Der weltweite Primärenergieverbrauch wird von 12 Mrd. Tonnen Öläquivalent im Jahre 2009 auf voraussichtlich 17 Mrd. Tonnen Öläquivalent im Jahre 2035 steigen.[2] Dies entspricht einer Steigerung von 40 %. Trotz eines gleichzeitigen Anstiegs der Förderungskapazitäten für nahezu alle Energieträger ist daher zu erwarten, dass der Wettbewerb um Strom und Gas zunehmen wird. Preisanstiege und Preisschwankungen sowie die Konzentration von Erdöl- und Erdgasvorkommen in den Händen einiger weniger, nicht immer politisch zuverlässiger Staaten, würden die europäische Wirtschaft bedeutend schwächen. Die Europäische Kommission hat bereits im Jahr 2007 berechnet, dass sich bei einem Anstieg des Ölpreises bis zum Jahr 2030 auf 100 US-Dollar pro Barrel, die Kosten für Energieimporte in der EU auf 170 Mrd. Euro belaufen würden.[3] Dies entspräche einer jährlichen Erhöhung von 350 Euro je EU-Bürger.

Die EU ist zweitens von Rohstoffimporten in hohem Maße abhängig. Die Abhängigkeit wird zukünftig sogar noch weiter steigen, auf voraussichtlich 84 % bei Gas- und 93 % bei Ölimporten bis zum Jahre 2030.[4] Gleichzeitig werden einzelne Länder in der EU weitgehend oder vollständig von nur einem Gaslieferanten versorgt. Hier bestehen extreme Risiken für deren Versorgungssicherheit und eine virulente Gefahr der politischen Erpressbarkeit.

---

1 *Europäische Kommission*, Eine Energiepolitik für Europa, KOM (2007) 1 endg., S. 3.
2 World Energy Outlook 2011, S. 69.
3 *Europäische Kommission*, Eine Energiepolitik für Europa, KOM (2007) 1 endg., S. 4.
4 *Europäische Kommission*, Eine Energiepolitik für Europa, KOM (2007) 1 endg., S. 4.

Drittens ist die Erzeugung von Energie in hohem Maße für den Ausstoß von klimaschädlichen Treibhausgasen verantwortlich.[5] Die EU hat sich verpflichtet, den Klimawandel aktiv zu bekämpfen und den Anstieg der globalen Temperatur auf 2 ° Celsius zu beschränken. Im Jahre 2007 hat sich die EU dazu das sog. 20-20-20-Ziel gesetzt. Danach sollen bis zum Jahre 2020 EU-weit 20 % weniger Treibhausgase ausgestoßen, der Anteil an erneuerbaren Energien an der Stromerzeugung auf 20 % erhöht und eine Steigerung der Energieeffizienz um 20 % erreicht werden.[6] Im Oktober 2014 einigte man sich für das Jahr 2030 auf einen Anteil der erneuerbaren Energien von mindestens 27 %, eine Verbesserung der Energieffizienz von 27 % und eine Treibhausgasminderungsquote von mindestens 40 %.[7]

Eine wichtige Antwort auf diese drei gewaltigen Herausforderungen, angemessene Preise, Versorgungssicherheit und wirksamer Klimaschutz, lautet nach den Vorstellungen der EU: die Herstellung eines funktionierenden und effizienten Binnenmarktes für Energie.

Strom und Gas sollen europaweit uneingeschränkt gehandelt und übertragen werden können, unabhängig vom Standort der Erzeugung oder des Imports oder dem Sitz des Konsumenten und ohne technische, wirtschaftliche oder sonstige Diskriminierungen oder Hindernisse. Von einem europaweiten Wettbewerb verspricht sich die Europäische Kommission angemessene, faire und vergleichbare Energiepreise für die Wirtschaft und den Verbraucher, einen Beitrag zu Energieeinsparungen und höhere Investitionen in Energieinfrastrukturen und neue Technologien.[8] Ursprünglich war dieser Wettbewerbsgedanke alleiniger Motivationsgrund der Kommission, die in einer Liberalisierung die effektivere Alternative zu den früheren national ausgerichteten, monopolartig organisierten Märkten sah. Hinzu kam der Gedanke der Versorgungssicherheit und gegenseitiger Solidarität der Mitgliedstaaten bei Problemen der Energiebeschaffung. Aber aus heutiger Perspektive bedingen auch die Klimaschutzziele der EU den gemeinsamen Energiebinnenmarkt.[9] Der voranschreitende Umbau der Energielandschaft und die Integration der erneuerbaren Energien haben eine Vielzahl von neuen Energieproduzenten

---

5 Energiebezogene CO2-Emissionen addierten sich 2011 auf 31,2 Gigatonnen, ein Anstieg auf 37 Gigatonnen in 2035 wird prognostiziert, World Energy Outlook 2012 Factsheet.

6 *Europäische Kommission*, EU-Aktionsplan für Energieversorgungssicherheit und –solidarität, KOM (2008) 781 endg., S. 2,

7 *Europäischer Rat*, Schlussfolgerungen zum Rahmen für die Klima- und Energiepolitik bis 2030, 23.10.2014.

8 *Europäische Kommission*, Eine Energiepolitik für Europa, KOM (2007) 1 endg., S. 4.

9 So nun auch: Europäische Kommission, C(2013) 7243 final, S. 1.

hervorgerufen, deren Einbindung nur durch marktwirtschaftliche Mechanismen sinnvoll ist. Auch lässt sich eine im großen Maßstab angelegte Stromversorgung aus erneuerbaren Energien in Zukunft nur in europäischen Dimensionen denken. Solar- und solarthermische Stromerzeugungseinheiten eignen sich besser in den sonnenreichen, klimatisch heißen Ländern im Süden des Kontinents, wenn nicht gar in Nordafrika.[10] Große Windenergieanlagen entstehen vor der Küste der Nord- und Ostsee. Die dort gewonnene Energie muss über weite Strecken und europaweit transportiert werden. Gleichzeitig besteht die Hoffnung, überschüssige Energie aus den volatilen Energieträgern Sonne und Wind in Pumpspeicherkraftwerken bis zur Entstehung eines Bedarfs zwischenzuspeichern, deren Errichtung aus topologischen Gründen nur in den Alpen, den Fjorden Norwegens oder anderen bergigen Gegenden möglich ist. Daher setzt dieses Zukunftsmodell ebenfalls den europäischen Energiebinnenmarkt mit ausreichenden Leitungs- und Übertragungskapazitäten voraus.

Traditionell hat sich die Energieversorgung in den europäischen Ländern jedoch national entwickelt und war zudem innerstaatlich von wenig Wettbewerb geprägt. Es existierten überwiegend Monopolbetriebe, bei denen der Verbraucher nicht zwischen unterschiedlichen Anbietern wählen konnte. Grenzüberschreitende Verbindungsleitungen, mit denen Strom und Gas von einem Land ins andere übertragen werden konnten, waren in nur geringem Umfang ausgebaut. Seit Ende der 1980er Jahre verfolgt die Europäische Kommission das Ziel, die Hindernisse für einen echten Energiebinnenmarkt zu beseitigen. Dazu unternahm sie eine Vielzahl gesetzgeberischer Schritte. Die Liberalisierung sollte vor allem durch das Erste und Zweite Energiebinnenmarktpaket voran gebracht werden. Allerdings stellte sich schnell heraus, dass die Widerstände stärker und die Schwierigkeiten größer als erwartet waren und mit den bisher beschlossenen Maßnahmen nicht überwunden werden konnten. Bis heute existiert noch kein vollständiger und gut funktionierender europäischer Energiebinnenmarkt. Konsequenterweise verabschiedete der europäische Gesetzgeber 2009 das aus fünf Rechtsakten bestehende Dritte Energiebinnenmarktpaket, das endlich zur Vollendung des Energiebinnenmarktes führen soll. Teil dieses Pakets ist die Verordnung (EG) Nr. 713/2009 zur Gründung einer Agentur für die Zusammenarbeit der Energieregulierungsbehörden (Agency for the Cooperation of Energy Regulators – ACER). Mit der Entscheidung, eine unabhängige Agentur aus der Taufe zu heben, hat die EU nicht nur

10 Vgl. das Projekt Desertec, mit dem mittels solarthermischer Kraftwerke Strom in Nordafrika produziert und auf Europa, den mittleren Osten und Nordafrika verteilt werden soll. Einer TRANS-CSP Studie zufolge könnten so im Jahre 2050 17 % des europäischen Strombedarfs durch Solarimporte gedeckt werden können.

im Bereich der Energie eine neue Ebene der Zusammenarbeit erreicht, sondern ist auch institutionell einen weiteren Schritt in Richtung Intensivierung der Integration und Vertiefung ihrer Verwaltungsstruktur gegangen.[11]

II. Kurzvorstellung – Die Agentur für die Zusammenarbeit der Energieregulierungsbehörden

Es bietet sich bereits hier eine kurze kursorische Beschreibung der Agentur an, um einen Überblick zu geben und sich ihr im weiteren Verlauf dieser Arbeit ausführlich widmen zu können.

Bei der Agentur für die Zusammenarbeit der Regulierungsbehörden (im Folgenden „Agentur" oder „ACER" genannt) handelt es sich um eine Gemeinschaftseinrichtung der Europäischen Union mit eigener Rechtspersönlichkeit, die mit ausgewiesenen und erfahrenen Experten auf dem Gebiet der Elektrizität- und Gasversorgungswirtschaft besetzt ist.[12] Sie soll eine unabhängige und zentrale Stelle in einem als kompliziert zu bezeichnenden Institutionengeflecht, bestehend aus dem Rat der Europäischen Union, der Europäischen Kommission, dem Europäischen Parlament, den Mitgliedstaaten der EU, den nationalen Regulierungsbehörden und den Übertragungs- und Fernleitungsnetzbetreibern im Elektrizitäts- und Gassektor sein. Sie lässt sich daher als europäische Regulierungsbehörde[13] beschreiben.

Die Agentur besteht aus vier Organen – einem Direktor, einem Regulierungsrat, einem Verwaltungsrat und einem Beschwerdeausschuss. Während der Direktor die Agentur leitet und für die Durchführung des Arbeitsprogramms verantwortlich ist, setzt sich der Verwaltungsrat hauptsächlich aus hochrangigen Mitgliedern der nationalen Energieregulierungsbehörden zusammen und vereinigt daher in sich Expertise, Erfahrung und Regulierungspraktiken aus den Mitgliedstaaten der EU auf gemeinschaftlicher Ebene. Der Regulierungsrat hat eine Beratungs- und Lenkungsfunktion inne und ist zusammen mit dem Direktor maßgeblich für die Regulierungstätigkeit zuständig. Der Verwaltungsrat übt die administrative Kontrolle aus und steckt den Rahmen der Tätigkeit ab, während

---

11 *Schneider* spricht davon, das Energierecht habe sich zum „Laboratorium des europäischen Regulierungsverbundrechts" entwickelt, in: *Schneider/Theobald*, § 2, Rn. 75.

12 Art. 2 Abs. 1 ACER-VO.

13 Ob man tatsächlich bei ACER von einem „Regulierer" sprechen kann, wird unterschiedlich beurteilt; exemplarisch dafür: *Ludwigs*, DVBl. 2011, 61 (61); dagegen: *Weiß* in: Baur/Salje/Schmidt-Preuß, § 40, Rn. 46.

der Beschwerdeausschuss eine Überprüfung von getroffenen Maßnahmen der Agentur nach der Beschwerde eines betroffenen Adressaten vornimmt.

Hauptaufgabe von ACER ist es, die Arbeit der nationalen Energieregulierungsbehörden auf der europäischen Ebene zu ergänzen und zu koordinieren, die Zusammenarbeit zu verstärken, auf der Grundlage von Gegenseitigkeit an der Wahrnehmung von Aufgaben mit gemeinschaftlicher Dimension teilzunehmen und so zur Vervollständigung des europäischen Binnenmarktes für Strom und Gas beizutragen.[14] Zur Verwirklichung dieses Ziels sind der Agentur mehrere Aufgaben und Kompetenzen unterschiedlicher Reichweite übertragen worden. ACER beobachtet etwa das Funktionieren des Energiemarktes, stellt Informationen zur Verfügung, verfasst Stellungnahmen und Empfehlungen, berät die verschiedenen Akteure und unterbreitet Vorschläge, wie die Verbesserung des Wettbewerbs gelingen kann. ACER beobachtet und kontrolliert konkret die Arbeit der zwangsweise zum ENTSO zusammengeschlossenen Übertragungs- und Fernleitungsnetzbetreiber, vor allem bei der Erarbeitung des gemeinschaftsweiten Netzentwicklungsplans, mit dem die immer noch unzureichenden grenzüberschreitenden Übertragungskapazitäten ausgebaut werden sollen. Die Agentur ist außerdem in entscheidender Weise in die Entwicklung von EU-weit gültigen Netzkodizes involviert, die einheitliche Normen und Regeln in Fragen des grenzüberschreitenden Handels setzen. Schließlich ist die Agentur sogar befugt, bindende Einzelfallentscheidungen zu treffen, etwa über den Zugang zu grenzüberschreitenden Strom- oder Gasinfrastrukturen oder über Ausnahmen von der Pflicht zum Netzzugang zu regulierten Preisen.

ACER hat ihren Sitz in Ljubljana und zum 3. März 2011 ihre Tätigkeit aufgenommen.

III. Gang der Untersuchung

Die Arbeit soll die Agentur und ihre Stellung im europäischen Regulierungsverbund untersuchen.

Der erste Teil (§§ 1 – 5) beschäftigt sich mit Grundlagen, Historie, anderen und früheren Formen der energiewirtschaftlichen Zusammenarbeit und der Einordnung von Agenturen im Generellen. Im zweiten Teil (§§ 6 – 11) wird die Agentur für die Zusammenarbeit der Regulierungsbehörden, u.a. ihr Aufbau, ihre Aufgaben und Kompetenzen, die Zulässigkeit ihrer Errichtung, Probleme des Kompetenztransfers und ihrer Unabhängigkeit eingehend untersucht und diskutiert.

---

14 Erwägungsgrund 5 ACER-VO.

Zu Beginn werden in einem Grundlagenkapitel § 1 die Begriffe des Binnenmarktes und des europäischen Regulierungsverbundes erklärt. Ferner werden die Besonderheiten der Güter Strom und Gas und die bisherige Struktur der europäischen Energieversorgung erläutert, die grundlegende Ursachen für das bisherige Nicht-Zustandekommen des europäischen Energiebinnenmarktes sind.

§ 2 bietet einen historischen Überblick über die bisherigen Maßnahmen der Europäischen Union mit dem Ziel der Herstellung des europäischen Binnenmarktes für Strom und Gas. Insbesondere fallen darunter die Rechtsakte des Ersten Energiebinnenmarktpakets, mit dem der europäische Gesetzgeber erstmals konkret etwas zur Erfüllung dieses Ziels unternahm. Wenig später folgte das Zweite Energiebinnenmarktpaket, das zu einer zunehmenden Vertiefung europäischer Energiepolitik führte. Schließlich wird auch das Dritte Energiebinnenmarktpaket hier vorgestellt, zu dem auch die Verordnung zur Errichtung der Agentur gehört. Der Aufbau, die Stellung und die Aufgaben von ACER lassen sich ohne eine Einordnung in das gesamte Maßnahmenpaket nicht zufriedenstellend erklären.

Die Agentur für die Zusammenarbeit ist keine vollständige Neuheit auf dem Gebiet der Energiewirtschaft. Es existierten bereits zuvor verschiedene institutionalisierte Formen mit unterschiedlichen involvierten Akteuren, durch die eine mehr oder weniger intensive Kooperation gewährleistet wurde. Dennoch stellt die Einrichtung einer Agentur eine markante Weiterentwicklung dar. In § 3 sollen die früheren Einrichtungen untersucht werden, um Gemeinsamkeiten und Unterschiede zu ACER aufzuzeigen, Gründe für die Entscheidung für die Agentur und ihre konkrete Ausgestaltung zu finden und ACER als Nachfolgeorganisation zu beleuchten.

§ 4 widmet sich der Rolle von Agenturen im europäischen Verwaltungs- bzw. Regulierungsverbund. Darin werden die unterschiedlichen Typen vorgestellt, ein Überblick über die bestehenden Agenturen der Europäischen Union gegeben, eine Einordnung in die europäische Verwaltungsstruktur vorgenommen und Gründe für die Einrichtung von Agenturen dargestellt.

Nach dieser generellen Untersuchung von Agenturen im vorherigen Kapitel behandelt § 5 in chronologischer Reihenfolge konkret das Gesetzgebungsverfahren und die Entscheidung für die Errichtung von ACER.

Eine der juristisch umstrittensten Fragen bei der Gründung der Agentur war, ob der europäische Gesetzgeber überhaupt über die notwendige Kompetenz für deren Errichtung verfügte. Dazu werden die in Frage kommenden Ermächtigungsgrundlagen des damals geltenden EGV in § 6 untersucht und eine gutachterliche Prüfung vorgenommen. Daneben wird geprüft, ob sich unter Zugrundelegung des sich heute in Kraft befindenden AEUV eine andere Bewertung ergibt.

§ 7 beschäftigt sich mit einer ebenso umstrittenen Frage im Zusammenhang mit Agenturen im generellen und von ACER im speziellen, die durch die sog. Meroni-Rechtsprechung des Europäischen Gerichtshofs geprägt wurde. Die zu untersuchende Frage lautet, ob ACER die Grenzen des zulässigen Kompetenztransfers auf eine vertragsfremde Einrichtung einhält. Diese Beschränkungen ergeben sich aus der bekannten Meroni-Entscheidung des EuGH. Zu prüfen wird aber auch sein, ob im Falle einer Überschreitung dieser Grenzen, angesichts des Alters der Entscheidung und der fortwährenden Weiterentwicklung der Europäischen Union eine Neuausrichtung der eingezogenen Grenzmarken vorgenommen werden muss.

Eng damit verbunden ist die Frage nach der Unabhängigkeit und Legitimation. Die Agentur soll ausdrücklich eine unabhängige Organisation sein, die an Weisungen der Kommission oder anderer Organe in bestimmten Bereichen nicht gebunden ist. Eine solche Ausgestaltung wirft die Frage nach ausreichender demokratischer Legitimität auf, die in § 8 behandelt wird. Da die notwendige Legitimität auch durch eine Vielzahl unterschiedlicher Mechanismen hergestellt werden kann, wird auch in den folgenden Kapiteln an geeigneter Stelle darauf eingegangen werden, um ein abschließendes und umfassendes Bild zu vermitteln.

In § 9 werden die Organe der Agentur, ihre Zusammensetzung, Aufgaben und institutionellen Verflechtungen untersucht. Dies geschieht auch immer unter den Gesichtspunkten der angesprochenen Problematik der Unabhängigkeit und demokratischer Legitimation.

Anschließend werden die unterschiedlichen Aufgaben und Kompetenzen der Agentur en Detail in § 10 untersucht. Dabei wird eine Unterscheidung vorgenommen nach Rechtsqualität der Kompetenzen einerseits und Einbindung der anderen Akteure in das gesamte Beziehungsgeflecht des europäischen Regulierungsverbundes andererseits.

§ 11 nimmt schließlich noch speziell die Unabhängigkeit unter Gesichtspunkten von Haushalt, Personal und Finanzen in den Blick, so dass im Anschluss daran ein Schlussfazit zur demokratischen Legitimation gezogen werden kann.

§ 12 zieht ein Resümee nach fünfjähriger Tätigkeit der Agentur und wirft einen Blick in die Zukunft.

§ 1 Grundlagen

I. Begriff des Binnenmarktes

Der „Binnenmarkt“ ist ein Schlüsselbegriff in der Selbstwahrnehmung der Europäischen Union und einer ihrer grundlegenden Pfeiler.[15] Im Jahr 1985 legte die Kommission ihr berühmtes Weißbuch zur Verwirklichung des Binnenmarktes[16] vor, in dem sie ankündigte, Maßnahmen zur „Vollendung des Binnenmarktes“ bis zum Jahr 1992 treffen zu wollen. Gleichzeitig erklärte sie, die Schaffung eines einheitlichen integrierten Binnenmarktes sei von Anfang an unzweideutiges Ziel der Europäischen Verträge gewesen.[17] Zuvor hatte bereits der EuGH den Begriff des Binnenmarktes geprägt und auf seine grundlegende Bedeutung für die Gemeinschaft hingewiesen.[18] Mit der Einheitlichen Europäischen Akte (EEA) wurde die Verwirklichung des Binnenmarktes dann auch ausdrücklich primärrechtlich als neues Vertragsziel aufgenommen.[19]

Heute definiert Art. 26 Abs. 2 AEUV den Binnenmarkt als Raum ohne Binnengrenzen, in dem der freie Verkehr von Waren, Personen, Dienstleistungen und Kapital gemäß den Bestimmungen der Verträge gewährleistet ist (s. auch Art. 101 ff. AEUV). In der EU sollen einheitliche Bedingungen herrschen und jedem Marktteilnehmer der freie und diskriminierungsfreie Zugang in jedem Mitgliedstaat gewährleistet sein. Neben der Markteinheit und den Mobilitätsrechten wird auch der Wettbewerb selbst vor Verfälschungen durch die Marktteilnehmer geschützt.[20] Für Strom und Gas bedeutet dies, dass sie ohne Hindernisse und diskriminierungsfrei über die gesamte EU gehandelt und übertragen werden können. Denn schon früh hat der EuGH ausdrücklich entschieden, dass Strom

---

15 *Bast* in: Grabitz/Hilf/Nettesheim, Das Recht der Europäischen Union, Art. 26 AEUV, Rn. 5.

16 KOM (85) 310.

17 KOM (85) 310, S. 4.

18 EuGH, Rs. 270/80, „Polydor“, Slg. 1982, 329, Rn. 16; Rs. C-15/81, „Gaston Schul“, Slg. 1982, 1409, Rn. 33.

19 *Silny*, Die binnenmarktbezogene Rechtsangleichungskompetenz des Art. 95 EG, S. 12; zuvor fand aber schon der Begriff des „gemeinsamen Marktes“ in den Verträgen Erwähnung.

20 *Bast* in: Grabitz/Hilf/Nettesheim, Das Recht der Europäischen Union, Art. 26 AEUV, Rn. 12.

und Gas Waren i.S.d. der europäischen Verträge sind.[21] Daher formuliert schon die Zielbestimmung im Vertrag den Auftrag, mit Hilfe der einschlägigen Rechtsgrundlangen alles dafür zu tun, den Binnenmarkt zu verwirklichen bzw. dem Ideal des einheitlichen Binnenmarktes möglichst nahe zu kommen.[22]

Das Ziel im Weißbuch der Kommission von 1985 – die vollständige Herstellung eines Binnenmarktes – ist allerdings auf dem Energiesektor bis heute nicht erreicht. Es wurde zwar nicht aus den Augen verloren, erwies sich aber – trotz Verabschiedung vieler Rechtsakte – als schwer zu verwirklichen. Neue Anläufe und Zeitpläne wurden immer wieder unternommen und postuliert, jedoch stets in die Zukunft verschoben.

II. Begriff der Regulierung

In gebotener Kürze muss auf den Begriff der Regulierung eingegangen werden, zu dem eine große Fülle an Literatur besteht.[23] Regulierung wird als hoheitliches Handeln verstanden, mit dem die Verwaltung auf einen Wirtschaftssektor einwirkt, um Bedingungen für Wettbewerb zu schaffen und aufrechtzuerhalten und anstelle einer staatlichen Eigenvornahme die Gemeinwohlsicherung in diesem Sektor zu garantieren.[24] Begriff und Idee stammen ursprünglich aus den USA und haben seit den 1980er und 1990er Jahren Eingang nach Europa, vor allem zunächst im Vereinigten Königreich, gefunden.

Ursprung der Regulierung ist die Feststellung eines Marktversagens. Wo als Alternative nur eine Monopolversorgung in Frage kommt, weil der moderne Staat gewisse Dinge seinen Bürgern vorhalten muss (Daseinsvorsorge, Gewährleistungsstaat), ist die Regulierung als ein milderes Mittel und weniger starker Eingriff vorzugswürdig.[25] Merkmal der Regulierung ist, dass das Regulierungshandeln von einer aus dem staatlichen Verwaltungsapparat herausgelösten, von politischen Entscheidungsträgern weitgehend unabhängigen und fachspezifischen Regulierungsbehörde wahrgenommen wird, was Fragen zum Verhältnis der anderen beiden Gewalten aufwirft.

---

21 EuGH, Rs. 6/64, "Costa/Enel", Slg. 1964, 1253; EuGH, Rs. C-393/92, „Almelo", Slg. 1994, I-1477.

22 *Bast* in: Grabitz/Hilf/Nettesheim, Das Recht der Europäischen Union, Art. 26 AEUV, Rn. 9.

23 Exemplarisch: *Fehling/Ruffert*, Regulierungsrecht; *Baur/Salje/Schmidt-Preuß*, Regulierung in der Energiewirtschaft.

24 Definition nach Ruffert in: Fehling/Ruffert, § 7, Rn. 58.

25 *Ruffert* in: Fehling/Ruffert, § 7, Rn. 60.

Vor allem die supranationale Gesetzgebung der EG bzw. EU nahm den Regulierungsgedanken in den 1990er Jahren auf und sorgte so für die Errichtung von Regulierungsregimen sowohl in den Mitgliedsstaaten, als auch auf supranationaler Ebene. In den Blick genommen wurden dabei vor allem die Netzsektoren (Telekommunikation, Energie, Schienenverkehr), in denen als „natürliche Monopole"[26] kein Wettbewerb stattfand und die damit sowohl dem Funktionieren der Märkte in den Mitgliedstaaten, als auch des Binnenmarktes entgegen standen.[27] Regulierung kann somit als Mittel der EU zur Erreichung des Ziels Binnenmarkt charakterisiert werden.

III. Begriff des Verwaltungs- bzw. Regulierungsverbundes

Die Arbeit trägt den Begriff des „Regulierungsverbundes" im Titel. Daher ist eine kurze begriffliche Präzisierung hier angezeigt. Der Begriff des „Europäischen Verwaltungsverbundes" ist von der Literatur geprägt und darin bereits umfangreich diskutiert und erläutert worden.[28] Damit soll der institutionelle Rahmen zwischen supranationalen und nationalen Behörden beschrieben werden, der sich zu einem Informations-, Entscheidungs- und Kontrollverbund entwickelt hat.[29] Obwohl die Durchführung des Gemeinschaftsrechts nach den Verträgen den Verwaltungen der Mitgliedstaaten anvertraut ist (Art. 291 AEUV) und nur ausnahmsweise durch Organe und Einrichtungen der Gemeinschaft wahrgenommen wird, ist dem Zusammenwirken zwischen Gemeinschaft und

---

26 Zum Begriff noch ausführlicher unter § 1 IV.

27 Immer mehr rückt auch in den Blick, dass weitere Faktoren, etwa unterschiedliche Fördersysteme für erneuerbare Energien in den Mitgliedstaaten, Beschränkungen für den Binnenmarkt darstellen und eine Angleichung der Rahmenbedingungen für erforderlich gehalten wird, vgl. *Europäische Kommission*, C(2013) 7243 final, S.1.

28 *Schmidt-Aßmann*, Der Europäische Verwaltungsverbund und die Rolle des Verwaltungsrechts, in: Schmidt-Aßmann/Schöndorf-Haubold, Der Europäische Verwaltungsverbund, S. 1–23; *von Bogdandy*, Supranationaler Föderalismus als Wirklichkeit und Idee einer neuen Herrschaftsform. Zur Gestalt der Europäischen Union nach Amsterdam, S. 11 ff.; *Pernice*, Soll das Recht der Regulierungsverwaltung übergreifend geregelt werden? Europarechtliche Aspekte, S. 42 ff.; *Weiß*, Der Europäische Verwaltungsverbund, S. 47 ff; *Ruffert*, DÖV 2007, 761 ff.; *Britz*, EuR 2006, 46 ff.; *Groß*, EuR 2005, 54 ff.; *Schneider*, ZWeR 2003, 381 (404 ff.); *Kahl*, DV 1996, 341 (360).

29 *Schmidt-Aßmann*, Der Europäische Verwaltungsverbund und die Rolle des Verwaltungsrechts, in: Schmidt-Aßmann, Schöndorf-Haubold, Der Europäische Verwaltungsverbund, S. 22; *Frenz*, DÖV 2010, 66 (67); *Ruffert*, DÖV 2007, 761 (761 ff.); *Groß*, EuR 2005, 54 (54).

Mitgliedsstaaten immer größere Bedeutung zugekommen.[30] *Schmidt-Aßmann* sieht sogar die Zusammenarbeit zwischen Mitgliedstaaten untereinander einerseits und zwischen Mitgliedstaaten und Gemeinschaft andererseits als Grundvoraussetzung für das reibungslose Funktionieren der Union an und hält die Pflicht zur Zusammenarbeit auch auf Verwaltungsebene bereits im gegenseitigen Loyalitätsgebot für vertraglich verankert.[31] In einer Reihe von Rechtsgebieten sind mit der Zeit Verzahnungen der Verwaltungsebenen durch Informations-, Berichts-, und Beratungspflichten, Kontrollrechte oder Unterstützungspflichten durch sekundäres Gemeinschaftsrecht eingeführt worden (Mehrebenenverbund).[32] Dies bezieht sich sowohl auf institutionelle, wie die Errichtung von vertragsfremden Verwaltungseinheiten, als auch materiellrechtliche Veränderungen, wie beispielsweise Vorschriften zur Marktöffnung und Organisation der netzabhängigen Wirtschaften.[33] Das Zusammenwirken ist daher nicht mehr spontan oder freiwillig, sondern hat sich verfestigt und geschieht in teils mehr, teils weniger, sogar nicht immer durch Kodifikation festgeschriebenen Bahnen.[34] Dabei ergeben sich für die unterschiedlichen Politikbereiche durchaus erhebliche Unterschiede. Das Gefüge von nationalen und gemeinschaftlichen Behörden, Ämtern, Dienststellen, Körperschaften und anderen juristischen Personen, die mal vertikal, mal horizontal, mal auf hierarchischer, mal auf kooperativer Basis, mal zentral, mal dezentral und mal regulativ, mal kooperativ zusammenarbeiten, wird daher als europäischer Verwaltungsverbund bezeichnet, wobei von diesem Begriff kein normativer Anspruch ausgehen soll, sondern ein rein deskriptives Konzept verwendet wird.[35]

---

30 *Brenner*, Die Agenturen der Europäischen Union – Segen oder Fluch?, in: Europa im Wandel, FS Rengeling, S. 198; *Groß*, EuR 2005, 54 (54).

31 *Schmidt-Aßmann*, Der Europäische Verwaltungsverbund und die Rolle des Verwaltungsrechts, in: Schmidt-Aßmann, Schöndorf-Haubold, Der Europäische Verwaltungsverbund, S. 2: „Erst Trennung *und* Verbindung, Alleinzuständigkeit *und* Zusammenarbeit machen das Vollzugskonzept des Gemeinschaftsrechts aus."

32 *Groß*, EuR 2005, 54 (55).

33 *Pernice*, Soll das Recht der Regulierungsverwaltung übergreifend geregelt werden? Europarechtliche Aspekte, S. 42.

34 *Schmidt-Aßmann*, Der Europäische Verwaltungsverbund und die Rolle des Verwaltungsrechts, in: Schmidt-Aßmann, Schöndorf-Haubold, Der Europäische Verwaltungsverbund, S. 22.

35 *Schmidt-Aßmann*, Der Europäische Verwaltungsverbund und die Rolle des Verwaltungsrechts, in: Schmidt-Aßmann, Schöndorf-Haubold, Der Europäische Verwaltungsverbund, S. 22; *Ruffert*, DÖV 2007, 761 (762); *Britz*, EuR 2006, 46 (48).

In den Bereichen der Telekommunikation und der Energiewirtschaft wird anstatt des „Verwaltungsverbunds“ von dem darüber hinaus gehenden Begriff des „Regulierungsverbunds“ gesprochen.[36] Als Grund dafür lässt sich eine qualitativ noch stärkere Vernetzung der unterschiedlichen Akteure anführen, die insbesondere auch die unabhängigen nationalen Regulierungsbehörden mit einbezieht und schon früh mittels der Foren von Madrid und Florenz (auf dem Gebiet des Energiesektors) spezielle institutionelle Plattformen für den Austausch und die Kooperation aller Akteure zum Gegenstand hatte.[37] Es soll daher auch im Folgenden der Begriff des europäischen Regulierungsverbunds verwendet werden, um die Beziehungsstrukturen im Energiesektor zu beschreiben und zu charakterisieren.

IV. Besonderheiten der Wirtschaftsgüter Strom und Gas

Strom und Gas weisen im Vergleich zu anderen Wirtschaftsgütern Charakteristika auf, die sich auf die Handelbarkeit entscheidend auswirken. Einerseits liegen hierin Gründe für den noch mangelnden Wettbewerb und die Schwierigkeiten für den Binnenmarkt. Andererseits ergibt sich aus ihnen das Erfordernis, mit Strom und Gas in höchstem Maße wirtschaftlich und effizient umzugehen.

1. Strom

a) Leitungsgebundenheit

Eine der Besonderheiten der Ware Strom wird mit dem Begriff der Leitungsgebundenheit beschrieben. Die Erzeugnisse können nicht über die herkömmlichen Verkehrswege, sondern nur über fest installierte Leitungen, mittels besonderer Übertragungs- und Verteilsysteme transportiert werden, die sich vom Erzeuger bis zu jeder einzelnen Verbrauchsstelle erstrecken müssen. Das unterscheidet die Ware Strom von den meisten anderen Waren und schränkt die Handelbarkeit und folglich den Wettbewerb deutlich ein. Dies impliziert auf der anderen Seite, dass jeweils nur eine Leitung erforderlich ist, um das Produkt von der Erzeugungsstelle zum Endverbraucher zu bringen. Mehrere Leitungen sind zwar möglich, machen aber betriebs- und volkswirtschaftlich nicht unbedingt Sinn. Diese Situation, in

---

36 *Peuker*, Bürokratie und Demokratie in Europa, S. 12; *Ruffert*, DÖV 2007, 761 (765); *Britz*, EuR 2006, 46 ff; *Ladeur/Möllers*, DVBl. 2005, 525 (525 ff.); *Schneider*, ZWeR 2003, 381 (404 ff.); Art. 38 EltRL 2009 und Art. 42 GasRL 2009 sprechen von einem „Regulierungssystem“.

37 *Ruffert*, DÖV 2007, 761 (765).

der ein einziges Unternehmen die Nachfrage nach Dienstleistungen zu besseren Konditionen und niedrigeren Preisen befriedigen kann, als dies mehrere Unternehmen tun können, wird mit dem Begriff „natürliches Monopol“ bezeichnet.[38] Die Elektrizitäts- und Gasnetze, aber auch die Wasser, Abwasser-, die elektronischen Netze und Schienennetze stellen ein solches natürliches Monopol dar. Falls der Wettbewerb in diesen natürlichen Monopolen nicht durch einen wirksamen Substitutionsgüterwettbewerb (wie z.B. durch Mobilfunk als Alternative zur Festnetztelefonie) erleichtert wird, ermöglicht dies dem Inhaber des Monopols eine erhebliche Machtstellung, wie es sich im Bereich der Energieversorgungsnetze darstellt.[39] Für ihn bestehen Anreize, seine Marktmacht zu missbrauchen und zur Festigung seiner Position andere Marktteilnehmer unterschiedlich zu behandeln. Um Wettbewerb zu generieren, bedarf es daher hier der Regulierung.

b) (mangelnde) Speicherbarkeit

Zweites Charakteristikum ist die auch noch heute weitgehend fehlende Speicherbarkeit von Strom in großem Umfang und zu wirtschaftlich adäquaten Bedingungen, wenn auch hier Entwicklungen in den letzen Jahren deutlich auf dem Vormarsch sind (thermisch, chemisch, physikalisch, Einbeziehung von E-Mobilität, Power-to-Gas, etc) und für die kommenden Jahre beachtliche Fortschritte erwartet werden können.[40] Pumpspeicherkraftwerken gelingt es zwar seit Jahrzehnten, durch das Hochpumpen von Wasser in abnahmeschwachen Zeiten und die anschließende Stromerzeugung durch die kinetische Energie der von dieser Wassermenge angetriebenen Turbinen eine zeitliche Verlagerung der Einspeisung ins Netz zu gewährleisten, aber die Kapazitäten reichen in Deutschland bei weitem nicht aus.[41] Große Nachteile sind aber hohe Energieverluste, enormer Raumbedarf, fehlende Standortmöglichekeiten in Deutschland und die teils erheblichen Eingriffe in die Natur, verbunden mit Akzeptanzproblemen.[42] Wesentlich bessere topologische Begebenheiten und dementsprechend hohe Potentiale befinden sich in den Alpen und in Norwegen. Vor dem Hintergrund eines ständig wachsenden Anteils erneuerbarer, größtenteils volatiler, Energien in Deutschland und Europa

---

38 *Knieps*, Wettbewerbsökonomie, 2001, S. 21 ff; *Durach*, Die Einführung kompetitiver Strukturen auf den Energiemärkten, S. 34 ff; *Eeckhoff/Vossler* in: Baur/Blask/Schmidt/Preuß: Regulierung in der Energiewirtschaft, Kap. 1, Rn. 25.

39 *Säcker*, ZNER 2004, 98 (99); *Durach*, Die Einführung kompetitiver Strukturen auf den Energiemärkten, S. 36.

40 Zu den technischen und rechtlichen Möglichkeiten vgl. *Wieser*, ZUR 2011, 240 ff.

41 *Salje*, EEG 2012, § 3, Rn. 7 f.

42 *Wieser*, ZUR 2011, 240 (240).

insgesamt, bestehen große Hoffnungen, die Alpenländer und Norwegen als die „Batterien“ Europas nutzen zu können, wofür jedoch ausreichende Übertragungsnetzkapazitäten eine entscheidende Voraussetzung wären.[43]

c) *Hohe Kapitalintensität*

Ferner ist die Energiewirtschaft durch eine hohe Kapitalintensität geprägt. Der Bau von Kraftwerken und Leitungen erfordert einen großen technischen Aufwand und bedingt die Bereitstellung erheblicher finanzieller Mittel und Investitionen, die sich erst nach Jahren oder Jahrzehnten amortisieren. Daher ist auch aus volkswirtschaftlichen wie betriebswirtschaftlichen Gründen selbst bei Vorhandensein mehrerer verschiedener Erzeugungsquellen und auch Erzeugungsanbietern der Bau von mehr als einer Leitung meist nicht sinnvoll, wobei noch nicht einmal berücksichtigt wird, dass der Bau von mehreren Leitungen auch physisch an Grenzen stößt und auch eigentums- und nutzungsrechtliche Fragen nach sich zieht, da der Lauf der Leitung zum allergrößten Teil nicht über das Grundeigentum des Versorgers laufen wird. Auch dies schränkt die Entstehung eines Wettbewerbs maßgeblich ein. Dem Anbieter von Elektrizität wird es daher nicht darum gehen, eine weitere Leitung zum Verbraucher zu bauen, um diesen beliefern zu können, sondern zu diesem Zweck Zugang zum bereits bestehenden Netz des Konkurrenten zu erreichen.

d) *Importabhängigkeit*

Der in Deutschland und der EU vorhandene Primärenergiebedarf muss zu einem hohen Anteil aus Importen gedeckt werden. Wichtigster Primärenergieträger ist auch heute noch Erdöl, dessen Importquote für die gesamte EU bei ca. 82 % liegt. Lediglich das Vereinigte Königreich und Dänemark verfügen über eigenen Ölquellen in beachtlichem Umfang und verfügen zusammen über 70 % der EU-Produktion. Zwar sind in insbesondere Deutschland und Polen beträchtliche Mengen an Steinkohle zu finden (in Deutschland auch Braunkohle), ihr Einsatz zur Stromerzeugung wird jedoch wegen des dabei anfallenden hohen CO_2-Ausstosses kritisch gesehen und soll durch den Emissionszertifikatehandels wirtschaftlich unrentabler gemacht werden. Die Nutzung der Kernkraft ist in den einzelnen Mitgliedstaaten in unterschiedlichem Umfang ausgeprägt und ihre Vor- und Nachteile werden seit dem Reaktorunfall in Fukushima verstärkt kontrovers und emotional diskutiert. Während beispielsweise Frankreich einen

---

43 Interview mit TIWAG-Vorstandsmitgliedern Bruno Wallnöfer und Alfred Fraidl, Energieforum Tirol, Nr. 01/2012, S. 2, 3.

Großteil seiner Stromerzeugung aus Kernkraftwerken generiert, verfügen andere Mitgliedstaaten (wie beispielsweise Österreich) über keinerlei Kapazitäten. Dagegen schreitet der Ausbau erneuerbarer Energien zwar voran und soll nach den Plänen der EU und der Mitgliedstaaten ambitionierte Zielmarken in den nächsten Jahren und Jahrzehnten erreichen. Selbst bei Verwirklichung der Pläne und Erreichen der Ziele werden auf absehbarer Zeit konventionelle Energieträger die Hauptlast der Energieerzeugung ausmachen.

Daher ist die Importabhängigkeit der EU sehr hoch und tendenziell ansteigend.[44] In ihrem Grünbuch zur Energieversorgungssicherheit prognostizierte die Kommission, dass die Importabhängigkeit von seinerzeit 50 % auf 70 % im Jahre 2030 ansteigen werde.[45] Angesichts dieser ökonomischen Interdependenzen ist es von hoher Bedeutung, dass innerhalb der EU der Energiemarkt zu einer größtmöglichen Effizienz der Nutzung von Energie führt. Versorgungsengpässe in einem Mitgliedstaat führen in der Regel auch zu negativen Kettenreaktionen bei den anderen, so dass ein starkes Bedürfnis an einer gemeinsamen und gesicherten Energiepolitik besteht.

e) *Strom als existenznotwendiges Gut*

Die dauerhafte und ausreichende Versorgung jedes Verbrauchers mit Elektrizität wird seit längerer Zeit als unverzichtbar angesehen. Schon in der Präambel des EnWG von 1935[46] fand das Ziel der flächendeckenden Versorgung der Bevölkerung mit Energie Erwähnung. Das Bundesverfassungsgericht hat später in mehreren Entscheidungen die Bedeutung deren Sicherstellung gewürdigt und als „Gemeinschaftsinteresse höchsten Ranges“ und „absolutes“ Gemeinschaftsgut bezeichnet.[47] Das Interesse an der Stromversorgung sei in unserer heutigen technisierten Welt ebenso wichtig „wie das Interesse am täglichen Brot“.[48] Da die Verfügbarkeit von Elektrizität „zur Sicherung einer menschenwürdigen Existenz unumgänglich“ sei, wird dem modernen Sozialstaat aufgegeben, für die Sicherstellung einzustehen und notwendige Maßnahmen zu treffen (Gewährleistungsverantwortung).[49]

---

44 *Schmidt-Preuß* nennt sie bereits „besorgniserregend“, in FS Scholz, S. 903 (904).

45 *Europäische Kommission*, Grünbuch „Hin zu einer europäischen Strategie für Energieversorgungssicherheit“, KOM (2000) 769 endg., S. 10 ff.

46 RGBl. 1935 I S. 1451.

47 BVerfGE 30, 292, 323 f.; auch der EuGH sieht dies so und hat festgestellt, dass Energie eine Existenzvoraussetzung des Staates und Überlebensbedingung der Bevölkerung ist, Rs. 72/83, „Campus Oil“, Slg. 1984, 2727, Rn. 34; Rs. 503/99, Slg. 2002, I-4809, Rn. 46.

48 BVerfGE 91, 186, 206

49 BVerfGE 66, 248, 258.

f) Leitungsgebundenheit

Erdgas teilt mit der Ware Strom das Merkmal der Leitungsgebundenheit. Der Transport geschieht dabei über Pipelines, die sich teils über mehrere Tausend Kilometer erstrecken.[50] Durch eine kostenintensive Methode ist aber auch die Verflüssigung und Verdichtung von Erdgas auf ca. 1/600 möglich (liquefied natural gas – LNG).

g) Speicherfähigkeit

Im Gegensatz zu Strom besitzt Gas die wichtige physikalische Eigenschaft der Speicherfähigkeit. Gas lässt sich in ober- (sog. Gasometer) und unterirdischen Gasspeichern für eine längere Zeit lagern, bevor es an den Verbraucher bei Entstehen des Bedarfs weitergeleitet wird. Allerdings sind die Speicherkapazitäten aufgrund der dazu notwendigen und selten vorzufindenden topografischen Bedingungen für Lagerstätten in Europa und Deutschland begrenzt.[51]

h) Importabhängigkeit

Im Gassektor besteht sowohl für die Europäische Union als auch für Deutschland im speziellen eine hohe Importabhängigkeit. Während die 27 Mitgliedstaaten der EU über 7 % der weltweiten Gasvorräte verfügen, liegt ihr Verbrauch bei 20 % der jährlich geförderten Menge. Der Importanteil macht ca. 64 % aus und stieg in den vergangenen Jahrzenten rasant an. Zudem ist die EU extrem von einigen wenigen Exportländern abhängig. Fast 80 % der Importe stammen aus Russland, Norwegen und Algerien. Der Bedarf an Erdgas unterliegt zudem großen tages- und jahreszeitlichen sowie konjunkturellen Schwankungen.

V. (Frühere) Struktur der europäischen Energieversorgung

Die Besonderheiten der Wirtschaftsgüter Strom und Gas, vor allem die Einordnung der Netze als natürliche Monopole, führten in der Vergangenheit zu der allgemeinen Auffassung, dass, wie in den anderen netzgebundenen Industrien, freier Wettbewerb zu einer Vergeudung von Ressourcen, ruinösen Investitionen, Verdrängung der Konkurrenten und letztlich zu hohen Preisen für einen

---

50 *Monopolkommission*, Strom und Gas 2009, Rn. 114.

51 In Deutschland sind derzeit 47 Untertagespeicher mit einem Speichervolumen von 21,3 Mrd. m^3 sog. Arbeitsgas in Betrieb, weitere 21 befinden sich in der Planung oder im Bau, deren Speichervolumen noch einmal 11,3 Mrd. m^3 beträgt, vgl. Erdöl Erdgas Kohle 2011, 416 (Stand: 31.12.2010).

beträchtlichen Teil der Bevölkerung führen müsse.[52] Daher wurde in allen europäischen Staaten das freie Spiel der Kräfte aus Angst vor den negativen Effekten eines Wettbewerbs in der Energiewirtschaft außer Kraft gesetzt und die Energieversorgung Monopolen überantwortet, über die der Staat eine strenge Kontrolle ausübte.[53] Ungeachtet dieser Gemeinsamkeit war die konkrete Ausgestaltung in den einzelnen Ländern verschieden. In Frankreich, Griechenland, Italien, Irland und Portugal entschieden sich die Nationalstaaten, die Versorgungszuständigkeit einer nationalisierten Energiewirtschaft zu verantworten, bei der Erzeugung, Transport und Verteilung in einer Hand lagen und der Wettbewerb fast vollständig ausgeschlossen war.[54] In anderen Staaten wie Spanien, den Niederlanden, Belgien, Dänemark und dem Vereinigten Königreich agierten eine Vielzahl unterschiedlicher Unternehmen auf den Ebenen der Energieerzeugung und -verteilung, die sich teilweise in öffentlicher, teilweise in privater Hand befanden und die gemeinsam die sichere und preisgünstige Versorgung der Bevölkerung gewährleisten mussten.[55] Der Staat übte aber auch dort eine starke Kontrolle aus. Wettbewerb war, bis auf das Vorhandensein einzelner Wettbewerbselemente, so gut wie ausgeschlossen. In Deutschland hingegen war der Staat nicht so stark selbst involviert, sondern beschränkte sich im Wesentlichen darauf, die rechtlichen Rahmenbedingungen zu setzen und die Ziele der Elektrizitätsversorgung festzulegen und zu kontrollieren. Die Energiewirtschaft sollte sich durch die Energieversorgungsunternehmen selbst organisieren. Allerdings waren und sind auf der kommunalen Ebene eine Vielzahl von Stadtwerken aktiv. Insgesamt war eine große Anzahl von Energieversorgungsunternehmen auf allen Stufen der Wertschöpfungskette anzutreffen, so dass von einer ausgeprägten Heterogenität gesprochen werden kann. Aber auch in Deutschland war freier Wettbewerb größtenteils ausgeschlossen. Mittels Demarkations- und Konzessionsverträgen wurden Energieversorgungsunternehmen in einzelnen Gebieten Monopole eingeräumt, in denen sie die ausschließliche Versorgungstätigkeit übertragen bekamen (Gebietsmonopole).[56]

Da der Wettbewerb bereits innerhalb der einzelnen Nationalstaaten ausgeschlossen war, bestand erst recht kein gesamteuropäischer Markt. Die nationalen Märkte waren voneinander abgeschottet. Jeder Mitgliedstaat sorgte selbst für die

52 *Theobald/Theobald*, Grundzüge des Energiewirtschaftsrechts, S. 16.

53 *Theobald/Theobald*, Grundzüge des Energiewirtschaftsrechts, S. 16; *Hermann*, RdE 1988, 110 (112).

54 *Hermann*, RdE 1988, 110 (112).

55 *Hermann*, RdE 1988, 110 (112 ff.).

56 *Lokau/Ritzau* in: Zenke/Schäfer, Energiehandel in Europa, S. 60.

Sicherstellung seiner Strom- und Gasversorgung.[57] Grenzüberschreitende Energielieferungen fanden – mit Ausnahmen – nicht statt.[58] Daher bestand auch kein Bedürfnis, die dazu notwendige Infrastruktur aufzubauen, was heute als eines der größten Hindernisse für einen funktionierenden Energiebinnenmarkt ausgemacht wird.[59]

VI. Fazit

Die Besonderheiten der Wirtschaftsgüter Strom und Gas, der allgemeine wettbewerbsfeindliche Konsens und die nationale Ausrichtung der Energieversorgung waren Ursache dafür, dass Wettbewerb um Strom und Gas nicht stattfand. Zugleich sind sie teilweise Ursache für die Hindernisse, die auch heute noch einem funktionierenden Energiebinnenmarkt im Wege stehen, für dessen Herstellung Regulierungshandeln als Mittel gewählt wurde.

57 *Durach*, Die Einführung kompetitiver Strukturen auf den Energiemärkten, S. 9; *Niedrig* in: Zenke/Schäfer, Energiehandel in Europa, S. 568.

58 *Europäische Kommission*, Der Binnenmarkt für Energie, KOM 88 (238) endg., S. 68–73.

59 *Tödtmann/Kaluza*, RdE 2011, 241 (242).

§ 2 Europäische Energiepolitik zur Schaffung des gemeinsamen Energiebinnenmarktes

I. Europäischer Integrationsprozess und Zusammenwachsen der Märkte

Schon zu Beginn der europäischen Integration war der Bereich der Energie von enormem Interesse. Aufgrund der großen Bedeutung für die Kriegswirtschaft erschien eine Vergemeinschaftung und Zusammenarbeit auf europäischer Ebene notwendig zur Verhütung neuer Rüstungswettläufe und Kriege.[60] In diesem Geiste wurde am 18. April 1951 der Vertrag zur Gründung der Europäischen Gemeinschaft für Kohle und Stahl (EGKS)[61] von den Gründungsstaaten Belgien, Bundesrepublik Deutschland, Frankreich, Italien, Luxemburg und Niederlande unterzeichnet. Diese, als Montanunion bezeichnete, erste der drei Europäischen Gemeinschaften hatte die Errichtung eines gemeinsamen Marktes für Kohle und Stahl und die Förderung einer konkurrenzfähigen Montanindustrie zum Ziel.

Daneben trat am 1. Januar 1958 der Vertrag über die Europäische Atomgemeinschaft (EAG, EAGV bzw. EURATOM-Vertrag)[62] in Kraft.[63] Die Notwendigkeit zum Abschluss dieses Vertrages entsprang der Überzeugung, dass langfristig die Energieversorgung der Vertragsstaaten nicht allein durch die Energieträger Kohle und Öl zu gewährleisten sei. Aufgrund der hohen Kosten für die Entwicklung und Nutzung der Nukleartechnik, die die einzelnen Vertragsstaaten nicht zu stemmen in der Lage gewesen wären, sollte die Förderung durch die zwischenstaatliche Zusammenarbeit geschehen.[64]

Auf dem Weg zu einer wirtschaftlichen europäischen Einigung noch bedeutender, auch im hier relevanten Energiebereich, war schließlich der andere Vertrag der beiden Römischen Verträge, nämlich der zur Gründung einer Europäischen Wirtschaftsgemeinschaft (EWG) vom 25. März 1957.[65] Der EWG-Vertrag

---

60 *Börner*, RdE 2005, 181 (181).

61 BGBl. II 1952, 978; 1952 II 447; der auf 50 Jahre geschlossene EGKS-Vertrag lief am 23.07.2002 aus.

62 Vertrag zur Gründung der Europäischen Atomgemeinschaft (EURATOM) vom 18.04.1957, BGBl. II 1957, 1014.

63 vgl. zum EAGV: *Lippert*, Energiewirtschaftsrecht, S. 129–132; *Schroeder*, JA 1995, 728 (728 ff.).

64 *Schroeder*, JA 1995, 728 (728).

65 Vertrag zur Gründung der Europäischen Wirtschaftsgemeinschaft, BGBl. 1957 II, 766.

statuierte die vier Grundfreiheiten Personen, Waren, Kapital und Dienstleistungen im Rahmen einer Zollunion.[66] In Art. 2 EWG erklärte er die Errichtung eines gemeinsamen Marktes zum Ziel, womit der grenzüberschreitende Verkehr von Waren und Dienstleistungen über die zwischen den Mitgliedstaaten bestehenden Staatsgrenzen gemeint war. Der EWG-Vertrag beinhaltete aber zunächst kein Kapitel über die Energiewirtschaft, da der EGKSV und der EAGV mit umfangreichen Regelungen für diesen Bereich ausgestattet waren und die Mitgliedstaaten ihre Souveränität im Politikbereich Energie wahren wollten.[67] Dennoch wurde zum Teil bei übergreifenden Sachverhalten auf die allgemeinen Bestimmungen des EWG-Vertrags (z.B. Art. 94, 95, 308 EWG) als Ermächtigungsgrundlagen zurückgegriffen, um Maßnahmen auf dem Gebiet der Energiewirtschaft zu treffen, was vor allem für die leitungsgebundene Energieversorgung zutraf.[68]

Insgesamt aber entwickelte sich über lange Zeit auf der europäischen Ebene keine kohärente und konsequente gemeinsame Energiepolitik der Mitgliedstaaten und Entwicklung in Richtung eines gemeinschaftsweiten Marktes im Vergleich zu anderen handelbaren Gütern.[69] Erst recht wurde die monopolartige Struktur der Energieversorgungswirtschaft in den einzelnen Mitgliedstaaten nicht in Frage gestellt. Dennoch wurde ein weiteres Zusammenwachsen der Gemeinschaft von vielen Entscheidungsträgern für möglich gehalten und für wünschenswert erachtet.[70]

---

66 *Börner*, RdE 2005, 181 (181); der EuGH hat schon früh entschieden, den nichtkörperlichen elektrischen Strom unter die Warenverkehrsfreiheit nach Art. 26 Abs. 2 AEUV zu subsumieren, EuGH Rs. 6/64, „Costa/ENEL", Slg. 1964, 1253; EuGH Rs. C-393/92, „Almelo", Slg. 1994, I-1477.

67 dies änderte sich erst mit der Einführung des Kapitels über Transeuropäische Netze durch den Vertrag von Maastricht vom 07.02.1992 (Art. 129b bis d EGV in der Fassung vom 1. November 1993) und der später folgenden Einführung des Titels XXI über Energie durch den Vertrag von Lissabon vom 13.12.2007 (Inkrafttreten 01.12.2009); einen Überblick über neuen Energietitel im AEUV s. bei Papenkort/Wellershoff, RdE 2010, 77–83.

68 *Lippert*, Energiewirtschaftsrecht, S. 133.

69 *Pielow*, Elektrizität und Gas, in: Krautscheid, Die Daseinsvorsorge im Spannungsfeld von europäischem Wettbewerb und Gemeinwohl, S. 134.

70 vgl. z.B. *Helmut Kohl*, damaliger Ministerpräsident von Rheinland-Pfalz: „Ich teile ihre Auffassung, dass der Europäischen Gemeinschaft ein ausreichendes energiepolitisches Handeln ermöglicht werden sollte, um zu einer gemeinsamen europäischen Energiepolitik zu kommen." in: Energie – Leistungen, Prognosen, Alternativen S. 31, Eine ÖTV-Dokumentation, 1972; vgl. auch *Ehlermann*, EuZW 1992, 689 (689).

Den wichtigsten vertraglichen Anstoß in Richtung der Herstellung eines gemeinsamen Energiemarktes bildete sodann die Einheitliche Europäische Akte (EEA)[71] mit ihrem Inkrafttreten am 1. Juli 1987.[72] In der EEA verpflichteten sich die Mitgliedstaaten der mittlerweile um das Vereinigte Königreich, Irland, Dänemark, Spanien, Portugal und Griechenland erweiterten EWG nicht nur dazu, bestehende Handelsbeschränkungen zu beseitigen, sondern darüber hinaus den Europäischen Binnenmarkt zu schaffen. Es wurde das ehrgeizige Ziel ausgegeben, dass dieser bis zum 31. Dezember 1992 für alle Produkte und Dienstleistungen verwirklicht sein sollte.

II. Das Erste Energiebinnenmarktpaket

1. Entstehungshistorie

Bereits vor den erfolgreichen Verhandlungen über die EEA hatte der Europäische Rat auf seinem Gipfel in Brüssel am 29. und 30. März 1985 sich auf das Ziel der Errichtung des „großen Binnenmarktes" bis zum Jahr 1992 festgelegt und der Europäischen Kommission aufgegeben, zu diesem Zweck Maßnahmen und einen detaillierten Zeitplan auszuarbeiten.[73] Dieser Aufforderung kam die Kommission mit ihrem Weißbuch zur Vollendung des Binnenmarktes vom 14. Juni 1985[74] nach. Die Kommission teilte die Auffassung, dass die Verwirklichung des europäischen Binnenmarkts unabdingbare Voraussetzung für einen nachhaltig wachsenden Wohlstand der Gemeinschaft sei.[75] Auch wenn in diesem Weißbuch, das die Beseitigung der materiellen, der technischen und der steuerlichen Schranken in der Gemeinschaft in Aussicht stellte, noch mit keinem Wort die europäischen Energiemärkte erwähnt wurden, so formulierte es doch den allgemeinen Grundsatz, dass ein Erzeugnis, welches in einem Mitgliedstaat rechtmäßig hergestellt und in den Verkehr gebracht worden ist, überall in der Gemeinschaft verkauft werden können müsse.[76]

---

71 BGBl. 1987 II, 451.

72 so auch *Krisp*, Die deutsche Stromwirtschaft, S. 39.

73 *Theobald/Theobald*, Grundzüge des Energiewirtschaftsrechts, S. 46.

74 *Europäische Kommission*, Vollendung des Binnenmarktes: Weißbuch der Kommission an den Europäischen Rat vom 14.06.1985, KOM 85 (310) endg.

75 KOM 85 (310) endg., Rn. 21; *von Danwitz*, Der europäische Elektrizitätsbinnenmarkt zwischen Wettbewerbsorientierung und Wettbewerbsbeschränkung, in: Wirtschaft und Gesellschaft im Staat der Gegenwart, S. 704.

76 KOM 85 (310) endg., Rn. 58.

Beginn der Verwirklichung des Binnenmarktes speziell im Energiebereich war dann ein Arbeitsdokument der Kommission vom 2. Mai 1988 mit dem Titel „Der Binnenmarkt für Energie“[77], in dem die Ziele und die auf dem Weg liegenden Hindernisse erstmals konkret beschrieben wurden.[78] Unter ersterem wurden die Errichtung eines einheitlichen europäischen Strommarktes, die Gewährleistung eines freien, grenzüberschreitenden Stromhandels, die effiziente, wettbewerblich gesteuerte Belieferung der Verbraucher, die Verringerung der Abhängigkeit von Importen, der Schutz der Umwelt sowie die bestmögliche Effizienz der Stromerzeugung genannt. Als maßgebliche Probleme auf dem Weg zum Ziel wurden stark divergierende technische, rechtliche und wirtschaftliche Ausgangsbedingungen in den Mitgliedstaaten, insbesondere Monopole in den Bereichen Produktion, Import und Export, ausschließliche Rechte zum Leitungsbau, geschlossene Versorgungsgebiete und der fehlende Netzzugang für Dritte, zudem eine unterschiedliche Liberalisierungsgeschwindigkeit und nationale Unterschiede hinsichtlich der energie- und umweltpolitischen Ziele, bezeichnet.

Die Kommission verfolgte zur Erreichung ihrer Zielsetzung einen 3-Stufen-Plan.[79] Auf einer ersten Stufe sollten die Transparenz- und Transitrichtlinien eingeführt werden, auf der zweiten der Erlass der Binnenmarktrichtlinien Strom und Gas verwirklicht werden und die dritte Stufe sah die Überprüfung der Ergebnisse und Folgen der Rechtsakte zur Erreichung des Zieles vor.

2. Inhaltsüberblick

a) Die Strompreistransparenz- und Transitrichtlinien

Üblicherweise nicht dem ersten Energiebinnenmarktpaket zugerechnet werden die Strompreistransparenzrichtlinie[80] und die Richtlinien über den Transit von Elektrizität und Gas über große Netze[81]. Doch sind sie trotzdem in diesem historischen

77 *Europäische Kommission*, Der Binnenmarkt für Energie, KOM 88 (238) endg.; vgl. auch bereits den Beschluss des Europäischen Rates vom 16.09.1986 über „Neue energiepolitische Ziele der Gemeinschaft für 1995“, ABl. 1986 C 241/1.

78 Nach *Krisp*, Die deutsche Stromwirtschaft, S. 40 stellt dies den Grundstein der Elektrizitätsbinnenmarktrichtlinie dar.

79 vgl. dazu *Ehlermann*, ET 1992, 96 (96 f).; *Wolf*, BB 1998, 1433 (1433 f).

80 Richtlinie 90/377/EWG des Rates zur Einführung eines gemeinschaftlichen Verfahrens zur Gewährleistung der Transparenz der vom industriellen Endverbraucher zu zahlenden Gas- und Strompreise, Abl. L 185 vom 17.07.1990, S. 16 ff., zuletzt geändert durch Richtlinie 93/87/EWG der Kommission, Abl. L 277 vom 10.11.1993, S. 32 ff.

81 Richtlinie 90/547/EWG des Rates über den Transit von Elektrizitätslieferungen über große Netze (Transitrichtlinie Strom), Abl. L 313 vom 13.11.1990, S. 30 ff. und Richtlinie

Überblick zu erwähnen, da es sich bei ihnen um die ersten beiden Richtlinien zum europäischen Energiebinnenmarkt handelt und sie bedeutende Vorarbeiten für die Elektrizitäts- und Gasbinnenmarktrichtlinie leisteten.[82] Die Verabschiedung der Transitrichtlinien hatte zur Folge, dass zum ersten Mal die grenzüberschreitende Strom- bzw. Gaslieferung auf der europäischen Hochspannungsverbundebene bzw. in Gasbeförderungsnetzen rechtlich geregelt wurde.[83] Sie verpflichteten die Mitgliedstaaten, notwendige Regelungen zu treffen, um den grenzüberschreitenden Handel sicherzustellen, wobei unter Transit die Beförderung von Strom bzw. Gas aus dem Gebiet eines Mitgliedstaates durch einen anderen Mitgliedstaat unter Überschreitung mindestens einer innergemeinschaftlichen Grenze verstanden wurde.[84] Berechtigt und verpflichtet zur Durchleitung wurden allerdings nur die in einer Anlage zu der Richtlinie aufgeführten Unternehmen; die Öffnung der Netze für Dritte war noch nicht vorgesehen. Durch die Strompreistransparenzrichtlinie sollte der Wettbewerb um industrielle Energieverbraucher durch Preistransparenz verschärft und gleichzeitig Wettbewerbsverfälschungen vorgebeugt werden. Hierzu mussten die Energieversorgungsunternehmen relevante Daten zur Preisgestaltung offenlegen, um den Behörden die Möglichkeit zu geben, Auffälligkeiten zu entdecken und zu untersuchen.[85]

b) Die Elektrizitätsbinnenmarktrichtlinie

Weitere Schritte in Richtung eines europäischen Energiebinnenmarktes und einer damit verbundenen Öffnung und Liberalisierung waren lange Zeit höchst umstritten und scheiterten an den Differenzen der Mitgliedstaaten. Die ersten Reformvorschläge der Kommission vom 21. Februar 1991[86] wurden aufgrund

---

91/296/EWG des Rates über den Transit von Erdgas über große Netze (Transitrichtlinie Gas), Abl. 147 vom 12.06.1991, S. 37 ff.

82 *Theobald/Theobald*, Grundzüge des Energiewirtschaftsrechts, S. 50.

83 *Schneider* in: Schneider/Theobald, § 2, Rn. 35; weitergehend zu den Transitrichtlinien vgl. *Jarass*, Europäisches Energierecht, S. 20 ff.

84 Art. 2 Abs. 1 Transitrichtlinie Gas.

85 *Schneider* in: Schneider/Theobald, § 2, Rn. 36; s. auch *Jarass*, Europäisches Energierecht, S. 26 f.

86 Vorschlag für eine Richtlinie des Rates betreffend gemeinsamer Vorschriften für den Elektrizitätsbinnenmarkt, KOM 1991 (548) endg., ABl. C 65 vom 14.03.1992, S. 4–14 bzw. Vorschlag für eine Richtlinie des Rates betreffend gemeinsamer Vorschriften für den Erdgasbinnenmarkt, KOM 1991 (548) endg., ABl. C 65 vom 14.03.1992, S. 14–23.

von Widerständen aus einer Reihe von Mitgliedstaaten abgeschwächt.[87] Während beispielsweise das Vereinigte Königreich schon früh Erfahrungen mit der Liberalisierung seiner monopolstrukturierten Energiewirtschaft gemacht hatte und als Vorreiter betrachtet werden kann, drängte gerade Frankreich darauf, seinen öffentlichen Dienst zu erhalten, worunter es vor allem die Versorgungssicherheit und den langfristigen Betrieb von Stromnetzen verstand.[88] Auch in Deutschland herrschten in Wissenschaft und Politik kontroverse Ansichten gegenüber dem Konzept der Öffnung und Liberalisierung der Energiemärkte, wobei Vertreter beider Seiten zu finden waren.[89] Nach jahrelangen Verzögerungen infolge der gegensätzlichen Positionen innerhalb der EU gelang schließlich auf dem deutsch-französischen Gipfel im Juni 1995 ein Kompromiss und Durchbruch.

Die Elektrizitätsbinnenmarktrichtlinie[90] von 1996 (EltRL 1996) war ein erster ernsthafter Schritt und gleichzeitig Meilenstein in Richtung eines einheitlichen und wettbewerbsorientierten europäischen Energiebinnenmarktes.

Sie stellte einen Kompromiss dar zwischen einer gemeinschaftsweiten Marktöffnung durch einen offenen Netzzugang (sog. Third Party Access) und einer Orientierung an Versorgungssicherheit, Umwelt- und Verbraucherschutz.[91] Durch gemeinsame Vorschriften für die Bereiche Energieerzeugung, -übertragung

---

87 Abgeänderter Vorschlag für eine Richtlinie des Europäischen Parlament und des Rates betreffend gemeinsame Vorschriften für den Elektrizitätsbinnenmarkt, KOM 1993 (643) endg., ABl. C 123 vom 04.05.1994, S. 1–25 bzw. abgeänderter Vorschlag für eine Richtlinie des Europäischen Parlaments und des Rates betreffend gemeinsame Vorschriften für den Erdgasbinnenmarkt, KOM 1993 (643), ABl. C 123 vom 04.05.1994, S. 26–47.

88 vgl. zu den Gegebenheiten in einigen Mitgliedstaaten: *Hosius*, Netzzugang und Reziprozität bei grenzüberschreitenden Erdgaslieferungen in Europa, S. 46–48; *Pielow*, Grundstrukturen öffentlicher Versorgung, S. 170 ff.; *von Danwitz*, Der europäische Elektrizitätsbinnenmarkt zwischen Wettbewerbsorientierung und Wettbewerbsbeschränkung, in: Wirtschaft und Gesellschaft im Staat der Gegenwart, S. 706 ff.; *Wolf*, BB 1998, 1433 (1434).

89 1991 sprach sich eine von der Bundesregierung eingesetzte Deregulierungskommission für eine wettbewerbliche Öffnung aus, Marktöffnung und Wettbewerb, S. 25 ff.; ähnliche Bewertungen erfolgten durch die Monopolkommission, 10. Hauptgutachten 1992/1993, S. 56 ff. Die Regierungskoalition aus Union und FDP kündigte 1991 die Liberalisierung der Energiemärkte an, vgl. Begründung zum RegE EnWG, BT-Drs. 13/7274, S. 9; kritische Stimmen hingegen wurden in Wissenschaft und Literatur geäußert, exemplarisch: *Hüffer/Ipsen/Tettinger*, Transitrichtlinien für Gas und Elektrizität.

90 Richtlinie 96/92/EG des Europäischen Parlaments und des Rates vom 19.12.1996 betreffend gemeinsame Vorschriften für den Elektrizitätsbinnenmarkt, Abl. L 27 vom 30.01.1997, S. 20.

91 *Theobald/Theobald*, Grundzüge des Energiewirtschaftrechts, S. 50.

und -verteilung, sowie Regelungen zum Marktzugang, Ausschreibungen und Genehmigungen sollte der Wettbewerb in Gang gebracht werden. Exemplarisch legte Art. 3 Abs. 1 der Richtlinie den Mitgliedstaaten die Verpflichtung auf, dafür Sorge zu tragen, dass Elektrizitätsunternehmen in Hinblick auf die Errichtung eines Elektrizitätsbinnenmarktes betrieben werden; ein erstaunliches Postulat an den Adressaten. Beim Bau von Energieerzeugungsanlagen überließ die Richtlinie den Mitgliedstaaten die Wahl zwischen der Einführung eines Genehmigungs- oder Ausschreibungsverfahrens.[92] Auf der Stufe des Betriebs des Übertragungsnetzes sah Art. 7 EltRL 1996 vor, dass ein Eigentümer eines Übertragungsnetzes einen jeweiligen Netzbetreiber zu benennen hatte, der für den Betrieb, den Ausbau und die Gewährleistung der Versorgungssicherheit verantwortlich war. Ferner wurde ihm ein Diskriminierungsverbot auferlegt. Verteilunternehmen konnten durch Art. 10 EltRL 1996 verpflichtet werden, Kunden in einem bestimmten Gebiet zu beliefern. Beim Zugang zu den Netzen wurde es den Mitgliedstaaten freigestellt, eine sofortige und umfassende Marktöffnung herbeizuführen oder über einen Zeitraum von sechs Jahren stufenweise zu diesem Ziel zu gelangen. Vorgegeben wurde lediglich eine Öffnung des nationalen Energiemarktes für Wettbewerb um mindestens 26 % bis 1999, um mindestens 28 % bis 2000 und um mindestens 30 % bis 2003. Schließlich wurde den Mitgliedstaaten aufgetragen, geeignete und wirksame Mechanismen für die Regulierung, die Kontrolle und die Sicherstellung von Transparenz einzurichten, um Missbrauch von marktbeherrschenden Stellungen und Verdrängungswettbewerbe zu unterbinden.[93] In der Entscheidungsbefugnis der Mitgliedstaaten lag ferner die Wahl zwischen der Einführung eines verhandelten Netzzugangs[94] oder des regulierten Netzzugangs.[95] Beim regulierten Netzzugang bestimmt oder genehmigt eine staatliche Behörde die Bedingungen und die Höhe des Nutzungsentgelts für die Nutzung von Versorgungsnetzen. Dieses Modell ist in einer ex-ante und in einer ex-post-Variante möglich, d.h. die Entscheidung erfolgt vor oder nach Zugangs- oder Durchleitungsbegehren eines Anbieters. Beim verhandelten Netzzugang, für den sich Deutschland entschied, geschieht die Einigung über Bedingungen und Entgelte auf privatrechtlicher Basis durch Verhandlungen der Interessenverbände.

Weiteres wichtiges Element der Richtlinie waren die Vorschriften zu einer ersten Entflechtung vertikal integrierter Unternehmen. Um ein Aufbrechen dieser natürlichen Monopole und die Realisation eines funktionierenden Wettbewerbs

92 Art. 4 EltRL 1996.
93 Art. 19 EltRL 1996.
94 Art. 17 EltRL 1996.
95 Art. 18 EltRL 1996.

zu erreichen, sah die Kommission es als notwendig an, für die Bereiche Produktion, Transport und Verteilung das Management und die Rechnungsführung zu trennen.

Insgesamt beließ die EltRL 1996 aber den Mitgliedstaaten hinsichtlich der Umsetzung aufgrund einer offenen Formulierung der Vorschriften einen großen Spielraum.[96] Die Umsetzungsfrist endete am 19. Februar 1999. Die noch nicht schon bei Verabschiedung der Richtlinie verwirklichten Vorgaben setzte Deutschland mit der Novellierung des EnWG von 1998 um. Belgien, Irland und Griechenland wurden Fristverlängerungen eingeräumt. Als einziges Land kam Frankreich nicht der fristgerechten Umsetzung in nationales Recht nach.[97]

c) *Die Erdgasbinnenmarktrichtlinie*

Die Erdgasbinnenmarktrichtlinie[98] (GasRL 1998) folgte zwei Jahre auf die EltRL 1996 und war inhaltlich stark an dieser orientiert, vor allem hinsichtlich Fernleitung, Verteilung und Lieferung. Zum Ziel hatte sie ebenfalls die Förderung und Stärkung eines wettbewerbsorientierten Binnenmarktes. Genehmigungen für den Bau und Betrieb von Erdgasanlagen mussten von den Mitgliedstaaten nach objektiven und nicht diskriminierenden Kriterien vergeben werden.[99] Gleiche Voraussetzungen galten für den Anschluss von Anlagen an das Netz.[100] Beim Netzzugang sollten die Mitgliedstaaten zwischen dem System des verhandelten und dem des regulierten Third Party Access wählen können.[101] Beim ausgehandelten Netzzugang konnte der Zugang aufgrund dreier in Art. 17 GasRL 1998 festgelegter Gründe (fehlende Kapazität, Service Public und Take or pay) allerdings verweigert werden.[102] Die Richtlinie sollte zur schrittweisen Öffnung des Erdgasmarktes durch Netzzugang führen, wobei zunächst nur 20 % des jährlichen Gesamtverbrauchs auf dem einzelstaatlichen Gasmarkt fallen mussten.[103] Der Wert sollte innerhalb von fünf Jahren auf 28 % und innerhalb weiterer fünf Jahre auf 33 % des Marktes ansteigen. Ein Unterschied zur EltRL 1996 bestand

---

96 *Büdenbender/Heintschel von Heinegg/Rosin*, Energierecht, Bd. 1, S. 168.

97 vgl. *Lecheler/Gundel*, RdE 2000, 165 (165 ff.).

98 Richtlinie 98/30/EG des Europäischen Parlaments und des Rates vom 22.06.1998 betreffend gemeinsame Vorschriften für den Erdgasbinnenmarkt, ABl. 1998 L 204, S. 1.

99 Art. 4 GasRL 1998.

100 Art. 5 GasRL 1998.

101 Art. 15, Art. 16 GasRL 1998.

102 zur Geltendmachung von weiteren Gründen s. von *Burchard/Riemer*, ET 1998, 782 (782 ff.).

103 Art. 18 GasRL 1998.

darin, dass zwischenstaatliche Regelungen über den Zugang zum vorgelagerten Verbindungsnetz getroffen werden konnten.[104] Festzustellen ist auch, dass die GasRL 1998 ein strengeres Entflechtungsregime als ihre „Schwester“ im Strombereich aufstellte, da in dem Definitionskatalog des Art. 2 GasRL 1998 zwischen einer größeren Zahl wirtschaftlicher Aktivitäten unterschieden wurde.

3. Zeitgenössische Kritik

Die Vorschläge zur Errichtung des gemeinsamen Marktes für Strom und Gas sowie schließlich die Verabschiedung des ersten Binnenmarktpakets stießen nicht auf ungeteilte Zustimmung. Bezweifelt wurde aus rechtlicher Sicht, ob die Gemeinschaft für den Erlass der Regelungen auf diesem Gebiet überhaupt die nötige Rechtsetzungskompetenz habe.[105] Da der EG-Vertrag außer den Vorschriften zu den Transeuropäischen Netzen keinen ausdrücklichen Kompetenztitel für den Energiebereich vorsah, wurde die Möglichkeit des Tätigwerdens teilweise heftig bestritten. Allerdings sah der Vertrag unstreitig in Art. 3 lit. t) EGV a.F. den Energiesektor als Aufgabenbereich der Gemeinschaft an. Die von der Kommission in den Richtlinien genannten Ermächtigungsgrundlagen Art. 57 Abs. 2, 66 und 100 a EGV a.F. wurden teilweise jedoch als nicht tragbar erachtet. Des Weiteren wurde darüber diskutiert, ob insbesondere die Entflechtungsvorschriften und der Durchleitungszwang der Netzbetreiber diese in ihren europäisch und national garantierten Rechten auf Eigentum und freier wirtschaftlicher Betätigung beeinträchtigten.[106] Es seien auch keine Mittel und Methoden ersichtlich, wie eine hinreichend gerechte, angemessene und transparente Berechnung der dann fälligen Netznutzungsentgelte funktionieren solle. Schließlich wurden Ungerechtigkeiten gerade zulasten der deutschen Energieversorger durch einen Wettbewerbsverzerrungen schaffenden Markt befürchtet, da ihnen beim grenzüberschreitenden Handel häufig nur eine staatliche Energiegesellschaft als Vertragspartner zur Auswahl stünde, während das ausländische Unternehmen aus der großen Vielzahl von deutschen Unternehmen seine Abnehmer suchen könnte.

---

104 Art. 23 GasRL 1998.

105 Dafür: *Säcker/Busche*, ET 1998, 18 (19 f.); dagegen: *Börner*, RdE 2005, 181 (187); *Steinberg/Britz*, DÖV 1993, 313, (315 f.);.*Schütte*, ET 1992, 258 (260).

106 Kritisch zu den Plänen der EG: *Grawe*, EuZW 1993, 23 (23); Hüffer/Ipsen/Tettinger, Transitrichtlinien für Gas und Elektrizität.

4. Umsetzung in Deutschland

Die Vorgaben des ersten Energiebinnenmarktpakets wurden durch drei Gesetzesvorhaben in deutsches Recht umgesetzt[107]: das Gesetz zur Neuregelung des Energiewirtschaftsrechts (EnWG 1998), die 6. Novelle des Gesetzes gegen Wettbewerbsbeschränkungen und das EnWG 2003.

a) EnWG 1998

Das am 29. April 1998 in Kraft getretene Gesetz zur Neuregelung des Energiewirtschaftsrechts[108] (EnWG 1998) stellte seit 1935 die erste grundlegende Reform des Rechtsrahmens für die Energiewirtschaft in Deutschland dar.[109] Es diente der Umsetzung der Elektrizitätsrichtlinie, war aber auch geprägt von einem Umdenken in Wirtschaft und Rechtswissenschaft in Richtung einer Strömung, die wettbewerbliche Strukturen, Deregulierung und Liberalisierung den Vorzug vor der Beibehaltung von Monopolen gab.[110] Als Ziele des Gesetzes wurden die sichere, preisgünstige und nunmehr auch die umweltverträgliche Versorgung definiert.[111] Grundziel der Reform war es, durch die Ermöglichung und Förderung von Wettbewerb zu günstigeren Preisen für Strom und Gas für die Verbraucher bei gleichzeitiger Aufrechterhaltung bzw. sogar Verbesserung der Versorgung zu kommen.[112] Nach dem EnWG 1998 sollte in erster Linie der Wettbewerb durch den freien Netzzugang für Dritte gegen Zahlung eines angemessenen Entgelts in diskriminierungsfreier Weise gestärkt werden, wobei deren genauere

107 *Börner* spricht von einer „lustlosen Umsetzung der Richtlinien" in den Mitgliedstaaten, wodurch sich die Märkte langsam geöffnet, aber nicht zu einem Binnenmarkt zusammengewachsen seien, RdE 2005, 181 (185); zur Umsetzung im französischen Recht exemplarisch *Koenig/Kühling/Rasbach*, ZNER 2003, 3 (9 ff.), s. auch *Pielow*, Grundstrukturen öffentlicher Versorgung, S. 170 ff.

108 BGBl. 1998 I S. 730.

109 *Cronenberg*, RdE 1998, 85 (85).

110 *Büdenbender*, JZ 1999, 62 (64); vgl. auch *Monopolkommission*, 10. Hauptgutachten 1992/93, S. 56 ff., 11. Hauptgutachten 1994/95, BT-Drucks. 13/5309, S. 29 ff.; ebenso der Sachverständigenrat der zur Begutachtung der wirtschaftlichen Entwicklung 1993/94, BT-Drucks. 12/6170, Rn. 399 ff.

111 § 1 EnWG 1998.

112 *Koenig/Kühling/Rasbach*, ZNER 2003, 6, die allerdings auch die Frage aufwerfen, ob ein Zuviel an Wettbewerb implementiert worden sei und die Gewährleistung der Versorgungssicherheit ohne hinreichende Eingriffsinstrumente im Falle eines möglichen Marktversagens nicht gegeben sei (S. 8); vgl. dazu auch *Tettinger*, RdE 2002, 225 (228) zum gewachsenen Vertrauen in die selbstregulierenden Kräfte des Marktes.

Bedingungen durch Verbändevereinbarungen detaillierter ausgestaltet werden sollten.[113] Der Netzeigentümer durfte nicht zu schlechteren Bedingungen sein Netz zur Verfügung stellen, die er für Leistungen innerhalb seines Unternehmens oder gegenüber verbundenen und assoziierten Unternehmen verlangt hätte, es sei denn, er konnte nachweisen, dass ihm die Durchleitung aus betriebsbedingten oder sonstigen Gründen nicht möglich oder zumutbar war.[114] Damit stellte Deutschland schon 1998 die vollständige Liberalisierung des Strom- und Gasmarktes her, ging damit also erheblich weiter als die Richtlinien erforderten und die Praxis in den anderen Mitgliedstaaten war.[115] Die Rahmenbedingungen des Netzzugangs wurden sodann von den Verbänden der Marktteilnehmer erarbeitet und festgelegt.[116] Die Vorgaben zur Entflechtung von Energieversorgungsunternehmen erfuhren eine Umsetzung in § 4 EnWG 1998. Danach war das Übertragungsnetz von der Erzeugung, Verteilung und übrigen Tätigkeiten des vertikal integrierten Unternehmens organisatorisch zu trennen sowie eine getrennte Rechnungslegung durchzuführen.

b) 6. GWB-Novelle

Neben der Einfügung des § 103 b GWB durch das Gesetz zur Neuregelung des Energiewirtschaftsrechts wurde das Gesetz gegen Wettbewerbsbeschränkungen infolge des Binnenmarktpakets weiter durch die 6. Novelle[117] vom 26. August 1998 geändert. Mit § 19 Abs. 4 Nr. 4 GWB erfolgte die Einführung eines neuen Missbrauchstatbestandes speziell für die Weigerung, einem anderen Unternehmen Zugang zu den eigenen Netzen zu gewähren. Damit sollten eventuell vorliegende

---

113 *Cronenberg*, RdE 1998, 86 f.

114 § 6 Abs. 1 Satz 2 EnWG 1998.

115 *Koenig/Kühling/Rasbach*, ZNER 2003, 8 begrüßen diese Entscheidung zur Marktöffnung, bezweifeln aber die Herstellung eines funktionierenden Wettbewerbs auf der Energieerzeugungsebene mangels effektiver Netzzugangsrechte.

116 Die erste Verbändevereinbarung über die Kriterien zur Bestimmung von Netznutzungsentgelten für elektrische Energie wurde am 22.05.1998 von den Verbänden BDI, VIK, VKU und VDEW geschlossen (VV Strom I). Sie wurde durch die wettbewerblich verbesserte VV Strom II vom 13.12.1999 abgelöst. Mit Beginn des Jahres 2002 galt die Verbändevereinbarung über die Kriterien zur Bestimmung von Netznutzungsentgelten für elektrische Energie und über Prinzipien der Netznutzung (VV II +) vom 13.12.2001. Im Gasbereich wurde die erste Verbändevereinbarung zwischen den Verbänden BDI, VIK, BGW und VKU am 04.07.2000 unterzeichnet (VV Gas I). Diese wurde durch die VV Gas II vom 03.05.2002 abgelöst.

117 BGBl. I 1998, S. 2546.

Regelungslücken geschlossen werden, wobei sich die Neuerung nicht nur auf die Energiewirtschaft, sondern auf alle leitungsgebundenen Wirtschaftszweige wie Telekommunikation, Kabel und Schienenverkehr bezog.[118]

c) *EnWG 2003*

Die rechtzeitige Umsetzung der Pflichten aus der GasRL bis zum 10. August 2000 gelang in Deutschland nicht. Auf Seiten der Bundesregierung sah man lange Zeit die Vorschriften des EnWG von 1998, die kartellrechtliche Missbrauchsaufsicht in § 19 Abs. 4 Nr. 4 GWB und die Regelungen des Zusammenspiels von staatlicher Regulierung und wirtschaftlicher Selbstregulierung in Form der Verbändevereinbarungen als ausreichend an.[119] Dieser Meinung schloss sich aber die Kommission nicht an und leitete ein Vertragsverletzungsverfahren gegen Deutschland ein. Daher bestand die Notwendigkeit, das EnWG erneut zu reformieren, was sich bis zum Inkrafttreten des Ersten Gesetzes zur Änderung des Neuregelungsgesetzes 1998[120] am 24. Mai 2003 hinzog. Darin wurden nun auch die Gasnetzbetreiber verpflichtet, Dritten Zugang zu ihrem Netz diskriminierungsfrei und gegen Zahlung eines Netznutzungsentgeltes zu gewähren.[121] Damit einher ging die Verpflichtung zur Veröffentlichung ihrer für den Netzzugang wesentlichen Geschäftsbedingungen und zur buchhalterischen Entflechtung, falls sie vertikal integriert waren.[122] Zudem integrierte man die ausgehandelten Verbändevereinbarungen Strom (VV II +)[123] und Gas (VV II)[124] über die Bedingungen des Netzzugangs und der Netzentgelte durch eine Vermutungsregel mittelbar ins Gesetz. Nach §§ 6, 6 a EnWG 2003 wurde für die Bedingungen für den Netzzugang die gute fachliche Praxis vermutet, wenn sie den Verbändevereinbarungen entsprachen.[125]

5. Auswirkungen des Ersten Binnenmarktpakets auf den Binnenmarkt

Bereits im ersten Energiebinnenmarktpaket war die Unzulänglichkeit der Regelungen für die Verwirklichung des Zieles angelegt und die Notwendigkeit weiterer Schritte evident. So sprach der 39. Erwägungsgrund der Elektrizitätsrichtlinie

---

118 *Büdenbender*, JZ 1999, 62 (67).

119 *Theobald/Theobald*, Grundzüge des Energiewirtschaftsrechts, S. 54.

120 BGBl. I 2003, S. 686.

121 § 6 a EnWG 2003.

122 § 6 a Abs. 6; § 9 a Abs. 2 EnWG 2003; *Säcker* in: Berliner Kommentar, Einl. A., Rn. 13.

123 BAnz Nr. 85 b vom 08.05.2002.

124 BAnz Nr. 87 b vom 14.05.2002.

125 *Säcker* in: Berliner Kommentar, Einl. A., Rn. 14.

und der 34. Erwägungsgrund der Gasrichtlinie bereits davon, dass auch nach ihrer Durchführung Hemmnisse für den Strom- und Gashandel fortbestehen würden. Trotz einiger Fortschritte blieben allerdings die Auswirkungen des Ersten Binnenmarktpakets noch weiter hinter den Erwartungen zurück. Wettbewerbshindernisse wurden in mehreren Bereichen festgestellt.

In ihren nach Art. 25 EltRL 1996 und Art. 27 GasRL 1998 zu erstellenden Berichten[126] und anderen Stellungnahmen[127] kam die Kommission zu dem Ergebnis, dass das geltende Recht nicht ausreiche, um zeitnah die Herstellung eines europäischen Binnenmarktes zu erwarten. Die unterschiedlichen Marktöffnungsgrade in den Mitgliedstaaten führten noch zu einer erheblichen Wettbewerbsbeeinträchtigung und dazu, dass Wettbewerbsverzerrungen zwischen den Energiegesellschaften, auch aufgrund von Quersubventionen, entstünden.[128] Es seien übermäßig hohe Netzentgelte vorzufinden, die eine abschreckende Wirkung auf Marktneueinsteiger hätten.[129] Zudem sei die große Marktmacht einzelner Energieerzeugungsunternehmen und die mangelnde Liquidität an Großhandels- und Ausgleichsmärkten ein Problem.[130] Außerdem müssten Netzentgelte vorab veröffentlicht oder genehmigt werden und schließlich sei die unzureichende Entflechtung der vertikal integrierten Unternehmen ein Wettbewerbshindernis.[131]

Insbesondere sei die geringe Entwicklung des grenzüberschreitenden Handels im Vergleich zu anderen Handelswaren Anzeichen für den fehlenden Wettbewerb, wofür auch die großen Unterschiede in den Regulierungssystemen der Mitgliedstaaten als verantwortlich ausgemacht wurden.[132] In den meisten grenzüberschreitenden Verbindungsleitungen wurde eine vollständige oder hohe Auslastung

---

126 Erster Bericht über den Harmonisierungsbedarf, KOM (1998) 167 endg.; Zweiter Bericht über den Harmonisierungsbedarf, KOM (1999) 164 endg.

127 Europäische Kommission, Vollendung des Energiebinnenmarktes, KOM (2001) 125.

128 Zweiter Benchmarkingbericht über die Verwirklichung des Elektrizitäts- und Erdgasbinnenmarktes, SEK (2002) 1038, S. 4.

129 Europäische Kommission, Vollendung des Energiebinnenmarktes, KOM (2001) 125 endg., S. 6.

130 Erster Benchmarkingbericht über die Verwirklichung des Elektrizitäts- und Erdgasbinnenmarktes, SEK (2001) 1957, S. 24 f; Zweiter Benchmarkingbericht über die Verwirklichung des Elektrizitäts- und Erdgasbinnenmarktes, SEK (2002) 1038, S. 4.

131 Zweiter Benchmarkingbericht über die Verwirklichung des Elektrizitäts- und Erdgasbinnenmarktes,SEK (2002) 1038, S. 4 f.

132 Europäische Kommission, Vollendung des Energiebinnenmarktes, KOM (2001) 125 endg., S. 10 ff, 33 ff.

festgestellt. Auch wurden ein Wettbewerbshindernis und ein Bedarf für den Ausbau der Verbindungsleitungen abgeleitet.[133] Auf der anderen Seite seien in mehreren Fällen Kapazitäten nicht voll ausgelastet, ohne dass dies zu einem Absenken der Preisunterschiede zwischen den Ländern geführt habe, was auf mangelnde Information, unzureichende Kapazitätszuweisungsverfahren oder Flexibilität der Auktionen zurückgeführt wurde.[134] Im Gasbereich sei zwar ein stärkeres Ausmaß der grenzüberschreitenden Lieferung feststellbar, jedoch meistens nur zwischen Produzenten und Importeuren. Vertragsklauseln verböten die Weiterveräußerung des Erdgases, so dass ein Wettbewerb oft ausgeschlossen sei.[135]

6. Fazit

Das Erste Binnenmarktpaket stellte einen ersten markanten Schritt auf dem Weg zur Verwirklichung des Energiebinnenmarktes dar. Zwar waren die Regelungen bei weitem nicht ausreichend und eine europaweite Harmonisierung stand erst am Beginn. Dennoch war ein Prozess in Gang gekommen und eine Dynamik entwickelt, die weitere Schritte nach sich ziehen sollte und die Ernsthaftigkeit des europäischen Gesetzgebers erkennbar machte, mit der das Ziel der Vollendung des europäischen Energiebinnenmarktes betrieben wurde.

III. Das Zweite Energiebinnenmarktpaket

1. Entstehungshistorie

Auf dem Europäischen Rat von Lissabon am 23. und 24. März 2000 reagierten die Staats- und Regierungschefs auf die ernüchternden Ergebnisse des Ersten Binnenmarktpakets und forderten eine Beschleunigung des Liberalisierungsprozesses, dem sich auch das Europäische Parlament anschloss.[136] Die daraufhin von

133 Erster Benchmarkingbericht über die Verwirklichung des Elektrizitäts- und Erdgasbinnenmarktes, SEK (2001) 1957, S. 32; Zweiter Benchmarkingbericht über die Verwirklichung des Elektrizitäts- und Erdgasbinnenmarktes, SEK (2002) 1038.

134 Erster Benchmarkingbericht über die Verwirklichung des Elektrizitäts- und Erdgasbinnenmarktes, SEK (2001) 1957, S. 32; Zweiter Benchmarkingbericht über die Verwirklichung des Elektrizitäts- und Erdgasbinnenmarktes, SEK (2002) 1038, S. 13, 25.

135 Erster Benchmarkingbericht über die Verwirklichung des Elektrizitäts- und Erdgasbinnenmarktes, SEK (2001) 1957, S. 33; Zweiter Benchmarkingbericht über die Verwirklichung des Elektrizitäts- und Erdgasbinnenmarktes, SEK (2002) 1038, S. 22 f.

136 Entschließung des Europäischen Parlaments „Liberalisierung der Energiemärkte“ vom 06.07.2000, A 5/180/2000; ABl. C 121 S. 451–456.

der Kommission erarbeiteten Vorschläge[137] sahen eine weitreichende Änderung der bisherigen Regelungen vor, die vor allem in Deutschland und Frankreich auf ein geteiltes Echo stießen.[138] Die von Frankreich abgelehnte vorgezogene vollständige Marktöffnung bis 2005 und die in Deutschland nicht befürwortete Einführung einer nationalen Regulierungsbehörde ließen daher die Blockade durch eine Koalition beider Länder befürchten. Schließlich konnte aber ein Kompromiss erzielt werden. Auf dem Europäischen Rat von Barcelona am 15. und 16. März 2002 einigte man sich, so dass die leicht modifizierten, aber im Ergebnis nicht wesentlich von den Vorstellungen der Kommission abweichenden Vorschläge durch diese am 07. Juni 2002 beschlossen werden konnten[139]. Die Einigung im Rat folgte im November 2002.

2. Inhaltsüberblick

Das Zweite Energiebinnenmarktpaket bestand aus den sog. Beschleunigungsrichtlinien Strom[140] (EltRL 2003) und Gas[141] (GasRL 2003), die die Richtlinien des Ersten Energiebinnenmarktpakets ersetzten, sowie der Verordnung über den grenzüberschreitenden Stromhandel[142] (StromhandelZVO 2003).

---

137 *Europäische Kommission*, Mitteilung an den Rat und das Europäische Parlament „Vollendung des Energiebinnenmarktes" mit dem Vorschlag für eine Richtlinie des Europäischen Parlaments und des Rates zur Änderung der beiden Richtlinien 96/92/EG und 98/30/EG, verbunden mit der erstmaligen Vorlage eines Vorschlags für eine Verordnung des Europäischen Parlaments und des Rates für die Netzzugangsbedingungen für den grenzüberschreitenden Stromhandel, KOM (2001) 125 endg.

138 *Lecheler/Gundel*, EuZW 2003, 621 (622).

139 Geänderter Vorschlag für eine Richtlinie des Europäischen Parlaments und des Rates zur Änderung der Richtlinien 96/92/EG und 98/30/EG über die Vorschriften für den Elektrizitätsbinnenmarkt und den Erdgasbinnenmarkt, KOM (2002) 304 endg.

140 Richtlinie des Europäischen Parlaments und des Rates vom 26.06.2003 über gemeinsame Vorschriften für den Elektrizitätsbinnenmarkt und zur Aufhebung der Richtlinie 96/92/EG, ABl. 2003 L 176, S. 37.

141 Richtlinie des Europäischen Parlaments und des Rates vom 26.06.2003 über gemeinsame Vorschriften für den Erdgasbinnenmarkt und zur Aufhebung der Richtlinie 98/30/EG, Abl. 2003 L 176, S. 57.

142 Verordnung (EG) Nr. 1228/2003 des Europäischen Parlaments und des Rates vom 26.06.2003 über die Netzzugangsbedingungen für den grenzüberschreitenden Stromhandel, ABl. 2003 L 176, S. 1.

a) Die Beschleunigungsrichtlinien

Die sog. Beschleunigungsrichtlinien erhöhten das Tempo der Liberalisierung beträchtlich und hoben mit dem Ablauf ihrer Umsetzungsfrist zum 1. Juli 2003 die beiden Richtlinien aus dem ersten Binnenmarktpaket und die Transitrichtlinien auf.

Ein zentraler Punkt war die vorgezogene Herstellung der vollständigen Marktöffnung, d.h. die Freiheit der Kunden, sich ihren Anbieter selbst auswählen zu können und zwar für gewerbliche Kunden spätestens ab dem 1. Juli 2004 und für Haushaltskunden ab spätestens dem 1. Juli 2007.[143] Während Deutschland und weitere Länder[144] schon die vollständige Marktöffnung hergestellt hatten, bedeutete diese Beschleunigung vor allem für Frankreich eine erhebliche Schwierigkeit.[145] Außerdem wurden nun erstmals auch Stromhändler ohne eigene Erzeugungskapazitäten oder Verteilungsfunktion von dem Geltungsbereich der Richtlinien erfasst.[146] Auf der Ebene des Netzzugangs wurde von der Kommission eine europaweite Vereinheitlichung angestrebt und als alleiniges Modell das des geregelten Netzzugangs zugelassen (Art. 20 EltRL 2003, Art. 18 GasRL 2003). Damit war sowohl das in Frankreich eingesetzte Alleinabnehmermodell (single-buyer-Prinzip) als auch die Praxis des in Deutschland bekannten verhandelten Netzzugangs nicht mehr möglich.

Nicht zuletzt die Entscheidung für das Modell des geregelten Netzzugangs machte die Einführung einer nationalen Regulierungsbehörde notwendig, die für die Genehmigung der Tarife und für die Sicherstellung eines diskriminierungsfreien Netzzugangs zuständig sein sollte. Daher wurden die Mitgliedstaaten verpflichtet, eine oder mehrere Stellen mit dieser Funktion zu betrauen.[147] Gegen die Einführung einer solchen Regulierungsbehörde regte sich vor allem in Deutschland Widerstand. Aus Sicht der Kommission war sie aber unverzichtbarer Bestandteil,

---

143 dass Strom- und Gasmarkt nun gleichzeitig geöffnet werden sollten, begründete die Kommission mit dem zunehmenden Maße gegenseitiger Abhängigkeit in ihrem geänderten Vorschlag für die Richtlinien, dort S. 12; Nach Art. 26 EltRL 2003 und 28 GasRL 2003 konnten die Mitgliedstaaten allerdings für bestimmte Gruppen gewerblicher Anbieter die Marktöffnung verzögern; Begrüßung der Beschleunigung bei *Koenig/Kühling/Rasbach*, ZNER 2003, 3 (7).

144 Vereinigtes Königreich, Schweden, Finnland und Österreich für Strom; Österreich und Vereinigtes Königreich für Gas, vgl. Schütz/Tüngler, RdE 2003, 101.

145 *Theobald/Theobald*, Grundzüge des Energiewirtschaftsrechts, S. 55; Schütz/Tüngler, RdE 2003, 98 (99 f.).

146 *Lecheler/Gundel*, EuZW 2003, 621 (624).

147 Art. 23 Abs. 1 EltRL 2003, Art. 25 Abs. 1 GasRL 2003.

da mit ihrer Errichtung und dem daran anschließenden Zusammenspiel mit den anderen nationalen Regulierungsbehörden und mit der Kommission es zu einer erheblichen Förderung des grenzüberschreitenden Stromhandels kommen sollte.[148] Die nationalen Regulierungsbehörden zeigten sich dafür verantwortlich, Tarife oder Tarifmethoden entweder ex-ante festzulegen oder zu genehmigen.[149] Zugleich mussten sie mit Eingriffsbefugnissen ausgestattet werden, um Bedingungen, Tarife, Regeln, Mechanismen und Methoden zu regeln und um sicherzustellen, dass diese angemessen und nicht diskriminierend angewendet wurden.[150] Zu der ex-ante-Kontrolle trat daher auch eine ex-post-Aufsicht über die Netzzugangsbedingungen.[151] Um eventuelle Verstöße frühzeitig erkennen und darauf reagieren zu können, sollten die Regulierungsbehörden außerdem in verschiedenen Bereichen regelmäßig ein sog. Monitoring durchführen.[152] Zusätzlich zum Monitoring durch die Regulierungsbehörde sollte jeder Betroffene gegen einen Übertragungs- oder Verteilnetzbetreiber Beschwerde bei der Regulierungsbehörde einlegen können und so auf wettbewerbshinderndes Verhalten hinweisen.[153] Schließlich sollten die Regulierungsbehörden über Ausnahmen und Freistellungen von den Netzzugangspflichten entscheiden dürfen.[154]

Daneben zeichneten sich die Beschleunigungsrichtlinien durch deutlich striktere Entflechtungsvorgaben im Vergleich zu den ersten Richtlinien aus.[155] Vertikal integrierte Energieversorgungsunternehmen wurden zum „Legal Unbundling" verpflichtet, d.h. der Trennung von Netzbetrieb und sonstigen Aktivitäten in organisatorisch und rechtlich selbstständige Einheiten.[156] Damit sollte garantiert werden, dass der Betreiber eines Übertragungs- oder Fernleitungsnetzes in seinen Entscheidung unabhängig ist und nicht die eigene Produktion zulasten anderer Wettbewerber bevorzugt, selbst wenn diese bereit sind, ein höheres Netznutzungsentgelt zu zahlen. An den wettbewerblichen Idealfall

---

148 *Lecheler/Gundel*, EuZW 2003, 621 (621); vgl. auch Art. 23 Abs. 12 EltRL 2003 bzw. 25 Abs. 12 GasRL 2003, nach denen die nationalen Regulierungsbehörden zur Entwicklung des Binnenmarktes und zur Schaffung gleicher Wettbewerbsbedingungen beitragen sollen.

149 Art. 23 Abs. 2 EltRL 2003, Art. 25 Abs. 2 GasRL 2003.

150 Art. 23 Abs. 4 EltRL 2003, Art. 25 Abs. 4 GasRL 2003.

151 *Britz*, EuR 2006, 46 (62).

152 Art. 4 EltRL 2003, Art. 5 GasRL 2003.

153 Art. 23 Abs. 5 EltRL, Art. 25 Abs. 5 GasRL.

154 Art. 24 EltRL, Art. 22, 26, 27, 28 Abs. 1, 2 GasRL.

155 *Lecheler/Gundel*, EuZW 2003, 621 (626).

156 Art. 18, 19 EltRL 2003, Art. 17 GasRL 2003; dazu: *Schütz/Tüngler*, RdE 2003, 98 (102).

eines Netzbetreibers, der über keine eigene Produktion verfügt und daher sein gesamtes Streben auf die Erzielung von angemessenen Netzentgelten für sein Netz ausrichtet, sollte durch die Entflechtungsvorschriften möglichst nah herangekommen werden.[157] Hinzu kam die Verpflichtung der Netzbetreiber, die von ihnen für den Netzbetrieb selbst benötigte Energie nach transparenten, diskriminierungsfreien und marktorientierten Verfahren selbst zu beschaffen.[158] Dadurch konnten die Netzbetreiber nicht mehr eigenständig über die eigene Handelsabteilung die für den Netzbetrieb notwendige Energie beziehen, ohne dass sie vorher Vergleichsangebote eingeholt hatten.[159]

Der Kommission als quasi übergeordnetem Regulierungsakteur auf der europäischen Ebene und Initiator des Zweiten Binnenmarktpakets wurde in den Beschleunigungsrichtlinien hinsichtlich des Zugangs zu den nationalen Netzen relativ wenige Befugnisse eingeräumt (anders als bei den Verbindungsleitungen zwischen den Mitgliedstaaten, dazu s.u.).[160] Auf Antrag der Mitgliedstaaten konnte sie Ausnahmen von den Marktöffnungsvorschriften für kleine, isolierte Netze (Strom) und entstehende, isolierte Märkte (Gas) gewähren.[161] Zusätzlich bedurften die von den nationalen Regulierungsbehörden gemäß Art. 24 EltRL 2003, 22 Abs. 3, 26 Abs. 1 und 27 GasRL 2003 erteilten Ausnahmen und Freistellungen von den Netzöffnungspflichten faktisch der Zustimmung der Kommission, da diese die Aufhebung oder Abänderung der spezifischen Maßnahme verlangen konnte. Aufgrund der existierenden umfassenden Mitteilungs-, Informations- und Berichtspflichten[162] ihr gegenüber konnte man die Kommission durch die Regelungen in den Beschleunigungsrichtlinien als Kontrollinstanz hinsichtlich der nationalen Netzzugangsregeln auf europäischer Ebene beschreiben.

Insgesamt wurden die Gestaltungsspielräume der Mitgliedstaaten bei der Transformation der Bestimmungen in nationales Recht im Vergleich zum ersten Binnenmarktpaket erheblich eingeschränkt.[163] Hierin zeigte sich ein wesentlich stärkerer Harmonisierungswille und Streben zum funktionierenden Energiebinnenmarkt.

Über die Zusammenarbeit der nationalen Regulierungsbehörden untereinander und mit der Kommission wurde in den Beschleunigungsrichtlinien hingegen

157 *Monopolkommission*, Hauptgutachten 1998/99, Rn. 82.

158 Art. 11 Abs. 5, Art. 14 Abs. 5 EltRL 2003, Art. 8 Abs. 4 GasRL 2003.

159 *Neveling/Theobald*, EuZW 2002, 110.

160 so auch *Britz*, EuR 2006, 48 (61).

161 Art. 26 Abs. 1 EltRL 2003, 28 Abs. 5 GasRL 2003.

162 vgl. auch die Berichtspflicht in Art. 23 Abs. 8 2. UA EltRL 2003.

163 *Schütz/Tüngler*, RdE 2003, 98 (106).

nicht viel gesagt. Es gab lediglich eine Generalklausel, nach der die nationalen Regulierungsbehörden durch transparente Zusammenarbeit untereinander und mit der Kommission zur Verwirklichung des Binnenmarktes und Schaffung gleicher Wettbewerbsbedingungen beitragen sollten.[164] Allerdings sollte eine Stärkung der Zusammenarbeit in anderer Weise erfolgen und die Erwägungsgründe 16 der EltRL 2003 und 14 GasRL 2003 erwähnten bereits die geplante Einrichtung einer Gruppe der Regulierungsbehörden.[165]

b) Die Verordnung über den grenzüberschreitenden Stromhandel

Die Verordnung über den grenzüberschreitenden Stromhandel ist in der zeitgenössischen Literatur unterschiedlich eingeschätzt worden. Von einigen Stimmen als vernachlässigbarer Nebenpunkt dargestellt[166], muss sie doch richtigerweise als ein wichtiger Schritt auf dem Weg zum Energiebinnenmarkt bezeichnet werden.[167] Insbesondere wurde durch sie der Umfang der Zusammenarbeit von nationalen Regulierungsbehörden in beträchtlichem Umfang erhöht.[168] Mit dem ersten Rechtsakt in der Rechtsform der unmittelbar geltenden und allgemeinverbindlichen Verordnung sollten die grundlegenden Probleme des grenzüberschreitenden Stromhandels angegangen werden, worunter die Kommission das Engpassmanagement[169] an den Grenzkuppelstellen zwischen den einzelnen Übertragungsnetzen[170], die Festsetzung von Ausgleichszahlungen zwischen Übertragungsnetzbetreibern für die Kosten grenzüberschreitender Stromflüsse[171] und die Grundsätze für die Bemessung von Netzzugangsentgelten[172] verstand. Denn schließlich sind Voraussetzungen für die Verwirklichung des Energiebinnenmarktes nicht nur rechtliche Aspekte, sondern vor allem auch die technische Möglichkeit und ausreichende Kapazitäten, Strom bzw. Gas in das Netz der anderen Mitgliedstaaten transportieren zu können. Im Gegensatz

---

164 Art. 23 Abs. 12 EltRL 2003, Art. 25 Abs. 12 GasRL 2003.

165 vgl. dazu unten C VII.

166 *Schütz/Tüngler*, RdE 2003, 98 (98).

167 so auch *Lecheler/Gundel*, EuZW 2003, 621 (627); *Mombaur/Balke*, RdE 2003, 161 sprechen vom „Schlüsselprojekt zur Herstellung des einheitlichen Marktes".

168 *Schneider*, ZWeR 03, 381 (404), der in Anlehnung an den Begriff des europäischen „Verwaltungsverbunds" von einem europäischen „Regulierungsverbund" spricht, m.w.N; *Weiss*, Der Europäische Verwaltungsverbund, S. 125.

169 allgemein zum Engpassmanagement: *Hamdorf*, IR 2004, 245 (246 f.).

170 Art. 6 StromhandelZVO 2003.

171 Art. 3 StromhandelZVO 2003.

172 Art. 4 StromhandelZVO 2003.

zu den nationalen Regulierungsaufgaben im Hinblick auf den Zugang zu den nationalen Netzen, deren Bewerkstelligung den Regulierungsbehörden auferlegt wurde (s.o.), musste im Bereich des Zugangs zu den grenzüberschreitenden Leitungen die Kommission als übergeordnete Behörde mit den notwendigen Kompetenzen ausgestattet werden.

Die Kommission hatte zunächst eine allgemeine Überwachungspflicht.[173] Dazu traf die StromhandelZVO 2003 Regelungen zu den Entgelten, die die Netzbetreiber für den Zugang zu den Netzen berechneten. Diese mussten transparent sein, der Notwendigkeit der Netzsicherheit Rechnung tragen und die tatsächlichen Kosten insofern wiederspiegeln, als sie denen eines effizienten und strukturell vergleichbaren Netzbetreibers entsprachen.[174] Ferner musste Diskriminierungsfreiheit garantiert werden. Detailliertere Vorschriften dazu enthielten die Leitlinien im Anhang zur StromhandelZVO 2003, welchem wie der Verordnung selber unmittelbar geltende Rechtswirkung zukam.[175] Leitlinien werden im Komitologieverfahren beschlossen und dienen der Konkretisierung von Regelungen des Sekundärrechts.[176]

Zusätzlich stattete die StromhandelZVO 2003 die Kommission mit der Kompetenz aus, im Komitologieverfahren verbindliche Leitlinien zur Regelung des Ausgleichsmechanismus zwischen den Übertragungsnetzbetreibern, aber auch für die allgemeinen Netzentgelte sowie zur Kapazitätszuteilung bei Verbindungsleitungen im Rahmen des Engpassmanagements zu erlassen[177], die dann von den nationalen Regulierungsbehörden umzusetzen waren.[178] *Schneider* sieht in diesen Einwirkungsmöglichkeiten zu Recht einen erheblichen Machtzuwachs der Kommission im neuen Regulierungsverbund.[179]

Von Bedeutung war auch die Kompetenz der Kommission, die Leitlinien für die Verwaltung und Zuweisung von verfügbarer Übertragungsnetzkapazität von Verbindungsleitungen zwischen nationalen Netzen zu ändern.[180] *Britz* spricht in diesem Zusammenhang bereits von einem „legislativen" Tätigwerden der Kommission, da die Leitlinien als Anhang zur StromhandelZVO 2003 unmittelbar

---

173 Art. 14 StromhandelZVO 2003.

174 Art. 4 Abs. 1 StromhandelZVO 2003.

175 *Britz*, EuR 2006, 46 (59 f.); allgemein zu den Leitlinien: *Lecheler*, DVBl. 2008, 873 (875 ff.).

176 *Weiss*, Der Europäische Verwaltungsverbund, S. 128.

177 Art. 8 StromhandelZVO 2003.

178 Art. 9 StromhandelZVO 2003.

179 *Hamdorf*, IR 2004, 245 (248); *Schneider*, ZWeR 2003, 381 (405); ebenso: *Weiss*, Der Europäische Verwaltungsverbund, S. 126.

180 Art. 8 Abs. 4 StromhandelZVO 2003.

geltendes Recht waren.[181] Zudem konnte die Kommission bei den Versorgungsunternehmen die für die Einführung von Leitlinien notwendigen Auskünfte einholen[182] und diese notfalls in Form von Geldbußen[183] erzwingen. Ebenso waren die Mitgliedstaaten und nationalen Regulierungsbehörden auf Anforderung zur Übermittlung aller für die Festsetzung der Höhe der Ausgleichszahlungen und für den Erlass der Leitlinien erforderlichen Informationen verpflichtet.[184]

Darüber hinaus blieb die Vollzugsverantwortlichkeit für die Regelungen des Netzzugangs und der Netzzugangsbedingungen auch für den grenzüberschreitenden Stromhandel aber bei den nationalen Regulierungsbehörden.[185] Auch wenn daher die Befugnisse der Kommission begrenzt waren und insbesondere kein Weisungsrecht oder keine eindeutige Hierarchie im Verhältnis Kommission und nationale Regulierungsbehörden ausgearbeitet wurde, so ist doch bereits durch die StromhandelZVO 2003 ein erster Ansatz von Kompetenzverschiebung auf die gemeinschaftliche Ebene geschehen und hierin die Ansätze eines europäischen Regulierers erkennbar.[186]

Hinsichtlich der Zusammenarbeit mit anderen nationalen Regulierungsbehörden und der Kommission verpflichtete die StromhandelZVO 2003 zur Konsultation der anderen betroffenen Mitgliedstaaten oder Regulierungsbehörden, wenn eine Ausnahme, insbesondere von Netzzugangspflichten, für neue Gleichstromverbindungsleitungen gewährt werden sollte.[187] Daneben statuierte Art. 9 StromhandelZVO 2003 eine Generalklausel für die Zusammenarbeit.

Die StromhandelZVO 2003 wurde flankiert durch eine Entscheidung des Europäischen Parlaments und des Rates[188], die Leitlinien für vorrangig zu bauende Verbindungen aufstellte und deren Förderung durch einen Gemeinschaftszuschuss vorsah.[189] Der Europäische Rat von Barcelona hatte das ehrgeizige Ziel

---

181 *Britz*, EuR 2006, 48 (61); *Weiss*, Der Europäische Verwaltungsverbund, S. 122.

182 Art. 10 StromhandelZVO 2003.

183 Art. 12 Abs. 2 StromhandelZVO 2003.

184 Art. 10 Abs. 1 StromhandelZVO 2003.

185 *Weiss*, Der Europäische Verwaltungsverbund, S. 126.

186 So auch *Lecheler/Gundel*, EuZW 2003, 621 (628).

187 Art. 7 Abs. 4 e StromhandelZVO 2003.

188 Entscheidung 1229/2003/EG des Europäischen Parlaments und des Rates vom 26.06.2003 „über eine Reihe von Leitlinien betreffend die transeuropäischen Netze im Energiebereich und zur Aufhebung der Entscheidung Nr. 1254/96/EG“, ABl. 2003 Nr. L 176, S. 11.

189 Auf der Grundlage der Verordnung 2236/95/EG des Rates vom 18.09.1995, ABl. 1995 Nr. L 228, S. 1 (geändert durch Verordnung 1655/1999/EG des Europäischen Parlaments und des Rates, ABl. 1999 Nr. L 197, S. 1).

ausgegeben, bis 2005 Verbindungskapazitäten zu schaffen, die 10 % der in Europa erzeugten Leistung entsprechen sollten.[190]

Nach dem Eintreten großflächiger Stromausfälle unter anderem in den USA[191] und Engpässen in den Versorgungsleitungen erarbeitete die Kommission ferner Richtlinien über die Gewährleistung der Versorgungssicherheit in den Sektoren Strom und Gas.[192]

3. Zeitgenössische Kritik

Auch im Zusammenhang mit dem Zweiten Energiebinnenmarktpaket wurden Zweifel laut, ob die EG für den Erlass der Richtlinien und der Verordnung sich auf ausreichende Ermächtigungsgrundlagen gestützt hatte.[193] Daneben wurde teilweise auch diskutiert, ob das Ausmaß der Regelungen nicht zu weit gehe, die Mitgliedstaaten selbst die Ziele durch nationale Maßnahmen erreichen könnten und daher der Grundsatz der Subsidiarität verletzt sei.[194]

Insbesondere die geforderte Errichtung einer staatlichen Regulierungsbehörde stieß in Deutschland, das bisher die Zugangsbedingungen und -preise zu den Netzen durch die Verbände hatte aushandeln lassen und die Missbrauchsaufsicht den Kartellbehörden überlassen hatte, auf wenig Gegenliebe. Aufgrund der Vielzahl der deutschen Netzbetreibern wurde eine Genehmigung aller Tarife durch eine staatliche Behörde als ineffektiv und ungeeignet angesehen.[195] Allerdings wurde auch für möglich gehalten, das bisherige System der Verbändevereinbarungen

---

190 *Lecheler/Gundel*, EuZW 2003, 621 (628).

191 Vgl. dazu *Haas/Auer*, ET 2001, 280 (280 ff.); *Kerber*, ET 2001, 60 (60 ff.).

192 Richtlinie 2005/89/EG vom 18.01.2006 über Maßnahmen zur Gewährleistung der Sicherheit der Elektrizitätsversorgung und von Infrastrukturinvestitionen, ABl. 2005 Nr. L 33, S. 22; und Richtlinie 2004/67/EG über Maßnahmen zur Gewährleistung der sicheren Erdgasversorgung, ABl. 2004 Nr. L 127, S. 92 (aufgehoben durch die Verordnung (EU) 994/2010 vom 20.10.2010, ABl. L 295 S. 1); dazu auch das Grünbuch der Kommission „Hin zu einer europäischen Strategie für Energieversorgungssicherheit" vom 29.11.2000, KOM (2000) 769 endg.

193 Für ausreichend sehen an: *Lecheler/Gundel*, EuZW 2003, 622 (623); *Neveling/Theobald*, EuZW 2002, 106 (110 f.); dagegen: *Schmidt-Preuß* in: Festschrift für Baur, 2002, S. 309 ff.; *Baur/Lückenbach*, Fortschreitende Regulierung der Energiewirtschaft, 2002, S. 33 f., 56; *Börner*, RdE 2005, 181 (187); *Baur/Blask*, ET 2002, 636 (640).

194 Keinen Verstoß gegen das Subsidiaritätsprinzip nehmen an: *Lecheler/Gundel*, EuZW 2003, 621 (623); *Neveling/Theobald*, EuZW 2002, 106 (111 f.); dagegen sieht Schmidt-*Preuß*, ZfK 6/2001, S. 32 auch einen Verstoß gegen den Grundsatz der Subsidiarität als gegeben an.

195 *Lecheler/Gundel*, EuZW 2003, 621 (626).

beizubehalten zu können, da nach dem Wortlaut der Richtlinien es ausreichend sein sollte, wenn die Regulierungsbehörden die Methoden zur Berechnung der Tarife festlegen oder bestimmen würden, ohne dass ein exakte Bestimmung der einzelnen Tarife vorgenommen werden müsste.[196]

Teilweise wurde auch kritisiert, die vielfältigen Vorschriften zur Einführung eines Regulierungsregimes hätten zum Gegenteil des ursprünglich Erwünschten, einer Deregulierung und Liberalisierung geführt.[197] Weiterhin habe die Marktöffnung eine auf kurzfristige Gewinnmaximierung ausgerichtete Unternehmenspolitik vieler Energieversorgungsunternehmen gefördert, wohingegen Investitionen in die Zukunft und Maßnahmen für eine ausgewogene, optimierte und versorgungssichere Energieversorgung in den Hintergrund geraten seien.[198]

4. Umsetzung in Deutschland

Das jahrelange Ringen um die Neuregelung des EnWG von 2003 war mit dem Inkrafttreten vom 24. Mai 2003 gerade erst vorüber, als nach wenigen Wochen durch die Beschleunigungsrichtlinien eine erneute Novellierung des Gesetzes nötig wurde, deren kurze Umsetzungsfrist bis zum 01. Juli 2004 lief. Da die Beschleunigungsrichtlinien erhebliche Änderungen vorsahen, wurde eine vollständige Neufassung des EnWG als notwendig erachtet.[199] Das EnWG 2005 trat am 13. Juli 2005 in Kraft.[200] Auffälliges Anzeichen einer stärker ausgeprägten Regulierung war, dass das EnWG 2005 nunmehr 118 Normen umfasste, während das EnWG 1998 noch mit 18 Paragraphen ausgekommen war.

Das Gesetz folgte im Wesentlichen den Maßgaben des Zweiten Energiebinnenmarktpakets. Das bisher in Deutschland praktizierte Modell des verhandelten Netzzugangs und der Möglichkeit des Alleinabnehmermodells musste zugunsten des regulierten Netzzugangs aufgegeben werden.[201] Hinsichtlich der Netzentgelte vereinbarte man eine vollständige Ex-ante-Genehmigung mit Perspektive zur

---

196 *Lecheler/Gundel*, EuZW 2003, 621 (626); *Tettinger/Pielow*, RdE 2003, 289 (290); *Schütz/Tüngler*, RdE 2003, 98 (103); *Neveling/Theobald*, EuZW 2002, 106 (109).

197 *Börner*, RdE 2005, 181 (186).

198 *Börner*, RdE 2005, 181 (187).

199 *Säcker* in: Berliner Kommentar, Einl. A, Rn. 18 (S. 15).

200 durch Art. 1 des Zweiten Gesetzes zur Neuregelung des Energiewirtschaftsrechts vom 07.07.2005, BGBl. 2005 I, 1970; Art. 2 beinhaltete das Gesetz über die Bundesnetzagentur für Elektrizität, Gas, Telekommunikation, Post und Eisenbahnen; Art. 3–5 vor allem notwendige Änderungen sonstiger Gesetze und Rechtsverordnungen.

201 *Theobald/Theobald*, Grundzüge des Energiewirtschaftsrechts, S. 102 ff.

Einführung einer Anreizregulierung.[202] Die Regelungen über den Netzzugang und zur Genehmigungspflicht der Netzentgelte wurden durch den Erlass der Netzzugangsverordnungen Strom (StromNZV) bzw. Gas (GasNZV)[203] und der Netzentgeltverordnungen Strom (StromNEV) bzw. Gas (GasNEV)[204] flankiert, wodurch der exekutivische Gestaltungsspielraum durch engmaschige Vorgaben recht klein gehalten wurde.[205] In § 17 EnWG 2005 wurde mit der Verpflichtung des Netzbetreibers zum Anschluss von Letztverbrauchers, gleich- oder nachgelagerten Elektrizitäts- und Gasversorgungsnetzen und –leitungen, Erzeugungs- und Speicheranlagen erstmals eine eigenständige Anspruchsgrundlage für den einzelnen Anschluss von Anlagen an das vorgelagerte Netz eingeführt.[206] Die Bedingungen zum Netzanschluss/Netzzugang durften nicht diskriminierend, intransparent oder ungünstiger als gegenüber Leistungen innerhalb des Unternehmens oder gegenüber verbundenen oder assoziierten Unternehmen sein.

Für die Genehmigung der Netzentgelte und Netzbedingungen wurde die Zuständigkeit von den Kartellbehörden auf die Bundesnetzagentur für Elektrizität, Gas, Telekommunikation, Post und Eisenbahnen bzw. Landesregulierungsbehörden übertragen.[207]

In den §§ 6–10 EnWG 2005 fanden sich gemäß den europäischen Vorgaben Regelungen über die rechtliche, operationelle, informatorische und buchhalterische Entflechtung von vertikal integrierten Unternehmen, so dass eine weitreichende Trennung von Netzbetrieb und den anderen Tätigkeiten des Unternehmens erreicht wurde, ohne dass Eingriffe in die eigentumsrechtliche Struktur erfolgen mussten.[208]

---

202 *Theobald/Theobald*, Grundzüge des Energiewirtschaftsrechts, S. 106.

203 Verordnung über den Zugang zu Elektrizitätsnetzen vom 25.07.2005, BGBl. 2005 I, 2243; Verordnung über den Zugang zu Gasversorgungsnetzen vom 25.07.2005, BGBl. 2005 I, 2210.

204 Verordnung über die Entgelte für den Zugang zu Elektrizitätsversorgungsnetzen vom 25.07.2005, BGBl. 2005 I, 2225; Verordnung über die Entgelte für den Zugang zu Gasversorgungsnetzen vom 25.07.2005, BGBl. 2005 I, 2197.

205 *Britz*, EuR 2006, 48 (67).

206 *Scholtka*, NJW 2005, 2421 (2424).

207 §§ 54 ff. EnWG 2005; *Theobald/Theobald*, Grundzüge des Energiewirtschaftsrechts, S. 115 ff.

208 *Theobald/Theobald*, Grundzüge des Energiewirtschaftsrechts, S. 107 f.; *Scholtka*, NJW 2005, 2421 (2423).

5. Auswirkungen auf den Binnenmarkt

Die Umsetzung der Regelungen des Zweiten Energiebinnenmarktpakets in den anderen Mitgliedstaaten verlief nur sehr schleppend, was sich ebenfalls negativ auf die Entwicklung des Binnenmarkts auswirkte. Im Juni 2009, also fast fünf Jahre nach Ablauf der Umsetzungsfrist, leitete die Kommission Vertragsverletzungsverfahren gegen 25 Mitgliedstaaten wegen Verstößen im Stromsektor und gegen 21 Mitgliedstaaten wegen Verstößen im Gassektor ein.[209] Hauptkritikpunkte waren dabei die nicht ausreichende Zurverfügungstellung von Informationen durch Übertragungsnetz- und Fernleitungsnetzbetreiber hinsichtlich des Zugangs zu Netzen, mangelnde Eignung von Netzkapazitätszuweisungssystemen zur Optimierung der Nutzung der Netze und fehlende Streitbeilegungsverfahren für Verbraucher. Ein weiterer Kritikpunkt war, dass die grenzüberschreitende Koordination und Zusammenarbeit zwischen Übertragungsnetzbetreibern und den nationalen Behörden nicht ausreichend sei, um die optimale Nutzung des Elektrizitätsnetzes zu gewährleisten und Verstöße gegen die Verordnungen auf nationaler Ebene durch die nationalen Regulierungsbehörden nicht konsequent und effektiv geahndet würden.

6. Fazit

Das Zweite Energiebinnenmarktpaket zeichnete sich dadurch aus, dass entscheidende Schritte auf dem Weg zu einem europäischen Regulierungsverbund im Energiesektor gemacht wurden, der zur Herstellung eines funktionierenden Binnenmarktes für Strom und Gas führen soll. Auf der nationalen Ebene ist dabei als wichtigster Punkt die Schaffung von Regulierungsbehörden zu nennen, die mit entscheidenden Kompetenzen ausgestattet wurden, um für mehr Wettbewerb sorgen zu können. Auf der europäischen, d.h. grenzüberschreitenden Ebene dagegen erfuhr die Kommission als zweiter Regulierungsakteur eine deutliche Stärkung. Sie erhielt vor allem durch die StromhandelZVO 2003 exekutivische, teils auch legislative Kompetenzen. Trotz einiger Überschneidungen muss man aber noch von getrennten Tätigkeitsfeldern nach dem Zweiten Energiebinnenmarktpaket sprechen. Auch wurde kein hierarchisches Verhältnis zwischen nationalen Regulierungsbehörden und Kommission hergestellt, wenn auch in gewissem Umfang Mitteilungspflichten und Überwachungsbefugnisse festgestellt werden können. Die Zusammenarbeit der nationalen Regulierungsbehörden untereinander und mit der Kommission war noch kaum konkretisiert, jedoch fanden sich schon

209 IP/09/1035.

in den Erwägungsgründen Pläne für eine demnächst zu gründende Gruppe der Regulierungsbehörden. Die im Zweiten Energiebinnenmarktpaket so noch nicht vorgenommene, aber vorweggenommene Institutionalisierung in Form der ERGEG als dritten Regulierungsakteur musste auf anderem Wege erfolgen. Dennoch kann konstatiert werden, dass durch die Rechtsakte des Zweiten Energiebinnenmarktpakets die Basis für ein Geflecht der europäischen Regulierungsbehörden geschaffen wurde, in denen der Weg zu einer immer engeren horizontalen und vertikalen Verflechtung der Regulierung nachgezeichnet werden kann.[210]

IV. Das Dritte Energiebinnenmarktpaket

1. Entstehungshistorie

Schon kurz nach Verabschiedung des Zweiten Binnenmarktpakets und deutlich vor dem Ablaufen der Umsetzungsfristen für die Mitgliedstaaten begannen Vorarbeiten zu weiteren Novellierungen und Rechtsetzungsakten der Europäischen Union.[211] In ihrem Grünbuch „Eine europäische Strategie für nachhaltige, wettbewerbsfähige und sichere Energie"[212] stellte die Kommission einleitend fest, dass noch kein vollständig von Wettbewerb geprägter Energiebinnenmarkt entstanden sei. Die Märkte seien noch übermäßig national ausgerichtet und jeweils von einigen wenigen Unternehmen beherrscht.[213] Schon zuvor war auf der Tagung des Europäischen Rates in Hampton Court Ende 2005 die Forderung nach einer echten europäischen Energiepolitik erhoben worden.[214] Bereits kurze Zeit nach dem Grünbuch legte die Kommission im Jahre 2007 ihre Vorschläge für ein drittes Energiebinnenmarktpaket vor.[215] Während sie darin in Bezug auf die

---

210 *Herzmann*, ZNER 2005, 216 (220); *Lecheler/Gundel*, EuZW 2003, 621 (628).

211 *Gundel/Germelmann*, EuZW 2009, 763 (763).

212 Europäische Kommission, Eine europäische Strategie für nachhaltige, wettbewerbsfähige und sichere Energie, KOM (2006) 105 endg., S. 3.

213 Ebd. S. 6.

214 vgl. Vorschlag der Kommission zur VO (EG) Nr. 713/2009, KOM (2007) 530 endg. S. 2.

215 Vorschlag für eine Richtlinie des Europäischen Parlaments und des Rates zur Änderung der Richtlinie 2003/54/EG über gemeinsame Vorschriften über den Elektrizitätsbinnenmarkt vom 19.09.2007, KOM (2007) 528 endg.; Vorschlag für eine Richtlinie des Europäischen Parlaments und des Rates zur Änderung der Richtlinie 2003/55/EG über gemeinsame Vorschriften über den Erdgasbinnenmarkt, KOM (2007) 529 endg.; Vorschlag für eine Verordnung des Europäischen Parlaments und des Rates zur Gründung einer Agentur für die Zusammenarbeit der Regulierungsbehörden, KOM (2007) 530 endg.; Vorschlag für eine Verordnung des Europäischen Parlaments und des Rates zur Änderung der VO Nr. 1228/2003 über die

Richtlinien anfangs lediglich eine Ergänzung und Änderung der bestehenden Rechtsakte vorschlug, entschieden sich das Europäische Parlament und der Rat im Laufe des Gesetzgebungsprozesses für eine Neukodifizierung und vollständige Ersetzung der Beschleunigungsrichtlinien.[216]

Kritik richtete sich vor allem dagegen, dass nicht einmal die Untersuchungsergebnisse abgewartet worden waren, ob die Maßnahmen des Zweiten Binnenmarktpakets von Erfolg gekrönt waren.[217] Gleichwohl stellte sich wenig später durch verschiedene Untersuchungen heraus, dass noch immer nicht von einem funktionierenden Wettbewerb auf dem europäischen Strom- und Gasmarkt gesprochen werden konnte.[218] Von daher wurde das Vorgehen nachträglich bestätigt.

Im Juli 2009 erfolgte die endgültige Verabschiedung des Dritten Energiebinnenmarktpaketes.

2. Hindernisse für die Vervollständigung des Energiebinnenmarktes

Nach verschiedenen Berichten konnte auch nach dem Zweiten Energiebinnenmarktpaket noch nicht von einem reibungslosen Funktionieren des Binnenmarktes für Strom und Gas die Rede sein. Dies gilt teilweise auch heute noch sowohl für

---

Netzzugangsbedingungen für den grenzüberschreitenden Stromhandel, KOM (2007) 531 endg.; Vorschlag für eine Verordnung des Europäischen Parlaments und des Rates zur Änderung der VO Nr. 1775/2005 über die Bedingungen für den Zugang zu den Erdgasfernleitungsnetzen, KOM (2007) 532 endg.

216 *Gundel/Germelmann* sprechen daher von einem „kodifikatorischen Neustart", EuZW 2009, 763 (764).

217 *Baur/Pritzsche/Pooschke*, DVBl. 2008, 483 (484) betrachten das Tempo der Kommission allgemein als kritisch und heben hervor, dass zum Zeitpunkt der Untersuchungen in Deutschland weder das Legal Unbundling, noch die Einsetzung eines Regulierers geschehen sei; *Scholz*, ET 2007, 76 (77); vgl. auch die Kritik in den Empfehlungen der Ausschüsse des Bundesrates, BR-Drs. 673/1/07, S. 4 ff, der jedoch mit der Kommission übereinstimmt, dass die bisherigen Maßnahmen die Defizite im Wettbewerb nicht beseitigen konnten.

218 *Europäische Kommission*, Fortschrittsbericht über die Verwirklichung des Erdgas- und Elektrizitätsbinnenmarktes, KOM (2009) 115 endg.; in der Mitteilung der Kommission an den Rat und das Europäische Parlament „Aussichten für den Erdgas- und den Elektrizitätsbinnenmarkt", KOM (2006) 841 endg., war sogar von einer „weiten" Entfernung vom Ziel des Binnenmarktes die Rede (S. 7); s. auch Sondergutachten der Monopolkommission gem. § 62 Abs. 1 EnWG „Strom und Gas 2009 – Energiemärkte im Spannungsfeld von Politik und Wettbewerb" vom 04.08.2009, Rn. 120: „Auch ist die Liberalisierung in Europa noch nicht so weit fortgeschritten, dass von einem einheitlichen Binnenmarkt gesprochen werden kann."

die nationalen Märkte und erst recht für den Handel über die Grenzen hinweg.[219] Dafür werden mehrere Gründe angeführt.

a) Nicht ausreichende transnationale Übertragungskapazitäten

Als eines der größten Hindernisse für das Funktionieren eines europäischen Wettbewerbs muss das Fehlen ausreichender physischer Übertragungskapazitäten bezeichnet werden.[220] Beispielsweise sind in Deutschland im Strombereich Netzengpässe zu allen Nachbarländern auszumachen, mit Ausnahme vom Übergang zu Österreich.[221] Nach Ansicht der Bundesnetzagentur und der Monopolkommission wird sich die Engpasssituation sogar noch weiter verschärfen, da große Leitungsbauprojekte oft auf massiven Widerstand in der Bevölkerung treffen.[222] 2009 ging die mittlere verfügbare Übertragungskapazität zwischen Deutschland und allen Nachbarländern insgesamt betrachtet sogar um 0,3 % leicht gegenüber 2008 zurück.[223] Aber auch ein Ausbau der Grenzkuppelstellen führe nicht zwangsläufig zur Lösung des Problems, da in den meisten Fällen das dahinter gelagerte ausländische Netz keine ausreichende Kapazität biete.[224]

Auch im Gasbereich fehlt es an ausreichenden Übertragungskapazitäten. An den Grenzkuppelstellen bestehen europaweit viele Engpässe, was für Deutschland im speziellen zutrifft, da es einerseits den überwiegenden Teil des verbrauchten Erdgases importieren muss und andererseits aufgrund seiner geografisch

---

219 *Monopolkommission*, Energie 2011: Wettbewerb mit Licht und Schatten, Sondergutachten 59; *Monopolkommission*, Strom und Gas 2009 – Energiemärkte im Spannungsfeld von Politik und Wettbewerb, 54. Sondergutachten; *Monopolkommission*, Strom und Gas 2007 – Wettbewerbsdefizite und zögerliche Regulierung, 49. Sondergutachten; *Commission sur l'organisation de l'électricité*, Rapport vom 24.04.2009 (http://www.developpement-durable.gouv.fr/IMG/pdf/9-04-16_Rapport_Champsaur.pdf), Zugriff: 03.01.2014.

220 *Europäische Kommission*, Bericht über die Fortschritte bei der Schaffung des Erdgas- und Elektrizitätsbinnenmarktes, KOM (2005) 568, S. 5; dies., Bericht über den Strom- und Gaswettbewerb, KOM (2010) 84; dies obwohl der Europäische Rat von Barcelona schon 2002 festgelegt habe, dass alle Mitgliedstaaten über Verbindungsleitungen verfügen müssten, die mindestens 10 % ihres nationalen Verbrauchs entsprechen.

221 *Bundesnetzagentur*, Monitoringbericht 2008, S. 39 f; *Monopolkommission*, Strom und Gas 2011, S. 91; *Monopolkommission*, Energie 2013, S. 44.

222 *Bundesnetzagentur*, Monitoringbericht 2008, S. 39 f.; *Monopolkommission*, Strom und Gas 2009, S. 166.

223 *Bundesnetzagentur*, Monitoringbericht 2010, S. 189.

224 *Monopolkommission*, Strom und Gas 2009, S. 166.

zentralen Lage als Transitland innerhalb Europas fungiert.[225] Vor allem die deutschen Einspeiseleistungen aus Richtung Norwegen, der Tschechischen Republik und Polen waren stark überlastet und durch Verträge teilweise für mehr als ein Jahr ausgebucht.[226] Engpässe aufgrund langfristiger Verträge führen dazu, dass Ferngasgesellschaften die Anfragen von durchleitungswilligen Unternehmen nach Durchleitungskapazitäten ablehnen müssen. Neue Anbieter, die den Markt beleben könnten, sind daher von langfristigen Netzengpässen besonders betroffen und von vorneherein erheblich benachteiligt.

b) Mangelhaftes Kapazitäts- und Engpassmanagement

Eine vollständige Beseitigung der Engpässe ist allerdings nicht in jedem Fall notwendig. Vielmehr kann es sogar volkswirtschaftlich sinnvoll sein, Engpässe bestehen zu lassen, wenn sie effektiv bewirtschaftet werden.[227] Dies geschieht durch Kapazitäts- und Engpassmanagement. Bisher ist die Bewirtschaftung mangels einheitlicher Anwendung jedoch nicht zufriedenstellend erfolgt, wodurch Wettbewerbsnachteile entstanden sind.[228] Engpasserlöse sind beispielsweise nur in geringem Umfang zur künftigen Vermeidung von Netzengpässen eingesetzt worden.[229] Auch führen unterschiedliche Regeln zum Kapazitäts- und Engpassmanagement zu einer nur unvollständigen Kopplung der europäischen Märkte und hindern somit die Wettbewerbsentwicklung.[230] Außerdem wurden Netzbetreiber und auch – trotz ihrer formalen Unabhängigkeit – Regulierungsbehörden in einzelnen Mitgliedstaaten teils von den nationalen Regierungen für Politikinhalte instrumentalisiert, die der Realisierung eines Binnenmarktes hinderlich waren oder im Wege standen.[231]

---

225 *Bundesnetzagentur*, Monitoringbericht 2008, S. 139; *Monopolkommission*, Strom und Gas 2011, S. 83 ff.

226 *Monopolkommission*, Strom und Gas 2009, S. 173.

227 *Monopolkommission*, Strom und Gas 2009, S. 160.

228 *Europäische Kommission*, Fortschritte bei der Verwirklichung des Erdgas- und Elektrizitätsbinnenmarktes, KOM (2008) 192 endg.; dies., Bericht über die Fortschritte bei der Verwirklichung des Erdgas- und Elektrizitätsbinnenmarktes, KOM (2009) 115 endg., S. 5 f.; zu den einzelnen Verfahren s. *Niedrig* in: Zenke/Schäfer, Energiehandel in Europa, S. 569 ff; *Monopolkommission*, Energie 2011, S. 88.

229 *Monopolkommission*, Strom und Gas 2009, S. 168.

230 *Monopolkommission*, Energie 2011, S. 134.

231 *Niedrig* in: Zenke/Schäfer, Energiehandel in Europa, S. 580.

c) Uneinheitliche Regulierungspraxis

Auch die unterschiedliche Regulierungspraxis führt zu Wettbewerbshindernissen und zu einer Verlangsamung beim Aufbau des Energiebinnenmarkts.[232] Es fehlt weiterhin an der Entwicklung gemeinsamer Standards und Konzepte beim grenzüberschreitenden Handel.[233] Ebenso wurden von den Mitgliedstaaten die Rechtsvorschriften nicht in ausreichendem Maße und in angemessener Zeit umgesetzt, was eine Vereinheitlichung der rechtlichen Rahmenbedingungen verzögerte. Im Juni 2009 führte die Kommission Vertragsverletzungsverfahren gegen 25 Mitgliedstaaten wegen Verstöße im Strombereich und gegen 21 Mitgliedstaaten wegen Verstöße im Gasbereich.[234]

Auch eine Zusammenarbeit, Abstimmung und Einigung auf einheitliche Verfahren zwischen den Übertragungsnetz- und Fernleitungsnetzbetreibern findet nicht in ausreichendem Maße statt, was grenzüberschreitenden Wettbewerb verhindert.[235]

d) Mangelnde Wechselbereitschaft bei Verbrauchern

Hinderlich für die Entstehung eines funktionierenden Binnenmarktes für Strom und Gas ist auch das im Vergleich zu anderen Märkten noch sehr schwach ausgeprägte Wechselverhalten der Kunden. Besonders Haushaltskunden mit einem Verbrauch von weniger als 10 MWh/Jahr gehörten in Deutschland im Jahr 2007 zu den am wenigsten wechselbereiten Endkunden mit einer Wechselquote von gerade einmal 4,2 %.[236] Bei großen und sehr großen Industriekunden mit einer Entnahme von mehr als 2 GWh/Jahr konnte immerhin eine Wechselquote von 13,2 % festgestellt werden.[237] Bei den Haushaltskunden bezog eine überwiegende

---

232 *Europäische Kommission*, Die Fortschritte bei der Verwirklichung des Erdgas- und Elektrizitätsmarktes, KOM (2008) 192 endg., S. 5; *dies.*, Bericht über die Fortschritte bei der Verwirklichung des Erdgas- und Elektrizitätsmarktes, KOM (2009) 115 endg., S. 12; *dies.*, Ein funktionierender Energiebinnenmarkt, KOM (2012) 663, S. 9.

233 *Europäische Kommission*, Bericht über die Fortschritte bei der Verwirklichung des Erdgas- und Elektrizitätsmarktes, KOM (2009) 115 endg., S. 12

234 *Europäische Kommission*, Bericht über die Fortschritte bei der Verwirklichung des Erdgas- und Elektrizitätsmarktes, KOM (2010) 84 endg., S. 3.

235 *Europäische Kommission*, Bericht über die Fortschritte bei der Verwirklichung des Erdgas- und Elektrizitätsmarktes, KOM (2009) 115 endg., S. 12.

236 *Monopolkommission*, Strom und Gas 2009 – Energiemärkte im Spannungsfeld von Politik und Wettbewerb, 54. Sondergutachten der Monopolkommission, S. 46; *Bundesnetzagentur*, Monitoringbericht 2008, S. 93–96.

237 *Monopolkommission*, Strom und Gas 2009, S. 46.

Mehrheit von 93,6 % den Strom von ihrem Grundversorger, wohingegen nur 6,4 % des Marktanteils von deren Konkurrenten bedient wurden. Bei den gewerblichen Kunden hingegen war der Markt von mehr Wettbewerb geprägt und die Grundversorger mit 53,3 % in nur noch knapp über der Hälfte der Fälle Lieferanten, während schon 46,7 % der Kunden sich für einen Konkurrenzanbieter entschieden hatten.[238]

Auch in den anderen Mitgliedstaaten hat sich seit der Liberalisierung keine grundlegende Wechselstimmung breit gemacht.[239] Soweit die nationalen Agenturen Zahlen vorgelegt haben, bewegen sich diese in einem noch sehr niedrigen Bereich. Die Wechselquote bei Haushaltskunden und kleinen Industriekunden betrug im Jahre 2008 beispielsweise 4,2 % in Österreich, 4 % in Dänemark, 4,56 % in Irland und 9,7 % in Schweden.[240] Für Luxemburg, Polen, Portugal, Rumänien, Slowakei und Slowenien wurden Wechselquoten von unter einem Prozent ausgemacht, teilweise sogar unter einem Promille liegend.[241] Aus den Zahlen ist auch im Vergleich zum Vorjahr keine einheitliche Zunahme des Wechselverhaltens zu erkennen.

Die Gründe der mangelnden Wechselbereitschaft insbesondere der Haushaltskunden sind vielfältiger Natur. Zu einem großen Anteil resultiert sie aus mangelnder Information der Kunden und einem ausgeprägten Gewohnheitshandeln. Während ein Teil der Verbraucher über die Möglichkeit des Wechsels und dem Vorhandensein von unterschiedlichen Anbietern mit differenzierten Angeboten sich nach wie vor aufgrund der ehemals monopolisierten Struktur im Unklaren befindet, besteht bei einem anderen Teil der Bevölkerung zwar prinzipiell die Kenntnis, allerdings verbunden mit der Befürchtung, ein Wechsel sei kompliziert zu bewerkstelligen, kostspielig oder berge die Gefahr einer vorübergehenden oder dauerhaften Versorgungslücke.[242]

---

238 ebd.

239 *Europäische Kommission*, Bericht über die Fortschritte bei der Verwirklichung des Erdgas- und Elektrizitätsmarktes, KOM (2009) 115 endg., S. 13.

240 Tab. 2.1 technischer Anhang zum Bericht über die Fortschritte bei der Verwirklichung des Erdgas- und Elektrizitätsbinnenmarktes, KOM (2010) 84 endg; für Frankreich: *Commission sur l'organisation de l'électricité*, Rapport vom 24.04.2009 (http://www.developpement-durable.gouv.fr/IMG/pdf/9-04-16_Rapport_Champsaur.pdf), Zugriff: 02.01.2014.

241 ebd.

242 *Monopolkommission*, Strom und Gas 2009, S. 46; mit besseren Tendenzen: *Monopolkommission*, Energie 2011 und Energie 2013.

e) Vermachtete Erzeugerstruktur auf dem Strom- und Gasmarkt

Auf den Strommärkten ist auf Erzeugerseite eine vermachtete Struktur festzustellen, die dem Entstehen wettbewerblicher Strukturen im Wege steht.[243] Auf diese Weise besteht die Gefahr, dass durch die dominanten Unternehmen eine Beeinflussung des Marktes durch einseitige Maßnahmen oder gemeinsame Absprachen vorgenommen und eine Festlegung der Preise erreicht wird.[244]

Auch auf dem Gassektor ist die angestrebte Liberalisierung seit 1998 nur sehr zögerlich und ohne durchschlagende Erfolge und entscheidende Verbesserungen verlaufen.[245] Da viele Erzeugungskapazitäten außerhalb der EU liegen, entziehen sich zudem die Großhandelsmärkte dem Zugriff der deutschen und europäischen Politik.[246]

3. Inhaltsüberblick

Das Dritte Energiebinnenmarktpaket besteht aus den neuen Elektrizitäts-[247] und Erdgasbinnenmarktrichtlinien (EltRL 2009 bzw. GasRL 2009)[248] und den beiden Verordnungen zum Strom- und Gasnetzzugang[249] sowie zur Gründung einer Agentur für die Zusammenarbeit der Energieregulierungsbehörden

---

243 *Europäische Kommission*, Bericht über die Fortschritte bei der Verwirklichung des Elektrizitäts- und Erdgasbinnenmarkts, KOM (2009) 115 endg., S. 6 f; *dies.*, Ein funktionierender Energiebinnenmarkt, KOM (2012) 663, S. 3.

244 *Monopolkommission*, Strom und Gas 2009, S. 65.

245 *Monopolkommission*, Strom und Gas 2009, S. 85.

246 *Monopolkommission*, Strom und Gas 2009, S. 86.

247 Richtlinie 2009/72/EG des Europäischen Parlaments und des Rates vom 13.07.2009 über gemeinsame Vorschriften für den Elektrizitätsbinnenmarkt und zur Aufhebung der Richtlinie 2003/54/EG, ABl. L 211 vom 14.08.2009, S. 55 ff.

248 Richtlinie 2009/73/EG des Europäischen Parlaments und des Rates vom 13.07.2009 über gemeinsame Vorschriften für den Erdgasbinnenmarkt und zur Aufhebung der Richtlinie 2003/55/EG, ABl. L 211 vom 14.08.2009, S. 94 ff.

249 Verordnung (EG) Nr. 714/2009 des Europäischen Parlaments und des Rates vom 13.07.2009 über die Netzzugangsbedingungen für den grenzüberschreitenden Stromhandel und die Aufhebung der Verordnung Nr. 1228/2003, ABl. L 211 vom 14.08.2009, S. 15 ff., im Folgenden: StromhandelZVO 2009; Verordnung (EG) Nr. 715/2009 des Europäischen Parlaments und des Rates vom 13.07.2009 über die Bedingungen für den Zugang zu den Erdgasfernleitungsnetzen und zur Aufhebung der Verordnung Nr. 1775/2003, ABl. L 211 vom 14.08.2009, S. 36 ff., im Folgenden: ErdgasZVO 2009.

(ACER-VO)[250]. Im Folgenden soll ein Überblick über die verschiedenen Richtlinien und Verordnungen gegeben werden, wobei die ACER-VO hier ausgespart wird, um sich ihr später in größerem Umfang zu widmen. Die Beschäftigung mit den vier anderen Rechtsakten ist aber dennoch wichtig, da die Vorschriften insgesamt als Paket behandelt werden müssen, die nicht zusammenhanglos nebenbeinander stehen, sondern sich ergänzen, wobei die Agentur als ein sektorübergreifendes Element charakterisiert werden kann.[251]

a) Die Elektrizitäts- und die Erdgasbinnenmarktrichtlinie 2009

Die beiden neuen Richtlinien zeichnen sich durch eine erhebliche Verschärfung des Entflechtungsregimes[252], einer Stärkung der Stellung und der Unabhängigkeit der nationalen Regulierungsbehörden sowie einer Verbesserung der Verbraucherschutzrechte aus. Herzstück ist eine Steigerung der Entflechtungsanforderungen für Übertragungs- und Fernleitungsnetzbetreiber bei gleichzeitiger Diversifizierung der Möglichkeit der Modelle.[253]

aa) Entflechtung

Während sich das zweite Richtlinienpaket noch damit begnügte, ein sog. Legal Unbundling einzuführen und auf eine komplette eigentumsrechtliche Trennung verzichtete, sehen die Vorstellungen der Kommission als Grundfall nun ein Full Ownership Unbundling (FOU) vor.[254] Danach muss seit dem 3. März

250 Verordnung (EG) Nr. 713/2009 des Europäischen Parlaments und des Rates vom 13.07.2009 zur Gründung einer Agentur zur Zusammenarbeit der Energieregulierungsbehörden, ABl. L 211 vom 14.08.2009, S. 1 ff., im Folgenden: ACER-VO.

251 „Chichester-Bericht" des Europäischen Parlaments, A6-0226/2008, S. 49; *Gottschal*, The Role of an Energy Agency in Regulating an Internal Energy Market, in: European Energy Law Report VI, S. 52.

252 Eine rechtsvergleichende, durchaus kritische Sicht zu den Erfolgsaussichten der Entflechtung bei: Pielow, RdE 2008, 345; zu den politisch und rechtlich stark umstrittenen und kontrovers diskutierten Entflechtungsregelungen weiterhin u.a.: *Schreiber*, N&R 2009, 154 (155 f.); *Schmidt-Preuß*, ET 2009, 82; *Scholtka/Baumbach*, NJW 2008, 1128 (1129); *Bourwieg/Antoni*, ET 2008, 36 (36 ff); *Neveling*, ZNER 2007, 378 (378 ff.); *Scholz*, ET 2007, 76 ff.; *Storr*, EuZW 2007, 232 (232 ff.) *Schmidt-Preuß*, EuR 2006, 463 (480 ff.); v.a. zum Ownership Unbundling: *Müller-Terpitz/Weigl*, EuR 2009, 348 (348 ff.); zum ITO-Modell: *Michaelis/Kemper*, RdE 2011, 10–19.

253 *Kühling/Pisal*, RdE 2010, 161 (163 ff.); *Büdenbender/Rosin*, RdE 2010, 197 (197 ff.); *Baur/Pritzsche/Pooschke*, DVBl. 2008, 483 (483); *Neveling*, ZNER 2007, 378 (378).

254 Art. 9 EltRL 2009, Art. 9 GasRL 2009; einige Stimmen sehen darin eine nach nationalen und gemeinschaftsweiten Regelungen und Rechtsstaatsgarantien unzulässige

2012 das Übertragungs- bzw. Fernleitungsnetz aus dem vertikal integrierten Unternehmen und den Einheiten Erzeugung, Vertrieb/Handel herausgelöst und übertragen werden, so dass keine Kontrollfunktionen und Rechte mehr ausgeübt werden können.[255] Dies resultiert aus der Tatsache, dass die Kommission das natürliche Monopol der Übertragungsnetzbetreiber weiterhin als eine Hauptursache für die Verhinderung eines funktionierenden Wettbewerbs sieht.[256] Als zweite, etwas weniger stark eingreifende Regelung sehen die Richtlinien das Alternativmodell eines Independent System Operators (ISO) als Ausnahme vor.[257] Bei der dritten Variante des Independent Transmission Operator (ITO)[258] findet ebenfalls keine eigentumsrechtliche Ausgliederung des Netzbetriebs aus dem vertikal integrierten Unternehmen statt.

Die zuvor nach den Vorgaben des EnWG schon notwendige Trennung in gesellschaftsrechtlicher Hinsicht wird durch weitergehende Unabhängigkeitsanforderungen verschärft. So muss nicht nur eine komplette Trennung der Vermögenswerte und des Personalbestands vorliegen, sondern es sind auch wechselseitige Beteiligungen ausgeschlossen. Hinzu kommen Transparenzanforderungen und ein Gleichbehandlungsprogramm[259] und die Aufsicht über alle Maßnahmen durch die nationale Regulierungsbehörde.

bb) Stärkung der nationalen Regulierungsbehörden

Weiterer zentraler Punkt der Richtlinien ist die Stärkung der Unabhängigkeit der Regulierungsbehörden. Nach der Ansicht der Kommission sind starke Regulierer eine Grundvoraussetzung für die Etablierung und das Funktionieren eines gemeinsamen Energiebinnenmarktes. So müssten diese nicht nur von Marktinteressen, sondern auch von politischen Entscheidungsträgern und anderen Behörden vollständig unabhängig und weisungsfrei sein.[260] Zusätzlich findet

---

Enteignung, vgl. *Schmidt-Preuß* in: Festschrift Scholz, S. 903 (911); *ders.* in: Baur/Pritzsche/Simon, Unbundling in der Energiewirtschaft, 1. Kap., Rn. 77 ff.

255 *Büdenbender/Rosin*, RdE 2010, 198; *Baur/Pritzsche/Pooschke*, DVBl. 2008, 484.

256 Vorschlag für eine Richtlinie des Europäischen Parlaments und des Rates zur Änderung der RL 2003/54/EG über gemeinsame Vorschriften über den Elektrizitätsbinnenmarkt vom 19.09.2007, KOM (2007) 528 endg., S. 4.

257 Art. 13 EltRL 2009, Art. 14 GasRL 2009.

258 Art. 17 ff. EltRL 2009, Art. 17 ff. GasRL 2009.

259 Art. 30 f., 21 EltRL 2009, Art. 30 f., 21 GasRL 2009.

260 Art. 35 Abs. 4 Satz 2 lit. b) ii, Abs. 5 lit. a) EltRL 2009, Art 39 Abs. 4 Satz 2 lit. b) ii, Abs. 5 lit. a) GasRL 2009, dazu: *Büdenbender/Rosin*, RdE 2010, 197 (205); *Gundel/Germelmann*, EuZW 2009, 763 (768).

eine Stärkung der Regulierungsbehörde durch Kompetenzerweiterung und die Einräumung einer Sanktionsbefugnis statt.[261] Gem. Art. 37 EltRL 2009, Art. 41 GasRL 2009 übernimmt sie die Beobachtung der Wirksamkeit der Marktöffnung und des Umfangs des Wettbewerbs auf Großhandels- und Endkundenebene, einschließlich Strompreisbörsen, Preise für Haushaltskunden etc. Zu den Versorgungstarifen hat sie mindestens einmal jährlich Empfehlungen zu veröffentlichen. Um den wirksamen und effizienten Wettbewerb zu fördern und sein ordnungsgemäßes Funktionieren zu gewährleisten muss ihr die Ermächtigung zur Verhängung von notwendigen und verhältnismäßigen Maßnahmen durch den Gesetzgeber eingeräumt werden.[262] Zusätzlich kommt ihr die Schlüsselrolle im neuen Zertifizierungsverfahren für Übertragungsnetzbetreiber zu.[263] Nun muss jeder Betreiber von Übertragungsnetzen ein Zulassungsverfahren vor den nationalen Regulierungsbehörden unter konsultativer Beteiligung der Kommission durchlaufen, wobei insbesondere geprüft wird, ob er die Vorgaben der Entflechtungsvorschriften erfüllt.[264]

Daneben werden durch die EltRL 2009 und GasRL 2009 die nationalen Regulierungsbehörden explizit zur Zusammenarbeit verpflichtet. Sie haben im „Regulierungssystem für grenzüberschreitende Aspekte“ die Aufgabe, sich gegenseitig zu konsultieren, eng zusammen zu arbeiten und sich gegenseitig und der Agentur sämtliche für die Erfüllung ihrer Aufgaben gemäß dieser Richtlinien erforderlichen Informationen zu verschaffen.[265]

cc) Pflichten nationaler Übertragungs- und Fernleitungsnetzbetreiber

Analog zu einem gemeinschaftsweiten zehnjährigen Netzentwicklungsplan[266] müssen die nationalen Übertragungsnetzbetreiber jedes Jahr einen zehnjährigen Netzentwicklungsplan nach Konsultation aller einschlägigen Interessenvertreter erarbeiten und der nationalen Regulierungsbehörde zur Prüfung und Genehmigung vorlegen.[267] In diesem Plan muss ausdrücklich auch der

261 Art. 37 Abs. 4 lit. d), Abs. 5 lit. a) EltRL 2009, Art. 41 Abs. 4 lit. d), Abs. 5 lit. a) GasRL 2009.

262 Art. 37 Abs. 4 b EltRL 2009, Art. 41 Abs. 4 GasRL 2009; *Büdenbender/Rosin*, RdE 2010, 179 (205).

263 *Gundel/Germelmann*, EuZW 2009, 763 (768).

264 Art. 10 f. EltRL 2009, Art. 10 f. GasRL 2009, Art. 3 StromhandelZVO 2009, Art. 3 ErdgasZVO 2009.

265 Art. 38 Abs. 1 EltRL 2009, Art. 42 GasRL 2009.

266 Dazu s.u. unter § 10 II. 1. c) dd).

267 Art. 22 EltRL 2009, Art. 22 GasRL 2009.

Strom- bzw. Gasaustausch mit anderen Ländern unter Berücksichtigung der Investitionspläne für regionale und gemeinschaftsweite Netze berücksichtigt werden.[268] Der nationalen Regulierungsbehörde obliegt die Verantwortung dafür, dass der nationale Plan mit dem gemeinschaftsweiten Netzentwicklungsplan in Einklang steht und sie konsultiert bei bestehenden Zweifeln die Agentur für die Zusammenarbeit der Energieregulierungsbehörden.[269] Daneben soll der nationale Regulierer die Durchführung des zehnjährigen Netzentwicklungsplans überwachen und bei Bedarf notwendige Mittel, bis hin zur Ersatzvornahme, ergreifen können, wenn der Übertragungsnetzbetreiber zwingende Investitionen nach dem Netzentwicklungsplan nicht durchführt.[270]

dd) Verbraucherschutz

Zum Schutz der Verbraucher enthalten die EltRL 2009 und GasRL 2009 ebenfalls neue Vorgaben, wie etwa die Einrichtung eines außergerichtlichen, transparenten, zügigen, einfachen und kostengünstigen Streitbeilegungsverfahrens, einen allgemeinen Anschlusszwang, Sozialtarife für wirtschaftlich schwache und bedürftige Bürger, kürzere Wechselfristen und bessere Informationsrechte für Kunden.[271] Denn nach Ansicht der Kommission geht die Stärkung der Stellung der Verbraucher Hand in Hand mit den Maßnahmen zur Öffnung des Marktes.[272]

Die Regelungen der Richtlinien waren bis zum 3. März 2011 in nationales Recht umzusetzen und, mit Ausnahme des jeweiligen Art. 11, ab diesem Zeitpunkt anzuwenden.[273]

b) Die Netzzugangsverordnungen 2009

Wie bereits erwähnt, betrachtet die Kommission das Fehlen ausreichender Verbindungskapazitäten zwischen den Mitgliedstaaten als eine der Hauptursachen

268 Art. 22 Abs. 3 EltRL 2009, Art. 22 Abs. 3 GasRL 2009.

269 Art. 22 Abs. 5 EltRL 2009, Art. 22 Abs. 5 GasRL 2009.

270 Art. 22 Abs. 6, 7 EltRL 2009, Art. 22 Abs. 6, 7 GasRL 2009.

271 Art. 3 EltRL 2009, Art. 3 GasRL 2009.

272 *Europäische Kommission*, Ein Binnenmarkt für das Europa des 21. Jahrhunderts, Mitteilung der Kommission an das Europäische Parlament, den Rat, den Europäischen Wirtschaftsausschuss und den Ausschuss der Regionen vom 21.11.2007, KOM (2007) 724 endg., S. 5.

273 Art. 49 UAbs. 1 Satz 1, UAbs. 2 EltRL 2009, Art. 54 UAbs. 1 Satz 1, UAbs. 2 GasRL 2009.

für das mangelnde Funktionieren eines offenen und effizienten Binnenmarktes.[274] Die StromhandelZVO 2009 und die ErdgasZVO 2009 sollen dabei Abhilfe schaffen. Sie traten beide am 03.09.2009 in Kraft[275] (Verbindlichkeit aber erst ab dem 03.03.2011), womit, anders als bei den vorherigen Energiebinnenmarktpaketen, ein zeitlicher Gleichlauf zwischen dem Strom- und Gassektor hergestellt wurde.

Die Netzzugangsverordnungen bestimmen, dass Netzengpässen mit nichtdiskriminierenden, marktorientierten Lösungen begegnet werden muss, von denen wirksame wirtschaftliche Signale an die Marktteilnehmer und Übertragungsnetzbetreiber ausgehen.[276] Die im Anhang an die Verordnungen abgedruckten Leitlinien[277] sind unmittelbar geltendes Recht und konkretisieren die Engpassmanagementmethoden, beispielsweise, dass die Kapazitätsvergabe nur durch explizite oder implizite Auktionen erfolgen soll.[278] Eine freie Übertragungskapazität muss also versteigert und an den Marktteilnehmer mit dem höchsten Gebot eingeräumt werden.[279] Die in den Auktionen eingenommenen Erlöse muss der Netzbetreiber wiederum für den Neubau von grenzüberschreitenden Leitungen verwenden.[280]

Die Netzzugangsverordnungen haben eine weitere beachtliche Neuregelung zum Gegenstand. Um die Zusammenarbeit der Übertragungs- und Fernleitungsnetzbetreiber im Sinne eines Funktionieren des Energiebinnenmarktes und

---

274 Erwägungsgrund 4 StromhandelZVO 2009, Erwägungsgrund 13 ErdgasZVO 2009; ebenso die Schlussfolgerung der *Monopolkommission*, Sondergutachten „Strom und Gas 2009 – Energiemärkte im Spannungsfeld von Politik und Wettbewerb“, Rn. 329; *Bundesnetzagentur*, Monitoringbericht 2006, S. 19 ff.; vgl. auch die Auffassung des BGH, der angesichts der Engpässe an den Grenzkuppelstellen bei der wettbewerbsrechtlichen Beurteilung von der Existenz eines rein nationalen Strommarktes ausgeht, s. BGH, Beschluss vom 11.11.2008, Az.: KVR 60/07, JZ 2009, 575.

275 Art. 26 StromhandelZVO 2009, Art. 32 ErdgasZVO 2009.

276 Art. 16 Abs. 1 Satz 1 StromhandelZVO 2009, für den Gassektor Art. 14 ErdgasZVO 2009 bzgl. Zugangs zu Fernleitungsnetzen und Art. 15 ErdgasZVO 2009 bzgl. Zugangs zu Speicheranlagen und LNG-Anlagen.

277 Leitlinien für das Management und die Vergabe verfügbarer Übertragungskapazitäten auf Verbindungsleitungen zwischen nationalen Netzen (Anhang I zur StromhandelZVO 2009) und verschiedene Leitlinien zur ErdgasZVO 2009.

278 Ziff. 2.1 der Leitlinien. Explizite Auktionen sind Auktionen, bei denen Kapazitätsauktion und Stromhandelsgeschäft getrennt voneinander stattfinden, bei impliziten Auktionen erfolgt das Stromhandelsgeschäft und die Vergabe der Kapazität gleichzeitig.

279 kritisch zu dem Auktionsverfahren, insbesondere was den Erfolg und die Konformität mit den Warenverkehrsfreiheiten anbetrifft: *Tödtmann/Kaluza*, RdE 2011, 241 (241).

280 Ziff. 6 Anhang zur StromhandelZVO 2009.

des grenzüberschreitenden Stromhandels zu fördern, wurden sie zwangsweise verpflichtet, sich zu einem europäischen Verbund der Übertragungsnetz- bzw. Fernleitungsnetzbetreiber (ENTSO) zusammenzuschließen.[281] Mit dem erzwungenen Zusammenschluss der Netzbetreiber geht der europäische Gesetzgeber das Problem an, dass noch immer größtenteils einzelne, zum Teil liberalisierte, aber nationale Energiemärkte bestehen, die ihre Grenze an den Staatsgrenzen haben.[282] Damit werden die Verbundstrukturen erheblich verfestigt und die Übertragungs- und Fernleitungsnetzbetreiber zu zentralen Akteuren im europäischen Regulierungsverbund aufgewertet.[283] Die ENTSOs haben die Aufgabe, Netzkodizes auszuarbeiten, welche Vorgaben für die Nutzung und Fortentwicklung des gesamteuropäischen Versorgungsnetzes bestimmen, deren Rahmen allerdings von der Kommission und der Agentur für die Zusammenarbeit der Regulierungsbehörden durch Leitlinien vorgegeben wird.[284] Weitere Aufgaben der ENTSOs sind die Erarbeitung von zehnjährigen gemeinschaftsweiten Netzentwicklungsplänen[285], die regionale Zusammenarbeit[286] und die Beobachtung und Analyse der Einhaltung der Netzkodizes und deren Wirkung auf eine Harmonisierung des Binnenmarktes.[287] Insgesamt betrachtet, wird durch die Netzzugangsverordnungen eine Selbstregulierung der Übertragungs- bzw. Fernleitungsnetzbetreiber eingerichtet mit dem Ziel, dass die Akteure selbst zu einer Verbesserung der grenzüberschreitenden Strom- und Gasübertragung beitragen.

c) *Stärkung der Europäischen Kommission*

Die Vorschriften des Dritten Binnenmarktpakets bringen ferner eine erhebliche Stärkung der Position der Europäischen Kommission im europäischen Energieregulierungsverbund mit sich. Sie erhält umfangreiche neue Befugnisse, um im Komitologieverfahren neue Leitlinien zu verabschieden. Quasi alle Detailfragen der Regulierung können mittels verbindlicher Leitlinien durch die Kommission bestimmt werden.[288] Ebenso können Details der Zusammenarbeit der nationalen

---

281 Art. 4 f. StromhandelZVO 2009, Art. 4 f. ErdgasZVO 2009; vgl. ausführlich zu den ENTSOs unter § 10 II. 1.

282 Ausführlich zu den ENTSOs noch unter § 10 II. 1.

283 *Schneider* in: Schneider/Theobald, § 2, Rn. 73.

284 Art. 6 ff. StromhandelZVO 2009, Art. 6 ff. ErdgasZVO 2009.

285 Art. 8 Abs. 3 StromhandelZVO 2009, Art. 8 Abs. 3 ErdgasZVO 2009.

286 Art. 12 StromhandelZVO 2009, Art. 12 ErdgasZVO 2009.

287 Art. 8 Abs. 8 StromhandelZVO 2009, Art. 8 Abs. 8 ErdgasZVO 2009.

288 Vgl. etwa Art. 18 Abs. 5 StromhandelZVO 2009, Art. 23 Abs. 2 GashandelVO 2009.

Regulierungsbehörden untereinander und mit ACER genau geregelt werden.[289] Auch konkretisiert die Kommission gegebenenfalls mittels Leitlinien, wann die Agentur über Regulierungsfragen für grenzüberschreitende Infrastrukturen entscheiden soll und bestimmt gegebenenfalls sogar mittels Leitlinien, ob die Agentur mit neuen Aufgaben betraut werden soll.[290]

Explizite Vorgaben kann die Kommission auch bei den Modalitäten für die Ausnahmen in der Regulierung für neue Gasinfrastrukturen oder für neue Stromverbindungen machen.[291] Ebenso spielen Rahmenleitlinien in der Zusammenarbeit mit den ENTSOs eine wichtige Rolle.[292]

Schließlich ist bedeutsam, dass die Kommission die Vollziehung der Leitlinien durch die nationalen Regulierungsbehörden beaufsichtigen und kontrollieren und die nationale Regulierungsbehörde notfalls zu einer Änderung oder einen Widerruf einer von ihr getroffenen Maßnahme zwingen kann, wenn diese nicht in Einklang mit den Leitlinien steht.[293] Daneben dürfen sich auch nationale Regulierungsbehörden an die Kommission wenden, wenn sie der Meinung sind, eine andere nationale Regulierungsbehörde handele bei einer Entscheidung nicht in Einklang mit den erlassenen Leitlinien.[294] Somit hat die Kommission mithilfe des Instruments der Leitlinien potentiell eine starke Position inne.

4. Umsetzung in Deutschland: das EnWG 2011

Die Vorschriften der EltRL 2009 und der GasRL 2009 sahen die Umsetzung bis zum 3. März 2011 ins nationale Recht vor.[295] Der Bundesgesetzgeber versäumte erneut die Frist und ein erster offizieller Entwurf lag erst am 6. Juni 2011 vor.[296] Unter den frischen Eindrücken des Reaktorunfalls von Fukushima sind allerdings dann in rekordverdächtiger Eile die Vorschriften zur sog. Energiewende, die neben der Kehrtwende in der Atompolitik auch die schon längst überfälligen europäischen Vorgaben in Gesetzesform gegossen worden.[297] Das Gesetz

---

289 Art. 38 Abs. 5 EltRL 2009, Art. 42 Abs. 4 GasRL 2009.

290 Art. 8 Abs. 4 ACER-VO 2009, Art. 9 Abs. 2 UAbs. 2 ACER-VO.

291 Art. 36 Abs. 10 GasRL 2009, Art. 17 Abs. 9 StromhandelZVO 2009.

292 Vgl. dazu unten § 10 II. 1. c).

293 Art. 39 EltRL 2009, Art. 43 GasRL 2009.

294 Art. 39 Abs. 4 EltRL 2009, Art. 43 Abs. 4 GasRL 2009.

295 Art. 49 EltRL 2009, Art. 54 GasRL 2009.

296 Entwurf eines Gesetzes zur Neuregelung energiewirtschaftsrechtlicher Vorschriften vom 6.6.2011, BT-Drs. 17/6072, S. 1 ff.

297 *Kühling/Rasbach*, RdE 2011, 332 (332); *Salje*, RdE 2011, 325 (325).

zur Änderung energiewirtschaftlicher Vorschriften (EnWGÄndG)[298] wurde am 30. Juni 2011 im Bundestag und am 8. Juli vom Bundesrat verabschiedet und trat am 5. August 2011 in Kraft.

Das EnWG erfuhr an mehr als 100 Stellen Veränderungen. Eine der am kontroversesten diskutierten Schwerpunkte stellte dabei das verschärfte Unbundlungsregime für Transportnetzbetreiber dar, mit dem die eigentumsrechtliche Entflechtung als Grundsatz, freilich mit den von den Richtlinien vorgesehenen Alternativen ISO und ITO, normiert wurde.[299]

Die Bundesnetzagentur wurde zur Zusammenarbeit mit den Regulierungsbehörden anderer Mitgliedstaaten, der Agentur und der Kommission in § 57 EnWG 2011 berechtigt und gleichzeitig verpflichtet. Die Formulierungen begründen eine wesentlich stärkere Eigenständigkeit der Bundesnetzagentur in der Kooperation mit anderen Akteuren als in der Vorgängervorschrift. Des Weiteren erhielt die Bundesnetzagentur an verschiedenen Stellen neue Zuständigkeiten und Kompetenzen, vor allem beim Vollzug des europäischen Rechts.[300]

5. Fazit

Mit dem Dritten Energiebinnenmarktpaket ist es zu einer erheblichen Vertiefung des europäischen Regulierungsverbunds gekommen. Vor allem die Stärkung der Rechte der Kommission und der nationalen Regulierungsbehörden sowie der erzwungene Zusammenschluss der Übertragungs- und Fernleitungsnetzbetreiber in den ENTSOs sowie viele daraus folgende Kooperationspflichten machen dies deutlich. Wichtigste Neuerung in dieser Hinsicht ist jedoch die Errichtung von ACER.

---

298 BGBl. I 2011, S. 1554.

299 vgl. zu den Entflechtungsmodellen ausführlich: *Pisal*, Entflechtungsoptionen nach dem Dritten Energiebinnenmarktpaket, S. 223 ff; *Schellberg/Böhme*, ET 2011 (12), 93.

300 §§ 54a, 56, 57, 58, 63, 65 EnWG 2011.

§ 3 Frühere Formen und Organisationen energiewirtschaftlicher Zusammenarbeit auf europäischer Ebene

Die Einsetzung einer Agentur auf dem Gebiet der Energiewirtschaft stellt zwar eine neue Stufe der vertieften Zusammenarbeit dar, dennoch baut sie auf bereits vorhandenen Strukturen auf und ist folglich keine vollkommene Neuerung. Auf europäischer Ebene existierte zuvor bereits eine ganze Anzahl verschiedener Organisationen und Zusammenschlüsse, die sich die Zusammenarbeit, Abstimmung und Kooperation in energiewirtschaftlichen und energierechtlichen Belangen zur Aufgabe gemacht haben. In diesem Kapitel wird es darum gehen, das Geflecht dieser Organisationen zu untersuchen, um Vergleiche und Parallelen zu ACER zu ermöglichen und die Gründe für die Fortentwicklung zu beleuchten.

I. Koordinierung und Kooperation in den Foren

Als eine der frühen Formen des Dialogs und der Zusammenarbeit zwischen staatlichen und nicht-staatlichen Akteuren sind verschiedene Foren entstanden, in denen eine freiwillige Zusammenarbeit stattfand.

1. Das Florenz-Forum

Das Electricity Regulatory Forum (ERF)[301] wurde 1998 durch die Kommission ins Leben gerufen und sollte als Plattform eine Basis für den regelmäßigen Austausch zwischen Vertretern der Kommission, der Mitgliedstaaten, nationalen Regulierungsbehörden, Übertragungsnetzbetreibern, Netznutzern, Produzenten, Verbrauchern, Stromhändlern und des Europäischen Parlaments dienen, um zu einen funktionierenden europäischen Binnenmarkt im Strombereich zu kommen.[302] Die Einsetzung des Forums erfolgte kurz nach Verabschiedung der ersten Elektrizitätsrichtlinie ohne einen formellen, bindenden Beschluss. Mangels

301 Beschlüsse und andere Dokumente der einzelnen Versammlungen sind abrufbar unter: https://ec.europa.eu/energy/en/events/meeting-european-electricity-regulatory-forum-florence (Zugriff: 11.04.2016).

302 so der 5. Erwägungsgrund des Beschlusses der Kommission vom 11.11.2003 zur Einsetzung der Gruppe der europäischen Regulierungsbehörden für Elektrizität und Erdgas, 2003/796/EG; *Lecheler/Gundel*, EuZW 2003, 627; *Cameron*, Competition in Energy Markets, S. 102 ff.

rechtlicher Regulierungskompetenzen sollte das Forum zunächst die Umsetzung der ersten Elektrizität- und Gasrichtlinien informell mittels Konsultation und Kooperation begleiten.[303] Das ERF kommt ein oder zweimal im Jahr in Florenz zusammen, um Fragen der Regulierung zu diskutieren. Zusammen mit dem Forum von Madrid für den Gassektor kann die Einrichtung daher als erster Schritt in Richtung Etablierung eines europäischen Regulierungsverbundes für den Strom- bzw. Gasmarkt gesehen werden.[304]

Eines der frühen Ergebnisse des Florenz-Forums war die Gründung der Vereinigung Europäischer Übertragungsnetzbetreiber ETSO (European Transmission System Operator), die als institutionalisierter Ansprechpartner der Übertragungsnetzbetreiber der Kommission fungieren sollte und mittlerweile in ENTSO Strom aufgegangen ist. Durch die Elektrizitätsbinnenmarktrichtlinie wurden die Übertragungsnetzbetreiber rechtlich unabhängig und die Kommission befürwortete aus mehreren Gründen, einen einzigen Ansprechpartner über die nationalen Grenzen hinweg für Belange der Übertragungsnetzbetreiber zu haben.[305]

Neben der Etablierung eines einzelnen Ansprechpartners für die Gesamtheit der Übertragungsnetzbetreiber war das Ziel der Kommission, durch Zusammenarbeit die bedeutendsten Probleme im grenzüberschreitenden Stromhandel in den Griff zu bekommen, vor allem das Engpassmanagement an den Grenzkuppelstellen, Ausgleichszahlungen und Grundsätze für die Bemessung der Netzzugangsentgelte, Transparenz und Informationsfluss. Allerdings stellte sich schnell die Ungeeignetheit des Forums für die Lösung dieser Fragen heraus, da über die Grundsätze der Berechnung der Ausgleichszahlungen keine Einigkeit zwischen den Übertragungsnetzbetreibern hergestellt werden konnte.[306] Aus diesen Erfahrungen lernend begann die Kommission, die Ausarbeitung der Verordnung (EG) Nr. 1228/2003 über die Netzzugangsbedingungen für den grenzüberschreitenden Stromhandel als Instrument mit einem klaren Entscheidungsfindungsprozess zu beginnen, die allerdings in großen Teilen auf Vorarbeiten im Florenz-Forum aufbauen konnte.[307] Insgesamt lässt sich in diesen

303 *Herzmann*, ZNER 2005, 216.

304 *Arndt*, DV 2006, 100 (105); *Held/Prat*, IR 2004, 194 (194).

305 *Cameron*, Competition in Energy Markets, S. 103.

306 *Cameron*, Competition in Energy Markets, S. 103.

307 s. Mitteilung an den Rat und das Europäische Parlament „Vollendung des Energiebinnenmarktes" mit dem Vorschlag für eine Richtlinie des EP und des Rates zur Änderung der beiden Richtlinien 96/92/EG und 98/30/EG, verbunden mit der erstmaligen Vorlage eines Vorschlags für eine Verordnung des Europäischen Parlaments und des

Ereignissen die Tendenz erkennen, dass seitens der Kommission zunächst die Herstellung des Binnenmarktes durch einvernehmliche Lösungen und freiwilliges Engagement der Partizipierenden gesucht wird, jedoch bei Nichterreichung der bezweckten Ziele und anvisierten Ergebnisse verpflichtende Instrumente ausprobiert werden.[308] Die Einbindung der Marktteilnehmer in die Regulierungspraxis (Regulierung durch Kooperation) stellt gerade aufgrund der hohen Bedürftigkeit an technischen Hintergrundwissen und Know-how, das zu generieren auf Seiten des Regulierers auf große Schwierigkeiten trifft, ein probates Mittel dar, trifft aber auf der anderen Seite auf das Paradoxon, dass die zuständigen Stellen gerade auf diejenigen Marktteilnehmer angewiesen sind, die sie überwachen wollen.[309]

Von Bedeutung sind die Foren aber darüber hinaus noch heute durch die Empfehlung von Lösungsmöglichkeiten und die Erarbeitung von Leitlinien (good practice guidelines).[310] Zwar sind diese Leitlinien zunächst nicht rechtsverbindlich, jedoch sorgt die einvernehmliche Abstimmung zumindest für einen gewissen sozialen Druck, nicht von den Vereinbarungen abzuweichen.[311] Dadurch spielen sie eine wichtige Rolle bei der schrittweisen Entwicklung hin zu einer verbindlichen Regelung.[312] Aber auch den nationalen Regulierungsbehörden bieten sie Anhaltspunkte, welche Maßstäbe sie bei der Regulierungspraxis

---

Rates für die Netzzugangsbedingungen für den grenzüberschreitenden Stromhandel, KOM (2001) 125 endg. vom 13.03.2001, S. 15; die Bedeutung der Zusammen-, Vorarbeit und Kompromisse für die Verabschiedung der Verordnung über den grenzüberschreitenden Stromhandel jedoch hervorhebend: *Neveling* in: Danner/Theobald, Energierecht, Rn. 137; *Herzmann*, ZNER 2005, 216; *Hamdorf*, IR 2004, 245 (245).

308 *Westerhof*, The Third Internal Energy Market Package, in: European Energy Law Report VI, S. 22.

309 *Britz*, ZNER 2006, 95; *Arndt* sieht durch die Behandlung in den Foren und die Konsensbildung sogar eine Legitimitätsbildung der Kommission für spätere Aktivitäten, DV 2006, 100 (105).

310 *Europäische Kommission*, Mitteilung zur Vollendung des Energiebinnenmarktes, KOM (2001) 125 endg., S. 12 ff.

311 *Herzmann*, ZNER 2005, 216; so auch *Held/Prat*, IR 2004, 194 (196), die die Rechtfertigungsbedürfnisse des deutschen Vertreters des Bundeswirtschaftsministeriums anlässlich des „Sonderweges" des verhandelten Netzzugangs und festgestellten Defizite bei der Liberalisierung des Gasmarktes in Deutschland und die Aufforderungen des Forums zu einer Verbesserung auf dem Treffen des Forums am 08. und 09.07.2004 schildern; so auch *Arndt*, DV 2006, 100 (108).

312 *Arndt*, DV 2006, 100 (106).

anlegen können.[313] Zudem wird die Befolgung der Leitlinien durch die Foren überprüft und in einem „compliance report" ausgewertet.[314] Durch diese Art von Öffentlichkeit wird ein gewisser Steuerungsmechanismus hergestellt.[315]

Schließlich wird vertreten, dass allein durch die regelmäßigen Zusammenkünfte und Verhandlungen im Rahmen der Foren der Grundstein für eine vertiefte Zusammenarbeit gelegt worden sei.[316] Freiwillige und unverbindliche Vereinbarungen schaffen das Vertrauen, das notwendig sei, um schließlich zu einer institutionalisierten Form der Zusammenarbeit mit rechtlich verbindlichen Regelungen zu kommen.

2. Das Madrid-Forum

Das in Madrid tagende Gas Regulatory Forum (GRF)[317] ist das Gegenstück zum Florenz-Forum und wurde zur Begleitung der Umsetzung der ersten Gas-Richtlinie von der Kommission errichtet.[318] Die Mitglieder treffen sich seit 1999 in Intervallen von sechs bis zwölf Monaten regelmäßig, um sich über aktuelle Themen wie Versorgungssicherheit, Qualität, Infrastrukturvorhaben zu informieren und auszutauschen. Aufgrund einiger Unterschiede zum Stromsektor, etwa die der Abhängigkeit von Einfuhren aus Nicht-EU-Staaten, nehmen im Vergleich zum Florenzforum noch weitere Akteure, die EWR-Staaten Norwegen, Island und Liechtenstein, die EFTA Surveillance Authority und die Öl- und Gasproduzenten durch ihre Organisation OGP (International Association of Oil and Gas Producers) teil. Ähnlich wie im Strombereich ist auch hier auf Drängen der Kommission die Schaffung eines einzigen Ansprechpartners mit der „Gas Transmission Group" – GTG, eine Vereinigung der Gasfernleitungsnetzbetreiber, betrieben worden.[319] Als weiteren Erfolg des Madrid-Forums lässt sich die Ausarbeitung von Strategiepapieren und Plänen, die durch das Zusammentragen von Daten und Untersuchungen hinsichtlich Übertragungskapazitäten, Engpassmanagement, Gasqualität und Netzwerkkompatibilität begleitet wurden,

---

313 *Neveling* in: Danner/Theobald, Energierecht, Kommentar, Rn. 136; Bericht über die Fortschritte bei der Verwirklichung des Erdgas- und Elektrizitätsbinnenmarktes, KOM (2008) 192, S. 8.

314 *Held/Prat*, IR 2004, 194 (194).

315 *Arndt*, DV 2006, 100 (107).

316 *Arndt*, DV 2006, 100 (109..

317 Die Beschlüsse sind abrufbar unter: http://ec.europa.eu/energy/gas_electricity/gas/forum_gas_madrid_en.htm (Zugriff: 11.04.2016).

318 *Held/Prat*, IR 2004, 194 (194).

319 *Cameron*, Competition in Energy Markets, S. 106.

beschreiben. Wie beim Florenz-Forum hat sich aus einer ursprünglich lediglich informellen Zusammenarbeit eine wichtige Arbeitsplattform im europäischen Regulierungsverbund entwickelt, dessen Arbeiten oft später zu verbindlichem Sekundärrecht geworden sind. So schätzen *Held/Prat* besonders die vertrauensvolle Arbeitsatmosphäre, in der kontrovers, aber auch konstruktiv die unterschiedlichen Ansichten aller Akteure diskutiert werden könnten.[320] Dadurch sei trotz einer gewissen Schwerfälligkeit, die auf die hohe Anzahl von Teilnehmern zurückzuführen sei, durch allerseitiges Engagement und Wille zur Zusammenarbeit die unverzichtbare Basisarbeit für die Entwicklung des Energiebinnenmarktes zu finden.[321] Einen etwas kritischeren Blick allerdings wirft *Cameron* auf die Foren. Bei dem allein auf Freiwilligkeit beruhenden Verfahren seien auch die Abhängigkeit von einem konstruktiven Zusammenspiel aller Beteiligten und die erhebliche Gefahr des Blockierens von Entscheidungen durch beherrschende Marktteilnehmer gegeben.[322] Insbesondere hinsichtlich des Zugangs zu Gasspeichern war die Einigungsbereitschaft lange Zeit gering ausgeprägt.

Abschließend lässt sich sagen, dass die Foren von Florenz und Madrid einen wichtigen Beitrag geleistet haben und auch weiter leisten werden. Sie stellen einen bedeutenden ersten Schritt auf dem Weg zu einem europäischen Regulierungsverbund dar, dessen notwendige Weiterentwicklung durch Bildung neuer Verfahren, Organe und Strukturen aber ebenfalls nicht in Frage gestellt werden kann.[323]

3. Das London-Forum

Die den Foren von Florenz und Madrid beigemessene Wertschätzung lässt sich auch daran erkennen, dass die Kommission angesichts der dort gewonnenen Erfahrungen 2007 ein weiteres Forum, das Citizens‘ Energy Forum von London[324] ins Leben gerufen hat. Einmal jährlich treffen sich dort unter dem Vorsitz der Kommission Vertreter aller bedeutenden Marktteilnehmer und öffentlichen

320 *Held/Prat*, IR 2004, 194 (196).

321 *Held/Prat*, IR 2004, 194 (196).

322 *Cameron*, Competition in Energy Markets, S. 108; *Westerhof*, The Third Internal Energy Market Package, in: European Energy Law Report VI, S. 22.

323 so auch *Schmidt-Preuß* in: Festschrift Scholz, S. 903 (908), der die Gesprächsforen als wichtige Instrumente für ein aufkommendes Bewusstsein einer gemeinsamen Verantwortung für die Energieversorgung im Binnenmarkt sieht.

324 Beschlüsse, Teilnehmerlisten und weitere Dokumente sind abrufbar unter: http://ec.europa.eu/energy/gas_electricity/forum_citizen_energy_en.htm (Zugriff: 11.04.2016).

Stellen, um über die Förderung und Weiterentwicklung eines wirksamen, energieeffizienten und fairen Handelsmarktes für Verbraucher und Verbraucherinteressen zu diskutieren.[325] Durch diese Arbeit soll gewährleistet werden, dass die Koordinierung in technischen Fragen in den Foren von Madrid und Florenz nicht die Interessen der Verbraucher in den Hintergrund treten lassen. Dem liegt die Überzeugung zu Grunde, dass trotz Anstrengungen der Wettbewerb von immer noch zu wenigen Verbrauchern genutzt wird und eine große Mehrheit der Verbraucher nicht ausreichend informiert ist. Wichtige Themen des vierten Citizens' Energy Forum vom 26. bis 27. Oktober 2011 waren beispielsweise die Einführung von „smart meters", Vergleichsportale für Verbraucher und die Gestaltung des Einzelhandelsmarktes.

4. Das Bukarest-Forum

Im Jahr 2010 wurde mit dem Bukarest-Energie-Forum[326] eine weitere Plattform dieser Art gegründet. Das Forum dient nach dem Vorbild seiner Vorgänger als Ort für den Austausch und die Diskussion für die Bereiche Energieeffizienz und erneuerbare Energien auf europäischer Ebene. Dabei sollen alle Akteure in bewährter Manier zusammenarbeiten, sich absprechen und koordinieren, um Konsistenz in den für die Gemeinschaftsebene relevanten Vorhaben, wie beispielsweise der Energie Roadmap 2050, dem Europäischen Energieeffizienzplan und Nationalen Energieeffizienzplänen sowie der Energiestrategie 2011–2020 zu erreichen.

Auch wenn die Foren von London und Bukarest nicht auf die Herstellung des gemeinsamen Binnenmarktes für Strom und Gas gerichtet sind, können sie nicht nur beispielhaft für eine immer tiefer gehende Zusammenarbeit und Verzahnung von europäischen Institutionen, Mitgliedstaaten und deren Regulierungsbehörden sowie privatwirtschaftlichen Unternehmen angeführt werden, sondern man kann sie auch als typisches Beispiel des immer weiter ausgreifenden europäischen Verwaltungsverbunds charakterisieren.

---

325 Am vierten London Forum vom 26. bis 27.10.2011 nahmen die nationalen Regulierungsbehörden, CEER, ACER, die Kommission, Vertreter nationaler Regierungen, Vertreter von Verbraucherorganisationen und der Energieindustrie sowie, zum ersten Mal, das National Energy Ombudsman Network teil.

326 s. weitere Hinweise auf: http://www.anre.ro/documente_tot.php?id=912 (Zugriff: 03.01.2014).

II. UCPTE und UCTE

Bereits 1951 wurde die Union zur Koordinierung der Erzeugung und des Transports elektrischer Energie (Union pour la Coordination et de la Production et du Transport de l'Éléctricité – UCPTE) als freiwilliger Zusammenschluss von an der Übertragung beteiligten Energieversorgungsunternehmen gegründet. Die auf Anregung der OECD geschaffene Organisation hatte zum Ziel, in den mittel- und westeuropäischen Staaten die Voraussetzungen der grenzüberschreitenden Stromübertragung zu schaffen, indem die beteiligten Partner eng miteinander kooperieren und sich auf gemeinsame Standards einigen sollten. Vor allem in den Feldern des Ausgleichs grenzüberschreitender Elektrizitätserzeugung und -verbrauch, sowie der Steuerung des Energieimportes und -exportes agierte UCPTE. Als wichtigste Errungenschaften können Standardisierungen wie die einheitliche Netzfrequenz von 50 Hertz und standardisierte Kriterien der Spannungserhaltung im Netzbetrieb angesehen werden.[327] Die Zusammenarbeit erfolgte auf rein freiwilliger Basis, so dass den Entscheidungen der Vollversammlung als höchstes Leitungsgremium keine verbindliche Wirkung zukam.[328] Im Jahre 1999 wurde die UCPTE in die UCTE (Union for the Co-ordination of Transmission of Electricity) umgewandelt. Aufgrund der durch das Erste Binnenmarktpaket angestoßenen Liberalisierung war eine enge Koordinierung im Bereich der Erzeugung nicht mehr nötig und wäre möglicherweise auch auf wettbewerbsrechtliche Bedenken gestoßen.[329] Die UCTE bestand 2009 aus 34 Übertragungsnetzbetreibern aus 22 Ländern in einem 400 Millionen Verbrauchern umfassenden Netzverbund. Seit dem Jahr 2009 nimmt ENTSO-E die organisatorischen und administrativen Aufgaben von UCTE wahr.

III. ETSO

Eine weitere organisatorische Form der Zusammenarbeit privater Unternehmen stellte der 1999 gegründete Zusammenschluss von verschiedenen Übertragungsnetzbetreibern ETSO (European Transmission System Operators) dar. Darin schloss sich der Übertragungsnetzverband des schon bestehenden UCTE mit den Verbänden Skandinaviens (Nordel), Großbritanniens (UKTSOA) und Irlands (ATSOI) zur flächenmäßig größten Koordinierungsplattform mit Elektrizitätsübertragungsunternehmen aus ganz Europa zusammen. Gemeinsames Ziel

327 *Wallnöfer*, wbl 2008, 163 (164).

328 Ebd.

329 Ebd.

war auch hier der Abbau von Handelsschranken beim grenzüberschreitenden Stromhandel und Fortschritte auf dem Weg zum spätestens seit dem Ersten Energiebinnenmarktpaket konkreter in Blick genommenen Binnenmarkt. 2001 wurde ETSO in eine internationale Organisation mit 15 EU-Mitgliedern plus Norwegen und der Schweiz umgewandelt. Später traten weitere Übertragungsnetzbetreiber als Vollmitglieder oder mit assoziiertem Status, insbesondere aus Osteuropa, bei.

Hauptorgane des ETSO waren die aus Teilnehmern jedes Vollmitglieds bestehende Vollversammlung und der Lenkungsausschuss. Ferner existierten ein Generalsekretariat und mehrere Arbeitsgruppen mit spezifischen Themenstellungen, wie beispielsweise Stromnetzzugang, elektronischer Datenaustauch und Strompreise.

Seit dem 1. Juli 2009 hat der ENTSO Strom die Aufgaben des ETSO übernommen.

IV. EASEE-Gas

Die European Association for Streamlining of Energy Exchange – Gas (EASEE-Gas) ist eine 2002 ins Leben gerufene Plattform von europäischen Gasunternehmen entlang der kompletten Wertschöpfungskette, die durch ihre Zusammenarbeit den europaweiten Transport und den Handel mit Erdgas vereinfachen und fördern wollen.[330] Die Idee zur Gründung folgte dem erfolgreichen Vorbild der äquivalenten Organisation des Gas Industry Standard Boards[331] in den Vereinigten Staaten und wurde durch die Europäische Kommission und die nationalen Regulierungsbehörden begrüßt. Die (Voll)Mitgliedschaft steht dabei jedem europäischen Gasunternehmen entlang der gesamten Wertschöpfungskette vom Produzenten bis zum Endverbraucher und den für sie handelnden Dienstleistungsunternehmen offen. Die Vollmitglieder entscheiden sich für die Teilnahme an einem oder mehreren von acht bestehenden Marktsegmenten, je nachdem welchem Bereich des Gasmarktes sie angehören oder in welchem sie mitarbeiten möchten.[332] Eine zweite Gruppe von Mitgliedern bilden die beratenden, keinen Beitrag zahlenden und nicht stimmberechtigten assoziierten Mitglieder, die organisatorisch in einem Beirat vertreten sind. Angesprochen sind explizit Regierungsorganisationen,

330 s. Homepage: www.easee-gas.eu (Zugriff: 11.04.2016).

331 heute: North American Energy Standards Boards; s. Homepage: www.naesb.org (Zugriff: 11.04.2016).

332 Die Segmente sind: Producers, Traders & Shippers, Suppliers, Retail Suppliers, LNG Terminal and Storage Operator and Service Provider (LTSOSP), Transporters, Distribution Network Operators und End Users.

Regulierungsbehörden, Forschungsinstitutionen, Verbraucherorganisationen und Einzelpersonen. Zurzeit sind 121 Vollmitglieder und 25 assoziierte Mitglieder in der EASEE-Gas vertreten.[333]

Das Arbeitsprinzip der EASEE-Gas basiert auf der kooperativen und konsultativen Erstellung von technischen und wirtschaftlicher Standardisierungen und Verfahrensweisen zur Erleichterung des Gashandels in Europa. Dazu werden in Arbeitsgruppen sog. Common Business Practices (CBP), beispielsweise zur Qualitätsharmonisierung, Echtzeit-Datenaustausch oder Interkonnektivität, erarbeitet und gegebenenfalls durch das Exekutivkomitee angenommen.

Institutionell besteht EASEE-Gas aus einem Direktorenausschuss mit jeweils einem Mitglied aus einem der sechs Bereiche des Gasmarktes[334], einem 26-köpfigen Exekutivkomitee (jeweils drei Vertreter jedes Bereichs), vier Arbeitsgruppen[335] und dem Beirat der assoziierten Mitglieder. EASEE-Gas besteht bis heute fort.

V. GIE

Die Organisation GIE (Gas Infrastructure Europe)[336] bezeichnet sich als eine Organisation zur Interessenvertretung bei den europäischen Institutionen und europäischen Regulierungsorganisationen ACER und CEER und wurde 2002 als unabhängige gemeinnützige Gesellschaft („not-for-profit“) gegründet. GIE vertritt 68 Unternehmen aus 24 Ländern, die in der Verteilung und Speicherung von Gas, sowie im Betreiben von LNG-Anlagen involviert sind. Dabei fungiert GIE als gemeinsamer Dachverband für die Untereinheiten GTE (Gas Transmission Europe – Organisation der Verteilnetzbetreiber), GSE (Gas Storage Europe – Organisation der Betreiber von Speicheranlagen) und GLE (Gas LNG Europe – Organisation der Flüssiggasanlagenbetreiber). GIE hat sich zur Aufgabe gemacht, die Förderung und Gewährleistung eines stabilen, verlässlichen und beständigen regulatorischen, von der EU implementierten, Rahmen zu begleiten. In kooperativer und konsultativer Art und Weise fördert GIE die Interoperabilität des Europäischen Gassystems und den grenzüberschreitenden Gasaustausch.

---

333 Stand: 11.04.2016; darunter aber nur die nationalen Regulierungsbehörden Belgiens (CREG), Dänemarks (DERA) und Österreichs (E-Control).

334 Producers, Transporters, Distribution Operators, LTSOSP, Traders & Shippers und Traders.

335 Business Process Working Group, Message and Workflow Design Working Group, Technology Standard Working Group und CBP Implementation.

336 s. Homepage: www.gie.eu (Zugriff: 11.04.2016).

Organisatorisch besteht jede der drei Untergruppen aus den Organen Plenarversammlung, Exekutivkomitee und Präsident. Der Dachverband GIE als Überbau hat mit der Generalversammlung, dem Generalsekretariat, dem Vorstand und dem Präsidenten vier Organe. Innerhalb der Gesamtorganisation existieren verschiedene spezialisierte Arbeitsgruppen, Studiengruppen und Task Forces.

VI. CEER

Der Rat europäischer Energieregulierer (Council of European Energy Regulators – CEER)[337] ist ein freiwilliger Zusammenschluss der unabhängigen Energieregulierungsbehörden in Europa. Er hat das Ziel, die Zusammenarbeit und Kooperation untereinander zu fördern, um Verbraucherinteressen zu schützen und die Herstellung eines einheitlichen, effizienten und nachhaltigen europäischen Wettbewerbs in den Bereichen Strom und Gas zu fördern. Dabei stellt CEER eine Plattform für den Austausch, gegenseitige Information, Unterstützung und Zusammenarbeit der nationalen Regulierungsbehörden untereinander und mit der Kommission dar.

1. Zusammensetzung und Rechtsform

CEER wurde im Jahre 2000 von zehn nationalen Energieregulierungsbehörden für Strom und Gas als gemeinnützige Gesellschaft („not-for-profit") nach belgischem Recht in Brüssel gegründet, wo er auch noch seinen Sitz hat und ein Büro unterhält.[338] Der Rat ist offen für Regulierungsbehörden der Mitgliedstaaten der EU und der Mitgliedstaaten des Europäischen Wirtschaftsraums sowie für natürliche Personen, die mit führenden Aufgaben in solchen Regulierungsbehörden betraut sind.[339] Zurzeit besteht der Rat aus den Regulierungsbehörden aller 28 EU-Mitgliedstaaten und den Regulierungsbehörden Islands und Norwegens. Die Regulierungsbehörden der Schweiz, Montenegro und der Republik Mazedonien haben einen Beobachtungsstatus inne. Im Gegensatz zur ERGEG, mit dem sich der CEER Teile seiner Organisationsstrukturen teilte, ist der Rat eine Einrichtung auf rein freiwilliger Basis, zu der sich die europäischen Regulierungsbehörden eigenständig entschieden haben.

---

337 s. Homepage: www.ceer.eu (Zugriff: 11.04.2016).

338 vgl. das Gründungsdokument Memorandum of understanding for the establishment of the Council of European Energy Regulators vom 07. 03. 2004 (2000/03/07).

339 Art. 5.1 CEER Statutes.

2. Organe

CEER besteht aus drei Organen: der Generalversammlung, dem Direktorium und dem Sekretariat.

a) Generalversammlung

Die Generalversammlung setzt sich aus Vertretern sämtlicher Mitglieder des Rats zusammen.[340] Zusätzlich hat ein Vertreter der Europäischen Kommission in einigen Fällen, die die Zusammenarbeit mit den europäischen Institutionen betreffen, das Recht auf Teilnahme ohne Stimmrecht.[341] Die Generalversammlung kann dabei als das Hauptentscheidungsgremium des CEER bezeichnet werden. Sie wählt und ernennt den Direktor, bestimmt über die Aufnahme oder den Ausschluss von Mitgliedern und erarbeitet die internen Regelungen des Rates. Ihr obliegt die Hauptverantwortung zur Erfüllung der in Art. 3 CEER Statutes genannten Ziele, die Genehmigung aller Positionspapiere und offizieller Dokumente und sie ist es, die alle relevanten Entscheidungen trifft.[342] Sitzungen der Generalversammlung finden mindestens viermal im Jahr statt, jedoch können auf Antrag eines Fünftels der Mitglieder auch außerordentliche Sitzungen einberufen werden.[343] Die Entscheidungsfindung ist stark von den konsensualen Zielvorstellungen geprägt und nimmt eine vertrauensvolle und möglichst einvernehmliche Zusammenarbeit in den Fokus. Den anwesenden Mitgliedern wird explizit die Verpflichtung auferlegt, alle Anstrengungen zur Erreichung eines Kompromisses zu unternehmen.[344] Sollte ein Konsens von den Mitgliedern nicht erreicht werden, muss die Sache allerdings durch Abstimmung entschieden werden, wobei eine Zweidrittelmehrheit erforderlich ist.[345] Die Stimmgewichtung der einzelnen nationalen Regulierungsbehörden orientiert sich dabei an der Verteilung der Mitgliedsstaaten im Rat der Europäischen Union gem. Art. 205 Abs. 2 EG a.F., womit der unterschiedlichen Bevölkerungsstärke der Heimatstaaten der Regulierungsbehörden Ausdruck verliehen werden soll.[346]

---

340 Art. 13.1 CEER Statutes.

341 Art. 13.2 CEER Statutes.

342 Art. 14 CEER Statutes.

343 Art. 15.2 CEER Statutes.

344 Art. 16.1 CEER Statutes.

345 Art. 16.3, Art. 16.4 CEER Statutes.

346 Die Nicht-EU-Mitgliedstaaten Norwegen und Island haben ein Stimmgewicht von sieben bzw. vier.

Mit Mehrheit gefasste Beschlüsse entfalten allerdings keine Bindungswirkung gegenüber überstimmten Mitgliedern, wenn es um die Zusammenarbeit mit den europäischen Institutionen hinsichtlich regulatorischer Belange[347] oder die Einführung von Maßnahmen geht[348], was wiederum den freiwilligen Charakter der Zusammenarbeit und einvernehmlicher Kooperation zum Ausdruck kommen lässt.

b) Direktorium

Das Direktorium besteht aus einem Präsidenten und mindestens zwei Vizepräsidenten.[349] Die Mitglieder des Direktoriums werden von der Generalversammlung für eine Amtszeit von zwei Jahren gewählt. Das Direktorium leitet den CEER und übernimmt seine Repräsentation nach außen.[350] Der Präsident oder ein von ihm benannter Vizepräsident beruft die Sitzungen der Generalversammlung ein, leitet sie und erstellt eine Tagesordnung.[351] Als ausführendes Organ sind die Befugnisse des Direktoriums durch Art. 21.2 CEER Statutes begrenzt, wenn es um gewichtige oder mit hoher Kapitalintensität verbundene Vorhaben geht. Solche Beschlüsse müssen durch die Generalversammlung genehmigt werden.

c) Sekretariat

Das Sekretariat lässt sich als Hilfsorgan des Direktoriums bezeichnen. Zu seinen Aufgaben zählt die Vorbereitung und Aufbewahrung der Sitzungsprotokolle, die Assistenz des Direktoriums, der Generalversammlung und Expertengruppen sowie die Ausführung aller ihr durch den Rat zusätzlich aufgetragenen Aufgaben.

d) Arbeitsgruppen

Für die praktische Arbeit in den verschiedenen Aufgabenbereichen sind vor dem Hintergrund der Erreichung einer höheren Effizienz mehrere Arbeitsgruppen tätig. Diese Gruppen setzen sich zusammen aus technischen Experten der nationalen Regulierungsbehörden und erarbeiten gemeinsam einvernehmliche Lösungen für konkrete Fragen und Politikbereiche, insbesondere hinsichtlich Marktintegration und Kooperation auf dem europäischen Energiemarkt. Weder die Anzahl der Arbeitsgruppen noch deren Beschäftigungsschwerpunkte oder

347 Art. 3.2.1 CEER Statutes.
348 Art. 3.2.2 CEER Statutes.
349 Art. 18, 19 CEER Statutes.
350 Art. 21.1 S. 1 CEER Statutes.
351 Art. 15, 21.3 CEER Statutes.

Besetzung sind festgelegt. Vielmehr entscheidet sich deren Bildung jeweils nach den aktuellen erforderlichen Begebenheiten. Für das Jahr 2013 etwa sind sechs Arbeitsgruppen eingesetzt (für Elektrizität, Gas, Einzelhandel und Verbraucher, Gruppe für Benchmarking und Monitoring, Gruppe für Marktintegrität und Transparenz, Gruppe für Internationales).

3. Ziele und Aufgaben

Hauptziel des Rates ist die Kooperation und Zusammenarbeit der nationalen Regulierungsbehörden mit dem Zweck der zeitnahen Verwirklichung eines funktionierenden und effektiven Energiebinnenmarktes für Strom und Gas. Somit stimmt die Richtung dieses freiwilligen Zusammenschlusses mit den Ambitionen der Europäischen Kommission seit dem Weißbuch von 1985 und den unterschiedlichen Rechtsakten und Binnenmarktpaketen überein. Der CEER soll dazu durch regelmäßige Treffen der nationalen Regulierungsbehörden untereinander, aber auch durch Unterstützung und Zusammenarbeit mit den anderen Organisationen, vor allem mit der Europäischen Kommission, zur Erfüllung dieses gemeinsamem Ziels beitragen.

Dazu gehört konkret die Beratung der Europäischen Institutionen in regulatorischen Fragen im Strom- und Gassektor, sowohl auf deren Anfrage als auch auf eigene Initiative des CEER.[352] Darunter lässt sich auch die Erarbeitung von Stellungnahmen durch den CEER fassen, die in Vorbereitung von anvisierten Maßnahmen durch die Europäischen Institutionen erfolgen.[353] Mittels dieser Maßnahmen konnten und können Erfahrungen der nationalen Regulierungsbehörden schon in einem Frühstadium in den Entscheidungsprozess der Kommission einfließen, um zu einer effektiveren und an den Interessen der Mitgliedstaaten orientierten Veränderung und Verbesserung des europäischen Regulierungsrahmens zu kommen. Weiter zählen zu den Aufgaben des CEER die Stärkung der Zusammenarbeit, gegenseitige Information und Hilfestellung zur Bildung eines Netzwerkes für den Austausch von Erfahrungsschätzen und die Unterstützung von Experten.[354] Ferner sollen die Mitglieder des Rates die Einführung und Anwendung der gemeinschaftlichen Regelungen auf dem Gebiet des Binnenmarktes für Strom und Gas fördern und zusätzlich Guidelines, Empfehlungen und best practices in den Mitgliedstaaten untersuchen und vorstellen.[355] Zudem gehört die

352 Art. 3.2.1 CEER Statutes.
353 Art. 3.2.2 CEER Statutes.
354 Art. 3.2.3 CEER Statutes.
355 Art. 3.2.4 CEER Statutes.

Beratung von Verbrauchern einerseits und Betreibern von Energieversorgungsanlagen andererseits zu den angestrebten Zielen,[356] ebenso wie das Beobachten und Bewerten der Entwicklung des gemeinsamen Marktes für Strom und Gas und die Ausarbeitung von Folgenabschätzungen hinsichtlich der Entwicklung neuer Regulierungsmethoden.[357] Als vielleicht wichtigste Aufgabe lässt sich die Bewahrung einer – wörtlich – engen Zusammenarbeit mit ERGEG bzw. ACER nennen, die zur Konsultation, Kooperation und Koordination untereinander und mit der Kommission führen soll, mit dem Ziel der Implementierung aller derzeitigen und zukünftigen Rechtsakte der Union in nationales Recht.[358] Der CEER bezeichnet sich selbst als vorbereitende Organisation für die Gruppe der Regulierungsbehörden.[359] Schließlich arbeitet CEER auch auf internationaler Ebene zum Austausch von Erfahrungen und Informationen mit Partnern zusammen, vor allem im International Energy Regulation Network (IERN) und der Mediterranen Arbeitsgruppe für die Regulierung von Elektrizität und Gas (MEDREG).[360]

4. Finanzierung

Die für die Unterhaltung des ständigen Büros in Brüssel und die Erfüllung von Aufgaben anfallenden Kosten müssen von den Mitgliedern des Rates aufgebracht werden. Die Ausgaben sollen durch Beiträge der Mitglieder finanziert werden, die jährlich nach Festlegung des Budgets durch die Generalversammlung festgelegt werden.[361] Die Höhe des Beitrags richtet sich nach der Stimmengewichtsverteilung.[362]

VII. ERGEG

Ohne Zweifel als Vorgängerin von ACER kann die Gruppe der europäischen Regulierungsbehörden für Elektrizität und Gas (European Regulators Group for Electricity and Gas – ERGEG) bezeichnet werden. ERGEG wurde von der Kommission als Beratungsorgan durch Beschluss 2003/796/EG

---

356 Art. 3.2.7 CEER Statutes.

357 Art. 3.2.6 CEER Statutes.

358 Art. 3.2.8 CEER Statutes.

359 Vgl. http://www.energy-regulators.eu/portal/page/portal/EER_HOME/EER_ABOUT (Zugriff: 11.04.2016).

360 Art. 3.2.9 CEER Statutes.

361 Art. 11.1 CEER Statutes.

362 Art. 11.2 CEER Statutes.

vom 11.11.2003[363] eingesetzt.[364] Sie gehörte damit zu der Reihe Europäischer Regulierungsnetzwerke, die die Kommission in den frühen 2000er Jahren zur besseren Regulierung der leitungsgebundenen Sektoren durch wirksame Koordinierung der nationalen Regulierungsagenturen und Akquirieren deren Fachwissens einrichtete und damit eine neue Art von europäischer Governance schuf.[365]

1. Gründe für die Einsetzung

Nach Art. 1 Abs. 1 des Beschlusses handelte es sich bei ERGEG um eine beratende und unabhängige Gruppe für Elektrizität und Gas. Die Kommission hatte bei der Einsetzung der Gruppe wiederum das Entstehen des einheitlichen europäischen Binnenmarktes für Elektrizität und Erdgas vor Augen, für dessen Verwirklichung ERGEG einen Beitrag leisten sollte.[366] Nach den Richtlinien 2003/54/EG und 2003/55/EG des Zweiten Binnenmarktpakets musste jeder Mitgliedstaat eine von der Elektrizitäts- und Gaswirtschaft unabhängige nationale Regulierungsbehörde einrichten. Die weiteren Bestimmungen des Pakets erlaubten aber den Regulierungsbehörden verschiedene Regulierungspraktiken und eine flexible Anwendung unter Berücksichtigung nationaler Besonderheiten. Dagegen strebte die Kommission die möglichst einheitliche Anwendung aller Regelungen an und hielt dies für einen entscheidenden Faktor zur Verwirklichung des Binnenmarktes.[367] Diese Vereinheitlichung sollte durch ERGEG erleichtert werden. Aufbauend auf den guten Erfahrungen, die mit CEER und den Foren von Florenz und Madrid gemacht worden waren, gerade was koordinierte Vorgehensweisen bei grenzüberschreitenden Transaktionen betraf, sollte die Zusammenarbeit aller Beteiligten dazu nunmehr auf eine neue Stufe gehoben werden, vor allem auch in Hinblick auf den bevorstehenden Beitritt neuer Mitgliedstaaten im

363 Beschluss der Kommission zur Einsetzung der Gruppe der europäischen Regulierungsbehörden für Elektrizität und Gas, 2003/796/EG, ABl. L 296/34 v. 14.11.2003.

364 Zur Rechtsgrundlage für diesen Beschluss vgl. *Arndt*, DV 2006, 100 (113–115).

365 Darunter das CESR (Committee for European Securities Regulators – gegründet 2001), die ERG (European Regulators Group – 2002) im Bereich der Telekommunikation, dem CEOPS (Committee of European Insurance and Occupational Pension's Supervisors – 2003), dem CEBS (Committee of European Banking Supervisors – 2003) und der EPRA (European Platform of Regulatory Authorities (broadcast) – 2005); vgl. ausführlich zu dem Phänomen der Netzwerkpolitik: *Coen/Thatcher*, JPP 2008, 49–71.

366 Vgl. Erwägungsgrund 6 des Beschlusses 2003/796/EG.

367 Vgl. Erwägungsgrund 4 des Beschlusses 2003/796/EG.

Rahmen der EU-Osterweiterung zum 01.05.2004.[368] Dabei war auch Zielsetzung der Kommission, ihren Abstimmungsaufwand angesichts der bald steigenden Zahl an einzubeziehenden nationalen Regulierungsbehörden zu reduzieren und einen einheitlichen Ansprechpartner zu schaffen.[369] Entscheidender Unterschied zum bereits bestehenden CEER war, dass der Rat ein freiwilliger, privatrechtlich organisierter Zusammenschluss war, der sich theoretisch auch jederzeit gegen den Willen der Kommission wieder auflösen konnte. Für die ERGEG traf dies nun nicht zu. CEER und ERGEG waren im Übrigen organisatorisch sehr eng miteinander verbunden.

2. Zusammensetzung

ERGEG setzte sich aus den Leitern der nationalen Regulierungsbehörden oder deren Vertretern zusammen.[370] Als nationale Regulierungsbehörde definierte Art. 1 Abs. 2 2003/796/EG diejenige Behörde, die gemäß den Bestimmungen der Richtlinien 2003/54/EG und 2003/55/EG in einem Mitgliedstaat eingerichtet worden war, um die Überwachung der Diskriminierungsfreiheit, des echten Wettbewerbs und des effizienten Funktionierens des Marktes für Elektrizität und Gas und die Einhaltung der Bestimmungen der zuvor genannten Richtlinien und der Verordnung Nr. 1228/EG zu überwachen und zu gewährleisten. In Deutschland kommt dieser Aufgabe die Bundesnetzagentur für Elektrizität, Gas, Telekommunikation, Post und Eisenbahnen (BNetzA) nach. Die zusätzlich in der Bundesrepublik eingerichteten Landesregulierungsbehörden hatten hingegen keinen Anspruch auf Mitgliedschaft im ERGEG. Daneben bestand für die Leiter von nationalen Regulierungsbehörden aus Mitgliedstaaten des Europäischen Wirtschaftsraums sowie solchen aus den Ländern mit Beitrittskandidatenstatus die Möglichkeit, Mitglieder mit Beobachtungsstatus zu werden.[371] Um der Aufgabe als Gruppe der Kooperation, der Information und des Austausches gerecht zu werden, war daneben die Anwesenheit eines hochrangigen Vertreters der Kommission bei den Beratungen der Gruppe vorgesehen.[372]

---

368 Vgl. Erwägungsgrund 5 des Beschlusses 2003/796/EG; *Britz* in: Fehling/Ruffert, Regulierungsrecht, S. 479.

369 *Neveling* in: Danner/Theobald, Energierecht, Rn. 138 b.

370 Art. 2 Abs. 1, 2 2003/796/EG, Art. 2.1 ERGEG Rules of Procedure.

371 Art. 2.2 ERGEG Rules of Procedure; die Regulierungsbehörden Islands, Norwegens und der Türkei besaßen zuletzt einen solchen Status.

372 Art. 2 Abs. 4 2003/796/EG, Art. 2.4 ERGEG Rules of Procedure.

Die ordentlichen Mitglieder und die Mitglieder mit Beobachtungstatus von ERGEG konnten sich von fachkundigen Experten ebenso begleiten lassen wie die Gruppe insgesamt zu ihren Versammlungen von Fall zu Fall Experten hinzuziehen konnte, wenn dies zur Erfüllung ihrer Aufgaben sinnvoll erschien.[373] Durch diese Regelungen wird deutlich, dass primäres Ziel der Gruppe der gegenseitige Informationsaustausch und die befruchtende Beratung auf hohem Niveau unter Zugrundelegung der technischen und wirtschaftlichen Besonderheiten war. Dem entsprach auch die in Art. 2.6 ERGEG Rules of Procedure niedergelegte Regelung, nach der die Mitglieder und Beobachter zum einen die Verpflichtung hatten, alle weiteren nationalen und regionalen Regulierungsbehörden ihres Landes über die Arbeit und die Diskussionen von ERGEG zu informieren, und zum anderen geeignete Maßnahmen ergreifen mussten, um in der Gruppe auch für die weiteren nationalen und regionalen Regulierungsbehörden des Landes sprechen zu können, sofern es deren Belange betraf. Diese Form der Zusammenarbeit durch Einbeziehung nationaler Beamter und Entscheidungsträger kann als vertikaler Verbund bezeichnet werden.[374]

3. Organe

ERGEG wählte aus der Mitte seiner Mitglieder einen Vorsitzenden und mindestens zwei Vizedirektoren, deren Amtszeit zwei Jahre mit der Möglichkeit der Wiederwahl betrug.[375] Nach den Wahlgrundsätzen galt für die Stimmgewichtsverteilung die Regelung des Art 205 Abs. 2 EG a.F., nach der den Stimmen der Mitgliedstaaten im Rat unterschiedliches Gewicht zukam, ausgehend von der Bevölkerungszahl der von ihnen vertretenen Mitgliedstaaten.[376] Hauptsächliche Aufgabe des Vorsitzenden war es, die Versammlungen einzuberufen und die Tagesordnung festzulegen.[377]

Zur Erfüllung ihrer Aufgaben stellte die Kommission der Gruppe ein Sekretariat zur Seite.[378] Dieses hatte die Organisation der Versammlungen, die Verbreitung der Tagesordnung und der Protokolle zur Aufgabe und war identisch mit dem Sekretariat für den CEER.[379]

---

373 Art. 2.3 und 2.3 ERGEG Rules of Procedure.

374 *Arndt*, DV 2006, 100 (110).

375 Art. 3 Abs. 1 2003/796/EG; Art. 3 ERGEG Rules of Procedure.

376 Art. 6.1–6.5 ERGEG Rules of Procedure.

377 Art. 4.2 und 4.3. ERGEG Rules of Procedure.

378 Art. 3 Abs. 6 2003/796/EG.

379 Art. 8.1 ERGEG Rules of Procedure.

Zentrales Organ von ERGEG war die Versammlung (Plenary). Mindestens viermal im Jahr fanden reguläre Treffen der Versammlung statt, die vom Vorsitzenden einzuberufen waren.[380] Bei wichtigen Angelegenheiten konnten aber auch zusätzliche Versammlungen anberaumt werden und auf Verlangen eines Fünftels der Mitglieder musste das Direktorium eine Versammlung innerhalb von zwei Monaten nach Eingang des Verlangens einberufen.[381]

ERGEG hatte daneben auch die Möglichkeit, eigene Arbeitsgruppen mit Sachverständigen einzusetzen und diese mit der Untersuchung bestimmter Themen zu beauftragen. Wichtig in diesem Zusammenhang ist vor allem auch, dass die Kommission für die dafür notwendigen finanziellen Aufwendungen nach den geltenden Bestimmungen aufkam.[382]

Organisatorisch besaß ERGEG eine reine Gremienstruktur, ohne dass ein eigenständiger Verwaltungsunterbau vorhanden wäre. Dies schränkte naturgemäß die effektive und zügige Entscheidung über mögliche Einzelfallentscheidungen ein, weshalb ERGEG in ihrer damaligen Form als nicht geeignet angesehen wurde, die nötigen Voraussetzungen für eine wirksame europäische Regulierungsinstanz bieten zu können.[383] Ebenso ist als ein Schwachpunkt der Organisation der ERGEG zu bezeichnen, dass die Regulierungsbehörden naturgemäß stärker ihre nationalen Interessen verfolgten, was sich bei der Entscheidungsfindung vor allem aufgrund der hohen Hürden für eine Mehrheitsentscheidung auswirken musste. Ein Verwaltungsunterbau etwa mit EU-Beamten hätte aller Voraussicht nach in der Regel weniger stark auf nationale Interessen und Sonderwünsche bei der Entscheidungsfindung Rücksicht genommen.

4. Aufgaben

Art. 1 Abs. 2 2003/796/EG definierte in kurzer und prägnanter Form die für die Gruppe vorgesehenen Tätigkeiten.

a) Beratung und Unterstützung der Kommission

Erstens sollte ERGEG eine Beratungs- und Unterstützungsfunktion für die Kommission bei der Festigung des Energiebinnenmarktes ausüben. Nach den Vorstellungen der Kommission wird man die Gruppe daher wohl als Hilfsorgan

380 Art. 4.1 ERGEG Rules of Procedure.

381 Art. 4.2 ERGEG Rules of Procedure.

382 Art. 3 Abs. 7 2003/796/EG.

383 *Neveling*, IR 2007, 173 (174); auch: ERGEG, Response to the European Commission's Communication „An Energy Policy for Europe" vom 06.02.2007, S. 27 ff.

bezeichnen müssen, das auf ihre Aufforderung hin tätig werden musste. *Britz* sieht ERGEG neben der Kommission und den Mitgliedstaaten bzw. ihren Behörden als dritten Regulierungsakteur, allerdings als ein weniger eigenständiger, da die Gruppe nicht mit Regulierungsaufgaben mit Außenwirkung ausgestattet war.[384] Auf der anderen Seite war aber auch ausdrücklich ein Tätigwerden aus eigener Initiative gewünscht, so dass die Gruppe eigene Vorstellungen und Ideen in den Prozess einbringen konnte. Explizit erwähntes Mittel im Aufgabenfeld der Verwirklichung des Binnenmarktes war dabei die Ausarbeitung von Entwürfen für Durchführungsmaßnahmen im Bereich von Elektrizität und Erdgas und die Unterstützung und Beratung anderer Akteure in Fragen des Elektrizitäts- und Erdgasbinnenmarktes.[385] Bei der Ausarbeitung des Dritten Binnenmarktpakets war die ERGEG dann auch in erheblichem Maße beteiligt und fungierte als Schnittstelle zwischen Kommission und nationalen Regulierungsbehörden.

b) Konsultation, Koordination und Kooperation zwischen den Regulierungsbehörden

Als zweiter Aufgabenbereich war die Erleichterung der Konsultation, Koordination und Kooperation zwischen den einzelnen nationalen Energieregulierungsbehörden vorgesehen.[386] Dies sollte dem Zweck dienen, im Gemeinschaftsgebiet eine möglichst einheitliche Auslegung und Handhabung der Vorschriften der Beschleunigungsrichtlinien Strom und Gas und der Verordnung über den grenzüberschreitenden Stromhandel zu gewährleisten. Wichtigstes Instrument dabei waren die von ERGEG erarbeiteten Guidelines of Good Practice, die Handlungsanweisungen in bestimmten Bereichen für die nationalen Regulierungsbehörden sein sollten, um Anwendungsunterschiede im Binnenmarkt zu vermeiden.[387] Dabei machte man sich die Tatsache zunutze, dass die unmittelbare Einwirkung von nationalen Regulierungsbehörden im Rahmen der frühzeitigen Kooperation und Konsultation zu einer gewissen Selbstbindung der beteiligten Akteure führte, wenn der gefundene Konsens durch die Vertreter mitgetragen oder auch nur ein gewisses Verständnis für andere Positionen und Sichtweisen durch Verhandlungen

---

384 *Britz*, EuR 2006, 46 (62).

385 Ebenso Art. 1.1 ERGEG Rules of Procedure.

386 Art. 1 Abs. 2 Satz 2 Beschluss 2003/796/EG; Art. 1.2 ERGEG Rules of Procedure.

387 Z.B. ERGEG Guidelines of Good Practice on Regulatory Accounts Unbundling vom 21.04.2007 (Reference E05-CUB-12-04), ERGEG Guidelines of Good Practices on Open Season Guidelines vom 18.07.2007 (Reference C06-GWG-29-05c), Guidelines on ERGEG's Public Consultation Practices vom 18.07.2007 (Reference E07-EP-16-03).

befördert wurde.[388] Daneben führte die Herstellung von Öffentlichkeit dazu, dass später getroffene Regulierungsentscheidungen durch die in den Gremien erzeugte Erwartung einer gewissen Kontrolle unterlagen.[389] Im Bereich der Zusammenarbeit im Sektor Telekommunikation in der ERG hat *Groebel* als Vertreterin der Bundesnetzagentur vom Entstehen eines moralischen Drucks gesprochen, der durch Absichtserklärungen entstehe, auch wenn die gefassten Beschlüsse formell keine rechtliche Bindung erzeugen könnten.[390] Auch die Teilnahme der Kommission an den Aktivitäten der Gruppe erzeuge eine Erwartungshaltung, konstruktive Arbeit zu verrichten und zu konkreten Ergebnissen zu kommen.[391]

c) Beteiligung anderer Akteure

Eine dritte Aufgabe beschrieb der Beschluss mit der Konsultation von Marktbeteiligten, Verbrauchern und sonstigen Nutzern, die umfassend und frühzeitig sowie in offener und transparenter Weise beteiligt und zu Rate gezogen werden sollten.[392]

d) Weitere, selbst zugewiesene Aufgaben

Noch umfangreicher und konkreter beschrieben die Rules of Procedure die Aufgaben, die ERGEG sich damit selbst zugewiesen hatte und die zeigen, welches Selbstverständnis der Gruppe zugrunde lag. So sah sich die Gruppe ausweislich des ersten Erwägungsgrundes der Rules of Procedure in der Pflicht, die Herstellung des Binnenmarktes nicht nur zu gewährleisten, sondern auch danach seinen reibungslosen Ablauf zu fördern. Als besondere Maßnahmen zur Erfüllung dieses Zieles wurden dabei ausdrücklich die Harmonisierung der Tarifsysteme und des Engpassmanagements an grenzüberschreitenden Kuppelstellen sowie Ausgleichsmechanismen für grenzüberschreitende Stromlieferungen erwähnt. Der dritte Erwägungsgrund konkretisierte die in Art. 4 Beschluss 2003/796/EG angesprochene Konsultation und hob die Relevanz hervor, die eine externe Miteinbeziehung und Aufklärung von Verbrauchern, Marktbeteiligten und Nutzern habe, die durch eine ganze Reihe von angemessenen Maßnahmen hergestellt werden sollte. Art. 7 Rules of Procedure sprach dann konkret von einer dreifachen Vorgehensweise bei der Konsultation der sog. Externen. Erstens sollte durch eine ganze Reihe

388 Vgl. *Arndt*, DV 2006, 100 (108).
389 *Arndt*, DV 2006, 100 (108).
390 *Groebel*, MMR 2002, Heft 12, S. XV (XVI).
391 Ebd.
392 Art. 4 Beschluss 2203/796/EG.

von angemessenen Maßnahmen Verbraucher, Marktteilnehmer, Netzbetreiber, Börsenhändler und andere interessierte Parteien ausreichend informiert und angehört werden, was unter anderen durch öffentliche Anhörungen, Runde Tische, Branchen- und Europäische Foren inklusive des Florenz- und Madrid-Forums und schriftliche und internetbasierte Erhebungen geschehen sollte. Zweitens konnte ERGEG auf ihrer Internetseite Beratungsdokumente, Erklärungen zu Richtlinien, Pressemitteilungen, Konsultationsverfahren, Zusammenfassungen von Antworten von Beteiligten und andere Dokumente, die Dritten das Verständnis der Arbeit von ERGEG näher bringen sollten, veröffentlichen. Zu Anmerkungen und Kommentaren individueller oder kollektiver Art sollte ERGEG ausdrücklich ermuntern und solche Anmerkungen und Kommentare auf ihrer Internetseite veröffentlichen, sofern nicht ausdrücklich aus Vertrauensschutzgründen das Gegenteil gewünscht wurde.[393] Schließlich konnte ERGEG Treffen und Diskussionsrunden mit interessierten Parteien organisieren, in dessen Verlauf die Möglichkeit zum Austausch und zur Behandlung gemeinsamer Standpunkte bestand. Zudem konnte der Vorsitzende auch in sonstigen Fällen den Medien oder anderen interessierten Dritten auf eigene Initiative die Arbeit von ERGEG beschreiben oder ihre Sichtweise erklären, falls Anfragen eingingen oder sonstige dringende Notwendigkeiten bestanden.[394] Aus dieser umfangreichen Aufzählung lässt sich schon der sehr auf Information und gegenseitigem Austausch angelegte Charakter der Gruppe erkennen. Transparenz wurde auch dadurch hergestellt, dass ERGEG beispielsweise über ihre Internetseite die Tagesordnungen und Beschlüsse der Versammlungen publizierte.

5. Mitwirkung der Kommission und des Europäischen Parlaments

Dass die Gruppe der europäischen Regulierungsbehörden im Wesentlichen als Beratungs- und Unterstützungsinstrument der Kommission konzipiert wurde, ist bereits in den Aufgaben dargestellt worden. In praktischer Hinsicht wurde dies dahingehend ausgestaltet, dass die Kommission bei allen Sitzungen der Gruppe vertreten war, indem sie dazu einen hochrangigen Vertreter benannte.[395] Ferner hatte die Kommission bei allen Versammlungen und Treffen der Arbeitsgruppen das Recht auf Teilnahme.[396] Die Kommission konnte auch bestimmen, dass einzelne Themenbereiche von den Mitglieder und Beobachtern der Gruppe

393 Art. 7.2 ERGEG Rules of Procedure.

394 Art. 7.3 ERGEG Rules of Procedure.

395 Art. 2 Abs. 4 2003/796/EG, Art. 2.4 ERGEG Rules of Procedure.

396 Art. 3 Abs. 3 2003/796/EG, Art. 5.3 ERGEG Rules of Procedure.

vertraulich zu behandeln waren und sogar, dass in besonders sensiblen Bereichen die Teilnahmeberechtigung an den Sitzungen auf die ordentlichen Mitglieder beschränkt war. Hinzu kommt, dass das Sekretariat der Gruppe von der Kommission gestellt wurde, wodurch diese stets einen vollständigen Überblick über die gesamte Organisation der Sitzungen erhielt und sämtliche Tagesordnungen und Protokolle einsehen konnte.[397] Eine weitere Kontrollmöglichkeit war von Anfang an dadurch gegeben, dass die Geschäftsordnung von ERGEG unter dem Genehmigungsvorbehalt der Kommission stand und Änderungen und Ergänzungen nur in Einklang mit den im Beschluss 2003/796/EG niedergelegten Grundsätzen vorgenommen werden konnten.[398] Eine einseitige Weiterentwicklung ohne Einverständnis der Kommission war daher ausgeschlossen. In finanzieller Hinsicht hatte die Kommission eine gewisse Kontrollmöglichkeit dadurch inne, dass Reise- und Aufenthaltskosten der Gruppenmitglieder, Beobachter und Sachverständigen im Zusammenhang mit der Tätigkeit der Gruppe von der Kommission nach den geltenden europäischen Bestimmungen ersetzt wurden.[399] Schließlich war die Gruppe verpflichtet, der Kommission einen Jahresbericht vorzulegen, so dass von einer zumindest mittelbaren Kontrolle über die Tätigkeiten ex post gesprochen werden kann. Der Bericht wurde anschließend von der Kommission an das Europäische Parlament weitergeleitet und konnte in diesem Zusammenhang auch mit Bemerkungen versehen werden.[400]

Eine Kontrolle durch das Europäische Parlament war dadurch gegeben, dass der Vorsitzende von ERGEG vor dem Europäischen Parlament und den nach Art. 30 der Richtlinie 2003/55/EG und Art. 13 der Verordnung 1228/2003 eigerichteten Ausschüssen auf Anfrage Rede und Antwort über die Arbeit der Gruppe und ihrer Vorhaben stehen musste.[401]

6. Regionale Initiativen

Ein in der Bedeutung nicht zu unterschätzendes Projekt auf dem Weg zur Herstellung eines funktionierenden Binnenmarktes für Strom und Gas sind die von ERGEG eingerichteten regionalen Initiativen. Sie verfolgten einen bottom-up-Ansatz, nach dem ein einheitlicher Binnenmarkt von unten nach oben und mittels kleiner Schritte, zunächst in einzelnen Regionen und später europaweit, verwirklicht

397 Art. 3 Abs. 6 2003/796/EG, Art. 8 ERGEG Rules of Procedure.
398 Art. 3 Abs. 5 2003/796/EG, Art. 10.4 ERGEG Rules of Procedure.
399 Art. 3 Abs. 7 2003/796/EG.
400 Art. 3 Abs. 8 2003/796/EG.
401 Art. 9.2 ERGEG Rules of Procedure.

werden sollte. Dazu wurde zum Start des Programms im Jahre 2006 Europa in drei Regionen für den Gasbereich (Nord-West, Süd-Süd-Ost und Süd) und sieben Regionen für den Strombereich (Ostsee, Mitte-Ost, Mitte-West, Mitte-Süd, Nord, Süd-West und Frankreich-UK-Irland) aufgeteilt,[402] in denen jeweils durch die Zusammenarbeit von Regulierungsbehörden, Mitgliedstaaten, Unternehmen, Kommission und anderen betroffenen Parteien aus benachbarten Ländern Maßnahmen ergriffen werden sollten, um regional die Hindernisse für einen grenzüberschreitenden Markt zu überwinden und insbesondere bei der vollständigen Umsetzung des Zweiten Binnenmarktpakets zu helfen. Die Regionen waren dabei nicht streng voneinander abgegrenzt, sondern überlappten sich teilweise. So war Deutschland beispielsweise aufgrund seiner zentralen geographischen Lage in vier der sieben regionalen Initiativen im Strombereich eingegliedert, womit die Kohärenz zwischen den einzelnen Maßnahmen sichergestellt und die Gefahr einer gegensätzlichen Entwicklung der Regionen gebannt werden sollte.

Durch die freiwillige Zusammenarbeit in den regionalen Initiativen sollte dem Problem begegnet werden, dass die nationalen Regulierungsbehörden für eine grenzüberschreitende Tätigkeit weder politisch mandantiert waren noch die ausreichenden rechtlichen Befugnisse inne hatten.[403] Moderiert von den nationalen Regulierungsbehörden, von denen jeweils eine Koordinatorin für eine Marktregion war, sollten spezifische Barrieren für den freien, grenzüberschreitenden Handel und Wettbewerb identifiziert und in konsensualer Art

402 Die Einteilung der Regionen Elektrizität erfolgte durch Beschluss der Kommission vom 09.11.2006 zur Änderung des Anhangs zur Verordnung (EG) Nr. 1228/2003 über die Netzzugangsbedingungen für den grenzüberschreitenden Stromhandel, ABl. L 312 vom 11.11.2006, S. 59–65.; für den Gassektor wurde die Festlegung nicht durch eine offizielle Festlegung durch Beschluss, sondern aufgrund informeller Absprachen zwischen Kommission, Regulierungsbehörden, Übertragungsnetzbetreibern und anderer Beteiligten vorgenommen; im Einzelnen sind Teil der Regionen: Gas: Region Süd: Frankreich, Spanien, Portugal; Region Süd-Süd-Ost: Österreich, Bulgarien, Tschechische Republik, Griechenland, Ungarn, Italien, Polen, Rumänien, Slowakei, Slowenien; Region Nord-West: Niederlande, Belgien, Frankreich, Irland, Vereinigtes Königreich, Deutschland, Dänemark, Schweden, Norwegen; Strom: Ostsee: Estland, Lettland, Litauen; Mitte-Ost: Österreich, Tschechische Republik, Deutschland, Ungarn, Polen, Slowakei, Slowenien; Mitte-Süd: Österreich, Frankreich, Deutschland, Griechenland, Italien, Slowenien; Frankreich-UK-Irland: Frankreich, Irland, Vereinigtes Königreich; Mitte-West: Belgien, Frankreich, Deutschland, Luxemburg, Niederlande; Nord: Dänemark, Finnland, Deutschland, Polen, Schweden, Norwegen; Süd-West: Frankreich, Portugal, Spanien.

403 Status Review on the ERGEG Regional Initiatives 2010, Ref. E10-RIG-11-03, S. 10.

durch Regulierungsbehörden, Netzbetreiber und andere Beteiligte Lösungen dafür gefunden werden, um so diese bestehende Lücke im Regulierungsrahmen zu überwinden. Die regionalen Initiativen haben dadurch für eine Verbesserung der Marktsituation gesorgt und zu einer weiteren Integration der Märkte beigetragen.[404] Durch die Regionalisierung gelang es, sich auf die Behebung einzelner Kernprobleme für das Funktionieren des Binnenmarktes zu konzentrieren, deren Auftreten speziell in den einzelnen Regionen ausgemacht wurde. So kümmerten sich die Elektrizitätsinitiativen vor allem um Probleme des Engpassmanagements, der Ausgleichsenergie und der Transparenz. In den Erdgasregionen waren Verbindungsleitungen, Interoperabilität, Umschlagspunkte und die Versorgungssicherheit, vor allem in der Region Süd-Süd-Ost nach einer Unterbrechung der Erdgasversorgung im Januar 2009, herausragende Themen. Daneben konnten in den regionalen Initiativen Pilotprojekte durchgeführt werden, um neue Verfahren in kleinerem Rahmen auf ihre Realisierbarkeit zu testen. Um der Gefahr zu begegnen, dass die regionalen Initiativen der Geschlossenheit und Kohärenz des gesamteuropäischen Marktes zuwiderlaufen, indem zu unterschiedliche Wege beschritten werden, überwachte ERGEG die Entwicklung und berichtete ihre Erkenntnisse der Kommission.

Die Kommission hob die in den regionalen Initiativen erreichten Verbesserungen positiv hervor und zeigte sich vor allem mit den Ergebnissen der Region Mitte-West zufrieden.[405] Auf der anderen Seite gelang es jedoch nicht, sämtliche in der Verordnung (EG) 1228/2003 genannten Anforderungen zu implementieren. Auch wurden die Fortschritte in einigen Bereichen als nicht ausreichend betrachtet, um den Regelungen der Strom- und Gasrichtlinien zu genügen.[406] Insgesamt stellen die Erfolge aber ein Etappenziel auf dem Weg zum gesamteuropäischen Binnenmarkt für Strom und Gas dar.

---

404 Europäische Kommission, Bericht über die Fortschritte bei der Verwirklichung des Erdgas- und Elektrizitätsbinnenmarktes, KOM (2010) 84 endg., S. 7; dies, Bericht über die Fortschritte bei der Verwirklichung des Erdgas- und Elektrizitätsbinnenmarktes, KOM (2008) 192, S. 5.

405 *Europäische Kommission*, Bericht über die Fortschritte bei der Verwirklichung des Erdgas- und Elektrizitätsbinnenmarktes, KOM (2010) 84 endg., S. 7.

406 *Europäische Kommission*, Bericht über die Fortschritte bei der Verwirklichung des Erdgas- und Elektrizitätsbinnenmarktes, KOM (2010) 84 endg., S. 7.

7. Auflösung von ERGEG und Fazit

Mit der Einrichtung von ERGEG hatte die Kommission eine neue, institutionalisierte Form der Kooperation europäischer Behörden geschaffen. Die Gründung zeigt die Grundtendenz, Institutionen eines europäischen Regulierungsverbunds aufzubauen und den Willen, Entscheidungen einer stärkeren Abstimmung und Überwachung zu unterwerfen. Die von der ERGEG begonnene Arbeit wird seit März 2011 von ACER auf einer noch formalisierteren Basis mit klarer abgegrenzten Kompetenzen fortgeführt. Dementsprechend lässt sich ERGEG als Vorgänger von ACER beschreiben und eine kontinuierliche Weiterentwicklungstendenz daran ablesen. Kurz nach Herbeiführung der vollen Arbeitsbereitschaft von ACER wurde ERGEG daher mit Beschluss der Kommission vom 16.05.2011 zum 01.07.2011 aufgelöst.[407]

---

407 *Europäische Kommission*, Beschluss vom 16.05.2011 zur Aufhebung des Beschlusses 2003/796/EG der Kommission zur Einsetzung der Gruppe der europäischen Regulierungsbehörden für Elektrizität und Gas (2011/280/EU); Abl. Nr. L 129 vom 17.05.2011 S. 14.

§ 4 Die Rolle von Agenturen im europäischen Verwaltungs- bzw. Regulierungsverbund

Eine Agentur für die Zusammenarbeit der Energieregulierungsbehörden stellt zwar auf dem Sektor der Energie eine neue Stufe der Kooperation und Verflechtung nationaler und unionaler Verwaltungsstrukturen dar. Damit wurde aber kein neuer Phänotyp europäischer Zusammenarbeit geschaffen. Vielmehr lassen sich eine sukzessive Pluralisierung der EU-Verwaltungsstruktur und eine Vermischung der unterschiedlichen Ebenen bereits seit einigen Jahren feststellen. In diesem Kapitel soll ein Überblick über die bestehenden europäischen Agenturen, ihre Einordnung in das Gesamtgefüge der EU und die Gründe für ihre Errichtung gegeben werden.

I. Agenturen und vertragsfremde Einrichtungen im Gefüge der Europäischen Union

Die Organisationsstruktur der EU gliedert sich in mehrere Ebenen. Auf der höchsten, primären Organisationsebene sind heute die in Art. 13 EUV genannten Organe, Europäisches Parlament, Europäischer Rat, Rat, Europäische Kommission, Gerichtshof der Europäischen Union, Europäische Zentralbank und Rechnungshof sowie, nachgelagert, der Wirtschafts- und Sozialausschuss und der Ausschuss der Regionen angesiedelt.[408] Deren Aufbau und Befugnisse werden durch die Verträge unmittelbar definiert. Zur sekundären Ebene werden die auf einer vertraglichen Grundlage geschaffenen Einrichtungen, wie etwa der Wirtschafts- und Finanzausschuss (Art. 134 AEUV), der Ausschuss Handelspolitik (Art. 207 Abs. 3 AEUV) oder der Ausschuss Sozialfonds (Art. 163 AEUV) gezählt. Hier erfolgt die Konstituierung nicht durch den Vertrag selbst, sondern durch einen Sekundärrechtsakt der maßgeblichen Primärorgane, die dadurch auch genauere Vorgaben zu den Aufgaben und Kompetenzen treffen können.[409]

Seit einiger Zeit ist die Europäische Union (bzw. zuvor EG) aber dazu übergegangen, weitere Einrichtungen zu gründen und aufzubauen, die keinerlei Erwähnung in den Verträgen finden. Dabei wurde bezüglich des Namens keine

408 *Nettesheim*, in: Grabitz/Hilf/Nettesheim, Das Recht der Europäischen Union, Art. 13 EUV, Rn. 18.

409 *Nettesheim*, in: Grabitz/Hilf/Nettesheim, Das Recht der Europäischen Union, Art. 13 EUV, Rn. 18.

einheitliche Terminologie verwendet und die so geschaffenen vertragsfremden Einrichtungen „Agentur“, „Zentrum“, „Stiftung“, „Behörde“ oder „Beobachtungsstelle“ genannt. In den 1970er Jahren begann diese Entwicklung mit Auftreten des Berufsbildungszentrums und der Arbeitsbedingungen-Stiftung. Ab den 1990er Jahren fand dann eine ganze Reihe von Gründungen statt, so dass mittlerweile von einer tertiären Organisationsebene der EU gesprochen wird.[410] Trotz auch unterschiedlicher Ausgestaltung in Organisation, Kompetenzen, Zusammensetzung und Rechtsschutz hat sich im Schrifttum mittlerweile der Oberbegriff „Agentur“ durchgesetzt, der auch im Folgenden verwendet werden soll.

Grosso modo lassen sich Agenturen als relativ unabhängige, auf Dauer angelegte und mit speziellen, eigenständigen Aufgaben betraute Einrichtungen des Gemeinschaftsrechts mit eigener Rechtspersönlichkeit beschreiben.[411] Über Agenturen ist bereits eine ganze Reihe von (teils kritischer) Literatur erschienen.[412] Aufgrund ihrer Verschiedenheit würde eine eingehende Untersuchung den Rahmen sprengen, so dass insoweit auf die einschlägige Literatur verwiesen werden muss. Es soll im Folgenden aber eine kurze Darstellung vorgenommen werden. Unterteilen lassen sich die Agenturen in Regulierungs- und Exekutivagenturen. Hinzu kommen die Agenturen und Einrichtungen in der EURATOM und Finanzaufsichtsbehörden.

1. Regulierungsagenturen

Regulierungsagenturen sind auf der Grundlage einer Verordnung dauerhaft eingerichtete Verwaltungseinheiten mit eigener Rechtspersönlichkeit, die selbständig und permanent mit der Wahrnehmung bestimmter Sachaufgaben betraut sind.[413] Sowohl von ihrem Aufbau als auch von der Reichweite ihrer Aufgaben

---

410 Zwischen 1990 und 2008 vergrößerte sich die Anzahl der bestehenden Agenturen von 2 auf über 30; *Nettesheim*, in: Grabitz/Hilf/Nettesheim, Das Recht der Europäischen Union, Art. 13 EUV, Rn. 18; *Saurer*, DVBl 2009, 1021 (1021); *Groß*, EuR 2005, 54 (55).

411 *Fischer-Appelt*, Agenturen der Europäischen Gemeinschaft, S. 38.

412 Vgl. grundlegend: *Fischer-Appelt*, Agenturen der Europäischen Gemeinschaft; *Helfritz*, Verselbständigte Verwaltungseinheiten der Europäischen Union; *Weller*, Regulierungsagenturen der Europäischen Union: Rechtliche und integrationspolitische Gesichtspunkte; *Brenner*, Die Agenturen der Europäischen Union – Segen oder Fluch?, in: Europa im Wandel, FS Rengeling, S. 193; *Görisch*, Demokratische Verwaltung durch Unionsagenturen; *Saurer*, EuR 2010, 51; Frenz, DÖV 2010, 66; *Wittinger*, EuR 2008, 609; *Shirvani*, DÖV 2008, 1; *Ruffert*, DÖV 2007, 761; *Vetter*, DÖV 2005, 721; *Groß*, EuR 2005, 54; *Remmert*, EuR 2003, 134.

413 *Ruffert*, in: Calliess/Ruffert, EUV/AEUV, Art. 298 AEUV, Rn. 5.

und Kompetenzen sind sie verschieden. Die meisten Agenturen sind primär mit der Sammlung und dem Austausch von Daten und Informationen zwischen den Mitgliedstaaten einerseits und der mitgliedstaatlichen und der unionalen Ebene andererseits beschäftigt. Dadurch soll die Tätigkeit aller Stellen vereinfacht, harmonisiert und koordiniert werden. Beispiele für die sich auf diese informationellen Tätigkeiten beschränkenden Agenturen sind die Europäische Umweltagentur, die Agentur für Gesundheit und Sicherheit am Arbeitsplatz und die Meeressicherheitsagentur. Weitergehende Bedeutung kommt den Agenturen zu, die aufgrund ihrer gesammelten Daten und Informationen und ihres Knowhows und fachlicher Kompetenz Empfehlungen gegenüber der Kommission aussprechen, denen die Kommission dann auch in den überwiegenden Fällen folgt. In der Konsequenz kommt ihnen damit eine faktische Entscheidungskompetenz zu. Schließlich sind einige Agenturen selbst zur Wahrnehmung und zum Treffen von Einzelfallentscheidungen befugt, so dass ihre Entscheidungen unmittelbar Einfluss und zum Teil Rechtswirkung gegenüber den Adressaten haben. Zu nennen sind in diesem Bereich das Harmonisierungsamt für den Binnenmarkt, die Agentur für Flugsicherheit und das Gemeinschaftliche Sortenamt. Insgesamt sind die Grenzen zwischen den Agenturen aber durchaus fließend, so dass sich die Literatur mit einer Kategorisierung schwer tut. Versuche der Kommission, eine Vereinheitlichung vorzunehmen und gemeinsame Grundprinzipien und ein einheitliches Korsett für Agenturen aufzustellen, sind bisher gescheitert. Im Jahre 2002 stellte sie in einer Mitteilung Rahmenbedingungen für die europäischen Regulierungsagenturen[414] auf, in der allerdings lediglich den Status quo beschrieben und festgestellt wurde, dass kein einheitliches Modell für Agenturen existiere.[415] 2005 legte die Kommission dann einen Entwurf über eine Interinstitutionelle Vereinbarung[416] vor. Mit dem, gewisse Bindungswirkung entfaltenden, Rechtsakt der Interinstitutionellen Vereinbarung[417] sollte gemeinsam mit dem Parlament und dem Rat der Rahmen für

---

414 *Europäische Kommission*, Rahmenbedingungen für die europäischen Regulierungsagenturen, KOM (2002) 718 endg.

415 *Europäische Kommission*, Rahmenbedingungen für die europäischen Regulierungsagenturen, KOM (2002) 718 endg., S. 3; immerhin versuchte sich die Kommission mit der Definition von Regulierungsagentur als „Agenturen, deren Aufgabe es ist, durch Handlungen, die zur Regulierung eines bestimmten Sektors beitragen, aktiv an der Wahrnehmung der Exekutivaufgabe mitzuwirken."

416 *Europäische Kommission*, Entwurf für eine Interinstitutionelle Vereinbarung zur Festlegung von Rahmenbedingungen für die europäischen Regulierungsagenturen, KOM (2005) 59 endg.

417 So der EuGH, Rs. C-25/94, Kommission ./. Rat, Slg. I-1469.

zukünftig zu schaffende Regulierungsagenturen festgelegt werden. Das Vorhaben verlief allerdings im Sande, so dass sich bis heute an den Unterschieden und der schwierigen Systematisierung nichts geändert hat.

Folgende Regulierungsagenturen sind derzeit aktiv:
Fachagenturen:

- Agentur für das europäische GNSS (GSA)[418]
- Agentur für die Zusammenarbeit der Energieregulierungsbehörden (ACER)[419]
- Agentur der Europäischen Union für Grundrechte (FRA)[420]
- Europäische Agentur für die Sicherheit des Seeverkehrs (EMSA)[421]
- Europäische Eisenbahnagentur (ERA)[422]
- Europäische Agentur für die operative Zusammenarbeit an den Außengrenzen (FRONTEX)[423]
- Europäische Agentur für Flugsicherheit (EASA)[424]
- Europäische Agentur für Netz- und Informationssicherheit (ENISA)[425]

418 Verordnung (EG) Nr. 1321/2004 des Rates vom 26.05.2004 über die Verwaltungsorgane der europäischen Satellitennavigationsprogramme, ABl. 2004 Nr. L 246/1.

419 Verordnung (EG) Nr. 713/2009 des Europäischen Parlaments und des Rates vom 13.07.2009 zur Gründung einer Agentur für die Zusammenarbeit der Energieregulierungsbehörden, ABl. 2009, Nr. L 211/1.

420 Verordnung (EG) Nr. 168/2007 des Rates vom 15.02.2007 zur Errichtung einer Agentur der Europäischen Union für Grundrechte, ABl. 2007 Nr. L 53/1.

421 Verordnung (EG) Nr. 1406/2002 des Europäischen Parlaments und des Rates vom 27.06.2002 zur Errichtung einer Europäischen Agentur für die Sicherheit des Seeverkehrs, ABl. 2002 Nr. L 208/1.

422 Verordnung (EG) Nr. 1335/2008 des Europäischen Parlaments und des Rates vom 16.12.2008 zur Änderung der Verordnung (EG) Nr. 881/2004 zur Errichtung einer Europäischen Eisenbahnagentur, ABl. 2008 Nr. L 354/51.

423 Verordnung (EG) Nr. 2007/2004 des Rates vom 26.10.2004 zur Errichtung einer Europäischen Agentur für die operative Zusammenarbeit an den Außengrenzen der Mitgliedstaaten der Europäischen Union, ABl. 2004 Nr. L 349/1.

424 Verordnung (EG) Nr. 216/2008 des Europäischen Parlaments und des Rates vom 20.02,2008 zur Festlegung gemeinsamer Vorschriften für die Zivilluftfahrt und zur Errichtung einer Europäischen Agentur für Flugsicherheit, zur Aufhebung der Richtlinie 91/670/EWG des Rates, der Verordnung (EG) Nr. 1592/2002 und der Richtlinie 2004/36/EG, ABl. Nr. L 79/1.

425 Verordnung (EG) Nr. 460/2004 des Europäischen Parlaments und des Rates vom 10.03.2004 zur Errichtung der Europäischen Agentur für Netz- und Informationssicherheit, ABl. 2004 Nr. L 77/1.

- Europäische Agentur für Sicherheit und Gesundheitsschutz am Arbeitsplatz (EU-OSHA)[426]
- Europäische Arzneimittelagentur (EMA)[427]
- Europäische Behörde für Lebensmittelsicherheit (EFSA)[428]
- Europäische Beobachtungsstelle für Drogen und Drogensucht (EMCDDA)[429]
- Europäische Chemikalienagentur (ECHA)[430]
- Europäische Fischereiaufsichtsagentur (EFCA)[431]
- Europäisches Institut für Gleichstellungsfragen (EIGE)[432]
- Europäische Stiftung für Berufsbildung (ETF)[433]

---

426 Verordnung (EG) Nr. 2062/94 des Rates vom 18.07.1994 zur Errichtung einer Europäischen Agentur für Sicherheit und Gesundheitsschutz am Arbeitsplatz, ABl. 1994 Nr. L 216/1.

427 Verordnung (EWG) Nr. 2309/93 des Rates vom 22.07.1993 zur Festlegung von Gemeinschaftsverfahren für die Genehmigung und Überwachung von Human- und Tierarzneimitteln und zur Schaffung einer Europäischen Agentur für die Beurteilung von Arzneimitteln, ABl. 1993 Nr. L 214/1.

428 Verordnung (EG) Nr. 178/2002 des Europäischen Parlaments und des Rates vom 28.01.2002 zur Festlegung der allgemeinen Grundsätze und Anforderungen des Lebensmittelrechts, zur Errichtung der Europäischen Behörde für Lebensmittelsicherheit und zur Festlegung von Verfahren von Lebensmittelsicherheit, ABl. 2002 Nr. L 31/1.

429 Verordnung (EWG) Nr. 302/93 des Rates vom 08.02.1993 zur Schaffung einer Europäischen Beobachtungsstelle für Drogen und Drogensucht, ABl. 1993 Nr. L 36/1.

430 Verordnung (EG) Nr. 1907/2006 des Europäischen Parlaments und des Rates vom 18.12.2006 zur Registrierung, Bewertung, Zulassung und Beschränkung chemischer Stoffe (REACH), zur Schaffung einer Europäischen Agentur für chemische Stoffe, zur Änderung der Richtlinie 1999/45/EG und zur Aufhebung der Verordnung (EWG) Nr. 793/93 des Rates, der Verordnung (EG) Nr. 1488/94 der Kommission, der Richtlinie 76/769/EWG des Rates sowie der Richtlinie 91/155/EWG, 93/67/EWG, 93/105/EG und 2000/21/EG der Kommission, ABl. 2006 Nr. L/1.

431 Verordnung (EG) Nr. 768/2005 des Rates vom 26.04.2005 zur Errichtung einer Europäischen Fischereiaufsichtsagentur und zur Änderung der Verordnung (EG) Nr. 2847/93 zur Einführung einer Kontrollregelung für die gemeinsame Fischereipolitik, ABl. 2005 Nr. L 128/1.

432 Verordnung (EG) Nr. 1922/2006 des Europäischen Parlaments und des Rates vom 20.12.2006 zur Errichtung eines Instituts für Gleichstellungsfragen, ABl. 2006 Nr. L 403/9.

433 Verordnung (EWG) Nr. 1360/90 des Rates vom 07.05.1990 zur Errichtung einer Europäischen Stiftung für Berufsbildung, ABl. 1990 Nr. L 131/1.

- Europäische Stiftung zur Verbesserung der Lebens- und Arbeitsbedingungen (EUROFOUND)[434]
- Europäisches Zentrum für die Förderung der Berufsbildung (Cedefop)[435]
- Europäisches Zentrum für die Prävention und die Kontrolle von Krankheiten (ECDC)[436]
- Europäische Umweltagentur (EEA)[437]
- Gemeinschaftliches Sortenamt[438]
- Gremium Europäischer Regulierungsstellen für elektronische Kommunikation (GEREK)[439]
- Harmonisierungsamt für den Binnenmarkt (Marken, Muster und Modelle) (OHIM)[440]
- Übersetzungszentrum für die Einrichtungen der Europäischen Union (CdT)[441]

Agenturen für die Gemeinsame Sicherheits- und Verteidigungspolitik:

---

434 Verordnung (EWG) Nr. 1365/75 des Rates vom 26.05.1975 über die Gründung einer Europäischen Stiftung zur Verbesserung der Lebens- und Arbeitsbedingungen, ABl. 1975 Nr. L 139/1.

435 Verordnung (EWG) Nr. 337/75 des Rates vom 10.02.1975 über die Errichtung eines Europäischen Zentrums für die Förderung der Berufsbildung, ABl. 1975 Nr. L 39/1.

436 Verordnung (EG) Nr. 851/2004 des Europäischen Parlaments und des Rates vom 21.04.2004 zur Errichtung eines Europäischen Zentrums für die Prävention und die Kontrolle von Krankheiten, ABl. 2004 Nr. L 142/1.

437 Verordnung (EG) Nr. 1641/2003 des Europäischen Parlaments und des Rates vom 22.07.2003 zur Änderung der Verordnung (EWG) Nr. 1210/90 des Rates zur Errichtung einer Europäischen Umweltagentur und eines Europäischen Umweltinformations- und Umweltbeobachtungsnetzes, ABl. 2003 Nr. L 245/1.

438 Verordnung (EG) Nr. 2100/94 des Rates vom 27.07.1994 über den gemeinschaftlichen Sortenschutz, ABl. 1994 Nr. L 227/1.

439 Verordnung (EG) Nr. 1211/2009 des Europäischen Parlaments und des Rates vom 25.11.2009 zur Einrichtung des Gremiums Europäischer Regulierungsstellen für elektronische Kommunikation (GEREK) und des Büros, ABl. 2009 Nr. L 337/1.

440 Verordnung (EG) Nr. 40/94 des Rates vom 20.12.1993 über die Gemeinschaftsmarke, ABl. 1994 Nr. L 11/1.

441 Verordnung (EG) Nr. 2965/94 des Rates vom 28.11.1994 zur Errichtung eines Übersetzungszentrums für die Einrichtungen der Europäischen Union, ABl. 1994 Nr. L 314/1.

- Europäische Verteidigungsagentur (EDA)[442]
- Institut der Europäischen Union für Sicherheitsstudien (ISS)[443]
- Satellitenzentrum der Europäischen Union (EUSC)[444]

Agenturen für die polizeiliche und justizielle Zusammenarbeit in Strafsachen:

- Einheit für justizielle Zusammenarbeit der Europäischen Union (EUROJUST)[445]
- Europäische Polizeiakademie (CEPOL)[446]
- Europäisches Polizeiamt (EUROPOL)[447]

2. Exekutivagenturen

Exekutivagenturen haben eine Sonderstellung inne. Sie werden auf Grundlage der Verordnung (EG) Nr. 58/2003[448] eingerichtet und nehmen nur punktuelle Unterstützungsfunktionen für die Kommission wahr und werden mit bestimmten Aufgaben bei der Verwaltung von Gemeinschaftsaufgaben betraut. Anders als die Regulierungsagenturen sind sie nur für eine begrenzte Zeit vorgesehen und auch nicht dezentral angesiedelt, sondern zwingend am Sitz der Kommission in Brüssel oder Luxemburg ansässig. Dennoch sind auch sie mit einer eigenen Rechtspersönlichkeit ausgestattet. Ohne eine Beteiligung von Vertretern der Mitgliedstaaten fehlt ihnen zudem das föderale Moment.[449] Derzeit gibt es sechs Exekutivagenturen:

---

442 Gemeinsame Aktion 2004/551/GASP des Rates vom 12.07.2004 über die Einrichtung der Europäischen Verteidigungsagentur, ABl. 2004 Nr. L 245/17.

443 Gemeinsame Aktion 2006/1002/GASP des Rates vom 21.12.2006 zur Änderung der Gemeinsamen Aktion 2001/554/GASP betreffend die Einrichtung eines Instituts der Europäischen Union für Sicherheitsstudien, ABl. 2007 Nr. L 36/66.

444 Gemeinsame Aktion 2001/555/GASP des Rates vom 20.07.2001 betreffend die Einrichtung eines Satellitenzentrums der Europäischen Union, ABl. 2001 Nr. L 200/5.

445 Beschluss 2002/187/JI des Rates vom 28.02.2002 über die Errichtung von Eurojust zur Verstärkung der Bekämpfung der schweren Kriminalität, ABl. 2002 Nr. L 63/1.

446 Beschluss 2005/684/JI des Rates vom 20.09.2005 zur Errichtung der Europäischen Polizeiakademie und zur Aufhebung des Beschlusses 2000/820/JI, ABl. 2005 Nr. L 256/63.

447 Beschluss 2009/371/JHA des Rates vom 06.04.2009 zur Errichtung eines Europäischen Polizeibüros, ABl. 2009 L 121/37

448 Verordnung (EG) Nr. 58/2003 des Rates vom 19.12.2002 zur Festlegung des Statuts der Exekutivagenturen, die mit bestimmten Aufgaben bei der Verwaltung von Gemeinschaftsprogrammen beauftragt werden, ABl. L 2003 Nr. 11 vom 16.01.2003.

449 *Ruffert*, in: Calliess/Ruffert, EUV/AEUV, Art. 298 AEUV, Rn. 9.

- Exekutivagentur Bildung, Audiovisuelles und Kultur (EACEA)[450]
- Exekutivagentur des Europäischen Forschungsrates (EFR-Exekutivagentur)[451]
- Exekutivagentur für das transeuropäische Verkehrsnetz (TEN-T EA)[452]
- Exekutivagentur für die Forschung (REA)[453]
- Exekutivagentur für Gesundheit und Verbraucher (EAHC)[454]
- Exekutivagentur für Wettbewerb und Innovation (EACI)[455]

3. Weitere Agenturen und dezentrale Einrichtungen

Der Vollständigkeit halber seien noch die weiteren Agenturen und anderen Einrichtungen erwähnt.

In der Europäischen Atomgemeinschaft (EURATOM) sind zwei Agenturen errichtet worden, um Forschungsprogramme der Mitgliedstaaten, die Bereitstellung von Wissen und Infrastruktur, Finanzierung und die Gewährleistung von Sicherheit und Versorgungssicherheit besser zu koordinieren. Es handelt sich um:

---

450 Beschluss 2005/56/EG der Kommission vom 14.01.2005 zur Einrichtung der „Exekutivagentur Bildung, Audiovisuelles und Kultur" für die Verwaltung der Gemeinschaftsmaßnahmen in den Bereichen Bildung, Audiovisuelles und Kultur gemäß der Verordnung (EG) Nr. 58/2003 des Rates, ABl.EU 2005, Nr. L 24/35.

451 Beschluss 2008/37/EG der Kommission vom 14.12.2007 zur Einsetzung der Exekutivagentur des Europäischen Forschungsrats für die Verwaltung des spezifischen Gemeinschaftsprogramms Ideen auf dem Gebiet der Pionierforschung gemäß der Verordnung (EG) Nr. 58/2003 des Rates, ABl. 2008 Nr. L 9/15.

452 Beschluss 2007/60/EG der Kommission vom 26.10.2006 zur Einrichtung der Exekutivagentur für das transeuropäische Verkehrsnetz gemäß der Verordnung (EG) Nr. 58/2003 des Rates, ABl. 2007 Nr. L 32/88.

453 Beschluss 2008/46/EG der Kommission vom 14.12.2007 zur Einsetzung der Exekutivagentur für die Forschung für die Verwaltung bestimmter Bereiche der spezifischen Gemeinschaftsprogramme Menschen, Kapazitäten und Zusammenarbeit auf dem Gebiet der Forschung gemäß der Verordnung (EG) Nr. 58/2003 des Rates, ABl. 2008 Nr. L 11/9.

454 Beschluss 2004/858/EG der Kommission vom 15.12.2004 zur Einrichtung einer als „Exekutivagentur für das Gesundheitsprogramm" bezeichneten Exekutivagentur für die Verwaltung der Gemeinschaftsmaßnahmen im Bereich der öffentlichen Gesundheit gemäß der Verordnung (EG) Nr. 58/2003 des Rates, ABl. 2004 Nr. L 369/73.

455 Beschluss 2007/372/EG der Kommission vom 31.05.2007 zur Änderung des Beschlusses 2004/20/EG in Bezug auf die Umwandlung der Exekutivagentur für intelligente Energie in die Exekutivagentur für Wettbewerbsfähigkeit und Innovation, ABl. 2007, Nr. L 140/52.

- Euratom-Versorgungsagentur (ESA)[456]
- Europäisches gemeinsames Unternehmen für den ITER und die Entwicklung der Fusionsenergie (Fusion for Energy)[457]

Eine neue Erscheinung sind die im Jahre 2011 eingerichteten Finanzaufsichtsbehörden, die der Vermeidung von Risiken dienen sollen, die das gesamte Finanzsystem bedrohen:

- Europäische Bankenaufsichtsbehörde (EBA)[458]
- Europäische Wertpapier- und Marktaufsichtsbehörde (ESMA)[459]
- Europäische Aufsichtsbehörde für das Versicherungswesen und die betriebliche Altersvorsorge (EIOPA)[460]
- Europäischer Ausschuss für Systemrisiken (ESRB)[461]

Schließlich verdient noch das Europäische Innovations- und Technologieinstitut[462] Erwähnung, das im Rahmen der Lissabon-Strategie 2008 eingerichtet wurde und

---

456 Eingerichtet durch Art. 2 d, 52 Euratom-Vertrag.

457 Entscheidung 2007/198/Euratom des Rates vom 27.03.2007 über die Errichtung des europäischen gemeinsamen Unternehmens für den ITER und die Entwicklung der Fusionsenergie sowie die Gewährung von Vergünstigungen dafür, ABl. 2007 Nr. L 90/58.

458 Verordnung (EU) Nr. 1093/2010 des Europäischen Parlaments und des Rates vom 24.11.2010 zur Errichtung einer Europäischen Aufsichtsbehörde (Europäische Bankenaufsichtsbehörde), zur Änderung des Beschlusses Nr. 716/2009/EG und zur Aufhebung des Beschlusses 2009/78/EG der Kommission, ABl. 2010 Nr. L 331/12.

459 Verordnung (EU) Nr. 1095/2010 des Europäischen Parlaments und des Rates vom 24.11.2010 zur Errichtung einer Europäischen Aufsichtsbehörde (Europäische Wertpapier- und Marktaufsichtsbehörde), zur Änderung des Beschlusses Nr. 716/2009/EG und zur Aufhebung des Beschlusses 2009/78/EG der Kommission, ABl. 2010 Nr. L 331/84.

460 Verordnung (EU) Nr. 1094/2010 des Europäischen Parlaments und des Rates vom 24.11.2010 zur Errichtung einer Europäischen Aufsichtsbehörde (Europäische Aufsichtsbehörde für das Versicherungswesen und die betriebliche Altersversorgung), zur Änderung des Beschlusses Nr. 716/2009/EG und zur Aufhebung des Beschlusses 2009/79/EG der Kommission, ABl. 2010 Nr. L 331/48.

461 Verordnung (EU) Nr. 1092/2010 des Europäischen Parlaments und des Rates vom 24.11.2010 über die Finanzaufsicht der Europäischen Union auf Makroebene und zur Errichtung eines Europäischen Ausschusses für Systemrisiken, ABl. 2010 Nr. L 331/1.

462 Verordnung (EG) 294/2008 des Europäischen Parlaments und des Rates vom 11.08.2008 zur Errichtung des Europäischen Innovations- und Technologieinstituts, ABl. 2008 Nr. L 97/1.

dessen Aufgabe darin besteht, einen Beitrag zu nachhaltigem Wirtschaftswachstum und zur Steigerung der Wettbewerbsfähigkeit in Europa zu leisten.[463]

II. Motive für die Schaffung von Agenturen

Die Schaffung vertragsfremder Einrichtungen in der Europäischen Union und die Verzahnung der Verwaltungsstruktur waren und sind kein reiner Selbstzweck, sondern folgen gewissen Zielen, Vorstellungen und Erwartungen. Dabei sind in der Literatur eine Fülle unterschiedlicher Motive herausgearbeitet und bewertet worden. Im Folgenden soll ein Überblick über diese Motive gegeben werden und bereits die Verwertbarkeit auf ACER, soweit möglich und an dieser Stelle sinnvoll, angesprochen werden.

1. Effektivität

Ein erstes Argument für die Einrichtung von selbständigen und unabhängigen Agenturen kann in der Effektivität kleinerer und spezialisierter Verwaltungseinheiten gesehen werden.[464] Agenturen mit rechtlicher, fachlicher, finanzieller und organisatorischer Unabhängigkeit können im Rechtsverkehr flexibler auftreten und getroffene Regelungen konsequenter ausführen und anwenden.[465] Außerdem soll die Anfälligkeit gegenüber politischen Einflüssen bei ausgegliederten Verwaltungseinheiten geringer ausgeprägt sein, als wenn die Aufgaben organisatorisch weiterhin in der Kommission ausgeführt würden.[466] Freilich besteht andererseits mit der Gründung von vielen Agenturen jedoch die Gefahr der Kreierung von Regelungswidersprüchen.

2. Aufgabentransparenz

Zweitens führt die Differenzierung und Ausgliederung von Kompetenzen zu einer höheren Transparenz für den Bürger und betroffene Gruppen sowie einer stärkeren Nachvollziehbarkeit der Entscheidungsprozesse.[467] Die Einrichtung

---

463 Art. 3 Verordnung (EG) Nr. 294/2008.

464 *Ruffert*, in: Callies/Ruffert, EUV/AEUV, Art. 298 AEUV, Rn. 4; *Ehlermann*, CMLR 1995, 471 (473 ff.); *Hilf*, ZaöRV 1976, 551 (566); *Shirvani*, DÖV 2008, 1 (1).

465 *Pipkorn*, Bericht Europäische Gemeinschaften, in: Starck, Erledigung von Verwaltungsaufgaben durch Personalkörperschaften und Anstalten des öffentlichen Rechts, S. 243; *Priebe*, Entscheidungsbefugnisse vertragsfremder Einrichtungen im Europäischen Gemeinschaftsrecht, S. 22.

466 *Ehlermann*, CMLR 1995, 471 (474).

467 *Shirvani*, DÖV 2008, 1 (1 ff.); *Ehlermann*, CMLR 1995, 471 (474).

einer erkennbaren und sich deutlich nach außen präsentierenden Agentur kann dabei die Herkunft hoheitlichen Handelns deutlich klarer zu Tage treten lassen als dies bei einer innerhalb der Kommission angesiedelten Untereinheit der Fall wäre. Demokratische Anforderungen an die Transparenz von Regierungshandeln werden daher durch die Ausgliederung erfüllt. Dies gilt gerade bei einer immer weiter anwachsenden Kompetenzansammlung auf der Gemeinschaftsebene. Aufgrund der Öffentlichkeitsarbeit von ACER lässt sich sicherlich von einem Gewinn bei der Aufgabentransparenz sprechen. Ansprechpartner und Entscheidungsorgane treten für Interessengruppen und Adressaten wohl deutlicher in Erscheinung, als wenn eine zusätzliche Abteilung bei der Kommission geschaffen worden wäre.

3. Kosteneffizienz

Als weiteres Argument ist verschiedentlich die Verringerung von Kosten durch die strengeren Anforderungen an wirtschaftliches Handeln von Agenturen und besseres Monitoring angesprochen worden.[468] Auch wegen der Möglichkeit, für ihre Handlungen Gebühren zu verlangen und Spenden und Beiträge von Dritten akquirieren zu können, kann die Tätigkeit in einer verselbständigten Agentur sich als kostengünstiger erweisen. Berücksichtigt werden muss allerdings, dass durch die Ausgliederung aus dem Verwaltungsapparat der Kommission in Brüssel und der häufig dezentralen Ansiedelung der Agenturen auch höhere Kosten durch Anmietung von neuen Gebäuden, Reisetätigkeiten und die Verschickung von Dokumenten anfallen, so dass insgesamt ein kosteneinsparender Effekt bezweifelt werden mag.

Zwar ist ACER verpflichtet, einen eigenen Haushalt zu führen (Art. 21 Abs. 4 ACER-VO), womit Schritte zu einer Kontrollmöglichkeit und Kostentransparenz geschaffen wurden. Auch kann ACER für bestimmte Maßnahmen Gebühren erheben und freiwillige Zahlungen, Legaten, Schenkungen und Zuschüsse entgegennehmen. Insgesamt hat die Kommission aber auch Kosten in Höhe von sechs bis sieben Millionen Euro eingeplant.[469] Bedeutende Kosteneinsparungen sind daher eher nicht zu erwarten.

---

468 *Helfritz*, Verselbständigte Verwaltungseinheiten der Europäischen Union, S. 66.
469 KOM 2007, 530 endg., S. 15.

4. Entlastung der Kommission

Im Laufe der Zeit wurden der Europäischen Union immer mehr Kompetenzen übertragen, deren Wahrnehmung immer mehr Personal, Fachwissen und -kompetenz, finanzielle, technische und logistische Ausstattung erfordern. Dies gilt in besonderem Maße für komplexe technische oder naturwissenschaftliche Bereiche, bei denen die europäische Ebene Harmonisierungs- und Vereinheitlichungsaufgaben übernimmt und mögliche unterschiedliche nationale Besonderheiten einhegen muss.[470] Schon früh wurde die Dezentralisierung und Spezifizierung der Verwaltungsebene als notwendige Maßnahme zur Abwehr der Gefahr der Überlastung und eines sprichwörtlichen Verwaltungsinfarkts erkannt, in dessen System die zentrale Verwaltungsstelle sich nur noch auf die wesentlichen Aufgaben beschränken solle.[471] Die Einrichtung von Agenturen trug dieser Überlegung oft Rechnung.[472] So wurde etwa die Arzneimittelagentur damit begründet, dass eine beträchtliche Arbeitslasterhöhung im Ausschuss für Arzneispezialitäten und im Ausschuss für Tierarzneimittel festgestellt wurde.[473] Aus denselben Gründen ist immer wieder für die Einrichtung einer europäischen Kartellbehörde argumentiert worden.[474]

In Bezug auf ACER kann nicht unbedingt eine bis dato bestehende Überlastung der Kommission festgestellt werden. Daneben bestand mit der ERGEG bereits eine Institution, die der Beratung und Unterstützung der Kommission dienen sollte. Allerdings hat die Kommission mit der Verabschiedung des Dritten Binnenmarktpakets viele neue Kompetenzen hinzugewonnen. ACER kann dabei mit ihren umfassenden Untersuchungs-, Überwachungs- und Informationssammelkompetenzen ein geeigneter Akteur sein, um die Kommission in ihrer Tätigkeit zu unterstützen und entlasten.

---

470 *Helfritz*, Verselbständigte Verwaltungseinheiten der Europäischen Union, S. 67.

471 *Priebe*, Entscheidungsbefugnisse vertragsfremder Einrichtungen im Europäischen Gemeinschaftsrecht, S. 20; *Helfritz*, Verselbständigte Verwaltungseinheiten der Europäischen Union, S. 67.

472 *Shirvani*, DÖV 2008, 1 (6); *Groß*, EuR 2005, 54 (57 f.); *Brenner*, Die Agenturen der Europäischen Union – Segen oder Fluch?, in: Europa im Wandel, FS Rengeling, S. 194.

473 *Europäische Kommission*, Vorschlag des Rates zur Schaffung der EMEA, KOM (1990) 283 endg., S. 13–14.

474 vgl. *Helfritz*, Verselbständigte Verwaltungseinheiten der Europäischen Union, S. 68.

5. Bündelung gemeinsamer Interessen

Agenturen der Europäischen Union dienen häufig der Harmonisierung, Angleichung und Vereinheitlichung von Rahmenbedingungen, ohne die ein Funktionieren des Binnenmarktes nicht möglich wäre.[475] Dabei müssen die verschiedenen nationalstaatlichen Interessen oder auch Interessen von weiteren privatwirtschaftlichen Akteuren oft auf einen gemeinsamen Nenner gebracht werden. Die Agenturen versammeln daher häufig technische Experten der unionalen, der nationalstaatlichen und der privatwirtschaftlichen Ebene und sorgen dergestalt für eine Kompetenzbündelung. Ferner werden der Aufbau und die Pflege von Netzwerken dadurch gefördert.[476] Schließlich kann ein solches Zusammenwirken als autonomieschonend bezeichnet werden, da Nationalstaaten und die EU kooperativ zusammenwirken und gemeinsam formulierte Ziele durch abgestimmte und gemeinsam ausgehandelte Maßnahmen umzusetzen versuchen.

Insbesondere für ACER trifft diese Erwägung zu. Auf dem oft technischen Gebiet der Energieregulierung soll gerade die Agentur der verstetigte Ort der Zusammenarbeit der nationalen Energieregulierungsbehörden sein. Dies wird besonders aus der Zusammensetzung des Regulierungsrates deutlich, der, für bisherige Agenturen eher untypisch, Vertreter sämtlicher nationalen Regulierungsbehörden vereint.

6. Einbeziehung von Nicht-Mitgliedstaaten

Weiterer Vorteil von vielen eingerichteten Agenturen ist die Möglichkeit, Drittstaaten in die Arbeit der Europäischen Union einbinden zu können, was in den Primärorganen nicht der Fall wäre.[477] Viele Gründungsrechtsakte von Agenturen sehen daher derartige Öffnungsklauseln vor. Zum einen kann dadurch eine Anbindung an die EU und eine Integration mit dem Ziel der späteren Vollmitgliedschaft beobachtet werden. Zum anderen können so gemeinsame Maßnahmen in konsensfähigen Politikbereichen mit Drittstaaten vorangetrieben werden, ohne dass der politische Wille einer Vollmitgliedschaft vorhanden sein muss.

---

475 *Brenner*, Die Agenturen der Europäischen Union – Segen oder Fluch?, in: Europa im Wandel, FS Rengeling, S. 194.

476 *Pipkorn*, Bericht Europäische Gemeinschaften, in: Erledigung von Verwaltungsaufgaben durch Personalkörperschaften und Anstalten des öffentlichen Rechts, S. 243.

477 *Pipkorn*, Bericht Europäische Gemeinschaften, in: Erledigung von Verwaltungsaufgaben durch Personalkörperschaften und Anstalten des öffentlichen Rechts, S. 245.

Die ACER-VO sieht in Art. 31 die Beteiligung von Drittländern ausdrücklich vor. Traditionell arbeiten nicht nur mögliche Beitrittskandidaten, sondern auch die für den Binnenmarkt und Speicherfragen sehr wichtigen Länder Norwegen und Schweiz eng mit den europäischen Partnern auf dem Gebiet der Energie zusammen, ohne dass ein Beitritt zur EU derzeit angestrebt wird. Als besonders wichtiger Exporteur ohne Beitrittsperspektive käme auch Russland als möglicher Beteiligter in Frage.

7. Partizipation von Interessengruppen

Auch bieten Agenturen die Möglichkeit der Einbindung und Partizipation von Interessengruppen. So sind beispielsweise in der Agentur für Sicherheit und Gesundheitsschutz am Arbeitsplatz im Verwaltungsrat Vertreter von Arbeitgeber- und Arbeitnehmerorganisationen zu finden. Insgesamt dient dies nicht nur der Generierung von Fachwissen, sondern trägt auch zu einer Zunahme der gesellschaftlichen Akzeptanz bei und entspricht der Auffassung der Kommission von moderner Governance.

In der ACER-VO sind nicht unmittelbar Interessengruppen als Mitglieder der Agentur vorgesehen. Allerdings bestehen enge Verflechtungen zu den eingerichteten Organisationen der Übertragungs- und Fernleitungsnetzbetreiber ENTSO, so dass zumindest darüber die für das Funktionieren des Binnenmarktes enorm wichtigen Akteure eingebunden sind. Die Möglichkeit der Partizipation von Unternehmerverbänden oder Verbrauchervereinigungen ist zumindest auch dadurch eröffnet, dass sie für den Verwaltungsrat nominiert werden können.[478] Die ACER-VO sieht lediglich vor, wer die Mitglieder bestimmen muss, jedoch nicht, wer dies sein kann.

8. Geographische Dezentralisierung

Die Hauptorgane der EU sind in Luxemburg, Straßburg und Brüssel angesiedelt. Nicht selten wird in der öffentlichen Wahrnehmung der „Zentralismus" oder das „bürokratische Monster in Brüssel" gerügt, auch wenn die Verwaltungskapazitäten der EU vergleichsweise klein sind. Die Errichtung von Agenturen ist immer wieder als Mittel genutzt worden, europäische Verwaltungseinheiten in verschiedenen Städten anzusiedeln und möglichst allen Nationalstaaten bei der Verteilung gerecht zu werden. Dadurch soll nicht nur die Identifikation mit Europa

478 Aktuell ist dies mit Piotr Grzegorz Wozniak, Berater und Dozent und Razvan Eugen Nicolescu, Führungspersönlichkeit des rumänischen Ölunternehmens Petrom, geschehen.

gestärkt und durch die Präsenz und die Außendarstellung eine eigenständige öffentliche Anerkennung erworben werden.[479] Die Entscheidung über den Sitz einer Agentur wird auch oft in der politischen Verhandlungsarena als Kompensation oder Entgegenkommen genutzt.[480] Schließlich trägt die örtliche Dezentralisierung auch zu einer Entspannung des Immobilienmarktes im bereits sehr vollen und teuren Brüssel bei. ACER ist die erste Agentur, die in Slowenien angesiedelt wurde. Die osteuropäischen Staaten insgesamt beherbergen bisher nur wenige Agenturen, so dass in der Wahl des Sitzes ein Entgegenkommen gesehen werden kann.

III. Fazit

Die EU hat in den letzten Jahren mit der Errichtung von Agenturen eine Verwaltungsstruktur aufgebaut und eine tertiäre Organisationsebene etabliert. In dieser Tradition steht auch die Errichtung von ACER. Unterschiedliche Namen, Organisationsformen, Kompetenzen, Zusammensetzungen und Rechtsschutzmöglichkeiten haben dazu geführt, dass diese Verwaltungsstruktur teilweise schwer zu durchschauen ist und jenseits von Experten kaum wahrgenommen wird. Dennoch sind die Motive für die Einrichtung von Agenturen – Effektiviät, Entlastung der Kommission, Bündelung von Interessen, Partzipation von Interessengruppen – in einer sich stetig weiterentwickelnden Europäischen Union und einer sich vertiefenden Integration von hoher Aktualität.

479 *Hilf*, ZaöRV 1976, 551 (581).
480 *Helfritz*, Verselbständigte Verwaltungseinheiten der Europäischen Union, S. 76.

§ 5 Die Entscheidung für die Agentur

Wie gesehen, bestanden auf dem Gebiet der Energie schon mehrere Organisationen, die sich der Zusammenarbeit der unterschiedlichen Akteure und dem Ziel der Schaffung des gemeinsamen Binnenmarktes für Strom und Gas widmeten. Vor allem ERGEG war von der Kommission für diese Aufgabe auserkoren worden. Es wurde auch bereits beleuchtet, dass unter den bisherigen Regeln und Institutionen das Ziel der Verwirklichung des Binnenmarktes nicht erreicht wurde. Folglich schien eine Weiterentwicklung des Regulierungsrahmens unumgänglich. Dabei war zu Beginn der Überlegungen noch alles andere als klar, dass am Ende eine Agentur entstehen sollte. Unklar war außerdem angesichts der Unterschiede der bis dahin bestehenden Agenturen, wie eine solche Agentur konkret aufgebaut und mit welchen Kompetenzen sie ausgestattet werden sollte. Dieses Kapitel beschreibt daher historisierend die Entscheidung für die Agentur, wie sie heute besteht.

I. Beweggründe für eine verstärkte institutionelle Zusammenarbeit

In ihrem Grünbuch „Eine europäische Strategie für nachhaltige, wettbewerbsfähige und sichere Energie“ vom 8. März 2006 deutete die Kommission die Herstellung eines einheitlichen europäischen Netzes als grundlegende Voraussetzung für das Entstehen eines funktionierenden europäischen Strom- und Gasmarktes an.[481] Ein solches *Single European Grid* beinhalte naturgemäß europaweit installierte Übertragungs- und Fernleitungsleitungen, um Strom und Gas ohne Beschränkungen jedweder Art über die Grenzen transportieren zu können. Aus dem allgemeinen Bedürfnis der Regulierung von Netzen folge wiederum eine notwendige Überwachung dieses speziellen gesamteuropäischen Netzes, da dieses neu entstandene europäische Regulierungsobjekt eines entsprechenden Gegenstücks auf der Reguliererseite bedürfe.[482] Die Kommission war aber der durchaus überzeugenden Ansicht, dass die Möglichkeiten der eingerichteten

481 *Europäische Kommission*, Eine europäische Strategie für nachhaltige, wettbewerbsfähige und sichere Energie, KOM (2006) 105 endg., S. 6.

482 Vgl. *ERGEG*, ERGEG's Response to the European Commission's Communication „An Energy Policy for Europe“, S. 5; zustimmend: *Hermeier*, RdE 2007, 249 (254); *Westerhof*, The Third Internal Energy Market Package, in: European Energy Law Report VI, S. 22.

nationalen Regulierungsbehörden nicht ausreichten, um europaweit tätige Übertragungs- und Fernleitungsnetzbetreiber zu kontrollieren und Übertragungsengpässen wirksam zu begegnen.[483] Daneben wurde befürchtet, dass rein an nationalen Erwägungen orientierte Entscheidungen negative Auswirkungen auf grenzüberschreitende Entwicklungen im Sinne des Funktionierens des europäischen Marktes haben könnten.[484] Daher müsste ein Teil der Regulierung von der nationalen auf die europäische Ebene transformiert werden und so die „Regulierungslücke" geschlossen werden.[485]

Ferner war die Kommission mit der bisherigen Zusammenarbeit und Koordination der nationalen Regulierungsbehörden unzufrieden. Die Schaffung eines Binnenmarktes setzte ihrer Ansicht nach die einheitliche Anwendung der in der Elektrizitäts- und Gasrichtlinie genannten Regeln voraus. Dazu waren die Gruppe der europäischen Regulierungsbehörden (ERGEG) und die Foren von Madrid und Florenz ins Leben gerufen worden, um in abstimmungsbedürftigen Bereichen gemeinsame Leitlinien zu erlassen. In wichtigen Bereichen sei aber nach wie vor keine Einigung zustande gekommen, die die Kommission für den Binnenmarkt als notwendig ansah.[486] Dies sei vor allem hinsichtlich der technischen Vorschriften der Fall, beispielsweise bei Kapazitätsvergaberegeln, Ausgleichsregeln und Handelszeitpunkten. Zwischen den Mitgliedstaaten – und teilweise sogar innerhalb der Mitgliedstaaten – bestünden erhebliche Unterschiede, was die Integration der europäischen Energiemärkte sehr erschwere.[487] Außerdem sei, auch aufgrund des Beitritts weiterer Mitgliedstaaten, der Energiesektor insgesamt komplexer und schwieriger geworden. Immer mehr unterschiedliche finanzielle Interessen träten hinzu und würden die erforderliche einvernehmliche Verständigung weiter erschweren.[488]

---

483 *Swanson*, The Agency for the Cooperation of Energy Regulators, in: European Energy Law Report VI, S. 38; zustimmend: *Wallnöfer*, wbl 2008, 163 (166).

484 *Europäische Kommission*, Aussichten für den Erdgas- und Elektrizitätsbinnenmarkt, KOM (2006) 841 endg. S. 14.

485 *Swanson*, The Agency for the Cooperation of Energy Regulators, in: European Energy Law Report VI, S. 38; zustimmend: *Wallnöfer*, wbl 2008, 163 (167); *Hermeier*, RdE 2007, 249 (254).

486 *Europäische Kommission*, Vorschlag zur Gründung einer Agentur für die Zusammenarbeit der Regulierungsbehörden vom 19.09.2007, KOM (2007) 530 endg., S. 11.

487 *Europäische Kommission*, Vorschlag zur ACER-VO, KOM (2007) 530 endg., S. 11.

488 *Europäische Kommission*, Vorschlag zur ACER-VO, KOM (2007) 530 endg., S. 11; *Westerhof*, The Third Internal Energy Market Package, in: European Energy Law Report VI, S. 22.

II. Möglichkeiten der Ausgestaltung

Aufgrund dieser Befunde und dem daraus resultierenden Bedürfnis einer verstärkten, institutionalisierteren und formalisierteren Regulierungsform auf europäischer Ebene erwuchs die nachfolgende Frage, welcher Akteur mit dieser Aufgabe betraut werden sollte. Es kamen drei Alternativen in Betracht. Erstens die Kommission selber, zweitens eine (weiterentwickelte) ERGEG oder drittens eine eigenständige Agentur.[489] In ihrer Mitteilung „Aussichten für den Erdgas- und den Elektrizitätsbinnenmarkt"[490] konkretisierte die Kommission ihre Vorschläge, wie eine künftige europäische Energieregulierung aussehen könnte.

1. Die Kommission als Regulierungsbehörde

Als erste Möglichkeit kam die Weiterentwicklung der bisherigen Struktur mit nationalen Regulierungsbehörden und einer deutlich gestärkten Kommission in Frage. Die Zusammenarbeit der einzelnen Regulierungsbehörden sollte bei diesem Vorschlag im Vergleich zum Status quo intensiviert werden. Insbesondere erhielten die Mitgliedstaaten die Aufgabe, gegenüber ihren Regulierungsbehörden ein Gemeinschaftsziel festzulegen. Die Rolle der Kommission sollte vor allem als Überwachungs- und Überprüfungsinstanz bei Fragen grenzüberschreitender Bedeutung gestärkt werden. Die Kommission verwies in ihrem Vorschlag dabei ausdrücklich auf das Verfahren im Sektor der elektronischen Telekommunikation als positives Beispiel.[491] Nach dem damals gültigen Art. 7 der Rahmenrichtlinie 2002/21/EG im Telekommunikationssektor mussten die Kommission und die anderen nationalen Regulierungsbehörden bei bestimmten Maßnahmen, die eine nationale Regulierungsbehörde treffen wollte, durch die entscheidungswillige Regulierungsbehörde informiert werden. Falls die Kommission der Meinung war, die geplante Maßnahme verstoße gegen Gemeinschaftsrecht oder schaffe ein Hemmnis für den Binnenmarkt, so konnte sie innerhalb einer zweimonatigen Prüffrist die nationale Regulierungsbehörde auffordern, den Entwurf zurückzuziehen.[492] In anderen Fällen war die nationale Regulierungsbehörde gehalten, der Stellungnahmen der anderen nationalen

489 *Cameron*, Competition in Energy Markets, S. 100; *Neveling*, IR 2007, 173 (174); *Holznagel/Schumacher*, RdE 2007, 225 ff.

490 *Europäische Kommission*, Aussichten für den Erdgas- und den Elektrizitätsbinnenmarkt, KOM (2006) 841 endg.

491 *Europäische Kommission*, Aussichten für den Erdgas- und den Elektrizitätsbinnenmarkt, KOM (2006) 841 endg., S. 16.

492 Art. 7 Abs. 4 Richtlinie 2002/21/EG.

Regulierungsbehörden und der Kommission „weitestgehend" Rechnung zu tragen.[493]

Im Energiebereich hingegen waren die Befugnisse der Kommission beschränkt. Zwar konnte sie gemäß Art. 3 Abs. 4 und Art. 8 StromhandelZVO 2003 im Wege des Kommitologieverfahrens Engpass-Leitlinien erlassen und subsidiär durch Art. 10 StromhandelZVO 2003 Informationen einholen. Nach Art. 22 der GasRL 2003 und Art. 7 StromhandelZVO 2003 konnten gewissen Ausnahmen, die die nationale Regulierungsbehörde im Bereich von Infrastrukturprojekten von den Bestimmungen der Regelwerke erteilen wollte, von der Kommission kontrolliert und letztlich auch verweigert werden, womit der Kommission immerhin die Rolle eines „Auffangregulierers" zukam.[494] Die Kommission erklärte aber gleichzeitig, dass sie die Variante einer Weiterentwicklung des existierenden Systems nach dem Vorbild des Telekommunikationssektors nicht für ausreichend halte.[495] Das bisherige System im Energiesektor habe gezeigt, dass Konsens unter allen Regulierungsbehörden nicht immer hergestellt werden könne und dass daher gerade in den entscheidenden Punkten die für das Funktionieren des Binnenmarktes notwendigen Regelungen und Absprachen nicht getroffen würden.

Dem ist uneingeschränkt zuzustimmen, da die Schwierigkeit, einen Kompromiss mit 28 Regulierungsbehörden zu finden, nachvollziehbar ist und die Gefahr der Blockade als relevante Gefahr erscheint. Angesichts von erwarteten weiteren Beitritten zur EU und somit einer Erweiterung des einigungsbedürftigen Teilnehmerkreises gilt dies umso mehr. Ein grundsätzliches Problem des Modells einer verstärkten Tätigkeit der Kommission ist allerdings vor allem in ihrer mangelnden Expertise zu sehen. Die Harmonisierung in diesem Bereich ist keine Aufgabe, die die Kommission bisher wahrgenommen hat, noch betrachtete sie selbst dies als eine ihrer ihr typischerweise obliegenden Aufgabe.[496] Auch ist gerade im Bereich der grenzüberschreitenden Verbindungsleitungen, Netzkodizes und Leitlinien ein breites technisches Wissen vonnöten. Gerade aus diesem Grunde war nicht zuletzt auf Veranlassung der Kommission ein ganzes Geflecht von unterschiedlichen Organisationen, Organen und Gremien unter

493 Art. 7 Abs. 5 Richtlinie 2002/21/EG; ausführlich zum Art. 7-Verfahren vgl. Hombergs, Europäisches Verwaltungskooperationsrecht auf dem Sektor der elektronischen Telekommunikation, S. 176 ff.

494 *Hermeier*, RdE 2007, 249 (252).

495 *Europäische Kommission*, Aussichten für den Erdgas- und den Elektrizitätsbinnenmarkt, KOM (2006) 841 endg., S. 16.

496 *Europäische Kommission*, Vorschlag zur Gründung einer Agentur für die Zusammenarbeit der Regulierungsbehörden vom 19.09.2007, KOM (2007) 530, S. 12.

Einbeziehung aller Akteure aufgebaut worden. Auf hoheitlicher Ebene sind es allerdings die nationalen Regulierungsbehörden und weniger die Kommission, die in ihren Mitarbeiterstäben die nötige Kompetenz und das notwendige Sachverständigenwissen vereinen. Aus diesen Gründen erschien es auch der Kommission letztendlich sinnvoller, sich das dort vorhandene Expertenwissen nutzbar zu machen und in einer ausgelagerten Einheit zu bündeln, anstatt zu versuchen, in der Kommission eine solche Abteilung zu schaffen.[497]

Insgesamt stellt die Option der verstärkten Zusammenarbeit der Regulierungsbehörden unter Stärkung der Kommission keine ausreichende Lösung für die angesprochenen Probleme dar, weshalb sie zu Recht abgelehnt wurde.[498]

2. ERGEG plus

Die zweite in Betracht kommende Möglichkeit bestand in der Aufwertung und Weiterentwicklung der ERGEG zu einem Europäischen Netzwerk unabhängiger Regulierer („ERGEG plus").[499] Die Kommission hielt, aus den oben dargelegten Gründen mindestens diese Form der Zusammenarbeit auf europäischer Ebene für nötig, um die notwendige schnelle Harmonisierung von Vorgaben zu erreichen.[500] Ebenso sprach sich das Europäische Parlament für eine eigene und institutionalisiertere Einrichtung mit stärkeren Befugnissen aus.[501] Nach dem Willen der Kommission sollte die Arbeit von ERGEG auf einer formalisierteren Ebene erfolgen. Ihr sollte die Aufgabe übertragen werden, verbindliche Entscheidungen in technischen Fragen und Mechanismen von grenzüberschreitender Bedeutung für die Regulierungsbehörden und Marktakteure zu treffen.[502] Insbesondere sei in allen Bereichen, in denen ein Bezug zum Europäischen Netz hergestellt werden könne, eine Behörde mit starken zentralistischen Befugnissen Vorbedingung

497 *Europäische Kommission*, Vorschlag zur Gründung einer Agentur für die Zusammenarbeit der Regulierungsbehörden vom 19.09.2007, KOM (2007) 530, S. 12; *Westerhof*, The Third Internal Energy Market Package, in: European Energy Law Report VI, S. 23.

498 So auch *Neveling*, IR 2007, 173 (174).

499 *Europäische Kommission*, Aussichten für den Erdgas- und den Elektrizitätsbinnenmarkt, KOM (2006) 841 endg., S. 16; KOM (2007) 1 endg., S. 9.

500 *Europäische Kommission*, Aussichten für den Erdgas- und den Elektrizitätsbinnenmarkt, KOM (2006) 841 endg., S. 16, 18; *Holznagel/Schumacher*, RdE 2007, 225 (226).

501 Vidal-Quadras-Bericht, A6-0228/2008; Standpunkt des Europäischen Parlaments vom 18.06.2008, P6_TC1_COD(2007)0198; Standpunkt des Europäischen Parlaments festgelegt in zweiter Lesung am 22.04.2009, P6_TC2_COD(2007)0198.

502 *Europäische Kommission*, Aussichten für den Erdgas- und den Elektrizitätsbinnenmarkt, KOM (2006) 841 endg., S. 16; KOM (2007) 1 endg., S. 9.

für den Aufbau und den reibungslosen Ablauf des Netzes.[503] Vor allem schwebten der Kommission verbindliche, einheitliche Regelungen für Sicherheits- und Verbundnetzvorschriften, Transparenz im Stromhandel, Ausgleich und Abrechnung, Reservestrom, Datenaustausch, ortsabhängige Signale und Investitionsanreize vor.[504]

Auch ERGEG befürwortete die Aufwertung ihrer eigenen Strukturen und Kompetenzen in Form einer ERGEG plus und legte dazu umfangreiche Vorschläge vor.[505] Auch hier wurde argumentiert, die Schaffung eines Single European Grid mit Hilfe der ENTSOs (bzw. der damaligen ETSO plus/GTE plus) erfordere ein regulatorisches Pendant auf europäischer Ebene.[506] Die Vorschläge von ERGEG sahen sogar in gewissen Punkten, wie beispielsweise der Zulassung, Überwachung und Verhinderung von durch ETSO plus/GTE plus elaborierten Betriebs- und Sicherheitsstandards, Festlegung von Methoden zur Berechnung von Risiken und Kosten von Investitionen in das europäische Verbundnetz oder der Durchsetzung von Transparenzvorschriften eine ex-ante-Regulierung vor.[507] Weitere Kompetenzen sollten nach den ERGEG-Vorschlägen das Monitoring der Entwicklung des europäischen Netzes und das Treffen von konkreten, transparenten und konsistenten Entscheidungen sein.[508] Weiterhin sahen die Vorschläge aber auch eine Stärkung der nationalen Regulierungsbehörden vor, die die Kompetenzen zur Überwachung der Übertragungsnetz- und Fernleitungsnetzbetreiber auf nationaler Ebene inne haben sollten.

Aus praktischen Erwägungen konnte man als Argument für das Modell ERGEG plus anführen, dass man es hier mit einer funktionierenden Organisation mit eingespielten Mechanismen zu tun hatte, während die Schaffung einer neuen Agentur einen kompletten Neuaufbau mit allen daraus folgenden Konsequenzen bedeutete. Die Konsensfindung im Kreis der ERGEG gestaltete sich zwar mehr und mehr schwierig, dennoch konnte man sich durch eine Weiterentwicklung

503 *Europäische Kommission*, Aussichten für den Erdgas- und den Elektrizitätsbinnenmarkt, KOM (2006) 841 endg., S. 16.

504 *Holznagel/Schumacher*, RdE 2007, 225 (226).

505 *ERGEG*, Response to European Commission's Communication „An Energy Policy for Europe", Ref. C06-BM-09-05.

506 *ERGEG*, Response to European Commission's Communication „An Energy Policy for Europe", Ref. C06-BM-09-05, S. 5.

507 *ERGEG*, Response to European Commission's Communication „An Energy Policy for Europe", Ref. C06-BM-09-05, S. 29.

508 *ERGEG*, Response to European Commission's Communication „An Energy Policy for Europe", Ref. C06-BM-09-05, S. 30.

die Erfahrungen der beteiligten Akteure und der routinierten Abläufe zunutze machen.[509] Außerdem entsprach die transparente und demokratische Entscheidungsfindung, die sich an den Stimmverhältnissen im Europäischen Rat orientierte, möglicherweise eher den Vorstellungen von Subsidiariät und Mitentscheidung, als dies durch eine vermeintlich fernere Agentur der Fall wäre.[510]

Auf der anderen Seite verfügte ERGEG in ihrer zum damaligen Zeitpunkt bestehenden Form über keinen Verwaltungsunterbau, der insbesondere für die geplante Übertragung von Einzelvollzugsmaßnahmen hilfreich sein könnte.[511] Daher wäre man mutmaßlicherweise auch bei der Weiterentwicklung zu einer ERGEG plus nicht um einen erheblichen Umbau und Veränderung der Gruppe herum gekommen.

3. Das Agentur-Modell

Als dritte Möglichkeit, in welcher Art die institutionalisiertere und formalisiertere Zusammenarbeit auf europäischer Ebene vorstellbar war, brachte die Kommission die Errichtung einer einzigen und neuen Stelle auf Gemeinschaftsebene ins Gespräch.[512] In ihrem Verordnungsvorschlag zur Errichtung einer Agentur vom 19. September 2007, der nach der Aufforderung des Europäischen Rats vom 09. März 2007[513], eine Konkretisierung der Vorschläge auszuarbeiten, vorgelegt wurde, erklärte die Kommission, dass sie die Aufgaben nun am ehesten von einer von der Kommission unabhängigen, separaten Einrichtung erfüllt sehe.[514] Als Vorbild nannte die Kommission dabei die Wettbewerbsbehörden, die aufgrund der Verordnung (EG) Nr. 1/2003 ins Leben gerufen worden waren und das Modell der europäischen Zentralbanken. Für beide Varianten sah der EGV allerdings im Bereich der Energie keine ausreichenden Rechtsgrundlagen vor. Daher kam als weitreichendste Option nur eine unabhängige Agentur in Betracht, die der Kommission Vorschläge zu Entscheidungen unterbreiten und in einigen, technischen Bereichen, aufgrund der Übertragung dieser Kompetenzen durch die Kommission, eigene bindende Einzelfallentscheidungen treffen

509 So auch *Neveling*, IR 2007, 194 (194).

510 Mit Kritik an einer zu weitreichenden Übertragung der Befugnisse auf die europäische Ebene: Bundesrat, BR-Drs. 679/1/07.

511 *Neveling*, IR 2007, 173 (174).

512 *Europäische Kommission*, Aussichten für den Erdgas- und den Elektrizitätsbinnenmarkt, KOM (2006) 841 endg., S. 16; KOM (2007) 1 endg., S. 9 f.

513 Schlussfolgerung des Vorsitzes des Europäischen Rats vom 08./09.03.2007, 7224/07, S. 16 f.

514 *Europäische Kommission*, Vorschlag zur ACER-VO, KOM (2007) 530 endg., S. 12.

dürfen sollte.[515] Der Vorschlag schloss aber auch das Modell ERGEG plus nicht ausdrücklich aus, sondern wies es ebenfalls als Möglichkeit aus.[516]

a) *Skepsis im Rat*

Auf dem Europäischen Rat in Lissabon vom 28. bis 30. November 2007 kam unter der portugiesischen Ratspräsidentschaft zunächst noch keine Einigung hinsichtlich der Form der Behörde zustande. Zwar bestand unter den Teilnehmern Konsens, dass auf europäischer Ebene eine Regulierungsinstanz für Strom und Gas geschaffen werden müsse, dem Modell einer europäischen Regulierungsagentur wurde jedoch mit großer Skepsis von einigen Mitgliedstaaten begegnet. Nichtsdestotrotz sollte über die Kompetenzen weiter verhandelt werden. Am 25. Februar 2008 fasste die slowenische Ratspräsidentschaft die unterschiedlichen Vorstellungen und Beiträge zusammen und präsentierte einen ersten Vorschlag über den Rechtscharakter einer Agentur und ihrer möglichen Kompetenzen. Weiterhin sprachen sich einige Delegationen grundsätzlich gegen die Einrichtung einer Agentur aus. Der Vorschlag orientierte sich insgesamt daher auch an einer mit eher schwachen Kompetenzen ausgestatteten Agentur, wobei ihr grundsätzlich nur eine kooperative und vorbereitende Rolle zugestanden werden sollte.

b) *Der Chichester-Bericht des Europäischen Parlaments*

Die Vorstellung von einer durchaus mächtigen Agentur wurde durch das Europäische Parlament vertreten. Der Berichterstatter Giles Chichester (EVP-ED) legte am 04. Juni 2008 seinen Bericht[517] dem zuständigen Industrieausschuss des Europäischen Parlaments vor, wo er mit 44 zu 3 Stimmen bei einer Enthaltung angenommen wurde. Darin vertrat Chichester die Auffassung, dass die Agentur eine wichtigere Rolle spielen müsse, als nach den bisherigen Vorschlägen vorgesehen war und dass ihr mehr Unabhängigkeit und weitreichendere Befugnisse eingeräumt werden sollten.[518] Dies sei notwendig, um grenzüberschreitenden Probleme wirkungsvoll zu behandeln und eine effektive Zusammenarbeit zwischen Übertragungsnetzbetreibern und nationalen Regulierungsbehörden sicherzustellen. Chichester forderte des Weiteren in seinem Bericht eine Ausweitung der Kompetenzen der Agentur, vor allem im Hinblick auf die Entwicklung von

515 *Europäische Kommission*, Vorschlag zur ACER-VO, KOM (2007) 530 endg., S. 12; *Neveling*, IR 2007, 173 (174).

516 *Europäische Kommission*, Vorschlag zur ACER-VO, KOM (2007) 530 endg., S. 13.

517 „Chichester-Bericht", Europäisches Parlament, A6-0226/2008.

518 „Chichester-Bericht", Europäisches Parlament, A6-0226/2008, S. 52.

technischen Kodizes und Investitionsplänen der Übertragungsnetzbetreiber.[519] Im Hinblick auf eine möglichst effiziente Regulierung sollte die Agentur von der Kommission administrativ und finanziell weitestgehend unabhängig sein, was unter anderem durch ein eigenes Budget gewährleistet werden sollte.[520] Im Gegenzug sollte die Arbeitsweise der Agentur ein Höchstmaß an Transparenz aufweisen und mit Hinweis auf den Grundsatz der demokratischen Rückkopplung die Rechte des Europäischen Parlaments durch Beobachtung, Prüfung und Einflussnahme gestärkt werden.[521]

c) Einigung im Rat

Kurz nach der Abstimmung über den Chichester-Bericht im Industrieausschuss des Europäischen Parlaments konnte am 6. Juni 2008 erstmals auf dem Treffen des Energieministerrats ein Konsens über das Dritte Binnenmarktpaket hergestellt werden. Bei der Ausgestaltung der Agentur einigte man sich auf die Festlegung ihrer Unabhängigkeit von den Mitgliedstaaten und einen festgelegten Aufgabenkatalog.[522] Danach sollte die Agentur Kompetenzen für bindende Entscheidungen ausschließlich bei grenzüberschreitenden Maßnahmen erhalten. Bei technischen Fragen hingegen wurde ihr zwar eine stärkere Mitgestaltung eingeräumt, jedoch nur in beratender Form und mit der Unterstreichung des konsensualen Charakters. Insgesamt formulierte der Rat nur wenige Änderungen zum Vorschlag der Kommission. Trotz der Einigung äußerten Deutschland und Österreich allerdings Vorbehalte gegen die Beschlusslage.

d) Erste Lesung im Europäischen Parlament

Am 18. Juni 2008 nahm das Plenum des Europäischen Parlaments den Chichester-Bericht in erster Lesung mit 580 Stimmen bei 46 Gegenstimmen und 48 Enthaltungen an.[523] Dabei zeigte sich das Parlament erneut als Verfechter einer starken europäischen Regulierungsbehörde und dementsprechend als Motor der Europäisierung im Energiebereich. Der von der Kommission vorgeschlagene Tätigkeitskatalog der Agentur wurde erheblich erweitert und umfasste nach

---

519 „Chichester-Bericht“, Europäisches Parlament, A6-0226/2008, S. 50.
520 „Chichester-Bericht“, Europäisches Parlament, A6-0226/2008, S. 51.
521 „Chichester-Bericht“, Europäisches Parlament, A6-0226/2008, S. 91.
522 Rat der Europäischen Union, 9965/06.
523 Europäisches Parlament, P6_TA(2008)0296, P6_TC1-COD(2007)0197, ABl. C 286E vom 27.011.2009, S. 149–168.

dem Willen des Parlaments nun elf Punkte.[524] In bestimmten Bereichen sah der Vorschlag des Parlaments sogar die Kompetenz für Beschlüsse mit aufschiebender Wirkung vor, wenn ein Entwurf eines technischen Kodex nicht rechtzeitig vereinbart oder umgesetzt werden sollte (Art. 6 Abs. 8). Im Falle einer unzureichenden Beseitigung von Hindernissen für den grenzüberschreitenden Handel sollte der Agentur die Befugnis gegeben werden, Sanktionen zu verhängen. Für den Fall, dass Netzbetreiber Verpflichtungen einer nationalen Regulierungsbehörde nicht erfüllen, sollte ACER die Möglichkeit haben, Sanktionen gegen den Netzbetreiber zu verhängen. Damit wäre der Agentur ein scharfes Schwert in die Hand gegeben worden. Ferner sollte die Agentur zusätzliche Kompetenzen in den Bereich Energiespeicherung und Krisenmanagement sowie Konsultation und Transparenz erhalten. Insgesamt nahm das Europäische Parlament 73 Abänderungen am Kommissionsvorschlag vor.

e) Gemeinsamer Standpunkt

Am 09. Januar 2009 legte der Rat den gemeinsamen Standpunkt gem. dem Verfahren nach Art. 251 EGV vor.[525] 25 Abänderungen des Parlaments wurden vom Rat und der Kommission vollumfänglich, teilweise oder dem Grunde nach mitgetragen, 48 Änderungen jedoch abgelehnt. Insgesamt wollte der Rat die neu zu schaffenden Agentur mit deutlich weniger Kompetenzen ausstatten, als dies das Parlament vorsah. Dementsprechend wurden die durch das Parlament neu eingeführten Aufgaben von ACER abgelehnt, teilweise mit der Begründung, dass die Agentur nicht für die Zusammenarbeit der nationalen Regulierungsbehörden sorgen könne oder andere Aufgaben in den eindeutigen Kompetenzbereich der Kommission fielen.

f) Stellungnahme der Kommission

Am 12. Januar 2009 übermittelte die Kommission ihre Stellungnahme zum gemeinsamen Standpunkt des Rats gem. Art. 251 Abs. 2 UAbs. 2 EG an das Parlament.[526] Darin zeigte sich die Kommission insgesamt mit dem Kompromiss zufrieden, da er in den Grundzügen mit dem Kommissionsentwurf übereinstimme und für ein Funktionieren des Elektrizitäts- und Erdgasbinnenmarktes

---

524 Europäisches Parlament, P6_TA(2008)0296, P6_TC1-COD(2007)0197, S. 10.

525 Rat, Gemeinsamer Standpunkt (EG) Nr. 10/2009, ABl. Nr. C 75 E vom 31.03.2009, S. 1–15.

526 *Europäische Kommission*, Gemeinsamer Standpunkt, KOM (2008) 908 endg.

führen werde.[527] Grundsätzlich zeigte die Kommission auch große Sympathien mit den Änderungsvorschlägen des Parlaments hinsichtlich der Aufgabenerweiterung der Agentur und stellte sich beim Konflikt mit dem Rat auf dessen Seite. Allerdings stellte sie auch klar, dass es sich bei einzelnen zu treffenden Entscheidungen nicht um Ermessensentscheidungen der Agentur handeln dürfe, sondern es klar umgrenzte Entscheidungsbefugnisse geben müsse.[528]

Insgesamt sprach sich die Kommission dafür aus, die Position sowohl der Kommission, als auch von ACER im Regulierungsgeflecht im Vergleich zum gemeinsamen Standpunkt zu verstärken. Dazu empfahl sie, die Vorschläge des Europäischen Parlaments in zweiter Lesung stärker zu berücksichtigen.[529]

g) Abschluss des Gesetzgebungsverfahrens

Am 22. April 2009 entschied das Europäische Parlament in zweiter Lesung mit 585 zu 29 Stimmen bei 70 Enthaltungen für den von Chichester vorgelegten Bericht.[530] Nach langen Verhandlungen stellte die Entscheidung einen Kompromiss dar, der sich für die Einrichtung einer Agentur entschied.

Der zuständige Umweltministerrat nahm die Änderungen des Europäischen Parlaments in zweiter Lesung am 25. Juni 2009 an.

III. Fazit

Zu Beginn des Gesetzgebungsprozesses stand noch nicht fest, welches Modell sich durchsetzen und welche Kompetenzen ein europäischer Regulierer bekommen sollte. Lange Zeit konnte man aufgrund der Skepsis in den Mitgliedstaaten die Etablierung einer eigenen Behörde für utopisch halten und höchstens auf eine Weiterentwicklung der ERGEG mit neuen Befugnissen hoffen. Vor allem das Parlament gehörte zu den größten Befürwortern einer Agentur mit umfangreichen Befugnissen und muss als wichtigster Förderer angesehen werden. Im Rat und in den Mitgliedstaaten war ein größeres Maß an Skepsis wahrzunehmen. Vor allem das Europäische Parlament wäre auch mit einer noch stärkeren Rolle und damit einhergehender Zentralisierung einverstanden gewesen.

527 Ebd., S. 5.

528 Ebd., S. 6.

529 Ebd., S. 6.

530 Europäisches Parlament, P6_TC2-COD(2007)0197.

§ 6 Kompetenz zur Errichtung von ACER

Jegliches Handeln der Europäischen Union erfordert eine Ermächtigungsgrundlage bzw. Normsetzungskompetenz. Dies folgt aus dem Prinzip der begrenzten Einzelermächtigung (jetzt ausdrücklich in Art. 5 Abs. 1 und 2 EUV, zuvor: Art. 5 Abs. 1 EGV).[531] Die Union kann danach nur in den Grenzen der ihr durch den Vertrag und damit von den Mitgliedstaaten zugewiesenen Kompetenzen tätig werden.[532] Die Gemeinschaft besitzt nicht die für einen Bundesstaat typische Kompetenz-Kompetenz, nach der sie sich selbst die Ermächtigung für neue Politikbereiche verschaffen kann. Vielmehr bleiben nach der Systematik weiterhin die Mitgliedstaaten die „Herren der Verträge" und grundsätzlich die Akteure, die nach der Grundregel die Kompetenz für das Handeln innehaben.

Einen expliziten Kompetenztitel für die Energiepolitik hatte die EU bis zum Inkrafttreten des Vertrages von Lissabon am 1. Dezember 2009 nicht. Nichtsdestotrotz ist die Gemeinschaft bereits seit den 90er Jahren verstärkt im Bereich der Energiepolitik aktiv gewesen und hat eine Vielzahl unterschiedlicher Regelungen erlassen[533] und sich dabei auf unterschiedliche Ermächtigungsgrundlagen gestützt.[534] Auch das Dritte Energiebinnenmarktpaket ist in diese Reihe einzuordnen.

Daneben ist die Gründung von Agenturen in der Vergangenheit auf unterschiedliche Rechtsgrundlagen gestützt worden, was teils nicht ohne Kritik geblieben ist. Der EGV enthielt keine eindeutige Ermächtigungsgrundlage zur Schaffung von Agenturen. Allerdings erwähnten die Art. 234 Abs. 1 lit. c) und Art. 248 EGV „Einrichtungen" der Union. Das Bestehen von solchen Einrichtungen, als die Agenturen gelten, war dem Vertrag daher nicht fremd und die Existenz derselben vorausgesetzt.

---

531 Dazu: BVerfG, Urteil vom 02.06.2009, Az.: 2 BvE 2/08, Rn. 233 ff.; statt vieler: *Calliess* in: Calliess/Ruffert, Art. 5 EUV, Rn. 6 ff.

532 *Calliess* in: Calliess/Ruffert, Art. 5 EUV, Rn. 6; zu den Rechtsetzungsbefugnissen im Recht der EWG auch *Däubler*, DVBl. 1966, 660 (662 f.); zur Errichtung nachgeordneter Behörden der Kommission der EWG; *Everling*, DVBl. 1983, 649 (651).

533 Umfassender Überblick bei *Lecheler/Recknagel* in: Dauses: Handbuch des EU-Wirtschaftsrechts, M, Rn. 61 ff.; *Streinz* spricht von der Verfolgung einer „intensiven Energiepolitik", *Streinz* in: Streinz, EUV/EGV, Art. 3 EGV, Rn. 45; *Schmidt-Preuß* in: Festschrift Scholz, S. 903 (910).

534 Vgl. die Aufstellung bei *Kahl*, EuR 2009, 601 (605): Art. 93, 95, 100, 154 ff., 166 ff., 175, 181, 181a, 308 EGV, 30 ff., 101 ff. EAG.

Zu untersuchen ist also im Folgenden, ob der EGV in der maßgeblichen, zum Zeitpunkt der Verabschiedung des Dritten Binnenmarktpakets geltenden Fassung, eine ausreichende Ermächtigungsgrundlage für dasselbe bereit hielt, wobei sich hier auf die ACER-VO beschränkt wird.

I. Art. 95 EGV (jetzt Art. 114 AEUV)

Der europäische Gesetzgeber stützte die Verabschiedung der Rechtsakte des Dritten Binnenmarktpakets auf Art. 95 EGV[535] (jetzt Art. 114 AEUV), der Rechtsangleichungsvorschrift für den Binnenmarkt. Daher soll diese Vorschrift zuerst geprüft werden.

Nach Art. 95 EGV kann der Rat nach dem Verfahren der Mitbestimmung Maßnahmen zur Angleichung der Rechts- und Verwaltungsvorschriften der Mitgliedstaaten erlassen, welche die Errichtung und das Funktionieren des Binnenmarktes zum Gegenstand haben.

1. Einordnung des Art. 95 EGV

Art. 95 EGV wurde durch die Einheitliche Europäische Akte mit Wirkung zum 1. Juli 1987 in den EGV eingeführt und steht in engem Zusammenhang mit dem Weißbuch der Kommission zur Vollendung des Binnenmarktes.[536] Mit seiner Einführung sollte vor allem das Einstimmigkeitsprinzip in der erweiterten Gemeinschaft, sowie die Beschränkung auf das Instrument der Richtlinie im alten Art. 115 EGV überwunden werden, die als Hindernisse für die Weiterentwicklung und die Vertiefung des Binnenmarktes angesehen wurden. Mithilfe der neuen flexiblen Möglichkeiten, wie z.B. der Nutzung des Rechtsinstruments der Verordnung, sollte die Intensivierung des gemeinsamen Binnenmarktes vorangetrieben werden, ohne dass einzelne Mitgliedstaaten die Entwicklung mittels eines Vetos verhindern konnten.[537] Art. 95 EGV war von Anfang an sehr offen und mit Unstimmigkeiten und Inkonsistenzen formuliert, was dem redaktionellen Zeitdruck bei Verabschiedung der EEA geschuldet war.[538] Zwar folgte eine

---

535 In der Fassung vom 01.02.2003 (Vertrag von Nizza).

536 *Tietje* in: Grabitz/Hilf/Nettesheim, Das Recht der Europäischen Union, Art. 114 AEUV, Rn. 2; *Kahl* in: Calliess/Ruffert, EUV/AEUV, § 114, Rn. 1.

537 *Pipkorn/Bardenhewer-Rating/Taschner* in: von der Groeben/Schwarze, Art. 95 EGV, Rn. 2; Generalanwalt *Fennelly*, EuGH, Rs. C-376/98, Deutschland ./. Parlament und Rat, Slg. 2000, I-8423, Rn. 81.

538 *Kahl* in: Calliess/Ruffert, EUV/AEUV, § 114, Rn. 3, *Tietje* in: Grabitz/Hilf/Nettesheim, Das Recht der Europäischen Union, Art. 114 AEUV, Rn. 3; *Langeheine*, EuR 1988, 235 (237); *Pescatore*, EuR 1986, 153 (159 f.).

gewisse Einschränkung durch die Überarbeitung im Vertrag von Amsterdam mit der Einführung von Schutzniveauklauseln bei Steuern, Freizügigkeit und Arbeitnehmerbestimmungen in Abs. 2 sowie Schutzergänzungs- und Revisionsklauseln in Abs. 4–9. Dennoch handelt es sich nach der Formulierung noch immer um einen weiten sachlichen Anwendungsbereich, durch den das Europäische Parlament und der Rat ermächtigt wurden, umfangreiche und tiefgreifende Regelungen zu treffen.[539] Damit einher geht naturgemäß ein nicht zu unterschätzender Verzicht der Mitgliedstaaten auf Ausübung ihrer Gesetzeskompetenz, womit die Kompetenz-Kompetenz der Mitgliedstaaten in problematischer Weise relativiert wird.[540] Möglicherweise auch gerade wegen diesem weiten Anwendungsbereich hat die Kommission bei vielen Maßnahmen, die auf die Verwirklichung des Binnenmarktes abzielten, Art. 95 EGV als Ermächtigungsgrundlage für sich in Anspruch genommen. Gerade aber aufgrund der Offenheit der Formulierung, der daraus folgenden tatbestandlichen Weite der Ermächtigung und der Problematik im legislativen Gefüge des Vertrages ist eine genaue Konkretisierung der Tatbestandsmerkmale und Beachtung der Schranken-Schranken notwendig, was im Folgenden mit Berücksichtigung finden muss.[541]

2. Tatbestandsmerkmale

Nach Art. 95 Abs. 1 Satz 1 EGV erlassen das Europäische Parlament und der Rat die Maßnahmen zur Angleichung der Rechts- und Verwaltungsvorschriften der Mitgliedstaaten, welche die Errichtung und das Funktionieren des Binnenmarkts zum Gegenstand haben. Es wird gemeinhin nach folgenden Tatbestandsmerkmalen differenziert.

539 *Tiedje* in: Grabitz/Hilf/Nettesheim, Das Recht der Europäischen Union, Art. 114 AEUV, Rn. 5; *Pipkorn/Bardenhewer-Rating/Taschner* in: von der Groeben/Schwarze, Art. 95 EGV, Rn. 3; *Silny*, Die binnenmarktbezogene Rechtsangleichungskompetenz des Art. 95 EG, S. 73.

540 *Tiedje* in: Grabitz/Hilf/Nettesheim, Das Recht der Europäischen Union, Art. 114 AEUV, Rn. 5; *Silny*, Die binnenmarktbezogene Rechtsangleichungskompetenz des Art. 95 EG, S. 119, 138.

541 *Tiedje* in: Grabitz/Hilf/Nettesheim, Das Recht der Europäischen Union, AEUV, Art. 114 AEUV, Rn. 5; *Silny*, Die binnenmarktbezogene Rechtsangleichungskompetenz des Art. 95 EG, S. 73, 119.

a) Binnenmarkt

Der Begriff des Binnenmarkts umfasst die Verwirklichung der Grundfreiheiten und die Abwesenheit von Wettbewerbsverfälschungen.[542] Unter den Grundfreiheiten sind nach Art. 14 Abs. 2 EGV (jetzt: Art. 26 Abs. 2 AEUV) der freie Verkehr von Waren, Personen, Dienstleistungen und Kapital gemäß den Bestimmungen des Vertrages zu verstehen. Hinsichtlich des Dritten Binnenmarktpakets und des Ziels der Verwirklichung eines grenzenlosen Marktes für Elektrizität und Gas kommt insbesondere die Warenverkehrsfreiheit in Betracht. Strom wird allgemein als Ware aufgefasst.[543] Die Förderung des freien Handels von Strom und Gas fällt daher naturgemäß unter den freien Binnenmarkt.[544]

Unter dem Begriff Binnenmarkt wird darüber hinaus die Beseitigung der innergemeinschaftlichen Grenzen verstanden, da Art. 14 Abs. 2 EGV (heute Art. 26 Abs. 2 AEUV) wörtlich von einem „Raum ohne Binnengrenzen" spricht. Darunter können jegliche Beschränkungen des grenzüberschreitenden Verkehrs, wie Grenzkontrollen und sonstige, tatsächliche Grenzhindernisse verstanden werden.[545] In einer extensiven Auslegung des Binnenmarktbegriffs können daher auch die Ziele des Vertrags Berücksichtigung finden, worunter nach dem EGV auch der gemeinschaftsweite Aufbau von transeuropäischen Netzen für Verkehrs-, Telekommunikation- und Infrastruktureinrichtungen fallen (Art. 154 Abs. 1 EGV).[546] Auch unter diesem Aspekt entspricht die Einrichtung der Agentur, die u.a. durch verschiedene Maßnahmen zum Bau neuer Energieleitungen und zur besseren und effektiveren Nutzung derselben beitragen soll, dem Begriffsmerkmal des Binnenmarktes.

---

542 *Tiedje* in: Grabitz/Hilf/Nettesheim, Das Recht der Europäischen Union, Art. 114 AEUV, Rn. 26.

543 Ständige Rspr. seit EuGH, Rs. 6/64, „Costa ./. ENEL", Slg. 1964, 1251.

544 Teilweise wurde früher bestritten, dass der Binnenmarkt den Energiesektor überhaupt erfasse, vgl. *Hüffer/Ipsen/Tettinger*, Die Transitrichtlinien für Gas und Elektrizität, S. 111 ff.; dem ist aber die ganz h.M. entgegengetreten, mit der richtigen Ansicht, in Art. 95 EGV sei keine Bereichsausnahme außer den ausdrücklich erwähnten vorgesehen, vgl. *Everling*, Die allgemeine Ermächtigung der EG zur Zielverwirklichung nach Art. 235, in *ders.*, Das Europäische Gemeinschaftsrecht im Spannungsfeld von Politik und Wirtschaft, 1986 (Art. 235), S. 348; *Engelmann*, ET 1989, 182; *Langeheine*, EuR 1988, 235 (239 f.).

545 *Pipkorn/Bardenhewer-Rating/Taschner* in: von der Groeben/Schwarze, Art. 95 EGV, Rn. 9.

546 *Pipkorn/Bardenhewer-Rating/Taschner* in: von der Groeben/Schwarze, Art. 95 EGV, Rn. 10.

Sieht man allerdings von den Bereichsausnahmen des Art. 95 Abs. 2 EGV und Konkurrenzen zu anderen Vorschriften des EGV ab, so lassen sich kaum Sachverhalte feststellen, die nicht unter den Begriff des Binnenmarkts subsumiert werden können. Daher bedarf es im Rahmen des Artikels 95 EGV einer einschränkenden Interpretation durch die anderen Tatbestandsmerkmale.

b) Angleichung von Rechts- und Verwaltungsvorschriften der Mitgliedstaaten

Die Maßnahmen müssen auf die Rechtsangleichung innerhalb des europäischen Gemeinschaftsraumes gerichtet sein. Darunter wird die sachbezogene Annäherung nationaler Rechtsvorschriften unter einen unionsrechtlich vorgegebenen Standard verstanden, wobei die Intention auf die Beseitigung von Wettbewerbsverzerrung aufgrund des Vorhandenseins unterschiedlicher nationaler Rechtsvorschriften zielen muss.[547]

Auch der Begriff „Rechts- und Verwaltungsvorschriften" ist generell weit zu verstehen.[548] Rechtsvorschriften sind alle von hoheitlichen Stellen erlassene oder mit hoheitlicher Autorität ausgestattete Regeln abstrakt-genereller Art, ebenso wie Gewohnheitsrecht und nach vereinzelter Auffassung sogar Richterrecht.[549] Unter Verwaltungsvorschriften sind generell-abstrakte Anweisungen einer Behörde gegenüber einer nachgeordneten staatlichen Stelle zu verstehen.[550]

Durch die Errichtung von ACER ergibt sich zunächst keine unmittelbare Angleichung nationaler Rechtsvorschriften. Der Gründungsakt ist zunächst singulär. Ohne weitere Handlungen der Agentur werden keine Rechtsvorschriften angeglichen. Daher wird vertreten, dass schon aus diesem Grund vertragsfremde Einrichtungen wie Agenturen nicht auf Art. 95 EGV gestützt werden können.[551] Andererseits darf das Tatbestandsmerkmal nicht zu wortgetreu ausgelegt werden; die Angleichung muss nicht in unmittelbarer Art und Weise geschehen, vielmehr

547 *Fischer* in: Lenz/Borchardt, EU- und EG-Vertrag, Art. 95, Rn. 13; *Kahl* in: Calliess/Ruffert, EUV/AEUV, Art. 114 AEUV, Rn. 13 m.w.N.; EuGH, Rs. C-300/89, „Titandioxyd", Slg. 1991, I-2867, Rn. 15; EuGH, Rs. C-350-92, Spanien ./. Rat, Slg. 1995, I-1985, Rn. 32, 33.

548 *Fischer* in: Lenz/Borchardt, EU- und EG-Vertrag, Art. 95 EGV, Rn. 3; *Herrnfeld* in: Schwarze, EU-Kommentar, Art. 95 EGV, Rn. 21; *Kahl* in: Calliess/Ruffert, EUV/AEUV, § 114 AEUV, Rn. 17; Leible in: Streinz, EUV/EGV, Art. 95 EGV, Rn. 24.

549 *Kahl* in: Calliess/Ruffert, EUV/AEUV, § 114 AEUV, Rn. 17; *Leible* in: Streinz, EUV/EGV, Art. 94 EGV, Rn. 8.

550 *Leible* in: Streinz, EUV/EGV, Art. 94 EGV, Rn. 9.

551 *Gärditz*, AöR 2010, 251 (274); *ders.*, ZUR 1998, 169 (173).

ist der Begriff „Maßnahmen zur Rechtsangleichung“ weit auszulegen.[552] Dies wird schon daraus ersichtlich, dass mit der am häufigsten genutzten Rechtsform, der Richtlinie, gerade keine unmittelbaren Rechtswirkungen – und damit keine unmittelbare Angleichungen – eintreten, da es dafür noch der Umsetzung in nationales Recht bedarf. Demgemäß kann der Gemeinschaftsgesetzgeber auch Verordnungen, Entscheidungen, Empfehlungen und sonstige Handlungsformen wählen.[553]

Bei ACER kann aber eine indirekte Angleichung durch später von der Agentur getroffene Handlungen oder Einzelfallentscheidungen gem. den Art. 7 bis 9 ACER-VO erwartet werden. Alle anderen Tätigkeiten der Agentur tragen zusätzlich aufgrund ihres kooperativen und gemeinschaftsstiftenden Charakters in indirekter Weise ebenfalls zur Angleichung von Rechtsvorschriften bei. Dass Einzelmaßnahmen, wie hier gemäß den Art. 7 bis 9 ACER-VO, die einem Gemeinschaftsorgan aufgetragen wurden, auch unter den Angleichungsbegriff des Art. 95 EGV fallen, hat zudem der EuGH bereits positiv entschieden.[554] Art. 9 der Produktsicherheitsrichtlinie[555] sah vor, dass die Kommission unter bestimmten Voraussetzungen Einzelmaßnahmen wie Warnungen oder Rückrufe treffen konnte, wenn sie Kenntnis von einer von einem Produkt ausgehenden Gefahr erlangte. Die Entscheidung hatte aber keine unmittelbare Wirkung für Wirtschaftsteilnehmer, sondern war vielmehr an die Mitgliedstaaten gerichtet, die sie wiederum umsetzen mussten. Da dadurch aber eine Vereinheitlichung der Verwaltungsrechtspraxis in den einzelnen Mitgliedstaaten zu erwarten war, sei in der Gesamtschau – nach Auffassung des EuGH – eine Angleichung der Rechtspraxis gegeben.[556] Bei den Einzelfallentscheidungen von ACER handelt es sich teilweise um eine direkte Umsetzung, die nicht durch die Mitgliedstaaten umgesetzt werden muss. Dadurch ergibt sich aber noch eher eine gewisse Angleichung, da die „Verwaltungspraxis“ einheitlich auf EU-Ebene stattfindet, und nicht der Gefahr der abweichenden Beschlüsse durch 28 nationale Administrationen ausgesetzt ist.

552 *Kahl* in: Calliess/Ruffert, EUV/AEUV, § 114 AEUV, Rn. 13.

553 *Kahl* in: Calliess/Ruffert, EUV/AEUV, § 114 AEUV, Rn. 13.

554 EuGH, Rs. C-359/92, „Produktsicherheits-Richtlinie“, Slg. 1994, I-3681Rn. 35 ff.

555 RL 92/59/EGS, ABl. 1992, Nr. L 228 S. 24.

556 Dazu kritisch: *Ludwigs*, Rechtsangleichung nach Art. 94, 95 EGV, S. 237 ff. m.w.N., der aber im Ergebnis Art. 9 RL 92/59/EWG von Art. 95 EGV gedeckt sieht; a.A. Generalanwalt *Jacobs*, Schlussanträge vom 08.06.1994, Rs. C-359/92, Slg. 1994, I-3681, Rn. 36 ff.

Noch weiter ging der EuGH im „Raucharomen-Urteil"[557]. Darin entschied er, dass sogar Maßnahmen, die nicht direkt auf die Angleichung von nationalen, den Binnenmarkt beeinträchtigenden Rechts- und Verwaltungsvorschriften der Mitgliedstaaten abzielen, sondern (indirekt) der Kommission die Kompetenz zur Angleichung nationaler Vorschriften mittels Erlass von Durchführungsmaßnahmen übertragen, unter Art. 95 EGV fallen können.[558]

c) Errichtung und Funktionieren des Binnenmarktes

Art. 95 EGV sieht weiterhin vor, dass die Rechts- und Verwaltungsvorschriften die Errichtung und das Funktionieren des Binnenmarktes zum Gegenstand haben müssen. Nach allgemeiner Ansicht muss die Vorschrift entgegen dem Wortlaut so ausgelegt werden, dass die Rechtsangleichungsmaßnahmen der Union, und nicht die nationalen Maßnahmen, auf die Errichtung und das Funktionieren des Binnenmarktes gerichtet sind.[559] Errichtung bedeutete dabei wohl ursprünglich die fristgerechte Vollendung des Binnenmarktes bis zum durch die EEA anvisierten Zeitpunkt des 31. Dezember 1992.[560] Unter Funktionieren ist ein fortwährender Prozess zu verstehen, der nach der Verwirklichung des Binnenmarktes sein dauerhaftes Bestehen durch die Verabschiedung neuer Maßnahmen zur Anpassung an veränderte Bedingungen sichern soll.[561] Ob die Maßnahmen primär zur Errichtung oder zum Funktionieren des Binnenmarktes gedacht sind, ist zweitrangig. Bei den Vorschriften des Dritten Binnenmarktpakets ist wohl eher von einer Errichtung des Binnenmarktes auszugehen, da noch von keinem real funktionierenden Wettbewerb für Elektrizität und Gas gesprochen wird.

Die auf Art. 95 EGV gestützten Maßnahmen müssen also objektiv und tatsächlich den Zweck haben, die Voraussetzung für den Binnenmarkt zu verbessern.[562] Dazu zählt der Abbau von Hemmnissen für die Grundfreiheiten und von spürbaren Wettbewerbsverfälschungen. Insgesamt müssen die

---

557 EuGH, Rs. C-66/04, „Raucharomen", Slg. 2005, I-10553, Rn. 47 ff.

558 *Kahl* in: Calliess/Ruffert, EUV/AEUV, § 114 AEUV, Rn. 13; EuGH, Rs. C-66/04, „Raucharomen", Slg. 2005, I-10553, Rn. 47 ff.

559 *Pipkorn/Bardenhewer-Rating/Taschner* in: von der Groeben/Schwarze, Art. 95 EGV, Rn. 21; *Kahl* in: Calliess/Ruffert, Art. 114 AEUV, Rn. 20.

560 *Pipkorn/Bardenhewer-Rating/Taschner* in: von der Groeben/Schwarze, Art. 95 EGV, Rn. 21.

561 *Pipkorn/Bardenhewer-Rating/Taschner* in: von der Groeben/Schwarze, Art. 95 EGV, Rn. 21.

562 EuGH, Rs. C-66/04, „Raucharomen", Slg. 2005, I-10553, Rn. 44; EuGH, Rs. C-376/98, „Tabakwerbung", Slg. 2000, I-8419, Rn. 112.

Rechtsangleichungsmaßnahmen zu einer Verbesserung des Binnenmarktes beitragen.[563] Ob tatsächlich eine Verbesserung des Binnenmarkts eintritt, ist im Rahmen einer Gesamtwürdigung zu begutachten.[564] Dabei kann es sich zwangsläufig aber oft nur um eine Prognose handeln. Die Errichtung der Agentur zielt gerade auf die Verwirklichung des Binnenmarktes ab, soll geradezu Mittel sein, um den Aufbau voranzubringen. Des Weiteren ist davon auszugehen, dass dem Unionsgesetzgeber hier ein Ermessensspielraum zuzugestehen ist, ob er gewisse Maßnahmen für die Errichtung und das Funktionieren des Binnenmarktes für förderlich hält.

d) Zwischenfazit

Wie gesehen, sind die Tatbestandsmerkmale des Art. 95 EGV sehr weit und kaum eingrenzbar. Theoretisch ließe sich – teilweise unter Zuhilfenahme einer extensiven Auslegung – die Errichtung von ACER unter Zugrundelegung der Ermächtigungsgrundlage des Art. 95 EGV durchaus vertreten. Allerdings begegnet eine solche weite Auslegung des Art. 95 EGV Bedenken. Aufgrund der Unbestimmtheit des Begriffs Binnenmarkt wäre daher eine Eingrenzung anhand anderer Kriterien begrüßenswert.

3. Präzedenzfall der ENISA-Entscheidung des EuGH

Der Gemeinschaftsgesetzgeber ist in der Vergangenheit von einer weiten Auslegung des Art. 95 EGV ausgegangen. Auch sind in der Vergangenheit mehrere Ämter und Agenturen auf der Grundlage dieser Vorschrift gegründet worden (darunter die Europäische Behörde für Lebensmittelsicherheit[565], die Europäische Agentur für Netz- und Informationssicherheit ENISA[566], die Chemikalienagentur

---

563 EuGH, Rs. C-376/98, Slg. 2000, I-8419, Rn. 83 f.; EuGH, Rs. C-491/01, "British American Tobacco", Slg. 2002, I-11453, Rn. 60, 75, 82; EuGH, verb. Rs. C-465/00, Rs. C-138/01 und C-139/01, „Österreichischer Rundfunk", Slg. 2003, I-4989, Rn. 41.

564 *Kahl* in: Calliess/Ruffert, EUV/AEUV, Art. 114 AEUV, Rn. 24.

565 Eingerichtet durch VO (EG) Nr. 178/2002, ABl. L 31 vom 01.02.2002, S. 1–24; im Bereich der Lebensmittelüberwachung wurden auch auf der Grundlage von Art. 95 EGV Richtlinien verabschiedet, die organisatorische Konsequenzen haben, Richtlinie 89/397/EWG vom 14.06.1989 über die amtliche Lebensmittelüberwachung, ABl. L 186, S. 23 und Richtlinie 93/99/EWG vom 29.10.1993 über zusätzliche Maßnahmen im Bereich der amtlichen Lebensmittelüberwachung, ABl. L 290, S. 14.

566 Eingerichtet durch VO (EG) Nr. 460/2004 vom 13.03.2004, ABl. L 77, S. 1–11.

REACH[567], die Arzneimittelagentur[568]).[569] Ob Art. 95 EGV jedoch tatsächlich eine ausreichende Ermächtigungsgrundlage bietet, um Agenturen einzurichten, ist, wie oben dargestellt, im Schrifttum durchaus umstritten. Der EuGH allerdings hat sich in einem konkreten Fall mit der Errichtung von Gemeinschaftagenturen durch eine auf Art. 95 EGV gestützte Verordnung im ENISA-Urteil[570] beschäftigt und im Ergebnis unbeanstandet gelassen, indem er eine extensive Auslegung des Art. 95 EGV zugrunde legte und gleichzeitig dem Gemeinschaftgesetzgeber einen weiten Beurteilungsspielraum zugestand. Das dort verwendete Argumentationsmuster kann als „Blaupause" für die Einschätzung bei anderen Agenturen fruchtbar gemacht werden. Daher soll nun die Begründung des EuGH vorgestellt und in einem zweiten Schritt geprüft werden, ob nach Maßgabe dieser Auslegung ACER auf Grundlage einer tauglichen Rechtsgrundlage errichtet worden ist.

a) Die Begründung des EuGH im ENISA-Urteil

Einleitend stellt der EuGH in diesem Urteil klar, dass eine Berufung auf Art. 95 EGV nur dann möglich sei, wenn aus dem Rechtsakt „objektiv und tatsächlich" hervorgehe, dass sein Zweck die Verbesserung der Voraussetzungen für die Errichtung und das Funktionieren des Binnenmarktes sei.[571] Hinsichtlich der Wahl der Mittel, wie diese Verbesserungen zu erreichen seien, sieht der EuGH aber aufgrund der Intention der Verfasser der europäischen Verträge einen Gestaltungsspielraum des europäischen Gesetzgebers als gegeben an.[572] Der Ermessensspielraum gelte vor allem in Bereichen, in denen die Angleichung von technisch komplexen Einrichtungen, wie z.B. der Telekommunikation, vorgesehen sei.[573] Eindeutig bestätigt der EuGH im Grunde auch die Möglichkeit des Gesetzgebers, auf der Grundlage von Art. 95 EGV eine Gemeinschaftseinrichtung zu etablieren, deren Aufgabe es ist, nicht zwingende Begleit- und Rahmenmaßnahmen zu erlassen, sofern eine Verabschiedung dieser Maßnahmen etwa

567 Eingerichtet durch VO (EG) Nr. 1907/2006 vom 18.12.2006, ABl. L 396, S. 1.

568 Eingerichtet durch VO (EG) Nr. 2309/93 vom 22.07.1993, ABl. L 214, S. 1.

569 die Kommission beabsichtigt, Gründung von Agenturen künftig allein auf Art. 114 AEUV zu stützen, vgl. Mitteilung der Kommission vom 11.12.2002: Rahmenbedingungen für die europäischen Regulierungsagenturen, KOM (2002) 708 endg.

570 EuGH, Rs. C-217/04, „ENISA", Slg. 2006, I-3771.

571 EuGH, Rs. C-217/04, „ENISA", Slg. 2006, I-3771, Rn. 42; auch schon EuGH, Rs. C-66/04, „Raucharomen", Slg. 2005, I-10553, Rn. 44.

572 EuGH, Rs. C-217/04, „ENISA", Slg. 2006, I-3771, Rn. 43; so auch schon EuGH, Rs. C-66/04, „Raucharomen", Slg. 2006, I-10553, Rn. 45.

573 So auch bereits EuGH, Rs. C-66/04, „Raucharomen", Slg. 2006, I-10553, Rn. 46.

durch die Kommission selbst von Art. 95 EGV gedeckt wäre.[574] Hierin findet sich, ohne dass er ausdrücklich ausgesprochen wird, der Gedanke der Lehre von den implied powers wieder.[575] Einschränkend urteilt aber der EuGH, dass die der Gemeinschaftseinrichtung übertragenen Kompetenzen in einem „engen Zusammenhang" mit den Bereichen stehen müsse, auf die sich die Harmonisierungsmaßnahmen beziehen.[576] Dies sei in dem vom EuGH zu entscheidenden Fall jedenfalls dann anzunehmen, wenn die Einrichtung den nationalen Behörden oder anderen Wirtschaftsteilnehmern Dienstleistungen anbiete, durch die die Harmonisierung vorangetrieben werde. Dazu hat der EuGH in diesem Urteil eine Prüfung vorgenommen, ob die Ziele und Aufgaben der Agentur ENISA einen engen Bezug zu den Bereichen aufwiesen, die zum Funktionieren des Binnenmarktes angeglichen werden sollen. Erstaunlich ist dabei, dass das Gericht nicht einseitig auf die hier zu beurteilende Verordnung zur Errichtung von ENISA rekurrierte, sondern einen Gesamtüberblick über das gesamte Paket für einen Rechtsrahmen für elektronische Netze und Telekommunikation[577] mit

574 EuGH, Rs. C-217/04, „ENISA", Slg. 2006, I-3771, Rn. 44.

575 Grundlegend: *Nicolaysen*, EuR 1966, 129 ff.; *Hansmann*, DVBl 2006, 838 (840), sieht in dem Urteil hingegen die Begründung einer Annexkompetenz.

576 EuGH, Rs. C-217/04, „ENISA", Slg. 2006, I-3771, Rn. 45.

577 Die Gemeinschaftsregelung über elektronische Netze und elektronische Kommunikation umfasste die Richtlinie 2002/21/EG vom 07.03.2002 über einen gemeinsamen Rechtsrahmen für elektronische Kommunikationsnetze und – dienste (Rahmenrichtlinie), ABl. L 108, S. 33, die Richtlinie 2002/19/EG vom 07.03.2002 über den Zugang zu elektronischen Kommunikationsnetzen und zugehörigen Einrichtungen sowie deren Zusammenschaltung (Zugangsrichtlinie) ABl. L 108, S. 7, die Richtlinie 2002/20/EG vom 07.03.2002 über die Genehmigung elektronischer Kommunikationsnetze und -dienste (Genehmigungsrichtlinie), ABl. L 108, S. 21, die Richtlinie 2002/22/EG vom 07.03.2002 über den Universaldienst und Nutzerrechte bei elektronischen Kommunikationsnetzen und -diensten (Universaldienstrichtlinie), ABl. L 108, S. 51, die Richtlinie 2002/58/EG vom 12.07.2002 über die Verarbeitung personenbezogener Daten und den Schutz der Privatsphäre in der elektronischen Kommunikation (Datenschutzrichtlinie für elektronische Kommunikation), ABl. L 201, S. 37, die Richtlinie 1999/93/EG vom 13.12.1999 über gemeinschaftliche Rahmenbedingungen für elektronische Signaturen (Richtlinie über elektronische Signaturen), ABl. 2000, L 13, S. 12 und die Richtlinie 2000/31/EG vom 08.06.2000 über bestimmte rechtliche Aspekte der Dienste der Informationsgesellschaft, insbesondere des elektronischen Geschäftsverkehrs, im Binnenmarkt („Richtlinie über den elektronischen Geschäftsverkehr"), ABl. L 178, S. 1.

den dazu gehörigen anderen Richtlinien wagte.[578] Dabei kam der EuGH zu dem Schluss, dass durchaus die Ziele und Aufgaben der Agentur mit dem vorrangigen Ziel der Verwirklichung des Binnenmarktes im Bereich der elektronischen Kommunikation im engen Zusammenhang stünden.[579] In einem zweiten Schritt sei dann zu fragen, ob die Aufgaben der Gemeinschaftseinrichtung „die Durchführung der Gemeinschaftsbestimmungen in diesem Bereich begleiten und sich in diesem Rahmen einfügen", die der Agentur zugewiesenen Aufgaben daher als Maßnahmen im Sinne des Art. 95 EGV zu interpretieren seien.[580] Da aus der Sicht des Gemeinschaftsgesetzgebers ENISA mit ihren Aufgaben und Zielen sich in diesen Rahmen zur Verwirklichung des Binnenmarktes einfügte und er dieser Ansicht auch sein durfte, was einen gewissen, nicht gerichtlich nachprüfbaren Ermessensspielraum erahnen lässt, verstoße die Verordnung zur Errichtung von ENISA nicht gegen Art. 95 EGV.

Damit hat der EuGH, der zum ersten Mal über die Frage zu urteilen hatte, ob eine auf die Binnenmarktangleichungsvorschrift des Art. 95 EGV gestützte Gemeinschaftseinrichtung wirksam errichtet worden ist, Voraussetzungen formuliert, anhand derer man sich auch zukünftig zu orientieren hat.[581]

---

578 EuGH, Rs. C-217/04, „ENISA", Slg. 2006, I-3771, Rn. 48–55; dagegen beschäftigt sich die Generalanwältin *Juliane Kokott* in ihren Schlussanträgen vom 22.09.2005 allein mit der ENISA-Verordnung und misst diese an Art. 95 EGV. Zwar bestreitet sie nicht, dass durch die Maßnahmen der Agentur, wie das Sammeln von Daten und Koordinierung und Information von Akteuren sich ein positiver Effekt auf den Binnenmarkt ergeben könne. Allerdings sei allein dadurch noch nicht die Angleichung von Rechtsvorschriften gegeben. Art. 95 EGV sei schon nach dem Wortlaut nur dann erfüllt, wenn aufgrund von gemeinschaftsrechtlichen Rechtssätzen nationale Rechtsvorschriften selbst betroffen seien. Das sei bei der Errichtung einer Agentur nicht der Fall. Daher lautete der Vorschlag der Generalanwältin, die Verordnung wegen Verstoßes gegen Art. 95 EGV für nichtig zu erklären; ebenso: *Gärditz*, AöR 2010, 251 (273 f.); *ders.*, ZUR 1998, 169 (174 f.); *Ohler*, EuZW 2006, 272 (273 f.); *Vetter*, DÖV 2005, 721 (728 f.).

579 EuGH, Rs. C-217/04, „ENISA", Slg. 2006, I-3771, Rn. 58.

580 EuGH, Rs. C-217/04, „ENISA", Slg. 2006, I-3771, Rn. 59; im Ergebnis zustimmend: *Hansmann*, DVBl. 2006, 838 (838); *Britz*, Verbundstrukturen in der Mehrebenenverwaltung: Erscheinungsformen, Funktion und verfassungsrechtliche Grenzen am Beispiel der europäischen und deutschen Energiemarktregulierung, in: Schneider/Caballero, Strukturen des europäischen Verwaltungsverbundes, S. 123 f.; *Pipkorn/Bardenhewer-Rating/Taschner* in: von der Groeben/Schwarze, Art. 95 EGV, Rn. 38 f.

581 *Wittinger*, EuR 2008, 609 (613); *Hansmann*, DVBl. 2006, 838 (839); vgl. auch *Ohler*, EuZW 2006, 372 (372), der in dem Urteil eine Neuvermessung des europäischen Verfassungsrechts sieht.

b) *Anwendung auf ACER*

Sieht man die ENISA-Entscheidung des EuGH als Grundsatzurteil über die Errichtung von Gemeinschaftseinrichtungen nach Art. 95 EGV bzw. Art. 114 AEUV an[582], so muss sich die Verordnung zur Gründung der Agentur für die Zusammenarbeit der Regulierungsbehörden an den dort niedergelegten Anforderungen messen lassen.

Wie im Bereich der Telekommunikation und der elektronischen Netze handelt es sich beim Themenfeld Energie um einen technisch komplexen Bereich. Somit kann dem europäischen Gesetzgeber ein gewisser Beurteilungsspielraum hinsichtlich der Wahl der Mittel zur Verwirklichung des Binnenmarktes eingeräumt werden. Es ist durch die Verordnungsbegründung, dem Vorschlag zur Gründung einer Agentur für die Zusammenarbeit der Regulierungsbehörden vom 19.09.2007[583] sowie der "Aussichten für den Erdgas- und Elektrizitätsbinnenmarkt"[584] auch glaubhaft von der Kommission erläutert worden, dass sie die Errichtung einer Agentur für notwendig erachtete.

Auch die Ziele und Aufgaben der Agentur hängen eng mit den Bereichen zusammen, die das Dritte Energiebinnenmarktpaket betreffen. Nach Art. 1 Abs. 2 ACER-VO ist ausdrücklich Zweck der Agentur, die durch die EltRL 2009 und GasRL 2009 benannten nationalen Regulierungsbehörden in ihrer Aufgabe zu unterstützen, ihre in den Mitgliedstaaten wahrgenommenen Regulierungsaufgaben auf Gemeinschaftsebene zu erfüllen und Maßnahmen der Behörden erforderlichenfalls zu koordinieren. Ausdrückliches Ziel der Vorschriften des Dritten Binnenmarktpakets ist die Realisierung eines echten Energiebinnenmarkts.[585] Nach Erwägungsgrund 58 der EltRL 2009 und 56 der GasRL 2009 sollen die Mitgliedstaaten die Integration ihrer nationalen Märkte und die Zusammenarbeit der Netzbetreiber auf Gemeinschafts- und regionaler Ebene fördern, um einen funktionierenden Elektrizitäts- bzw. Erdgasbinnenmarkt zu erreichen. Da für die Schaffung eines funktionierenden Energiebinnenmarkts der Aufbau eines gemeinschaftsweiten Verbundnetzes notwendig sei, sollten Regulierungsangelegenheiten, die grenzüberschreitende Verbindungsleitungen oder regionale Märkte betreffen, eine Hauptsaufgabe der Regulierungsbehörden sein.[586] Ebenfalls

---

582 So *Ohler*, EuZW 2006, 372 (372).

583 *Europäische Kommission*, Vorschlag zur ACER-VO, KOM (2007) 530 endg., S. 11.

584 *Europäische Kommission*, Aussichten für den Erdgas- und den Elektrizitätsbinnenmarkt, KOM (2006) 841 endg., S. 14.

585 Erwägungsgrund 62 EltRL, 60 GasRL.

586 Erwägungsgrund 59 der EltRL, 57 der GasRL.

wird die Sicherstellung gemeinsamer Regelungen für das Funktionieren des Binnenmarktes angesprochen.[587] Allein durch ihren Aufbau sorgt die Agentur bereits dafür, dass eine Kooperation, Koordination und Angleichung von Rechtsvorschriften auf europäischer Ebene stattfindet. Denn der Regulierungsrat, der wichtige Aufgaben innerhalb von ACER wahrnimmt, setzt sich gem. Art. 14 ACER-VO aus den Vertretern der nationalen Regulierungsbehörden zusammen. Aber auch die Tätigkeiten der Agentur stellen einen engen Zusammenhang mit den Zielen des Energiebinnenmarktpakets her. So gibt sie beispielsweise Stellungnahmen und Empfehlungen an die nationalen Regulierungsbehörden ab und koordiniert Entscheidungen. Somit kann man in diesem Zusammenhang durchaus davon sprechen, dass sie Dienstleistungen anbietet, die dem Zusammenwachsen des gemeinsamen Marktes förderlich sind.[588] Gerade solche Dienstleistungen hat der EuGH im ENISA-Urteil hervorgehoben. Dort heißt es ausdrücklich, dass der enge Zusammenhang hergestellt ist, wenn die Gemeinschaftsagentur gegenüber nationalen Behörden und/oder Wirtschaftsteilnehmern „Dienstleistungen erbringt, die sich auf die einheitliche Durchführung von Harmonisierungsmaßnahmen auswirken und deren Anwendung erleichtern können".[589] Dies ist hier hinsichtlich der nationalen Regulierungsbehörden zu bejahen. Aber auch mit privaten Wirtschaftsteilnehmern, hier die Übertragungs- und Fernnetzbetreiber, findet eine Unterstützung und Zusammenarbeit statt.[590] Ebenso erfolgen eine Beobachtung des Marktes und eine Zusammenarbeit mit den Mitgliedstaaten und der Kommission.[591] Insgesamt ist hier daher darauf zu erkennen, dass die Aufgaben und Ziele der Agentur in einem engen Zusammenhang mit den restlichen Vorschriften des Dritten Binnenmarktpakets stehen.

Außerdem begleiten die Aufgaben der Agentur die Durchführung der Gemeinschaftsbestimmungen in diesem Bereich und fügen sich in deren Rahmen ein. Nach den vom EuGH im ENISA-Urteil aufgestellten Kriterien stellen sich die Ziele und Aufgaben daher als „Maßnahmen zur Angleichung" i.S.d. Art. 95 EGV dar. Die ACER-VO stellt keine isolierte Maßnahme dar, sondern ist ersichtlich in den gesamten Regelungskomplex mit den anderen Richtlinien und Verordnungen eingebettet. Dies folgt schon aus den zahlreichen Verweisen und den gegenseitigen Bezugnahmen. Würde die ACER-VO und damit die Agentur fehlen, so machten aufgrund der verschiedenen verfahrensrechtlichen

587 Erwägungsgrund 60 EltRL, 58 GasRL.

588 Art. 4 lit b), Art. 7 ACER-VO.

589 EuGH, Rs. C-217/04, „ENISA", Slg. 2006, I-3771, Rn. 58.

590 Art. 6 ACER-VO.

591 Art. 11 ACER-VO.

Überschneidungen viele Regelungen in den anderen Rechtsvorschriften keinen Sinn mehr oder wären schlicht undurchführbar.

Problematisch ist aber, dass aufgrund einiger Kompetenzen und Aufgaben von ACER die Stellung der Agentur sich nicht nur auf eine bloße Helferrolle zugunsten von Kommission und nationalen Behörden zur *Angleichung* von Verwaltungshandeln beschränkt, sondern in gewisser Weise darüber hinausgeht und teilweise einen eigenen *Vollzug* von Entscheidungen vorsieht (so z.B. die Einzelfallentscheidungen gem. Art. 7, 8 und 9 ACER-VO). Es handelt sich bei der Agentur nicht mehr um eine Institution, die lediglich dem Angleichen von Rechtsvorschriften dienen soll, sondern um eine eigene Regulierungsinstanz, die selbständig Anstöße gibt und mit den Einzelfallentscheidungen somit eigenes, europäisches Recht setzt.[592] Selbst wenn man die Agentur bei der Rechtsetzung und Vollzug lediglich als reines Hilfsorgan der Kommission ansehen will, das keine eigenen, weil nicht letztverantwortlichen, Entscheidungen trifft, wäre die hilfeleistende Funktion keine der *Rechtsangleichung* und damit nicht von Art. 95 EGV gedeckt. Damit gehen die Bedeutung und die Befugnisse von ACER über die der ENISA hinaus. Im Vergleich zu ENISA wurden ACER deutlich umfangreichere Aufgaben aufgegeben und Befugnisse eingeräumt. Während die ENISA-Verordnung[593] der Agentur in Art. 3 relativ knapp 14 unterschiedliche Aufgaben zuweist, die wenig konkret formuliert sind, beschreibt die ACER-VO detailliert in sieben Artikeln, deren Umfang sich auf drei engbedruckte Textseiten erstreckt, die Aufgaben und die Einbindung von ACER in das Regulierungsverbundgefüge. Schließlich hat der EuGH im ENISA-Urteil auch ausdrücklich in seiner Abwägung mit einbezogen, dass ENISA zunächst nur befristet für einen Zeitraum von fünf Jahren errichtet wurde und die Kommission nach Ablauf von zwei Jahren zu einer Bewertung verpflichtet war, ob die zugewiesenen Ziele und Aufgaben erfüllt wurden.[594] Auch die ACER-VO sieht eine Bewertung der Arbeit der Agentur vor[595], die Errichtung unterliegt jedoch keiner Befristung. Auch mit dieser Unterscheidung, die vom EuGH als würdigungsfähiges Indiz bewertet worden ist, geht die ACER-VO über die ENISA-VO hinaus.

---

592 *Gärditz*, AöR 2010, 251 (275).

593 Verordnung (EG) Nr. 460/2004 des Europäischen Parlaments und des Rates vom 10.03.2004 zur Errichtung der Europäischen Agentur für Netz- und Informationssicherheit, ABl. Nr. L 77 vom 13.03.2004, S. 1–11.

594 Art. 27, 25 Abs. 1, 2 VO (EG) Nr. 460/2004; EuGH Rs. C-217/04, „ENISA", Slg. 2006, I-3771, Rn. 65.

595 Art. 34 ACER-VO.

Ob der EuGH weitere Kriterien entwickeln würde, um die Rechtsgrundlage des Art. 95 EGV in diesem Fall noch extensiver auszulegen, kann aktuell nicht beurteilt werden.[596] Nach derzeitigem Stand muss aber konstatiert werden, dass die Tatbestandsvoraussetzungen des Art. 95 EGV die Gründung einer Verwaltungseinheit, die selber Entscheidungsbefugnisse wahrnimmt und den Vollzug eines teilweise von ihr gesetzten Rechtsrahmens übernimmt, die Subsumtion unter einer Angleichung von Rechts-und Verwaltungsvorschriften der Mitgliedstaaten bereits sprengt. Die vom EuGH daraufhin vorgenommene extensive Auslegung im ENISA-Urteil und deren Voraussetzungen, unter denen dies praktikabel sein soll, muss systematisch dann als äußerste Grenze des Möglichen angesehen werden, will man die Bedeutung des Art. 95 EG berücksichtigen und das Gefüge der Rechtsetzungskompetenz nicht sprengen. Da die ACER-VO wieder einen Schritt über die vom EuGH eingezogenen Grenzen hinaus geht, kann, um einer Aushöhlung des Prinzips der begrenzten Einzelermächtigung entgegenzutreten, nur davon ausgegangen werden, dass die Ermächtigungsgrundlage des Art. 95 EGV dafür nicht ausreichend ist.[597]

4. Fazit

Insgesamt muss daher festgestellt werden, dass Art. 95 EGV keine ausreichende Ermächtigungsgrundlage für die Errichtung von ACER darstellte. Die Gründung hätte nicht auf der Grundlage dieser Norm erfolgen dürfen.

II. Art. 154 EGV (jetzt Art. 170 AEUV)

Die Kommission hat es sich recht einfach gemacht, indem sie für das gesamte Dritte Binnenmarktpaket einzig und allein auf die Ermächtigungsgrundlage des Art. 95 EGV rekurrierte. Möglicherweise bot der EGV aber noch andere,

---

596 Verneinend: *Gärditz*, AöR 2010, 251 (275).

597 I.E. ebenso: *Gärditz*, AöR 2010, 251 (275); *ders.*, Europäisches Planungsrecht, 2009, S. 21; *Fehling*, Energieversorgung zwischen Daseinsvorsorge und Liberalisierung in: Leiple/Lippert/Walter, Die Sicherung der Energieversorgung auf globalisierten Märkten; *Schmidt-Preuß* in: Festschrift Scholz, S. 903 (910); für eine Prüfung im Einzelfall: *Fischer-Appelt*, Agenturen der Europäischen Gemeinschaft, S. 87 ff.; a.A.: *Zimmermann/Talus*, European Energy and Environmental Law Review, 2008 (Feb), 12 (21 f.); *Talus*, Energy and Environment, 2007 (Vol. 18), 283 (286); *Schulenberg*, Die Energiepolitik der Europäischen Union, S. 144 ff.; *Britz*, Die Verwaltung Beiheft 8/2009, 71 (97); *Neveling*, ZNER 1997, 378 ff.; *Schneider*, EU-Kompetenzen einer Europäischen Energiepolitik, S. 215; *Wallnöfer*, wbl 2008, 163 (168) sieht die Kriterien des Art. 95 EGV erfüllt, zweifelt aber an Zulässigkeit des Kompetenztransfers.

speziellere Vorschriften, die zumindest zusätzlich hätten Erwähnung finden können und die deswegen hier untersucht werden sollen.

Nach Art. 154 EGV (jetzt Art. 170 AEUV) trägt die Union zum Auf- und Ausbau transeuropäischer Netze in den Bereichen der Verkehrs-, Telekommunikations- und Energieinfrastruktur bei, um einen Beitrag zur Verwirklichung der Ziele der Art. 14 EGV (jetzt Art. 26 AEUV) und Art. 158 EGV (jetzt Art. 170 AEUV) zu leisten und den Bürgern der Union, den Wirtschaftsbeteiligten sowie den regionalen und lokalen Gebietskörperschaften in vollem Umfang die Vorteile zugute kommen zu lassen, die sich aus der Schaffung eines Raumes ohne Binnengrenzen ergeben. Der Titel XV des EGV (Art. 154–156 EGV, jetzt Titel XVI, Art. 170–172 AEUV) zum Auf- und Ausbau transeuropäischer Netze wurde durch den Vertrag von Maastricht eingeführt.[598] Dem lag die gewonnene Erkenntnis zugrunde, dass die Entwicklung und Vollendung des europäischen Binnenmarktes nur dann Realität werden könne, wenn die Infrastrukturnetze zur Gewährung der ungehinderten Mobilität von Personen, Gütern und Dienstleistungen in der Lage seien. Bereits in ihrem Weißbuch zur Vollendung des Binnenmarktes von 1985 wies die Kommission auf die Relevanz der Infrastruktur für den Binnenmarkt hin.[599] In dem von der Kommission vorgelegten Dokument „Auf dem Weg zu einer europäischen Infrastruktur – ein gemeinschaftliches Aktionsprogramm“[600], der Verordnung (EWG) Nr. 3359 über ein mehrjähriges Aktionsprogramm auf dem Gebiet der Verkehrsinfrastruktur[601] und dem Weißbuch „Wachstum, Wettbewerbsfähigkeit, Beschäftigung“[602] betonte die Kommission abermals die Bedeutung der transeuropäischen Netze für den Binnenmarkt und legte eine Liste mit Vorhaben im Verkehrs- und Energiebereich vor, deren schnelle Realisierung erreicht werden sollte. Da als einer der Haupthindernisse für den funktionierenden Wettbewerb fehlende Verbindungsleitungen als Ursache ausgemacht wurden und die Regelungen der ACER-VO zu einem nicht unbeträchtlichen Teil Bezugspunkte zu dieser Thematik aufweisen, ist Art. 154 EGV als mögliche Kompetenzgrundlage zu erörtern.

---

598 *Calliess* in: Calliess/Ruffert, EUV/AEUV, Art. 170 AEUV, Rn. 2.

599 KOM (1985) 310 endg., S. 29.

600 KOM (1990) 585 endg.

601 Vom 20.11.1990, ABl. 1990, Nr. L 326/1.

602 KOM (1993) 700 endg.; s. auch die Mitteilung der Kommission „Transeuropäische Netze: Entwicklung eines integrierten Konzepts“ vom 21.03.2007, KOM (2007) 135 endg., S. 4.

1. Gegenstand der Unionskompetenz

Art. 154 EGV (jetzt Art. 170 AEUV) ist nicht die eigentliche Kompetenzgrundlage des Titels, konkretisiert diesen aber durch die Nennung der Tatbestandsmerkmale.[603] Unter „Netz" versteht man eine komplexe körperliche oder virtuelle, als Übertragungsweg dienende Verbindung zwischen verschiedenen Anschluss-, Verbindungs- und Endpunkten, die im Zuge der Leistungserbringung erreicht werden müssen.[604] Transeuropäisch bedeutet, dass die auf- oder auszubauenden Netze von grenzüberschreitendem Charakter sind.[605] Im Bereich der Energieinfrastruktur umfassen die Transeuropäischen Netze nach Art. 154 EGV (jetzt Art. 170 AEUV) die Elektrizitäts- und Erdgasnetze bzw. Netze zum Transport von flüssigen Brennstoffen.[606]

Die Vorschriften des Dritten Binnenmarktpakets zielen ausdrücklich auch auf die Transeuropäischen Energienetze. Der Aufbau neuer solcher Netze und die Koordinierung über die Modalitäten für den Zugang grenzüberschreitender Netze sind sogar als einer der Schwerpunkte des Binnenmarktpakets zu bezeichnen und nach Ansicht der Kommission unverzichtbarer Bestandteil für die Realisierung und das Funktionieren des gemeinsamen Binnenmarktes für Strom und Gas. Auch die hier zu untersuchende ACER-VO weist der Agentur etwa in Art. 6 und 8 ACER-VO ausdrücklich Kompetenzen im Bereich der Transeuropäischen Netze zu.

2. Ziele

Der Aufbau von Transeuropäischen Netzen soll der Verwirklichung des Binnenmarktes und der Vereinheitlichung der wirtschaftlichen, sozialen und territorialen Entwicklung (Art. 159 EGV, jetzt Art. 174 AEUV) innerhalb der Europäischen Union dienen.[607] Die Vorschriften über die Transnationalen Netze weisen damit einen engen Zusammenhang zu Art. 14 EGV (jetzt Art. 26 AEUV) auf, der entscheidend für die Bestimmungen des Dritten Binnenmarktpakets ist. Zu den Zielen zählt aber auch die Entwicklungshilfe zugunsten der am stärksten benachteiligten Regionen, was sich im Rahmen der Energiepolitik in der Beseitigung von Energieinseln durch den Bau von transnationalen Leitungen

603 *Calliess* in: Calliess/Ruffert, EUV/AEUV, Art. 170 AEUV, Rn. 5.
604 *Calliess* in: Calliess/Ruffert, EUV/AEUV, Art. 170 AEUV, Rn. 8.
605 *Calliess* in: Calliess/Ruffert, EUV/AEUV, Art. 170 AEUV, Rn. 6; *Schulenberg*, Die Energiepolitik der europäischen Union, S. 194.
606 *Calliess* in: Calliess/Ruffert, EUV/AEUV, Art. 170 AEUV, Rn. 13.
607 *Calliess* in: Calliess/Ruffert, EUV/AEUV, § 170 AEUV, Rn. 15.

niederschlägt. Art. 154 EGV nennt dabei in Abs. 2 abschließend drei konkrete Ziele, nämlich die Förderung des Verbunds der einzelstaatlichen Netze, die Förderung der Interoperabilität der einzelstaatlichen Netze und den Zugang zu den einzelstaatlichen Netzen, zu deren Erfüllung die Union einen Beitrag leistet. Unter der Förderung des Verbunds der einzelstaatlichen Netze ist das Schließen von Lücken zwischen bestehenden Netzen und Neubau- oder Ausbau von grenzüberschreitenden Verbindungsleitungen zu verstehen.[608] Das Dritte Energiebinnenmarktpaket zielt insgesamt auf die Verwirklichung eines europäischen Verbundnetzes für Strom und Gas ab. Die Erwägungsgründe 59 der EltRL 2009 und 57 der GasRL 2009 sprechen ausdrücklich von einem „gemeinschaftsweiten Verbundnetz“ bzw. „verbundenen Netz“ als Grundlage für den Aufbau eines wirklichen Binnenmarkts. Unter anderem entwickeln die ENTSOs alle zwei Jahre einen gemeinschaftsweiten zehnjährigen Netzentwicklungsplan.[609] Auch die Agentur übernimmt in diesem Zusammenhang konkrete Aufgaben wahr und gibt beispielsweise im Zusammenspiel mit den ENTSOs eine Stellungnahme zu dem gemeinschaftsweiten Netzentwicklungsplan ab.[610] Ferner beobachtet sie die Durchführung der Projekte zur Schaffung neuer Verbindungsleitungen und die Umsetzung der gemeinschaftweiten Netzentwicklungspläne.[611]

Unter der Förderung der Interoperabilität der einzelstaatlichen Netze ist die Verbesserung der technischen Voraussetzungen als auch die Erleichterung des Übergangs von einem Verkehrsnetz zum anderen zu verstehen.[612] Zugang zu den einzelstaatlichen Netzen meint dabei die physische Erreichbarkeit, nach überwiegender Ansicht hingegen nicht einen rechtlichen Anspruch auf Durchleitung (Third Party Access).[613] Auch in Bezug auf diese Ziele ließe sich davon sprechen, dass ACER Kompetenzen durch die ACER-VO Kompetenzen eingeräumt werden, die zu der Verwirklichung der Ziele führen sollen. So wirkt unter anderen ACER an der Entwicklung von Netzkodizes mit und entscheidet über Modalitäten für den Zugang zu grenzüberschreitenden Infrastrukturen.[614]

---

608 *Calliess* in: Calliess/Ruffert, EUV/AEUV, § 170 AEUV, Rn. 19.

609 Art. 8 Abs. 3 lit. b) StromhandelZVO 2009 bzw. ErdgasZVO 2009.

610 Art. 6 Abs. 3 lit. b) ACER-VO.

611 Art. 6 Abs. 7, 8 ACER-VO.

612 *Lecheler* in: Grabitz/Hilf/Nettesheim, Das Recht der Europäischen Union, § 170 AEUV, Rn. 24.

613 *Calliess* in: Calliess/Ruffert, EUV/AEUV, Art. 170 AEUV, Rn. 20; *Lecheler* in: Grabitz/Hilf/Nettesheim, Das Recht der Europäischen Union, Art. 170 AEUV, Rn. 25.

614 Art. 6 Abs. 4, Art. 7 Abs. 7, Art. 8 ACER-VO.

Insgesamt lässt sich daher festhalten, dass die Kompetenzen der Agentur Übereinstimmungen mit den in Art. 154 EGV genannten Zielen aufweisen.

3. Instrumente der Gemeinschaft

Während in Art. 154 EGV die Ziele des Titels über Transeuropäische Netze bestimmt werden, bestimmt Art. 155 EGV (jetzt Art. 171 AEUV) die Instrumente zu deren Förderung. Dabei handelt es sich um Leitlinien (Art. 155 Abs. 1 Spiegelstrich 1), Aktionen zur Gewährleistung von Interoperabilität (Abs. 1 Spiegelstrich 2) und um die finanzielle Unterstützung von Vorhaben von gemeinsamem Interesse (Abs. 1 Spiegelstrich 3). Die einzelnen Spiegelstriche stellen jeweils eigene, von den anderen unabhängige Rechtsgrundlagen zum Erlass von sekundärem Gemeinschaftsrecht dar.[615]

a) Leitlinie

Für den Rechtsbegriff „Leitlinie" ist im Vertrag keine Definition zu finden. Sie ist nicht im Katalog der Rechtsakte des Art. 249 EGV (jetzt Art. 288 AEUV) aufgeführt. Im Einzelnen herrscht Unklarheit über die Rechtsnatur, wobei jedenfalls unstreitig ist, dass von ihnen eine gewisse rechtliche Verbindlichkeit ausgeht und dass die Mitgliedstaaten auf die Umsetzung von Leitlinien hinzuwirken haben.[616] Es reicht aber an dieser Stelle festzustellen, dass eine genauere Untersuchung und Einordnung nicht erforderlich ist.[617] Da die Einrichtung und Kompetenzzuweisung der Agentur auf den Rechtsakt einer Verordnung gestützt ist, kann Art. 155 Abs. 1 Spiegelstrich 1 EGV nicht als Ermächtigungsgrundlage herhalten.

b) Finanzielle Unterstützung

Ebenso wenig handelt es sich hier um finanzielle Unterstützungen im Sinne von Art. 155 Abs. 1 Spiegelstrich 3 EGV.

c) Aktionen

Nach Art. 155 Abs. 1 Spiegelstrich 2 EGV führt die Gemeinschaft jede Aktion durch, die sich gegebenenfalls als notwendig erweist, um die Interoperabilität der Netze zu gewährleisten, insbesondere im Bereich der Harmonisierung der technischen Normen. Da es sich hierbei um eine selbstständige Rechtsgrundlage

---

615 *Schäfer* in: Streinz, EUV/EGV, Art. 155, Rn. 32.

616 *Calliess* in: Calliess/Ruffert, EUV/AEUV, Art. 171 AEUV, Rn. 4.

617 Vgl. dazu: *Lecheler*, DVBl. 2008, 873.

handelt und keine Abhängigkeit von der Regelung im ersten Spiegelstrich besteht, kann die Angleichung technischer Normen auch ohne die vorherige Aufstellung von Leitlinien zulässig sein.[618] Die offene Formulierung „jede Aktion" lässt den Schluss zu, dass weitreichende Maßnahmen unter Berufung auf die Vorschrift möglich sind, solange die Regeln der Beschlussfassung nach Art. 156 EGV (jetzt Art. 172 AEUV) eingehalten werden. Insbesondere können darunter die Rechtsakte des Katalogs in Art. 288 AEUV fallen.[619] Die Formulierung der Norm indiziert auch einen weiten Beurteilungsspielraum des Gemeinschaftsgesetzgebers, welche Maßnahmen als notwendig erachtet werden.[620] Allerdings muss auch für den Art. 154 EGV (jetzt Art. 170 AEUV) gelten, dass die Grenze dort erreicht ist, wo Veränderungen vorgenommen werden, die nicht mit dem geltenden Vertrags- und Machtgefüge in Einklang stehen. Außerdem gehen die Befugnisse der Agentur weit über die Interoperabilität der Netze hinaus. Von daher hätte die Vorschrift lediglich ergänzend neben Art. 95 EGV herangezogen werden können, wenn dieser eine ausreichende Ermächtigungsgrundlage dargestellt hätte (zum Verhältnis Art. 154 EGV und Art. 95 EGV sogleich).

4. Verhältnis zu anderen Normen

Abgrenzungsprobleme der Vorschriften über Transnationale Netze bestehen im Bereich zu Art. 95 EGV und – seit Inkrafttreten des Vertrages von Lissabon – zu Art. 194 AEUV.

a) Verhältnis zu Art. 95 EGV

Die Vorschriften über Transeuropäische Netze dienen immer der Verwirklichung der Ziele des Binnenmarktes und der Strukturpolitik. Daher ist schon eine gewisse Überschneidung vorweggenommen. Wenn es um die Verwirklichung des Binnenmarktes durch Regelungen über Infrastrukturmaßnahmen geht, sind Art. 154–156 EGV als leges specialis der Ermächtigungsgrundlage des Art. 95 EGV

618 EuGH, Rs. C-271/94, Slg. 1996, I-1689, Rn. 26 f.

619 Im Bereich der Telekommunikation ist die VO (EG) Nr. 733/2002 vom 22.04.2001 zur Einführung der Top-Level-Domain „.eu" im Internet auf Art. 156 i.V.m. Art. 155 Abs. 1 Spiegelstrich 2 EGV gestützt worden; im Verkehrsbereich beispielsweise die Richtlinie 96/48/EG vom 23.07.1996 über die Interoperabilität des transeuropäischen Hochgeschwindigkeits-Bahnsystems.

620 *Calliess* in: Calliess/Ruffert, EUV/AEUV, Art. 171 AEUV, Rn. 11.

vorzuziehen.[621] Nach dem EuGH sind auf Art. 95 EGV gestützte Regelungen sogar dann nichtig, wenn Art. 156 EGV eine hinreichende Grundlage für die Harmonisierung von technischen Normen darstellt und das Ziel dieser Regelungen die Interoperabilität der Netze ist.[622] Die Problematik spiegelt sich insbesondere darin wieder, dass Art. 156 EGV im Rahmen des Gesetzgebungsverfahrens eine Stellungnahme des Ausschusses der Regionen – im Gegensatz zu Art. 95 EGV – verlangt. Für die ACER-VO bedeutet dies, dass einzelne Regelungen möglicherweise nicht auf Art. 95 EGV hätte gestützt werden können, da Art. 156 EGV die speziellere Norm gewesen wäre. Ausdrücklich hat der Gemeinschaftsgesetzgeber sich nur auf Art. 95 EGV gestützt. Allerdings ist es gerade bei einem so umfangreichen Regelungskonvolut wie dem Dritten Energiebinnenmarktpaket schwierig, zwischen Maßnahmen zur Harmonisierung technischer Normen mit dem Ziel der Herstellung von Interoperabilität und anderen zu unterscheiden. Bei vielen anderen Agenturen hat der Gemeinschaftsgesetzgeber sich auf eine Vielzahl von Ermächtigungsgrundlagen gestützt, die in Frage kamen. Allerdings ist auch bemerkenswert, dass er beim Dritten Binnenmarktpaket gerade auch die Stellungnahme des Ausschusses der Regionen eingeholt hat, obwohl dies nach dem Verfahren nach Art. 95 EGV nicht nötig gewesen wäre. Insgesamt wäre es ratsam gewesen, neben Art. 95 EGV auch Art. 154 EGV als Ermächtigungsgrundlage mit anzuführen, um dem Problem der Spezialität des Art. 154 EGV zu begegnen. Da Art. 95 EGV jedoch hier nicht als Ermächtigungsgrundlage in Frage kam und Art. 154 EGV nur einen Teil der ACER eingeräumten Kompetenzen abdeckt, ist eine vertiefte Beschäftigung mit diesen Fragen entbehrlich.

b) Verhältnis zu Art. 194 AEUV

Die Regelungen des Titel XV des EGV sind ohne bedeutende Veränderungen in den AEUV übernommen worden.[623] Kommt man zu dem hier vertretenen Ergebnis, dass die Errichtung von ACER nicht auf Art. 95 EGV als Ermächtigungsgrundlage hätte gestützt werden können, weil die in der ENISA-Entscheidung des EuGH schon weit hinausgeschobenen Grenzen angesichts der ACER übertragenen Kompetenzen überschritten sind, muss sich die Untersuchung anschließen, ob die Rechtsakte

621 *Fischer* in: Lenz/Borchardt, EU- und EG-Vertrag, Art. 95, Rn. 6; *Calliess* in: Calliess/Ruffert, Art. 172 AEUV, Rn. 4; EuGH, Rs. C-271/94, Europäisches Parlament ./. Rat, Slg. 1996, I-1689, Rn. 33.

622 EuGH, Rs. C-271/94, Europäisches Parlament ./. Rat, Slg. 1996, I-1689, Rn. 33.

623 *Calliess* in: Calliess/Ruffert, EUV/AEUV, Art. 170 AEUV, Rn. 3; *Kotzur* in: Geiger/Khan/Kotzur, EUV/AEUV, Art. 170 AEUV, Rn. 1.

des Dritten Binnenmarktpakets inhaltsgleich unter die Ermächtigungsgrundlage des neu eingefügten Energietitels verabschiedet werden könnten.[624] Bereits an dieser Stelle bietet sich an, das Verhältnis zwischen Art. 170 AEUV (ex-Art. 154 EGV), Art. 171 AEUV (ex-Art. 155 EGV) und Art. 194 AEUV kurz zu beleuchten.

Art. 194 Abs. 1 lit. d) AEUV erklärt die Förderung der Interkonnektion der Energienetze zum Ziel der Energiepolitik der Union. Unter dem neu in den Vertrag eingefügten Begriff der „Interkonnektion" sollen sowohl die technische Seite des Verbunds und der Interoperabilität der einzelstaatlichen Energienetze als auch die wirtschaftliche Dimension der Nutzung durch Marktteilnehmer verstanden werden.[625] Zwar ist damit der Begriff der Interoperabilität in Art. 170 AEUV spezieller als die Interkonnektion in Art. 194 AEUV. Die Regelung über die Transeuropäischen Netze ist damit aber nicht lex specialis im Vergleich zu Art. 194 AEUV, denn dieser regelt lediglich die Interkonnektion von Energienetzen und geht deshalb dem weiteren, alle Netze umfassenden Begriff der Interoperabilität vor.[626] Damit wird im Bereich der Energienetze Art. 170 AEUV nur noch eine sehr eingeschränkte Bedeutung zukommen und weitgehend von Art. 194 AEUV verdrängt werden. Von Bedeutung kann Art. 170 AEUV nur noch dann werden, wenn sektorübergreifende Infrastrukturmaßnahmen durchgeführt werden, bei der die Kommission die gleichzeitige Errichtung unterschiedlicher Netzverbindungen zur Gewinnung von Synergieeffekten vornehmen will.[627]

Folglich wird, müsste man die ACER-VO auf die Ermächtigungsgrundlage des Art. 194 AEUV stützen, Art. 170 AEUV nicht mehr herangezogen werden.

5. Fazit

Art. 154 EGV wäre nicht als Ermächtigungsgrundlage für die Errichtung von ACER in Frage gekommen.

III. Art. 175 EGV (jetzt Art. 192 AEUV)

Die EU hat auch Kompetenzen auf dem Gebiet des Umweltrechts, was mitunter zu Überschneidungen zur Energiepolitik führen kann. Dies lässt bereits der Wortlaut des Art. 175 Abs. 2 lit. c) EGV (jetzt Art. 192 Abs. 2 lit. c) AEUV)

---

624 Dazu sogleich unter § 6 VI.

625 *Calliess* in: Calliess/Ruffert, EUV/AEUV, Art. 194 AEUV, Rn. 16.

626 *Calliess* in: ders./Ruffert, EUV/AEUV, Art. 171 AEUV, Rn. 14.

627 So die Überlegung in der Mitteilung „Transeuropäische Netze: Entwicklung eines integrierten Konzepts", KOM (2007) 135 endg. Beispielsweise wird hier die Verlegung von Hochspannungsleitungen durch Eisenbahntunnel erwähnt.

erkennen, nach dem für Maßnahmen, welche die Wahl eines Mitgliedstaats zwischen verschiedenen Energiequellen und die allgemeine Struktur seiner Energieversorgung erheblich berühren, abweichend vom Verfahren des Art. 251 EGV, Einstimmigkeit im Rat erforderlich ist. Im Umkehrschluss bedeutet dies, dass Maßnahmen auf dem Gebiet der Energie, die in weniger einschneidendem Maße in die Energieversorgung eines Mitgliedstaats eingreifen, auf den Umwelttitel gestützt werden können. So hat die Gemeinschaft Art. 175 EGV auch bereits für mehrere energierechtliche Rechtsakte als Ermächtigungsgrundlage in Anspruch genommen, wie etwa die Erneuerbare-Energien-Richtlinie[628], die Kraft-Wärme-Kopplungs-Richtlinie[629], die Emissionshandel-Richtlinie[630], die Endenergieeffizienz-Richtlinie[631] und die Hauswärmedämmungs-Richtlinie[632].

Die bisher auf Art. 175 EGV gestützten Maßnahmen hatten aber jeweils mit der Erhaltung und dem Schutz der Umwelt oder mit der umsichtigen und rationalen Verwendung von natürlichen Ressourcen zu tun. Zwar kann die effektive Verteilung von Energie mittels eines funktionierenden Energiebinnenmarktes ebenfalls zu einem ressourcenschonenden Umgang innerhalb der EU führen. Des Weiteren ist denkbar, dass die Verwirklichung des Binnenmarktes und insbesondere der dringend nötige Ausbau der grenzüberschreitenden Verbindung einen bedeutenden Beitrag dazu leisten kann, dass die Energieversorgung der Union stärker auf erneuerbare Energiequellen basiert, indem eine bessere

---

628 Richtlinie 2001/77/EG des Europäischen Parlaments und des Rates vom 27.09.2001 zur Förderung der Stromerzeugung aus erneuerbaren Energiequellen im Elektrizitätsbinnenmarkt, ABl. L Nr. 283 vom 27.10.2001, S. 33; Richtlinie 2009/28/EG des Europäischen Parlaments und des Rates vom 23.04.2009 zur Förderung der Nutzung von Energie aus erneuerbaren Quellen und zur Änderung und anschließenden Aufhebung der Richtlinien 2001/77/EG und 2003/30/EG.

629 Richtlinie 2004/8/EG des Europäischen Parlaments und des Rates vom 11.02.2004 über die Förderung einer am Nutzwärmebedarf orientierten Kraft-Wärme-Kopplung im Energiebinnenmarkt und zur Änderung der Richtlinie 92/42/EWG, ABl. L 52 vom 21.02.2004, S. 50.

630 Richtlinie 2003/87/EG des Europäischen Parlaments und des Rates vom 13.10.2003 über ein System für den Handel mit Treibhausgasemissionszertifikaten in der Gemeinschaft und zur Änderung der Richtlinie 96/61/EG des Rates, ABl. L 275 vom 25.10.2003, S. 32.

631 Richtlinie 2006/32/EG des Europäischen Parlaments und des Rates vom 05.04.2006 über Endenergieeffizienz und Energiedienstleistungen und zur Aufhebung der Richtlinie 93/76/WEG des Rates, ABl. L 114 vom 27.04.2006, S. 64.

632 Richtlinie 2002/91/EG des Europäischen Parlaments und des Rates vom 16.12.2002 über die Gesamteffizienz von Gebäuden, ABl. L 1 vom 04.01.2003, S. 65.

Standort- und Speicherpolitik betrieben wird. So erscheint es beispielsweise sinnvoll, Solarkraftwerke in größerem Umfang im sonnenreichen Süden der Union zu errichten, anstatt im verhältnismäßig regenreichen Norden, und den dort gewonnenen Strom über starke Leitungen nach Norden zu transportieren und möglicherweise in Pumpspeicherkraftwerken, für die sich etwa in den Alpen gute Bedingungen finden, zwischenzuspeichern. Insgesamt können diese Überlegungen aber höchstens als nachgeordnetes Ziel der Maßnahmen des dritten Binnenmarktpakets bezeichnet werden. Die Wahl der Mitgliedstaaten zwischen verschiedenen Energiequellen wird nicht beeinträchtigt. Ebenso wenig wird die allgemeine Struktur der Energieversorgung der Mitgliedstaaten erheblich berührt (Art. 192 Abs. 2 lit. c) Var. 2 AEUV). Die ACER-VO zielt primär auf eine wettbewerbliche Komponente und Stärkung des Binnenmarktes durch die Errichtung eines Regulierungsregimes. Umweltrechtliche Auswirkungen könnten allerhöchstens als angenehme Nebeneffekte in Frage kommen, weshalb die Kompetenzgrundlage des Art. 175 EGV (jetzt Art. 192 EGV) für die Errichtung der Agentur hier nicht in Betracht kommt.

IV. Art. 3 Abs. 1 lit. u) EGV

Auch wenn erst mit dem Vertrag von Lissabon ein eigener Kompetenztitel für die Gemeinschaft geschaffen worden ist, so heißt das nicht, dass zuvor der wichtige Politikbereich der Energie keine Erwähnung im EGV fand. Nachdem die energiepolitischen Kompetenzen vorwiegend im EGKS-Vertrag und EAGV geregelt waren, die EWG bzw. EG aber auf der Basis insbesondere von Art. 308 EGV eine immer intensivere Energiepolitik betrieb, wurde mit dem Vertrag von Maastricht die Energiepolitik als Tätigkeit der Gemeinschaft auch in den EGV aufgenommen.[633] Tätigkeiten der Gemeinschaft im Sinne des Art. 2 EGV umfassen seitdem nach Maßgabe des Vertrages und der darin vorgesehenen Zeitfolge unter anderem Maßnahmen in dem Bereich Energie (Art. 3 Abs. 1 lit. u) EGV). Allerdings beinhaltete der EGV, im Gegensatz zu (fast) allen anderen in Art. 3 Abs. 1 EGV aufgezählten Tätigkeitsbereichen, für die Energie keinen korrespondierenden Kompetenztitel. Art. 3 Abs. 1 EGV allein stellt aber selbst keine eigenständige Kompetenznorm dar.[634] Vielmehr handelt es sich lediglich

---

633 *Streinz* in: Streinz, EUV/EGV, Art. 3 EGV, Rn. 45.

634 *Hatje* in: Schwarze, EU-Kommentar, Art. 3 EGV, Rn. 1; *Streinz* in: Streinz, Art. 3 EGV, Rn. 5; *Kotzur* in: Geiger/Khan/Kotzur, EUV/AEUV, Art. 194 AEUV, Rn. 1; klarstellend insoweit auch Art. 3 Abs. 6 EUV, in dem festgelegt wird, dass die Union „ihre Ziele mit geeigneten Mitteln entsprechend den Zuständigkeiten, die ihr in den Verträgen

um (immerhin rechtsverbindliche) Ziele, die der Gemeinschaft aufgeben, auf die Verwirklichung derselben hinzuarbeiten.[635] Daher können zwar so keine Rechtsakte auf Art. 3 Abs. 1 EGV gestützt werden; die Gründung der Agentur auf dessen Grundlage scheidet aus. In Verbindung mit einer speziellen Kompetenzvorschrift können die Ziele des Art. 3 Abs. 1 EGV aber als Auslegungshilfe herangezogen werden, so dass Maßnahmen auf dem Gebiet der Energie beispielsweise in Art. 308 EGV Berücksichtigung finden können.

V. Art. 308 EGV (jetzt Art. 352 AEUV)

Auf Art. 308 EGV (jetzt Art. 352 AEUV[636]) wurden die meisten Gründungen von Agenturen gestützt.[637] Nach dessen Regelung erlässt der Rat einstimmig auf Vorschlag der Kommission und nach Anhörung des Europäischen Parlaments die geeigneten Vorschriften, wenn ein Handeln der Gemeinschaft erforderlich erscheint, um im Rahmen des Gemeinsamen Marktes eines ihrer Ziele zu verwirklichen und in dem Vertrag die hierfür erforderlichen Befugnisse nicht vorgesehen sind.

Art. 308 EGV ist als Generalermächtigungsnorm in den Vertrag eingeführt worden, deren Anwendungsbereich nicht mit einem speziellen Sachgebiet verknüpft

---

übertragen sind“ verfolgt; *Schmidt-Preuß* in: Festschrift Scholz, S. 903 (910); *Schulenberg*, Die Energiepolitik der Europäischen Union, S. 73.

635 *Hatje* in: Schwarze, EU-Kommentar, Art. 3 EGV, Rn. 2; EuGH, Rs. 6/72, „Europemballage“, Slg. 1973, 215, Rn. 23 u. 25; EuGH, Rs. 48/74, „Charmasson“, Slg. 1974, 1383, Rn. 18 f.; EuGH, Rs. 97/78, „Schumalla“, Slg. 1978, 2311, Rn. 4.

636 Der sich allerdings vom Vorgänger in verschiedenen Punkten und teils erheblich unterscheidet, so *Rossi* in: Calliess/Ruffert, EUV/AEUV, Art. 352, Rn. 5.

637 *Görisch*, Demokratische Verwaltung durch Unionsagenturen, S. 191;
darunter die Aufsichtsbehörde für das Europäische GNSS, das Harmonisierungsamt für den Binnenmarkt (Marken, Muster und Modelle), das Gemeinschaftliche Sortenamt, das Übersetzungszentrum für die Europäische Union, die Europäische Wiederaufbau-Agentur, die Europäische Stelle zur Beobachtung von Rassismus und Fremdenfeindlichkeit, eingerichtet durch VO (EG) Nr. 1035/97 des Rates vom 02.06.1997, wurde 2007 durch die Agentur der Europäischen Union für Grundrechte ersetzt (diese wurde ebenfalls auf Art. 308 EGV gestützt), die Europäische Stiftung zur Verbesserung der Lebens- und Arbeitsbedingungen, die Europäische Agentur zur für Sicherheit und Gesundheitsschutz am Arbeitsplatz, die Europäische Stiftung für Berufsbildung, das Europäische Zentrum für die Förderung der Berufsbildung, die Europäische Arzneimittelagentur, die Europäische Beobachtungsstelle für Drogen und Drogensucht und der 1994 aufgelöste Europäische Fonds zur Währungspolitische Zusammenarbeit.

wurde.[638] Er sollte dort als Kompetenznorm die Lücken schließen, wo sie durch das Prinzip der begrenzten Einzelermächtigung entstanden waren, ohne allerdings die Kompetenzen selbst zu erweitern (keine Kompetenz-Kompetenz).[639] Nach der Einschätzung des EuGH dient seine Funktion dazu, einen Ausgleich in Fällen zu schaffen, in denen den Gemeinschaftsorganen ausdrückliche oder implizite Kompetenzen fehlen, die aber erforderlich erscheinen, um die ihnen von der Gemeinschaft auferlegten Aufgaben zur Erfüllung der Ziele der Union wahrzunehmen (daher auch „Auffangkompetenz" oder „Lückenschließungskompetenz").[640] Insgesamt sollte also das Gemeinschaftsrecht mit Hilfe der Generalermächtigung immanent fortentwickelt werden, ohne dass eine Änderung der Verträge selbst vorgenommen werden musste.[641] Nach der ganz überwiegenden Auffassung können aufgrund der in Art. 308 EGV (jetzt Art. 352 AEUV) niedergelegten implied-powers-Lehre auch Hilfsorgane oder Ausschüsse oder Gemeinschaftsagenturen geschaffen werden.[642] Nach den umfangreichen Ergänzungen der Gemeinschaftskompetenzen durch die Einheitliche Europäische Akte und die Verträge von Maastricht und Amsterdam schwand das Bedürfnis, Rechtsakte auf Art. 308 EGV zu stützen und gleichzeitig mehrten sich die Stimmen, Art. 308 EGV restriktiver auszulegen oder sogar aus dem Vertrag zu streichen.[643] Hinzu kommt, dass nach dem Willen der Kommission Art. 308 EGV nur noch in Ausnahmefällen, wenn keine spezielle Kompetenzvorschrift zu einem betroffenen Politikbereich existiert, als Rechtsgrundlage für die Gründung von Agenturen herangezogen werden soll.[644]

638 *Geiss* in: Schwarze, EU-Kommentar, Art. 308 EGV, Rn. 3.

639 *Streinz* in: Streinz, EUV/EGV, Art. 308, Rn. 1.

640 EuGH, Gutachten 2/94, „EMRK-Beitritt", Slg. 1996, I-1759, Rn. 3; den darin liegenden Grundsatz der implied powers hat der EuGH schon früh indirekt angesprochen, als er im Zusammenhang mit den Gründungsverträgen feststellte: „(l)es normes etabliés par un traité international ou par une loi impliquent les normes sans lequelles les premières n'auraient pas de sens ou ne permettraient pas une application raisonnable et utile", Rs. 8/55, Slg. 1955/56, 293 ff.

641 *Streinz* in: Streinz, EUV/EGV, Art. 308, Rn. 1.

642 *Hilf*, Die Organisationsstruktur der Europäischen Gemeinschaften, S. 297 ff.; *Oppermann*, Europarecht, § 7, Rn. 183 ff.; *Uerpmann*, AöR 2000, 551 (585); *Rossi* in: Calliess/Ruffert, EUV/AEUV, Art. 352 AEUV, Rn. 80; *Schwartz* in: von der Groeben/Schwarze, EUV/EGV, Art. 308 EGV, Rn. 214 ff.; *Fischer-Appelt*, Agenturen der Europäischen Gemeinschaft, S. 87.

643 Vgl. BVerfGE 89, 155 (210); *Schreiber* in: von der Groeben/Schwarze, EUV/EGV, Art. 308, Rn. 7; Streinz in: Streinz, EUV/EGV, Art. 308, Rn. 2.

644 *Europäische Kommission*, Rahmenbedingungen für die europäischen Regulierungsagenturen, KOM (2002) 718 endg., S. 8; *Brenner*, Die Agenturen der Europäischen

Da es zu einer Streichung der Generalermächtigungsnorm aber nicht kam und keine andere, speziellere Kompetenzzuweisung zum Zeitpunkt der Verabschiedung der ACER-VO existierte, hätte die Errichtung von ACER möglicherweise auf die Ermächtigungsgrundlage des Art. 308 EGV gestützt werden können. Dies gilt es zu prüfen. Es werden vier Tatbestandsmerkmale in Art. 308 EGV unterschieden.

1. Verwirklichung der Ziele der Gemeinschaft

Auf die Generalermächtigung des Art. 308 EGV können nur Maßnahmen gestützt werden, die die Ziele der Gemeinschaft verwirklichen.[645] Folgerichtig können Agenturen im Generellen und die Agentur für die Zusammenarbeit der Energieregulierungsbehörden im Speziellen nur dann auf der Grundlage des Art. 308 EGV errichtet werden, wenn auch sie auf die Verwirklichung eines der Ziele der Gemeinschaft hinarbeiten.[646] Zu den Zielen der Gemeinschaft i.S.d. Art. 308 EGV zählen die in der Präambel und den in Art. 2, 3 und 4 EGV aufgezählten Aufgaben der Gemeinschaft sowie zusätzlich die in einzelnen Politikbereichen enthaltenen besonderen Ziele.[647] In Art. 3 Abs. 1 lit. u) EGV werden Maßnahmen im Bereich der Energie erwähnt. Nach Art. 2 EGV gehören Maßnahmen in den in Art. 3 EGV genannten Politiken, die u.a. zu einer harmonischen, ausgewogenen und nachhaltigen Entwicklung des Wirtschaftslebens und einer engen Koordinierung der Wirtschaftspolitik der Mitgliedstaaten und Förderung des Binnenmarkts beruhen,[648] zu den Aufgaben der Gemeinschaft. ACER soll auf dem Politikfeld Energie auf Gemeinschaftsebene die Koordinierung der nationalen Aufgaben von Regulierungsbehörden übernehmen und damit zum wirksamen Funktionieren des Elektrizitäts- und Erdgasbinnenmarktes beitragen.[649] Somit kann die Feststellung getroffen werden, dass die Errichtung der Agentur der Verwirklichung der Ziele der Gemeinschaft dient.

Union – Segen oder Fluch?, in: Europa im Wandel, Festschrift Rengeling, S. 198; *Vetter*, DÖV 2005, 721 (723).

645 *Streinz* in: Streinz, EUV/EGV, Art. 308 EGV, Rn. 18; *Geiss* in: Schwarze, EU-Kommentar, Art. 308 EGV, Rn. 9.

646 *Vetter*, DÖV 2005, 721 (730);

647 *Geiss* in: Schwarze, EU-Kommentar, Art. 308 EGV, Rn. 9; Beispiel für ein in den einzelnen Politbereichen formuliertes Ziel: die Förderung der Beschäftigung in Art. 136 EGV.

648 Art. 4 EGV.

649 Art. 1 Abs. 2 ACER-VO, Erwägungsgrund 5 ACER-VO.

2. im Rahmen des Gemeinsamen Marktes

Die Verwirklichung der Ziele der Gemeinschaft muss auch im Rahmen des Gemeinsamen Marktes geschehen. Der Gemeinsame Markt soll alles umfassen, was der reibungslosen Durchführung der Grundfreiheiten dient und ferner alles einschließen, was die Durchführung von Maßnahmen der in Art. 3 und 4 EGV genannten Bereiche betrifft.[650] Das Tatbestandsmerkmal ist aufgrund seiner Weite von geringer Relevanz.[651] Daher stellt es für die Errichtung einer Agentur auch keine wesentliche Einschränkung dar, da die Aufgaben und die Ziele von ACER eindeutig dem Gemeinsamen Markt zugerechnet werden können.[652]

3. Erforderlichkeit des Tätigwerdens

Des Weiteren müsste die Einrichtung von ACER erforderlich sein. Unter der in Art. 308 EGV statuierten Erforderlichkeit versteht man gemeinhin die Diskrepanz zwischen einem Ziel der Gemeinschaft und seiner Verwirklichung, die zur Erreichung des Ziels überwunden werden muss.[653] Diese herkömmliche Definition ist allerdings durchaus sybillinisch und hilft bei der Subsumtion nur wenig weiter. Denn bei einem Ziel ist es grundsätzlich der Fall, dass eine Diskrepanz zwischen dem Istzustand und dem erwünschten Zielzustand besteht, da die Erreichung des Zielzustands die Charakterisierung des Zustands als Ziel notwendigerweise wegfallen lässt.[654] Schwierigkeiten ergeben auch die Abgrenzungen zum Merkmal der Erforderlichkeit in Art. 5 Abs. 3 EGV und der Subsidiarität in Art. 5 Abs. 2 EGV. Daher muss das Tatbestandsmerkmal einschränkend interpretiert werden, um der Gefahr der vollkommenen Konturlosigkeit zu begegnen. Man kann sich dabei der Faustformel bedienen, je weiter ein Ziel vom derzeitig festgestellten Zustand entfernt ist und je länger die Diskrepanz schon anhält, desto dringlicher und damit notwendiger sind die getroffenen Maßnahmen.[655] Bei

---

650 *Geiss* in: Schwarze, EU-Kommentar, Art. 308 EGV, Rn. 14.

651 Umstritten ist, ob es überhaupt eine Einschränkung enthält, vgl. *Streinz* in: Streinz, EUV/EGV, Art. 308 EGV, Rn. 19; *Geiss* in: Schwarze, EU-Kommentar, Art. 308 EGV, Rn. 14 jeweils m.w.N.

652 *Vetter*, DÖV 2005, 721 (730).

653 *Streinz* in: ders., EUV/EGV, Art. 308 EGV, Rn. 25; *Geiss* in: Schwarze, EU-Kommentar, Art. 308 EGV, Rn. 16; *Schwartz* in: von der Groeben/Schwarze, EUV/EGV, Art. 308 EGV, Rn. 174.

654 so auch *Vetter*, DÖV 2005, 721 (730); *Schwartz* in: von der Groeben/Schwarze, EUV/EGV, Art. 308 EGV, Rn. 175.

655 *Schwartz* in: von der Groeben/Schwarze, EUV/EGV, Art. 308 EGV, Rn. 176.

dieser vorzunehmenden Einschätzung wird der Gemeinschaft ein relativ großer Beurteilungs- und Entscheidungsspielraum eingeräumt.[656]

Die bisher gegründeten Agenturen hatten u.a. die Zielrichtung, zu einer Verbesserung der Koordination mitgliedstaatlichen Engagements zu führen, Entscheidungsträger vor der politischen Einflussnahme durch die Gemeinschaftsorgane zu schützen oder die Kommission in ihrer Arbeit zu entlasten.[657] Solche Gründe wurden als ausreichende Kriterien für das Merkmal der Erforderlichkeit des Tätigwerdens im Rahmen des Art. 308 EGV angesehen.[658] Hinsichtlich der Einrichtung von ACER lässt sich konstatieren, dass die Agentur in erster Linie – das besagt schon der Name – dazu dienen soll, die Zusammenarbeit der nationalen Regulierungsbehörden, aber auch anderer staatlicher und nichtstaatlicher Akteure zu fördern, zu koordinieren und zu verbessern. Auch die Entlastung der Kommission von den immer mehr an Komplexität zunehmenden Aufgaben kann als Intention des Gemeinschaftsgesetzgebers angenommen werden. Definiert man das mit den Maßnahmen zu erreichende Nahziel mit der Schließung der regulatorischen Lücke auf Gemeinschaftsebene, d.h. der derzeit nicht ausreichenden Zusammenarbeit und Abstimmung der nationalen Regulierungsbehörden und das langfristig damit zu erreichende Fernziel mit der Verwirklichung des Binnenmarktes, lässt sich feststellen, dass insbesondere zum Fernziel noch eine große Divergenz zur aktuellen Lage besteht. Angesichts der langen Zeitspanne von der Verabschiedung des Weißbuchs der Kommission zur Vollendung des Binnenmarktes über das Erste und Zweite Binnenmarktpaket, lässt sich auch darauf erkennen, dass die Diskrepanz schon lange anhält. Daher kann man, auch unter Zugrundelegung des weiten Ermessensspielraums des Gemeinschaftsgesetzgebers behaupten, dass die Errichtung von ACER eine erforderliche Tätigkeit im Sinne des Art. 308 EGV ist.

4. Fehlen spezieller Befugnisse

Auf Art. 308 EGV dürfen jedoch nur dann Maßnahmen gestützt werden, wenn keine andere explizite oder implizite Kompetenzgrundlage für den Erlass der Maßnahmen in Frage kommt.[659] Wie oben erörtert, ist nach der hier vertretenen

---

656 *Geiss* in: Schwarze, EU-Kommentar, Art. 308 EGV, Rn. 16.

657 *Vetter*, DÖV 2005, 721 (730); weitere Gründe s.o. § 4 II.

658 *Uerpmann*, AöR 2000, 551 (562 ff); *Vetter*, DÖV 2005, 721 (730); *Brenner*, Die Agenturen der Europäischen Union – Segen oder Fluch?, in: Europa im Wandel, Festschrift Rengeling, S. 196; dagegen kritisch: *Remmert*, EuR 2003, 134 (144).

659 *Geiss* in: Schwarze, EU-Kommentar, Art. 308 EGV, Rn. 18; EuGH, verb. Rs. 73 und 74, „Internationale Crediet-en Handelsvereinigung", Slg. 1964, 3 Rn. 29; Rs. 45/86, Kommission ./. Rat, Slg. 1987, 1493 Rn. 13, 21.

Auffassung die von der Kommission gewählte Rechtsgrundlage des Art. 95 EGV nicht ausreichend für die Errichtung einer mit solchen Befugnissen ausgestatteten Agentur gewesen. Damit ist zunächst kein Urteil über die generelle Tauglichkeit von Art. 95 EGV als Ermächtigungsgrundlage für die unterschiedlichen Rechtsakte des Dritten Binnenmarktpakets gesprochen. Wie oben dargestellt und der Rechtsprechung des EuGH folgend, wäre die Einrichtung einer Behörde wie ACER auch grundsätzlich durch Art. 95 EGV gerechtfertigt; allein der Umfang der Kompetenzen und Entscheidungsspielräume haben zu einer Sprengung des in den Grenzen des Art. 95 EGV Möglichen geführt. Fraglich ist bei der Prüfung bei Art. 308 EGV, ob das Vorhandensein einer speziellen Ermächtigungsgrundlage im Vertrag bereits die Anwendung von Art. 308 EGV ausschließt. Dies ist nach herrschender Meinung nicht der Fall.[660] Ist die Ermächtigungsgrundlage des Art. 95 EGV daher nicht ausreichend, kann auf Art. 308 EGV zurückgegriffen werden. Institutionelle Einrichtungen der Gemeinschaft, die die Verwirklichung des Gemeinsamen Marktes zu Ziel haben, aber aus verschiedenen Gründen über die Möglichkeiten des Art. 95 EGV hinausgehen, können daher auf Art. 308 EGV gestützt werden.[661]

Bei der Gründung vertragsfremder Einrichtungen und der Berufung auf eine Rechtsgrundlage hat aber seit einigen Jahren ein Umdenken stattgefunden. Agenturen werden zunehmend nach der Strategie des Gemeinschaftsgesetzgebers auf spezialrechtliche materielle Kompetenznormen gestützt.[662] Nach den „Rahmenbedingungen für die europäischen Regulierungsagenturen“ soll nur noch in Ausnahmefällen die Gründung einer Agentur auf die Rechtsgrundlage des Art. 308 EGV gestützt werden. Grundsätzlich ist diese Tendenz zu begrüßen, da eine solche Verfahrensweise zu mehr Überprüfbarkeit und Rechtssicherheit führt und dem Charakter des Art. 308 EGV als subsidiäre Ergänzungsregelung in höherem Maße entspricht. Nach der hier vertretenen Auffassung allerdings

---

660 *Schwartz* in: von der Groeben/Schwarze, EUV/EGV, Art. 308, Rn. 63, 72; EuGH, Rs. 8/73, „Hauptzollamt Bremerhaven“, Slg. 1973, 897 Rn. 4; Rs. 242/87, Slg. 1989, 1425 Rn. 37; a.A. *Karpenstein*, DVBl. 1998, 942 (946).

661 *Winkler* in: Grabitz/Hilf/Nettesheim, Das Recht der Europäischen Union, Art. 352 AEUV, Rn. 87; so geschehen etwa mit der Verordnung über die Gemeinschaftsmarke VO (EG) Nr. 40/94 des Rates vom 20.12.1993, ABl. 1994 L 11/1, *Fischer-Appelt*, Agenturen der Europäischen Gemeinschaft, S. 94 ff.

662 Vgl. Mitteilung der Kommission vom 11.12.2002, „Rahmenbedingungen für die europäischen Regulierungsagenturen“, KOM (2002) 718 endg., S. 4; Entwurf für eine interkonstitutionelle Vereinbarung zur Festlegung von Rahmenbedingungen für die europäischen Regulierungsagenturen vom 25.02.2005, KOM (2005) 59 endg., S. 4 und 14 (Ziff. 8).

konnte aber die Gründung von ACER weder auf die Rechtsgrundlage des Art. 95 EGV gestützt werden.

5. Fazit

Mangels anderer einschlägiger Ermächtigungsgrundlagen hätte die Einrichtung der Agentur auf Art. 308 EGV gestützt werden können und müssen. Dies würde auch nicht den Rahmen des Art. 308 EGV sprengen. Für Art. 308 EGV bestehen auch nicht die im ENISA-Urteil des EuGH zu Art. 95 EGV festgelegten Bedenken, da für Art. 308 EGV das Prinzip der Einstimmigkeit und nicht der qualifizierten Mehrheit gilt. Insoweit besteht zwischen den Ermächtigungsgrundlagen ein maßgeblicher Unterschied, der eine differenzierte Beurteilung zulässt.

VI. Art. 194 AEUV

1. Entstehungsgeschichte und Relevanz

Wie oben bereits angesprochen, fehlte es der Gemeinschaft auf dem Gebiet des Energierechts lange Zeit an einer Ermächtigungsnorm. Gleichwohl hat sich die Gemeinschaft davon nicht gehindert gefühlt, auf diesem Gebiet tätig zu werden, so dass mit den Jahren von der Entwicklung einer europäischen Energiepolitik gesprochen werden kann.[663] Insbesondere seit den 90er Jahren des vergangenen Jahrhunderts hat sich eine rege Tätigkeit entwickelt[664], so dass mittlerweile ein engmaschiges Geflecht unterschiedlicher energierechtlicher Vorschriften vorzufinden ist.[665] Hierzu hat sich die Union einer Vielzahl von unterschiedlichen Kompetenznormen bedient, die teilweise nur einen indirekten energiespezifischen Bezug herstellen (beispielsweise seien hier genannt Art. 113, 114, 122 Abs. 1, 207, 170 ff., 182 ff., 192, 211, 212, 352 AEUV). Diese Diskrepanz zwischen kompetenzrechtlicher Ermächtigung und tatsächlicher Tätigkeit stieß auf immer

---

663 *Lecheler/Recknagel* in: Dauses: Handbuch des EU-Wirtschaftsrechts, M, Rn. 61 ff; *Jarass*, Europäisches Energierecht, S. 81 ff; *Schmidt-Preuß*, EuR 2006, 463 (464 f.).

664 *Hobe*, EuR Beiheft 1/2009, 219 (220 ff.); *Oppermann/Classen/Nettesheim*, Europarecht, 7. Aufl., 2016, § 24, Rn. 6 ff; *Streinz* in: Streinz, EUV/EGV, Art. 3 EGV, Rn. 44.

665 *Kahl*, EuR 2009, 603 (605); kritisch: *Schmidt-Preuß*, EuR 2006, 463 (465); vgl. exemplarisch für den Bedeutungswandel und die Änderung des Selbstverständnisses der EU den Einleitungssatz des Grünbuchs „Eine europäische Strategie für nachhaltige, wettbewerbsfähige und sichere Energie“, KOM (2006) 105 endg.: „Die Welt ist in ein neues Energiezeitalter eingetreten.“

größere Kritik.[666] Zwar sollte nach den Vorstellungen der Kommission bereits im Vertrag von Maastricht eine spezifische energierechtliche Kompetenzgrundlage geschaffen werden, allerdings fand auf der Regierungskonferenz 1992 dieser Vorschlag keine Zustimmung.[667] Im Vertrag über eine Verfassung für Europa (VVE) wurde das Problem dann erneut angegangen und in Art. I-14 Abs. 2 lit. i, Art. III-256 eine geteilte Zuständigkeit der EU im Rahmen eines eigenen energiepolitischen Abschnitts 10 etabliert.[668] Nach dem Scheitern des VVE infolge der Volksabstimmungen in Frankreich und den Niederlanden 2005 hat die Kompetenzvorschrift für Energie nahezu unverändert Eingang in den Vertrag von Lissabon[669] gefunden.[670]

Wäre Art. 194 AEUV im Zeitpunkt der Verabschiedung des Dritten Binnenmarktpakets schon in Kraft gewesen, so wäre nach Aussage der Kommission die Errichtung der Agentur auf diese Ermächtigungsgrundlage gestützt worden.[671] Daher ist zu prüfen, ob Art. 194 AEUV eine ausreichende Rechtsgrundlage für dieses Vorhaben sein kann.

2. Tatbestandsvoraussetzungen

a) Die Leitprinzipien der Zielverwirklichung

Die Struktur des Art. 194 AEUV sieht die Gliederung der Energiepolitik der EU in drei Leitprinzipien und vier energiepolitische Ziele vor.

---

666 *Kahl*, EuR 2009, 601 (605); *Schmidt-Preuß*, EuR 2006, 463 (464 f.).

667 Vgl. die Erklärung zu den Bereichen Katastrophenschutz, Energie und Fremdenverkehr des Vertrages von Maastricht, ABl. EG 1992 C 191, S. 97; Vorschlag der Kommission für vier neue Artikel zur Einführung einer gemeinsamen Energiepolitik mit Erläuterungen, Bull.EG, Beilage 2/91, S. 151; vgl. auch den Entwurf der niederländischen Ratspräsidentschaft eines Titels XII (Energie), abgedruckt in Anlage 3, *Scholz/Langer*, Europäischer Binnenmarkt und Energiepolitik, S. 325 f.

668 *Kahl*, EuR 2009, 601 (605 f.).

669 Vertrag über die Arbeitsweise der Europäischen Union (AEUV) in der konsolidierten Fassung des Lissaboner Vertrages, ABl. EU C 115 vom 09.05.2008, Inkrafttreten 01.12.2009, Bek. vom 24.11.2009 (BGBl. II S. 1223).

670 Überblick zu den Änderungen des Art. 194 AEUV gegenüber Art. III-256 VVE bei *Ehricke/Hackländer*, ZEuS 2008, 579 (582).

671 *Europäische Kommission*, Vorschlag für eine Verordnung des Europäischen Parlaments und des Rates über die Integrität und Transparenz des Energiemarktes, KOM (2010) 726 endg., S. 5 (Fn. 9) und Erwägungsgrund 12.

Zu den Leitprinzipien gehören die Solidarität zwischen den Mitgliedstaaten, die Verwirklichung oder das Funktionieren des Binnenmarktes und die Berücksichtigung der Notwendigkeit der Erhaltung und Verbesserung der Umwelt.[672] Diese Leitprinzipien entsprechen den bereits ohne den neu eingefügten Titel selbstverständlichen Bestimmungen, zu denen sich die Mitgliedstaaten in den Verträgen verpflichtet haben. Zwischen den Zielen besteht auch weder ein Rang- noch ein Konkurrenzverhältnis.[673] Bei Konflikten sind sie nach dem Prinzip der praktischen Konkordanz miteinander auszugleichen.[674] Beim Begriff des Binnenmarktes ist die Legaldefinition in Art. 26 Abs. 2 AEUV weiterhin maßgeblich. Da ACER hauptsächlich das Funktionieren des Binnenmarktes für Strom und Gas fördern und gewährleisten soll, entspricht die ACER-VO eindeutig dem zweiten Leitprinzip.

b) Die kompetenzbegründenden Ziele

Art. 194 Abs. 1 AEUV nennt vier kompetenzbegründende Ziele, die im Rahmen der eben dargestellten Leitprinzipien durch entsprechende Maßnahmen verwirklicht werden sollen. Dies sind explizit die Sicherstellung und das Funktionieren des Energiemarktes (lit. a)), die Gewährleistung der Energieversorgungssicherheit in der Union (lit. b)), die Förderung der Energieeffizienz und von Energieeinsparungen sowie die Entwicklung neuer und erneuerbarer Energiequellen (lit. c)) und die Förderung der Interkonnektion der Energienetze (lit. d)). Damit entsprechen die Ziele weitgehend den in der Energiestrategie im März 2008 definierten Zielen der Nachhaltigkeit, Wettbewerbsfähigkeit und Versorgungssicherheit.[675] Die Abgrenzung zwischen den Zielen ist aufgrund der finalen Struktur des Artikels und der Verschränkung mit den Leitprinzipien von keiner grundlegenden Relevanz.[676] Um den Kompetenzbereich zu eröffnen, reicht die Subsumtion der Maßnahme unter eines der genannten Ziele.

---

672 Art. 194 Abs. 1 AEUV.

673 KOM (2006) 105 endg., S. 7 ff.; *Calliess* in: Calliess/Ruffert, EUV/AEUV, Art. 194 AEUV, Rn. 4; *Nettesheim* in Grabitz/Hilf/Nettesheim, Das Recht der Europäischen Union, Art. 194 AEUV, Rn. 26.; a.A.: *Ehricke/Hackländer*, ZEuS 2008, 579 (595 f.), die Konflikte zwischen Solidarität und Wettbewerb sehen.

674 *Calliess* in: Calliess/Ruffert, EUV/AEUV, Art. 194 AEUV, Rn. 7.

675 *Europäische Kommission*, Eine Energiepolitik für Europa, KOM (2007) 1 endg.

676 *Calliess* in: ders./Ruffert, EUV/AEUV, Art. 194 AEUV, Rn. 9.

aa) Funktionieren des Energiemarktes

Unter Energiemarkt werden die Erzeugung oder Förderung, die Verarbeitung, der Transport und die Lagerung oder Speicherung von primären und umgewandelten Energieträgern sowie von Energieerzeugnissen auf dem Erdöl-, Erdgas-, Elektrizitäts- und Biokraftstoffsektor verstanden, mithin die gesamte Verwertungskette.[677] Das Ziel ist keine bloße Wiederholung des zweiten Leitprinzips, Verwirklichung und Funktionieren des Binnenmarktes, sondern geht über die Verwendung des Binnenmarktbegriffs hinaus und soll zugleich wettbewerbliche Maßnahmen des Unionsgesetzgebers umfassen.[678] Insgesamt wird durch die Formulierung der Union ein umfassender Zugriff auf die Regulierung und Steuerung der Energiemärkte zuerkannt.[679] Ohne Zweifel sollen die Hauptaufgaben von ACER die Sicherstellung und das Funktionieren eines solchen Energiebinnenmarktes sein. Nach dieser Lesart und der allgemeinen Ansicht sind die auf Art. 95 EGV gestützten Maßnahmen des Dritten Binnenmarktpakets, und damit auch die ACER-VO, nach Inkrafttreten des Art. 194 AEUV auf diese spezielle Kompetenzgrundlage zu stützen.[680]

bb) Gewährleistung der Energieversorgungssicherheit

Die Energieversorgungssicherheit in der Union ist gewährleistet, wenn die Nachfrage nach Energie über die Breite der verwandten Energiearten im gesamten Gebiet der Union kontinuierlich, stabil und unterbrechungsfrei befriedigt werden kann.[681] Eine immer stärkere Vernetzung der Energiesysteme und der Ausbau der grenzüberschreitenden Verbindungen sorgen, wie die Beseitigung von Energieinseln, automatisch für eine Erhöhung der Energieversorgungssicherheit

---

677 *Calliess* in: ders./Ruffert, EUV/AEUV, Art. 194 AEUV, Rn. 10; *Schulenberg*, Die Energiepolitik der Europäischen Union, S. 379.

678 *Ruffert* in: Marburger, Energieversorgung und Umweltschutz, S. 13 (18); *Schulenberg*, Die Energiepolitik der Europäischen Union, S. 379.

679 *Nettesheim* in: Grabitz/Hilf/Nettesheim, Das Recht der Europäischen Union, Art. 194 AEUV, Rn. 15.

680 *Calliess* in: ders./Ruffert, EUV/AEUV, Art. 194 AEUV, Rn. 12; vgl. auch das Vorgehen der Kommission, die den Kommissionsvorschlag für eine Richtlinie über die Angabe des Verbrauchs an Energie, KOM (2008) 778 endg., von Art. 95 EGV auf Art. 194 Abs. 2 AEUV umgestellt hat, Mitteilung der Kommission, KOM (2010) 147 endg.

681 *Nettesheim* in: Grabitz/Hilf/Nettesheim, Das Recht der Europäischen Union, Art. 194 AEUV, Rn. 16; *Schulenberg*, Die Energiepolitik der Europäischen Union, S. 381 m.w.N.

im Gebiet der Union.[682] Gleichzeitig hat schon heute die Integration des europäischen Energienetzes zur Folge, dass nationale oder regionale Ausfälle oder Versorgungsschwierigkeiten massive Auswirkungen auch in anderen Ländern haben können. Hingewiesen sei hier nur auf den europaweiten Stromausfall im Jahre 2006 infolge einer kurzzeitigen Abschaltung einer Hochspannungsleitung über der Ems.[683] Von daher könnte man die Tätigkeiten von ACER, die auf eine Verbesserung der Infrastruktur hinwirken, unter das Ziel der Energieversorgungsicherheit subsumieren, wenn nicht das Ziel in Abs. 1 lit. d) eingeführt worden wäre, das diesbezüglich die speziellere Regelung darstellt.

cc) Entwicklung neuer und erneuerbarer Energiequellen

Als drittes Ziel werden in Art. 194 Abs. 1 lit. c) AEUV die Förderung von Energieeffizienz und Energieeinsparungen sowie der Entwicklung neuer und erneuerbarer Energiequellen genannt. Unter ersterem werden alle Maßnahmen der Erhöhung des Wirkungsgrades von Energie verstanden.[684] Energieeinsparungen hingegen sind Maßnahmen, die dazu führen, dass die eingesetzte Energie insgesamt zurückgeht, die also auf Energiesuffizienz setzen.[685] Die Entwicklungsförderung von neuen und erneuerbaren Energiequellen umfasst die Erforschung heute noch nicht bekannter, aber zukünftig nutzbarer Energiequellen

---

682 Darauf weist auch die Kommission hin, nach deren Vorstellungen die hohe Importabhängigkeit vor allem im Gasbereich mit einer Verbesserung der binnenmarktinternen Distribution durch Verwirklichung des Binnenmarktes begegnet werden soll, vgl. KOM (2000) 769 endg., S. 22 ff.; KOM (2007) 1 endg., S. 4, 7; KOM (2006) 105 endg., S. 8 f.

683 Am 04.11.2006 hatte E.ON eine Hochspannungsleitung im Emsland abgeschaltet, um dem Kreuzfahrtschiff „Norwegian Pearl" die sichere Durchfahrt zu ermöglichen. Infolge einer Kettenreaktion kam es daraufhin zu Stromausfällen in Deutschland, Frankreich, Belgien, Österreich, Italien und Spanien. Der damalige italienische Ministerpräsident Romano Prodi forderte aufgrund dieses Ereignisses die Schaffung einer europäischen Energieaufsichtsbehörde. Vgl. Artikel vom 05.11.2006 auf Spiegelonline (abrufbar unter: http://www.spiegel.de/panorama/0,1518,446546,00.html (Zugriff: 11.04.2016)). Für die Kommission war dieses Ereignis ebenfalls Anlass, rechtsverbindliche Betriebssicherheitsregeln, einen Elektrizitätsnetzverbund und eine verbesserte Zusammenarbeit zwischen den Stromnetzbetreibern zu fordern, vgl. KOM (2006) 861 endg., S. 5.

684 *Nettesheim* in: Grabitz/Hilf/Nettesheim, Das Recht der Europäischen Union, Art. 194 AEUV, Rn. 17; *Schulenberg*, Die Energiepolitik der Europäischen Union, S. 385.

685 *Nettesheim* in: Grabitz/Hilf/Nettesheim, Das Recht der Europäischen Union, Art. 194 AEUV, Rn. 18; *Schulenberg*, Die Energiepolitik der Europäischen Union, S. 385.

und Anreize zur Erhöhung des Anteils der Energiegewinnung aus Sonne, Wind, Wasser, Biomasse, Gezeiten oder Geothermie mit einem geringen CO_2-Ausstoß. In erster Linie wird es dabei um das Auflegen und Finanzieren von Forschungsprogrammen gehen.[686] ACER hat in diesen Bereichen keine Kompetenzen und verfolgt keine Maßnahmen.

dd) Förderung der Interkonnektion der Energienetze

Als viertes Ziel ist die Interkonnektion der Energienetze hinzu gekommen, das im Energieartikel des Verfassungsvertrages noch keine Erwähnung fand. Als künftiges Idealbild lässt sich ein Zustand beschreiben, in dem von einem wahrhaft europäischen Netz anstatt von vielen einzelstaatlichen Netzen, wie zum heutigen Zeitpunkt, gesprochen werden kann und in dem der Austausch und der Handel von Energie nicht mehr von Kapazitätsengpässen, technischen Unterschieden oder anderen Hindernissen beeinträchtigt wird. Insofern ist die Verwirklichung dieses Ziels eng mit dem Aufbau, der Sicherstellung und dem Funktionieren des Binnenmarkts verbunden. Aus der Sicht von ACER stellt gerade die heutige mangelhafte Interkonnektivität der Netze ein Haupthindernis für den Binnenmarkt dar, weshalb der Agentur explizit Kompetenzen zur Verbesserung dieses Zustands eingeräumt wurden.

ee) Zwischenfazit

Im Ergebnis lässt sich konstatieren, dass ACER mindestens zwei der genannten Ziele verfolgt.

c) erforderliche Maßnahmen (Abs. 2)

Die eigentliche allgemeine Rechtsetzungskompetenz zur Verwirklichung der Ziele in Art. 194 Abs. 1 AUEV ist in Abs. 2 statuiert. Danach erlassen das Europäische Parlament und der Rat gemäß dem ordentlichen Gesetzgebungsverfahren, unbeschadet der Anwendung anderer Bestimmungen der Verträge, die Maßnahmen, die erforderlich sind, um die Ziele des Absatzes 1 zu verwirklichen. Der Energietitel des AEUV ist instrumentell umfassend konzipiert, so dass Maßnahmen hier in einem weiten Sinne zu verstehen sind.[687] Es können nicht

---

686 *Nettesheim* in: Grabitz/Hilf/Nettesheim, Das Recht der Europäischen Union, Art. 194 AEUV, Rn. 19.

687 *Nettesheim* in: Grabitz/Hilf/Nettesheim, Das Recht der Europäischen Union, Art. 194 AEUV, Rn. 27; zweifelnd, aber i.E. bejahend, dass „Maßnahmen" generell Rechtsakte zur Errichtung einer Agentur umfassen können: *Brenner*, Die Agenturen der

nur alle in Art. 288 AEUV aufgezählten Rechtsinstrumente in Frage kommen, sondern darüber hinaus alle sonstigen unverbindlichen Handlungsformen, wie beispielsweise Förderprogramme. Auch die Errichtung von selbständigen Einrichtungen oder Agenturen, deren Tätigkeit der Verwirklichung der in Abs. 1 genannten Ziele zum Haupttätigkeitsschwerpunkt hat, soll auf der Grundlage von Art. 194 Abs. 2 AEUV möglich sein.[688] Dafür spricht auch, dass der EuGH in der Vergangenheit dem europäischen Gesetzgeber einen großen Einschätzungs- und Ermessensspielraum zugestanden hat.

3. Fazit

Als Ergebnis lässt sich festhalten, dass die Kommission in ihrer Auffassung zu bestätigen ist, nach der die Errichtung von ACER auf der Kompetenzgrundlage von Art. 194 AEUV möglich gewesen wäre.

VII. Art. 298 AEUV

Der Vollständigkeit halber sei noch Art. 298 AEUV genannt, in dem erstmals von einer EU-Eigenverwaltung die Rede ist. Nach dessen Abs. 1 stützen sich die Organe, Einrichtungen und sonstige Stellen der Union zur Ausübung ihrer Aufgaben auf eine offene, effiziente und unabhängige europäische Verwaltung. Flankiert von den Regelungen in Art. 197 AEUV, der die effektive Durchsetzung des Unionsrechts zur Grundlage hat, und Art. 291 AEUV (Durchführungsrechtsakte) wird damit versucht, dem bestehenden europäischen Verwaltungsverbund rechtliche Konturen zu geben. Allerdings gehen die Regelungen zur europäischen Verwaltung nicht über die bloße Anerkennung des status quo und damit die Bestätigung einer bereits in vielfältigen Formen bestehenden unionseigenen Verwaltungsstruktur hinaus. Zwar sind im Vertrag von Lissabon an mehreren Stellen verschiedene, neben den primärrechtlich konstituierten Organen, Einrichtungen erwähnt[689], ohne dass Agenturen in die Liste der Organe in Art. 13 EUV aufgenommen worden wären. Weder Art. 298 AEUV noch eine andere der genannten Vorschriften zur europäischen Verwaltung schaffen jedoch eine

Europäischen Union – Segen oder Fluch?, in: Europa im Wandel, FS Rengeling, S. 199. Dennoch plädiert er für eine eigene vertragliche Ermächtigungsgrundlage für die Schaffung von Agenturen, S. 203.

688 *Nettesheim* in: Grabitz/Hilf/Nettesheim, Das Recht der Europäischen Union, Art. 194 AEUV, Rn. 27.

689 Vgl. Art. 15 Abs. 3 UAbs. 3, Art. 228 Abs. 1 Satz 1, Art. 263 Abs. 1 Satz 2, Abs. 5, Art. 265 Abs. 1 Satz 2, Art. 287 Abs. 1 UAbs. 1, 298 Abs. 1 AEUV.

kompetenzrechtliche Grundlage für die Gründung von solchen europäischen Verwaltungseinheiten.[690] Art. 298 Abs. 2 AEUV schafft ebenfalls nur die Kompetenz, Regelungen zu organisationsrechtlichen und dienstrechtlichen Belangen in der europäischen Verwaltung zu erlassen, nicht jedoch die dafür erforderlichen Organe selbst. Daher könnte Art. 298 AEUV nicht als Kompetenzgrundlage für die Errichtung von ACER in Betracht kommen.

VIII. Subsidiarität und Verhältnismäßigkeit

Nach dem Bestimmen einer gültigen Ermächtigungsgrundlage muss geprüft werden, ob die Verabschiedung der ACER-VO den Kriterien der Subsidiarität und der Verhältnismäßigkeit gerecht wird. Das Prinzip der Subsidiarität in Art. 5 Abs. 3 EUV (zuvor Art. 5 EGV) begrenzt die Kompetenz der Union auf einer zweiten Stufe.[691] Nach Art. 5 Abs. 3 Satz 1 EUV wird die Union in den Bereichen, die nicht in ihre ausschließliche Zuständigkeit fallen, nur tätig, sofern und soweit die Ziele der in Betracht gezogenen Maßnahmen von den Mitgliedstaaten weder auf zentraler noch auf regionaler oder lokaler Ebene ausreichend verwirklicht werden können, sondern vielmehr wegen ihres Umfangs oder ihrer Wirkungen auf Unionsebene besser zu verwirklichen sind. Die Vorgaben enthalten also zwei zu prüfende Schranken, ein Negativ- und ein Positivkriterium, an denen die ACER-VO zu messen ist. Des Weiteren muss die Union das Verhältnismäßigkeitsprinzip wahren.

1. Negativkriterium

Nach dem Negativkriterium (oder Insuffizienzkriterium) muss die Maßnahme transnationale Bezüge haben, die durch die Mitgliedstaaten selbst nicht zufriedenstellend geregelt werden können.[692] Erforderlich sind damit ein feststellbares Defizit und die Prognose, dass dieses Defizit nicht von den Mitgliedstaaten

---

690 So auch (bedauernd) *Gärditz*, DÖV 2010, 453 (459); *ders.*, AöR 2010, 251 (272).

691 *Calliess* in: ders./Ruffert, EUV/AEUV, Art. 5 EUV, Rn. 20.

692 Vgl. Bericht der Kommission „Bessere Rechtsetzung 2003" gemäß Art. 9 des Protokolls über die Anwendung der Grundsätze der Subsidiarität und der Verhältnismäßigkeit vom 12.12.2003, KOM (2003) 770 endg., S. 19; Protokoll über die Anwendung der Grundsätze der Subsidiarität und Verhältnismäßigkeit vom 13.12.2007; ABl. Nr. C 306 S. 150; *Brenner*, Die Agenturen der Europäischen Union – Segen oder Fluch?, in: Europa im Wandel, Festschrift Rengeling, S. 201.

ausreichend beseitigt werden kann.[693] Es ist bereits festgestellt worden, dass auch nach langjährigen Bestrebungen und vielen Maßnahmen das Ziel des funktionierenden Energiebinnenmarktes nicht erreicht ist, womit ein hinreichendes Defizit als beschrieben gelten kann. Gleichzeitig geht damit die Feststellung einher, dass die Mitgliedstaaten nicht in der Lage waren, diesem Defizit abzuhelfen.

2. Positivkriterium

Auf der zweiten Stufe muss geprüft werden, ob die Maßnahme durch die Union besser als durch die Mitgliedstaaten geregelt werden kann (auch: Effizienzkriterium). Es muss insgesamt ein „Mehrwert" dadurch entstehen, dass die Union anstatt der Mitgliedstaaten tätig wird. Zwar soll diese Feststellung nach qualitativen und quantitativen Kriterien messbar sein,[694] wie genau dies aber geschehen soll, ist aber nicht ganz klar. Auch der EuGH begnügt sich zumeist mit einer zurückhaltenden und formelhaften Überprüfung, die relativ wenig Konturierung hervorgebracht hat und keine scharfe Unterscheidung zwischen dem Negativ- und dem Positivkriterium vornimmt.[695] Teilweise wird in der Literatur vorgeschlagen, dass die Verhinderung der Erreichung eines angestrebten Gemeinschaftziels durch die Mitgliedstaaten nur selten angenommen werden könne. Allenfalls wenn transnationale Gesichtspunkte, insbesondere in technischen Bereichen von der gemeinschaftsweiten Regelung betroffen seien, könne dem Subsidiaritätserfordernis Genüge getan sein.[696]

Erwägungsgrund 29 der ACER-VO nimmt zu den Voraussetzungen des Subsidiaritätserfordernisses Stellung und erklärt, dass die Ziele der Verordnung, nämlich die Mitwirkung und die Zusammenarbeit der nationalen Regulierungsbehörden auf Gemeinschaftsebene, nicht durch eine Regelung auf der Ebene der Mitgliedstaaten erreicht werden könnten (Negativkriterium) und daher besser auf Gemeinschaftsebene zu verwirklichen seien (Positivkriterium). Daher seien die Voraussetzungen des Art. 5 EGV erfüllt. Diese sich quasi nur auf die Wiedergabe des Vertragswortlauts beschränkende Formulierung mag zunächst nicht zufriedenstellend sein und sybillinisch wirken. Zwangsläufig kann eine

---

693 *Bast/von Bogdandy* in Grabitz/Hilf/Nettesheim, Das Recht der Europäischen Union, Art. 5 EUV, Rn. 54.

694 Art. 5 des Subsidiaritätsprotokolls.

695 *Calliess* in: ders./Ruffert, EUV/AEUV, Art. 5 EUV, Rn. 67 f.; *Bast/von Bogdandy* in: Grabitz/Hilf/Nettesheim, Das Recht der Europäischen Union, Art. 5 EUV, Rn. 58; *Vetter*, DÖV 2005, 721 (728).

696 *Brenner*, Die Agenturen der Europäischen Union – Segen oder Fluch?, in: Europa im Wandel, Festschrift Rengeling, S. 202.

Gemeinschaftseinrichtung nicht durch die Mitgliedstaaten geschaffen werden.[697] Wenn das Ziel ferner die Zusammenarbeit und Kooperation der nationalen Regulierungsbehörden untereinander sein soll, die nicht in hinreichender Weise auf europäischer Ebene erfolge, so kann mit Fug und Recht auf die Zusammenarbeit des CEER und der ERGEG hingewiesen werden, in der diese Kooperation hingegen stattgefunden hat.

Die Errichtung von ACER in der jetzigen Form verstößt aber aus anderen Gründen nicht gegen das Subsidiaritätsprinzip, wie die Kommission auch in ihrem Vorschlag für die Agentur, ohne speziellen Bezug auf das Subsidiaritätsprinzip, bereits hinreichend begründet hat. Hauptgrund für die Weiterentwicklung durch das Dritte Energiebinnenmarktpaket ist die immer noch unzureichende Entwicklung des gemeinsamen Energiebinnenmarktes, für dessen Schwierigkeiten die Regulierungslücke auf europäischer Ebene ausgemacht wurde und worin das Defizit besteht. Dies vorausgesetzt, darf der europäische Gesetzgeber unter Einräumung eines Beurteilungs- und Ermessensspielraums Rechtsakte setzen, die zur Abhilfe führen sollen.[698] Indem die Union die Agentur mit den in der ACER-VO beschriebenen Kompetenzen ausstattet und als Hilfsorgan der Kommission installiert, wird die Regulierungslücke ein Stück weit geschlossen, was durch Regelungen auf mitgliedstaatlicher Ebene nicht möglich gewesen wäre. Da transnationale Sachverhalte erfasst sind, die sich in einem zum Teil überwiegend technischen Bereich bewegen, kann auch nach einer restriktiven Einschätzung die Unionskompetenz bejaht werden. Die ACER-VO genügt daher dem Subsidiaritätserfordernis des Art. 5 Abs. 3 EUV (zuvor Art. 5 EGV).

3. Verhältnismäßigkeit

Nach Art. 5 Abs. 4 UAbs. 1 EUV (zuvor Art. 5 Abs. 3 EGV) dürfen die Maßnahmen der Union inhaltlich wie formal nicht über das zur Erreichung der Ziele der Verträge erforderliche Maß hinaus gehen. Gemäß Art. 5 S. 5 des Verhältnismäßigkeitsprotokolls muss dabei diejenige Maßnahme gewählt werden, die im Hinblick auf das zu erreichende Ziel für die einzelnen beteiligten Ebenen die geringsten Kosten und den geringsten Verwaltungsaufwand verursacht. Die Trennung zwischen Subsidiarität und Verhältnismäßigkeit fällt nicht immer leicht. Auch der Erwägungsgrund 29 der ACER-VO erwähnt beide Grundsätze nebeneinander.

697 Kritisch zur schmalen Begründungspraxis der Kommission, die damit das Subsidiaritätsprinzip ausgehebelt sieht: *Wittinger*, EuR 2008, 609 (617).

698 *Bast/von Bogdandy* in: Grabitz/Hilf/Nettesheim, Das Recht der Europäischen Union, Art. 5 EUV, Rn. 58.

Beiden Grundsätzen ist weiterhin gemeinsam, dass der EuGH dem Unionsgesetzgeber einen relativ weiten Ermessensspielraum einräumt[699] und nur offensichtliche Irrtümer, Ermessensfehler oder Ermessensüberschreitungen kontrolliert.[700] Insbesondere in technisch anspruchsvollen und komplexen Bereichen muss dies gelten. Die Wahl des mildesten Mittels umfasst auch die sog. „Mittelhierarchie", nach der unverbindliche Empfehlungen und fakultative Verhaltenskodizes bei gleichem Erfolg Vorrang vor bindenden Regelungen haben und auf das Instrument der Richtlinie eher als auf eine Verordnung zurückgegriffen werden sollte.[701]

Die Errichtung einer Agentur mit einer beabsichtigten Personalausstattung von 40 bis 50 Mitarbeitern und veranschlagten jährlichen Gesamtkosten von 6 bis 7 Mio. Euro[702] stellt eine tiefgreifende Umgestaltung des institutionellen Geflechts und allein wegen des Verwaltungs- und Kostenaufwandes eine umfangreiche Maßnahme dar, die folgerichtig einen hohen Begründungsbedarf im Rahmen der Verhältnismäßigkeit erfordert. Dabei ist die Wahl der Rechtsform der Verordnung durch die Entscheidung für eine rechtsfähige Agentur bereits determiniert, da die Errichtung nicht durch eine Richtlinie oder andere Rechtsakte erfolgen kann. Auch hat der Unionsgesetzgeber umfangreich und nachvollziehbar in mehreren Berichten und Stellungnahmen begründet, warum er das Agenturmodell anstelle des status quo oder einer Weiterentwicklung der Zusammenarbeit zu einem ERGEG+-Modell präferiert. Beispielhaft nennt der Bericht der Kommission „Bessere Rechtsetzung 2003" anhand der Errichtung der Chemikalienagentur REACH, wie in einem technischen Bereich die Begründung durch den europäischen Gesetzgeber vonstatten gehen soll und definiert so den anzulegenden Maßstab hinsichtlich Verhältnismäßigkeit und Subsidiarität.[703] Aufgrund des ähnlichen Informations- und Begründungsgeschehens und des Beurteilungsspielraums des Gesetzgebers ist hier daher insgesamt von einer Wahrung des Verhältnismäßigkeitsprinzips auszugehen.

---

699 EuGH Rs. C-58/08, Slg. 2000, I-4999.

700 EuGH Rs. C-84/94, Vereinigtes Königreich ./. Rat, Slg. 1996, I-5755, Rn. 55 ff; EuGH Rs. C-233/94, Deutschland ./. Europäisches Parlament und Rat, Slg. 1997, I-2405, Rn. 54 ff.

701 *Calliess* in: ders./Ruffert, EUV/AEUV, Art. 5 EUV, Rn. 53 m.w.N.; a.A.: *Pescatore*, Festschrift Everling, Band 2, S. 1071 (1079).

702 Vgl. den Vorschlag für eine Verordnung zur Gründung einer Agentur für die Zusammenarbeit der Energieregulierungsbehörden, KOM (2007) 530 endg., S. 15.

703 KOM (2003) 770 endg., S. 27.

4. Fazit

Sowohl der Grundsatz der Subsidiariät als auch das Verhältnismäßigkeitsprinzip sind bei der ACER-VO gewahrt.

IX. Fazit

Art. 95 EGV ist in einer Vielzahl von Fällen bereits für die Gründung von Gemeinschaftseinrichtungen als Ermächtigungsgrundlage herangezogen worden. Die Rechtsangleichungsvorschrift im Binnenmarkt ist dabei in immer extensiverer Weise ausgelegt und vom EuGH mit neuen, ungeschriebenen Merkmalen konkretisiert worden, so dass eine systematische Einschätzung immer schwerer fällt. Eine Ermächtigungsgrundlage muss aber gewisse Grenzen setzen, soll sie nicht zu einer uferlosen Generalvollmacht für den Gesetzgeber werden. Mit der Gründung einer Agentur mit den Befugnissen von ACER ist der europäische Gesetzgeber über die (schon weitgezogenen) Grenzen hinausgegangen, die der EuGH in der ENISA-Entscheidung als äußersten Referenzpunkt hinsichtlich der Geltung des Art. 95 EGV herausgearbeitet hat. Dass er diese nochmals weiter hinausschieben würde, ist nicht zu erwarten. Nach dem hier vertretenen Ergebnis kommt Art. 95 EGV daher als Kompetenzgrundlage nicht in Frage. Dagegen hätte die Verordnung auf Art. 308 EGV gestützt werden können. Maßnahmen nach Art. 95 EGV werden nach dem Verfahren der Mitentscheidung nach Art. 252 EGV erlassen. Art. 308 EGV sieht hingegen eine einstimmige Entscheidung des Rates und nur eine Anhörung des Europäischen Parlaments vor. Aufgrund der Tatsache, dass bei Art. 308 EGV kein Mitgliedstaat überstimmt werden kann, ist hier eine weniger restriktive Auslegung bei der Errichtung von Agenturen angezeigt. Die Gefahr für eine Verschiebung der Kompetenz-Kompetenz besteht hier nicht. Ein auf der Grundlage von Art. 95 EGV und nach dessen Verfahren verabschiedeter Rechtsakt ist nichtig, wenn die Voraussetzungen des Art. 95 EGV nicht vorliegen.

Dass der EuGH in naher Zukunft aber eine neue Entscheidung darüber zu treffen hat, ob Art. 95 EGV bzw. nun Art. 114 AEUV als Ermächtigungsgrundlage für die Errichtung einer Gemeinschaftseinrichtung, die mehr Kompetenzen als ENISA hat, in Frage kommt, ist relativ unwahrscheinlich.[704] Gegen die ACER-VO ist kein Kläger zu Felde gezogen. Dabei wäre die Klärung der Frage

704 Bei der Einrichtung von ENISA machte das Vereinigte Königreich mit einer Nichtigkeitsklage geltend, dass die Verordnung auf Art. 308 EGV, und nicht auf Art. 95 EGV hätte gestützt werden müssen.

aus Gründen der Rechtssicherheit und der Weiterentwicklung der Systematik in der europäischen Verwaltungsstruktur höchst begrüßenswert gewesen. Gleichzeitig muss nicht befürchtet werden, dass eine Entscheidung, die ACER-VO mangels Ermächtigungsgrundlage für nichtig zu erklären, zu einem institutionellen Chaos und einer zwingenden Rückabwicklung der Agentur hätte führen müssen. Wie gezeigt, ist seit dem 1. Dezember 2009 mit Art. 194 AEUV eine für die Gründung der Agentur ausreichende Ermächtigungsgrundlage in Kraft.[705] Der EuGH hätte für den Fall, dass er die Verordnung für nichtig befunden hätte, die zeitliche Geltung des Urteils beschränken können, so dass dem Gesetzgeber ausreichend Zeit zur Verfügung stünde, ein neues Verfahren auf der Grundlage von Art. 194 AEUV durchzuführen.[706] Dies wäre in jedem Fall eine begrüßenswerte Klarstellung und gerichtliche Einordnung der Weite des Art. 95 EGV bzw. Art. 114 AEUV gewesen.

---

705 Die Kommission hat auch bereits die ersten Rechtsakte auf Art. 194 AEUV gestützt, z. B. den Beitritt der EU zur internationalen Organisation für Erneuerbare Energien (IRENA) (vgl. IP/09/1804 vom 23.11.2009) oder die Verordnung des Europäischen Parlaments und des Rates über die Integrität und Transparenz des Energiemarktes (Remit-Verordnung), vgl. den Verordnungsvorschlag der Kommission, KOM (2010) 726 endg., S. 3.

706 so auch der Schlussantrag der Generalanwältin Kokott im ENISA-Verfahren, Schlussanträge vom 22.09.2005, Rs. C-217/04, „ENISA", Slg. 2006, I-3771.

§ 7 Zulässigkeit des Kompetenztransfers

Neben der Problematik des Vorhandenseins einer ausreichenden Ermächtigungsgrundlage ist als zweiter großer Problemkreis die Zulässigkeit der Bildung vertragsfremder Einrichtungen und die Möglichkeiten und Grenzen der Übertragung von Kompetenzen und Befugnissen auf solche Einrichtungen zu erörtern. Trotz des Aufbaus einer mittlerweile verfestigten (Verwaltungs-)Struktur mit einer Vielzahl von operierenden Agenturen auf der sog. Tertiärebene[707] in den letzten Jahren und trotz der nunmehr ausdrücklichen Anerkennung einer europäischen Verwaltung im AEUV, bildet die Grundlage der dogmatischen Diskussion noch immer ein mehr als fünfzig Jahre altes Urteil des Europäischen Gerichtshofes – das Meroni-Urteil.[708] Unter Berufung auf dieses Urteil wird die Übertragung von Kompetenzen auf eine vertragsfremde Einrichtung, wie eine Agentur, teilweise sehr kritisch gesehen.

Nach der Darstellung der dort niedergelegten Grundsätze soll geprüft werden, ob die Befugnisse von ACER den dort niedergelegten und noch heute bemühten Anforderungen und Restriktionen genügen. Ferner soll geprüft werden, ob angesichts des Alters der Entscheidung und der sich seitdem grundlegenden Weiterentwicklung, Vertiefung und Umgestaltung der Europäischen Union nicht von einer Überholung der Rechtsprechung ausgegangen werden muss bzw. soll die Frage aufgeworfen werden, ob der EuGH im Falle einer heute zu treffenden Entscheidung nicht zu einem anderen Urteil kommen würde.

I. Die Grundaussagen der Meroni-Rechtsprechung

Jede supranationale Organisation bedarf zu ihrem Funktionieren eines genau definierten, durch die Mitgliedstaaten geschaffenen, institutionellen Gefüges, durch welches sie erst eine eigene Handlungsfähigkeit erwirbt. Art. 13 EUV bestimmt, dass die Union über einen institutionellen Rahmen verfügt, der zum Zweck hat, ihren Werten Geltung zu verschaffen, ihre Ziele zu verfolgen, ihren Interessen, denen ihrer Bürgerinnen und Bürger und denen der Mitgliedstaaten zu dienen sowie die Kohärenz, Effizienz und Kontinuität ihrer Politik und ihrer Maßnahmen sicherzustellen. Als Organe nennt der Vertrag ausdrücklich das Europäische Parlament, den Europäischen Rat, den Rat, die Europäische

707 Zur Terminologie vgl. *Calliess* in: Calliess/Ruffert, EUV/AEUV, Art. 13 AEUV, Rn. 4 ff.

708 EuGH Rs. 9/56, „Meroni I", Slg. 1958; Wittinger, EuR 2008, 609 (618).

Kommission, den Gerichtshof der Europäischen Union, die Europäische Zentralbank und den Rechnungshof (Organe auf der primären Ebene).[709] Weiterhin sehen die Verträge explizit die Errichtung anderer Einrichtungen vor, wie den Erweiterten Rat der Europäischen Zentralbank[710], den Beratenden Ausschuss Verkehr[711], den Wirtschafts- und Finanzausschuss[712], den Ausschuss für Handelspolitik[713], den Ausschuss Sozialfonds[714], den Ausschuss der ständigen Vertreter[715] und den Bürgerbeauftragten[716] vor. Diese können als Organe der sekundären Organisationsstruktur bezeichnet werden.[717]

Keine Erwähnung im Vertrag finden dagegen Agenturen, die als vertragsfremde Einrichtungen auf der tertiären Ebene angesiedelt werden können. Zwar nimmt Art. 298 AEUV mittlerweile das Bestehen einer offenen, effizienten und unabhängigen europäischen Verwaltung vorweg, auf die sich die Organe, Einrichtungen und sonstigen Stellen der Union zur Ausübung ihrer Aufgaben stützen sollen. Damit ist zumindest auch vertraglich klargestellt, dass die Organe bestimmte Tätigkeiten auf die Verwaltung abwälzen können, eine Feststellung, die der EuGH in der Rechtssache Meroni bereits 1958 getroffen hat.[718] In dieser Entscheidung, die immer noch als Grundsatzurteil gilt[719], hat der Gerichtshof der Aufgabendelegation von europäischen Organen auf nachgeordnete Behörden durch Sekundärrecht aber enge Grenzen gesetzt.

Erstens könnten nach der damaligen Jurisdiktion keine weiterreichenden Kompetenzen auf nachgeordnete Behörden übertragen werden, als sie den Organen der Gemeinschaft nach dem Vertrag selbst zustünden.[720] Dies erscheint zunächst selbstverständlich, da in einem solchen Falle letztlich die europäischen Organe selbst Befugnisse kreieren könnten, obwohl die Übertragung von

709 Art. 13 Abs. 1 Satz 2 EUV; daneben werden als Hilfs- oder Nebenorgane mit beratender Funktion der Ausschuss der Regionen und der Wirtschafts- und Sozialausschuss in Art. 13 Abs. 4 EUV genannt.

710 Art. 141 AEUV.

711 Art. 99 AEUV.

712 Art. 126 Abs. 4 AEUV.

713 Art. 207 Abs. 3 AEUV.

714 Art. 162 AEUV.

715 Art. 240 AEUV.

716 Art. 228 AEUV.

717 *Calliess* in: ders./Ruffert, EUV/AEUV, Art. 13 EUV, Rn. 6; *Nettesheim* in: Grabitz/Hilf/Nettesheim, Das Recht der Europäischen Union, Art. 13 EUV, Rn. 19.

718 EuGH Rs. 9/56, „Meroni I“, Slg. 1958, S. 13.

719 *Gärditz*, AöR 2010, 251 (269).

720 EuGH Rs. 9/56, „Meroni I“, Slg. 1958, S. 13 (40).

Souveränitätsrechten einzig und allein durch die Mitgliedstaaten als Herren der Verträge vorgenommen werden kann. Die Argumentation des Gerichtshofs ging aber weiter. Nach dem damals geltenden Vertrag war die Hohe Behörde (Vorläufer der Kommission) als Organ im Falle der Ausübung der übertragenen Befugnisse zu dreierlei verpflichtet: Erstens die Entscheidung mit Gründen zu versehen und auf pflichtgemäß eingeholte Stellungnahmen einzugehen (Art. 15 EGKSV), zweitens alljährlich einen Gesamtbericht über die Tätigkeit und die Verwaltungsaufgaben der Gemeinschaft zu veröffentlichen (Art. 17 EGKSV) und drittens solche Angaben zu veröffentlichen, die für die Regierungen oder andere Beteiligten von Nutzen sein könnten (Art. 47 EGKSV). Indem die Hohe Behörde aber ihr zustehende Befugnisse auf eine nachgelagerte Stelle übertragen hatte, ohne dieser gleichzeitig diese die Hohe Behörde bindenden Bedingungen aufzuerlegen, seien weiterreichende Befugnisse als vertraglich vorgesehen übertragen worden, so der EuGH. Ohne Einhaltung dieser Bedingungen sei aber eine Nachprüfung der einzelnen Entscheidung durch den Gerichtshof erschwert, was den Rechtsschutz in unzulässiger Weise verkürze.[721]

Zweitens stellte der Gerichtshof fest:

> *„Das Recht der Hohen Behörde, finanzielle Einrichtungen der in Artikel 53 des Vertrages vorgesehenen Art zu genehmigen oder zu schaffen, gibt ihr vor allem auch die Möglichkeit, solchen Organen unter ihrer Aufsicht und unter Bedingungen, die sie selbst festsetzt, gewisse Befugnisse zu übertragen."*[722]

Damit war die grundsätzliche Möglichkeit der Schaffung von Gemeinschaftsagenturen manifestiert.

Die Übertragung von Befugnissen könne sich aber, so der EuGH weiter, in zwei verschiedenen Formen darstellen. Zunächst könnten dies *„genau umgrenzte Ausführungsbefugnisse"* sein, deren Ausübung einer *„strengen Kontrolle im Hinblick auf die Beachtung objektiver Tatbestandsmerkmale"* durch die Hohe Behörde selbst unterliegen. Daneben könnte es sich um Befugnisse handeln, die nach *„freien Ermessen"* auszuüben wären und einen weiten Ermessensspielraum voraussetzen. Diese würde dann weiter nach der Art der Ausübung die *„Verwirklichung einer ausgesprochenen Wirtschaftspolitik"* durch die vertragsfremden Behörden bedeuten. Im ersten Fall der Delegation würde man noch von einer Entscheidungsverantwortlichkeit der Hohen Behörde sprechen, im zweiten

721 EuGH Rs. 10/56, „Meroni II", Slg. 1958, S. 55 (70).

722 EuGH Rs. 9/56, „Meroni I", Slg. 1958, S. 13 (43); EuGH Rs. 10/56, „Meroni II, Slg. 1958, S. 55 (80).

dagegen von einer Übertragung der Ermessensentscheidung von der Hohen Behörde auf die nachgelagerte Stelle.

Aus dem Aufbau der Gemeinschaft und dem im Vertrag geschaffenen „*Gleichgewicht der Gewalten*" folge aber, dass die Organe verpflichtet seien, die ihnen übertragenen Aufgaben selbst wahrzunehmen und nicht auf andere Stellen zu übertragen. Diese Garantie sei auch insbesondere zum Schutz der Unternehmen und Unternehmensverbände da, auf die der Vertrag Anwendung finde. Daher dürften „*nur Ausführungsbefugnisse übertragen werden, die genau umgrenzt sind und deren Ausübung von der Hohen Behörde in vollem Umfang beaufsichtigt*" werden.[723]

> „*Die Übertragung von Befugnissen mit Ermessensspielraum auf andere Einrichtungen als solche, die im Vertrag zur Ausübung und Kontrolle dieser Befugnisse im Rahmen ihrer jeweiligen Zuständigkeiten vorgesehen sind, würde diese Garantie jedoch verletzen.*"[724]

In dem der Entscheidung zugrunde liegenden Sachverhalt ging es konkret um von der Hohen Behörde geschaffene Organe, die im Einzelfall zu entscheiden hatten, für welche „*Mengen aus dritten Ländern eingekauften Schrott ein Preisgeld gewährt werden konnte*", einen „*Höchsteinfuhrpreis*", einen „*Ausgleichspreis*", den „*Schlüssel für die Errechnung der Ersparnisse an Schrott*" und die „*Höhe der Prämie, die für diese Ersparnisse gewährt*" wird. Da die Festsetzung dieser Werte auf keinen von der Hohen Behörde festgelegten Kriterien oder Vorgaben fußte, sondern der freien Einschätzung der geschaffenen Organe oblag, kam der Gerichtshof zu dem Ergebnis, dass damit Ermessensentscheidungen an diese delegiert worden seien. Damit seien in diesem Fall die Grenzen der Zulässigkeit des Kompetenztransfers überschritten. Daran änderte nach Auffassung des Gerichtshofs auch nicht die Einschränkung etwas, dass die Hohe Behörde ihrem ständigen Vertreter bei den Brüsseler Organen das Recht einräumte, für jede Entscheidung die Zustimmung der Hohen Behörde vorzubehalten.

> „*Allein mit dieser Möglichkeit, ihre Zustimmung zu verweigern, hat sie sich aber keine ausreichenden Befugnisse vorbehalten, so dass die […] Übertragung von Befugnissen über die oben aufgezeigten Grenzen hinausgeht.*"[725]

---

723 EuGH Rs. 9/56, „Meroni I", Slg. 1958, S. 13 (44); EuGH Rs. 10/56, „Meroni II", Slg. 1958, 55 (81).

724 EuGH Rs. 9/56, „Meroni I", Slg. 1958, S. 13 (44); EuGH Rs. 10/56, „Meroni II", Slg. 1958, 55 (82).

725 EuGH Rs. 9/56, „Meroni I", Slg. 1958, S. 13 (47).

Zu dieser Einschätzung trug auch die im Verfahren mitgeteilte Ausführung der Hohen Behörde bei, sie *„übernehme die von den Brüsseler Organen mitgeteilten Angaben"* und könne *„diesen von sich aus nichts hinzufügen"*.[726]

An den Grundlagen der Meroni-Entscheidung hielt der EuGH auch in den, allerdings wenigen, Entscheidungen der folgenden Jahrzehnte fest. In der Entscheidung „van der Vecht" ging es um die Qualität von Entscheidungen der Verwaltungskommission für die soziale Sicherheit der Wanderarbeitnehmer.[727] Da es den EWG-Organen nicht möglich sei, echte Entscheidungsbefugnisse auf nachgeordnete Stellen, wie hier die Verwaltungskommission, zu übertragen, könnten ihren Entscheidungen lediglich die Rechtsqualität von Gutachten zugemessen werden.[728] In der Sache „Romano/IMANI" wurde der Gerichtshof nochmal konkreter und urteilte, es ergebe sich

> *„sowohl aus Art. 155 EWG-Vertrag als auch aus dem durch den Vertrag, insbesondere seine Art. 173 und 177 geschaffenen Rechtsschutzsystem, dass eine Stelle wie die Verwaltungskommission vom Rat nicht ermächtigt werden kann, Rechtsakte mit normativem Charakter zu erlassen."*[729]

Insbesondere der dort zuständige Generalanwalt Warner präsentierte in seinen Schlussanträgen eine detailliertere Begründung für das vom Gerichtshof gefundene Ergebnis. Der Rat könne aus seiner Sicht auf keine andere Stelle als die Kommission Rechtssetzungsbefugnisse übertragen und die Schaffung einer Verwaltungsstelle, deren Entscheidungen nicht durch den Gerichtshof kontrolliert und nachgeprüft werden könne, widerspreche dem Rechtsschutzsystem des Vertrages.[730]

Im Ergebnis kann die Rechtsprechung des EuGH wie folgt zusammengefasst werden: Die Übertragung von Entscheidungsbefugnissen auf nachgeordnete Organe ist prinzipiell möglich. Es können aber keine Befugnisse übertragen werden, die dem übertragenen Organ nach dem Vertrag nicht selbst zustehen und aus dem übertragenden Rechtsakt müssen die übertragenen Befugnisse genau hervorgehen. Das den organisatorischen Aufbau der EU kennzeichnende „institutionelle Gleichgewicht der Gewalten" darf nicht verletzt werden. Daher darf die vertragsfremde Stelle nicht mit Ermessensbefugnissen politischen Charakters ausgestattet werden und die Ausübung der Befugnisse muss von dem

---

726 EuGH Rs. 9/56, „Meroni I", Slg. 1958, S. 13 (47).
727 EuGH Rs. 19/67, „van der Vecht", Slg. 1967, S. 461.
728 EuGH Rs. 19/67, „van der Vecht", Slg. 1967, S. 461 (474).
729 EuGH Rs. 98/80, "Romano/INAMI", Slg. 1981, 1241 (Rn. 20).
730 Generalanwalt *Warner*, Schlussantrag zu EuGH Rs. 98/80, „Romano/INAMI", Slg. 1981, S. 1241 (1264 f.).

übertragenden Organ in vollem Umfang beaufsichtigt werden. Schließlich muss der Rechtsschutz gewährleistet werden und vom vertragsfremden Organ getroffene Entscheidungen durch den EuGH überprüft werden können. Zur Gewährleistung eines effektiven Rechtsschutzes ist es auch unerlässlich, dass die Entscheidungen begründet und veröffentlicht werden.

II. Faktische Ausdehnung der Kompetenztransferschranke?

Soweit in der Theorie die Grenzen für eine Kompetenzverlagerung auf vertragsgefremde Organe durch den EuGH definiert sind, kann mit guten Gründen gefragt werden, ob durch den in den vergangenen beiden Jahrzehnten massiven qualitativen und quantitativen Zubau von EU-Administrativeinrichtungen[731] nicht schon stillschweigend oder teilweise unbewusst die Grenzen der Kompetenzübertragung überschritten worden sind. Die Agenturen der EU sind teilweise zu unabhängigen und machtvollen Institutionen ausgebaut worden, die in ihren Maßnahmen frei entscheiden und immer mehr und tiefgreifender in die Rechtsstellungen von Unternehmen und Bürgern, insbesondere durch diesen gegenüber Bindung entfaltende Entscheidungen, eingreifen. Allein die Regulierungsagenturen beschäftigen 3.800 Mitarbeiter und verfügen über ein Jahresbudget von 1,1 Milliarden Euro.[732] Formell hat sich die europäische Kommission zwar zu den vom EuGH gezogenen Grenzen bekannt. In den Rahmenbedingungen für die europäischen Regulierungsagenturen heißt es hierzu:

> *„Die Agenturen mit Entscheidungsbefugnis sind ermächtigt, Einzelfallentscheidungen zu treffen; ausgenommen hiervon sind allgemein anzuwendende Maßnahmen mit normativer Wirkung."*[733]

Im Entwurf über eine interinstitutionelle Vereinbarung bezüglich Rahmenbedingungen für Regulierungsagenturen heißt es dazu mit konkretem Verweis auf die Meroni-Urteile:

> *„Mit der Erfüllung ihrer Aufgaben beteiligen sich diese Agenturen aktiv an der Ausübung der Exekutivfunktionen auf Gemeinschaftsebene. Die Einzelfallentscheidungen erlassenden Agenturen haben eine normative Exekutivkompetenz. Gemäß dem institutionellen System und der Rechtsprechung des Gerichtshofs beschränkt sich diese Kompetenz jedoch darauf, Vorschriften des abgeleiteten Gemeinschaftsrechts auf Einzelfälle anzuwenden."*[734]

---

731 S. dazu bereits oben unter § 4; *Saurer*, EuR 2010, 51 (51).

732 Europäische Agenturen – Mögliche Perspektiven, KOM (2008) 135, S. 5.

733 KOM (2002) 718 endg., S. 13.

734 KOM (2005) 59 endg., S. 5.

Generell wird es aber schon schwierig zu bestimmen sein, wann eine Einzelfallentscheidung sich lediglich darauf beschränkt, Vorschriften des abgeleiteten Gemeinschaftsrechts anzuwenden. Festzuhalten ist auch, dass einige Agenturen originäre Entscheidungsbefugnisse wahrnehmen. So entscheiden etwa das Harmonisierungsamt für den Binnenmarkt (HABM) und das Gemeinschaftliche Sortenamt im eigenen Namen und rechtsverbindlich gegenüber Dritten beispielsweise über Registereintragungen und Handlungen im Sortenschutz.[735] Die Europäische Chemikalienagentur REACH ist für die Registrierung, Bewertung, Zulassung und Beschränkung chemischer Stoffe zuständig.[736] Die Europäische Agentur für Flugsicherheit (EASA) ist für die Erteilung von Typengenehmigungen im Flugzeugbau zuständig und erteilt entsprechende Umweltzertifikate.[737] Auch wenn die EASA ansonsten formal nur vorbereitende Gutachten und Entwürfe ausarbeitet, ist sie doch als erste Agentur mit einem eigenen „Rulemaking Department" und einem „Rulemaking Director" ausgestattet.[738] Angesichts der Befunde kann von einer bereits heute faktisch stattgefundenen Verschiebung der von der Meroni-Judikatur gezogenen Grenzlinien gesprochen werden. In jüngster Zeit hatte aber auch der EuGH keine Möglichkeit, eine erneute Überprüfung und möglicherweise Neujustierung vorzunehmen.[739] Bereits oben ist angeklungen, dass ACER über die Möglichkeit verfügt, Einzelfallentscheidungen zu treffen. Weitere Kompetenzen werden in § 10 detailliert untersucht und an dieser Stelle in die Meroni-Problematik eingeordnet werden. Zuvor soll aber erörtert werden, ob die heutige Europäische Union es noch rechtfertigt, die Meroni-Rechtsprechung aufrechtzuerhalten oder ob die dort statuierten Grundsätze offener interpretiert werden können.

III. Die Meroni-Grundsätze im aktuellen Rechtsrahmen der Union

Die Urteile des EuGH in den Rechtssachen Meroni liegen mehr als ein halbes Jahrhundert zurück. Die Entscheidung van der Vecht erging vor 49 Jahren und selbst die Rechtssache Romano/IMANI weist ein Alter von 35 Jahren auf. Es bedarf keiner ausführlichen Belege, um darzustellen, dass sich die Union seitdem

735 Art. 57 ff. VO (EG) 40/94.
736 Art. 89 ff. VO (EG) Nr. 1907/2006.
737 Art. 31 ff. VO (EG) Nr. 1592/2002.
738 *Saurer*, EuR 2010, 51 (55).
739 Bedauernd: *Kühling*, EuZW 2008, 129, der die provokante Frage stellt: „Wer hat Angst vor Meroni?".

grundlegend verändert und eine enorme Vertiefung der europäischen Integration stattgefunden hat. Mit der EEA, dem Vertrag von Maastricht, dem Vertrag von Amsterdam, dem Vertrag von Nizza und dem Vertrag von Lissabon sind alleine seit Romano/IMANI fünf weitreichende Vertragsänderungen vorgenommen worden. Dies wirft die Frage auf, ob die damals vom Gerichtshof aufgestellten Grundsätze in der heutigen Union noch Geltungskraft beanspruchen können oder ob nicht eine Revision angedacht werden muss bzw. ob der EuGH eine ihm heute vorlegte Rechtssache anders entscheiden würde.[740]

1. Erfordernis einer effektiven Verwaltung

Die Veränderung der Europäischen Union seit dem Meroni-Urteil kommt nicht in erster Linie durch die Erweiterung der Mitgliedstaaten von ursprünglich 6 auf heute 28[741], sondern vor allem durch die starke Übertragung von Kompetenzen von der mitgliedstaatlichen auf die unionale Ebene zum Ausdruck. Während der Vertrag zur Gründung der EGKS eine supranationale Organisation schuf, die primär die Kontrolle über die kriegswichtigen Wirtschaftsgüter Kohle und Stahl durch Zugang ohne Zollbarrieren sicherstellen sollte, entwickelte sich die Europäische Wirtschaftsgemeinschaft zu einem immer tiefer verknüpftem und integrierten Staatenverbund und schließlich zu einer (politischen) Europäischen Union mit einer gemeinsamen Außen- und Sicherheitspolitik und einer polizeilichen und justiziellen Zusammenarbeit.[742] Mit der Veränderung der Verträge kam es auch zu einer fortschreitenden Übertragung von mitgliedstaatlichen Kompetenzen auf die Ebene der Union, so dass diese mittlerweile in fast allen Politikbereichen Rechtsetzungskompetenzen für sich in Anspruch nehmen kann. Aus diesem Zuwachs an Macht und Aufgaben resultiert zwangsläufig das Bedürfnis nach ausreichenden personellen und finanziellen Ressourcen, um den gewachsenen Anforderungen gerecht werden zu können. Zusätzlich sorgte die anvisierte Verwirklichung des Binnenmarktes für eine deutliche Intensivierung

---

740 *Ruffert* in: Calliess/Ruffert, EUV/AEUV, Art. 298 AEUV, Rn. 5.

741 allein in der Erweiterung auf 10 Mitgliedstaaten schon eine Veränderung des institutionellen Gleichgewichts sehend: *Constantinesco*, EuR 1981, 209 (220).

742 dazu auch erhellend die Präambel zum EUV, in der es heißt: „*...entschlossen, den mit der Gründung der Europäischen Gemeinschaften eingeleiteten Prozess der europäischen Integration auf eine neue Stufe zu heben,*“ und „*...in dem Wunsch, Demokratie und Effizienz in der Arbeit der Organe weiter zu stärken, damit diese in die Lage versetzt werden, die ihnen übertragenen Aufgaben in einem einheitlichen institutionellen Rahmen besser wahrzunehmen...*“.; *Fischer-Appelt*, Agenturen der Europäischen Gemeinschaft, S. 107.

der regulativen Politik in der Gemeinschaft, da Vereinheitlichung, gegenseitige Anerkennung und Vergleichbarkeit als Grundvoraussetzungen für die Erreichbarkeit diese Ziels angesehen werden können.[743] Zwar sind es grundsätzlich die Mitgliedstaaten, die das durch die Union gesetzte Recht mit Hilfe ihrer Verwaltungen durchsetzen müssen (vgl. Art. 291 AEUV)[744], dennoch hat sich auch auf der EU-Ebene mittlerweile ein Verwaltungsapparat herausgebildet und die existierende Organisationsvielfalt braucht sich hinter der der Mitgliedstaaten mittlerweile kaum noch zu verstecken.[745] Der Kommission als oberste Verwaltungsbehörde steht ein Verwaltungsnetz zur Verfügung, das streng hierarchisch aufgebaut ist und sich in Generaldirektionen, Direktionen und Referate gliedert.[746] Neben dieser hierarchischen und direkt der Kommission unterstellten Verwaltungsstruktur haben sich als zweiter Strang die bereits angesprochenen Agenturen herausgebildet, die sich durch eigene Rechtspersönlichkeit und Unabhängigkeit auszeichnen.[747] Drittens hat sich in einigen Bereichen ein ausgefeiltes Ausschusswesen entwickelt, in dem die Verwaltungen der Mitgliedstaaten, externe Fachleute und Vertreter der beteiligten gesellschaftlichen Kräfte zusammenarbeiten.[748]

Der Aufbau einer derartigen, von den Verträgen zunächst nicht vorgesehenen Verwaltung ist aber auch durchaus als gerechtfertigt zu beurteilen, da ein ausreichendes qualifiziertes Personal mit hinreichend Erfahrung, Wissen, Kompetenz und Spezialisierung für eine wünschenswerte Entlastung der Gemeinschaftsorgane bei deren Arbeit bedeutet und die Qualität der Ergebnisse zu steigern vermag.[749] Die Auslagerung von Kapazitäten auf Agenturen bringt dabei auch den weiteren Vorteil, dass die Aufblähung der Kommission zu einer Mammutbehörde

743 *Joerges* in: Joerges/Falke, Das Ausschußwesen der Europäischen Union, S. 18.

744 *Schmidt-Aßmann* in: Hoffmann-Riem/Schmidt-Aßmann/Voßkuhle, Grundlagen des Verwaltungsrechts, Band 1, § 5, Rn. 19; *von Danwitz*, Europäisches Verwaltungsrecht, S. 302; *Helfritz*, Verselbständigte Verwaltungseinheiten der Europäischen Union, S. 202; für eine konsequente Durchsetzung dieses Grundsatzes der mitgliedschaftlichen Verfahrensautonomie, *Ludwigs*, DV 2011, 64; *Groß*, EuR 2005, 54 (54).

745 *Groß*, EuR 2005, 54 (54); *Remmert*, EuR 2003, 134 (135); in Agenturen arbeiteten im Jahre 2006 ca. 3.000 Mitarbeiter, *Kilb*, EuZW 2006, 268 (272).

746 *Schmidt-Aßmann*, Das allgemeine Verwaltungsrecht als Ordnungsidee, Kap. 7, Rn. 4; *Neveling*, IR 2007, 173 (175).

747 S. dazu § 4.

748 Dazu *Joerges/Falke*, Das Ausschusswesen der Europäischen Union.

749 *Kilb*, EuZW 2006, 268 (273); *Fischer-Appelt*, Die Agenturen der Europäischen Gemeinschaft, S. 107 f; dies besonders auch in technischen Bereichen, s. Rahmenbedingungen für die europäischen Regulierungsagenturen, KOM (2002) 718, S. 6.

eingeschränkt wird und diese hierarchisch die oberste politische Leitungsarbeit übernehmen kann, ohne sich in speziellen Detailregelungen zu verlieren.[750] Von daher kann alleine schon aus der Veränderung des Kompetenzgefüges auf die heutige Notwendigkeit einer effektiven europäischen Verwaltung mit Entscheidungsbefugnissen erkannt werden.[751]

2. Primärrechtliche Anerkennung einer EU-Eigenverwaltung

Neben der faktischen Existenz ist die EU-Eigenverwaltung mittlerweile auch primärrechtlich anerkannt und hat Eingang in den Vertrag gefunden. Wie oben erörtert[752], regelt Art. 298 AEUV nunmehr die Unterstützung der Organe, Einrichtungen und sonstigen Stellen der Union durch eine offene, effiziente und unabhängige europäische Verwaltung. Auch an anderer Stelle finden sich Hinweise auf die Verwaltungstätigkeit der Union, so in Art. 197 AEUV. Dabei ist klar, dass sich die exekutivische Tätigkeit nicht auf die Kommission als oberste Verwaltungsbehörde beschränken kann, da deren Verwaltungsaufgabe schon in Art. 17 Abs. 1 Satz 5 EUV beschrieben ist und Art. 298 AEUV eine bloße Wiederholung darstellen würde. Insofern können nur die Agenturen oder andere unionale Einrichtungen gemeint sein, die als Verwaltungseinheiten auf der Hierarchieebene unter der Kommission bestimmte Verwaltungsaufgaben der Union erfüllen.[753] Ebenso hat die Kommission bereits in ihrem Weißbuch „Europäisches Regieren“[754] die verstärkte Gründung von Agenturen angekündigt und in anderen Mitteilungen als Mittel des effektiven Verwaltungshandelns dargestellt.[755] Daher ging die Praxis der Einrichtung von Agenturen der Änderung der Verträge sogar voraus. Die mittlerweile gefestigten Verwaltungsstrukturen und deren ausdrücklichen Erwähnung im AEUV – auch wenn hier nicht

---

750 *Brenner*, Die Agenturen der Europäischen Union – Segen oder Fluch?, in: Europa im Wandel, FS Rengeling, S. 193 (195).

751 *Weller*, Regulierungsagenturen der Europäischen Union: Rechtliche und integrationspolitische Gesichtspunkte, S. 36; *Neveling* ist der Meinung, dass die EU ohne die Unterstützung der dem Exekutivbereich zurechenbaren Einrichtungen kaum handlungsfähig wäre, IR 2007, 173 (176).

752 S. § 6 VII.

753 *Ruffert* in: Calliess/Ruffert, EUV/AEUV, Art. 298 AEUV, Rn. 3 ff.

754 KOM (2001) 428 endg.

755 Mitteilung der Kommission – Rahmenbedingungen für die europäischen Regulierungsagenturen, KOM (2002) 718 endg.; Entwurf für eine interinstitutionelle Vereinbarung zur Festlegung von Rahmenbedingungen für die europäischen Regulierungsagenturen, KOM (2005) 59 endg.

ausdrücklich von „Agenturen" gesprochen wird – stellen ein weiteres Argument dafür dar, dass sich die Europäische Union in der heutigen Form mit der EGKS aus der Zeit des Meroni-Urteils nicht mehr vergleichen lässt und daher Zweifel an einer uneingeschränkten Fortgeltung der Grundsätze geltend gemacht werden können. Hinzu kommt, dass im Fall von Meroni die Übertragung von Kompetenzen auf eine private Organisation und gerade nicht eine unionseigene Verwaltungseinheit stattfinden sollte.[756]

3. Weiterentwicklung des „institutionellen Gleichgewichts"

Zu beachten ist aber, dass, bei aller Veränderung und Weiterentwicklung der Europäischen Union, der EuGH im Meroni-Urteil sich schon nicht für ein generelles Verbot der Übertragung von Aufgaben auf andere Körperschaften ausgesprochen hat, sondern – was vielfach vergessen wird – die Möglichkeit unter anderem unter der Bedingung der Wahrung des institutionellen Gleichgewichts aufgezeigt hat. Um die Frage zu klären, ob nach dem heutigen Stand der Integration eine Verletzung des institutionellen Gleichgewichts vorliegt, muss daher zunächst untersucht werden, was unter dem Begriff des „institutionellen Gleichgewichts" zu verstehen ist.

Eine allgemeingültige Definition des institutionellen Gleichgewichts gibt es bis heute nicht. Die Diskussion geht auf die Rechtsprechung des EuGH zurück, der die dogmatische Figur des institutionellen Gleichgewichts in der Meroni-Entscheidung schuf und seither als justizielles Prinzip mit normativem Inhalt behandelt. Heute wird ihm allgemein Verfassungsqualität zuerkannt.[757] Trotz fehlender Herleitung aus einer bestimmten Norm des Vertrages oder einem Prinzip und schwieriger Konkretisierung des Begriffs[758] hat der EuGH zu erkennen gegeben, dass der Begriff auf die Zuständigkeitsverteilung der Organe innerhalb der Zuweisung durch das bestehende vertragliche System (horizontales Gleichgewicht)

---

756 Dies berücksichtigend: *Priebe*, Entscheidungsbefugnisse vertragsfremder Einrichtungen im Europäischen Gemeinschaftsrecht, S. 110; *Ipsen*, Europäisches Gemeinschaftsrecht, S. 444; *Fischer-Appelt*, Agenturen der Europäischen Gemeinschaft, S. 107; *Weller*, Regulierungsagenturen der Europäischen Union: Rechtliche und integrationspolitische Gesichtspunkte, S. 36.

757 *Streinz* in: ders., EUV/EGV, Art. 7 EGV, Rn. 20.

758 *Guillermin*, JDI 1992, 319 ff., unternimmt eine Herleitung und ausführliche rechtliche Untermauerung auf der Grundlage der Rechtsprechung des EuGH. Er konstruiert das institutionelle Gleichgewicht allerdings nur im Institutionendreieck Parlament-Rat-Kommission und nimmt den Gerichtshof davon aus, der ja gerade über die Einhaltung des Gleichgewichts wachen müsse.

und zwischen den Organen der Gemeinschaft und den Mitgliedstaaten (vertikales Gleichgewicht) Bezug nimmt.[759] Insbesondere die Rechte des Europäischen Parlaments und die Gewährleistung des Rechtsschutzes hat er dabei ins Auge gefasst. In der Rechtssache Roquette Frères./.Rat erklärte er zum Anhörungsrecht des Parlaments im Gesetzgebungsverfahren:

> *„Diese Befugnis ist für das vom Vertrag gewollte institutionelle Gleichgewicht wesentlich. Sie spiegelt auf Gemeinschaftsebene (…) ein grundlegendes demokratisches Prinzip wider.“*[760]

Später definierte er die Befugnisse des Parlaments insgesamt als unmittelbaren Bestandteil des institutionellen Gleichgewichts:

> *„Die Verträge haben nämlich ein System der Zuständigkeiten zwischen den verschiedenen Organen der Gemeinschaft geschaffen, das jedem Organ seinen eigenen Auftrag innerhalb des institutionellen Gefüges der Gemeinschaft und bei der Erfüllung der dieser übertragenen Aufgaben zuweist. Die Wahrung des institutionellen Gleichgewichts gebietet es, dass jedes Organ seine Befugnisse unter Beachtung der Befugnisse der anderen Organe ausübt. Sie verlangt auch, dass eventuelle Verstöße gegen diesen Grundsatz geahndet werden können.“*[761]

Schließlich urteilte der EuGH:

> *„Die wirksame Beteiligung des Parlaments am Gesetzgebungsverfahren der Gemeinschaft gemäß den im Vertrag vorgesehenen Verfahren stellt (…) ein wesentliches Element des vom Vertrag gewollten institutionellen Gleichgewichts dar.“*[762]

Damit kann hervorgehoben werden, dass das institutionelle Gleichgewicht vergleichbar mit dem Gewaltenteilungs- und dem Rechtsstaatsprinzip ist.[763] Die einzelnen Organe und insbesondere die rechtsprechende Gewalt dürfen in ihren maßgeblichen Funktionen nicht eingeschränkt und in ihren Kompetenzen beschnitten werden. Von daher formuliert der EuGH grundsätzliche rechtsstaatliche Prinzipien. Gleichzeitig bedeutet dies aber auch, dass der Begriff des institutionellen Gleichgewichts selbst dem Wandel unterworfen ist und immer

759 *Calliess* in: ders./Ruffert, EUV/AEUV, Art. 13 AEUV, Rn. 15; *Fischer-Appelt*, Agenturen der Europäischen Gemeinschaft, S. 169.

760 EuGH, Rs. 138/79, "Roquette Frères", Slg. 1980, 3333, Rn. 33.

761 EuGH, Rs. C-70/88, "Tschernobyl", Slg. 1990, I-2041, Rn. 21 f.

762 EuGH, Rs. C-21/94, Slg. 1995, I-1827, Rn. 17.

763 *Calliess* in: ders./Ruffert, EUV/AEUV, Art. 13 EUV, Rn. 17; *Lenaerts*, CMLR 1991, 11 (11 ff.).

nur eine Momentaufnahme sein kann.[764] Denn eindeutig stellt der EuGH bei der Konkretisierung des normativen institutionellen Gleichgewichts auf die *durch die Verträge* konstituierten Rechte der Organe ab. Die Änderung eines Vertrages und der darin beschriebenen Kompetenzzuweisungen kann daher zu einer Änderung des sich darin ausdrückenden institutionellen Gleichgewichts führen.[765] Als Beispiel können hier die Befugnisse des Europäischen Parlaments genannt werden. So hat sich das Parlament im Laufe der Zeit die Stärkung seiner Mitwirkungsrechte und Funktionen im Gesetzgebungsprozess sowie weitere Rechte kontinuierlich erkämpft. Während es zu Beginn in den Gründungsverträgen noch als „Versammlung" bezeichnet wurde[766] und kaum Rechte besaß, kamen durch die Verträge von Maastricht, Amsterdam und Nizza jeweils substantielle Mitwirkungsrechte und Wahl-, Kontroll- und Beratungsbefugnisse hinzu.[767] Durch den Vertrag von Lissabon ist ein vorläufiger Höhepunkt der Machtbefugnisse erreicht, bei dem das Mitentscheidungsverfahren erweitert und zum ordentlichen Gesetzgebungsverfahren erhoben wurde.[768] Sofern diese Stufe der Machtverteilung und der status quo das institutionelle Gleichgewicht nun darstellen, kann davon ausgegangen werden, dass ein Zurückgehen hinter diesen status quo und eine Beschneidung der Rechte des Parlaments vom EuGH als Eingriff in das institutionelle Gleichgewicht gewertet werden würde. Somit hat die Demokratisierung zu einer Veränderung des institutionellen

764 Teilweise wird vertreten, der Begriff des institutionellen Gleichgewichts sei schon gar nicht konkretisierbar und trage keinen fassbaren Kern in sich, vgl. *Nettesheim* in: Grabitz/Hilf/Nettesheim, Das Recht der Europäischen Union, Art. 13 EUV, Rn. 33: „Leerformel"; *Hummer* in: Ius Humanitatis, Festschrift Verdross, S. 459 (483 ff.); *Läufer*, Die Organe der EG – Rechtsetzung und Haushaltsverfahren zwischen Kooperation und Konflikt, S. 220 ff; *Bieber*, CMLR 1984, 505 (519); *Constantinesco*, EuR 1981, 209 (213). Zudem wird der Begriff von den Organen selbst teilweise verwendet, um eine aus ihrer Sicht erwünschten und richtigen Änderung der Machtkompetenzen zu rechtfertigen, vgl. die Entschließung des Parlaments vom 09.10.1986, ABl. 1986 C 283/85: „Schaffung eines institutionellen Gleichgewichts durch Stärkung des Parlaments"; Mitteilung der Kommission vom 14.10.1981, BullEG, Beilage 2/82: „Wiederherstellung des institutionellen Gleichgewichts"; dagegen mit einer Einordnung und Konkretisierung: *Guillermin*, JDI 1992, 319 (319 ff.).

765 *Hummer* in: Ius Humanitatis, FS Verdross, S. 459 (481); *Joerges* in: Joerges/Falke, Das Ausschußwesen der Europäischen Union, S. 368.

766 Art. 21 EGKS, Art. 105 EAGV, Art. 137 EWGV.

767 *Kluth* in: Calliess/Ruffert, EUV/AEUV, Art. 14 EUV, Rn. 4.

768 Vgl. dazu den Überblick: *Schwarze*, EuR Beiheft 1/2009, 9 (12); *Pache/Rösch*, NVwZ 2008, 473 (475 f.).

Gleichgewichts geführt.[769] Für die Diskussion, ob die Feststellungen des EuGH zur Meroni-Rechtsprechung heute noch gelten, kann damit konstatiert werden, dass zwar immer noch bei der Schaffung von vertragsfremden Einrichtungen der Grundsatz des institutionellen Gemeinschaftsrecht nicht verletzt werden darf, dieser normative Begriff allerdings in der heutigen Struktur der Union anders interpretiert werden kann.

Dabei scheint klar, dass zum wesentlichen Kern des institutionellen Gleichgewichts die Grundsätze der Demokratie und der Rechtstaatlichkeit zählen, wie sie in Art. 2 EUV als grundlegende Werte der Union (neben der Achtung der Menschenwürde, Freiheit, Gleichheit und Achtung der Menschenrechte) genannt werden. Möglicherweise kann bei diesen grundlegenden Werten auch bereits von einer Ewigkeitsgarantie gesprochen werden, so dass sogar eine von den Mitgliedstaaten vorgenommene Revision der Verträge diese nicht beseitigen oder einschränken könnte.[770] Daher dürfte eine Regelung, die die aus dem Demokratieprinzip folgenden Rechte des Europäischen Parlaments einschränkt und originäre legislative Kompetenzen auf eine vertragsfremde Einrichtung überträgt, selbst dann keinen Bestand haben, wenn in einem ordnungsgemäß verabschiedeten Sekundärrechtsakt das Parlament selbst im Rahmen einer Selbstentmachtung dieser Übertragung zustimmt. Wird einer Agentur daher eine solche legislative Entscheidungskompetenz eingeräumt, ist der kompetenzübertragende Rechtsakt nichtig.

Gleiches gilt für die anderen vertraglich etablierten Organe und den ihnen übertragenen Kompetenzen und Aufgaben. Auch hier darf eine Selbstentmachtung nicht betrieben werden und andere Stellen mit grundlegenden Aufgaben verantwortet werden, um das institutionelle Gleichgewicht nicht zu stören. Zu bestimmen ist aber, wann der Grad einer noch zulässigen Aufgabenübertragung überschritten ist bzw. wann eine Übertragung noch nicht das institutionelle Gleichgewicht verletzt.

4. Heutige Grenze des institutionellen Gleichgewichts im Bereich der Exekutive

Nach Art. 17 Abs. 1 Satz 5 EGV ist die Kommission dafür verantwortlich, nach Maßgabe der Verträge Koordinierungs-, Exekutiv- und Verwaltungsfunktionen auszuüben. Nach dem zuvor Erörterten gilt, dass sich die Kommission aber dazu

769 So bereits auch *Constantinesco*, EuR 1981, 209 (231).

770 Jedenfalls hat der EuGH zu erkennen gegeben, dass gewisse Kernbereiche der Zuständigkeitsordnung der Verträge auch einer Vertragsrevision nicht zugänglich seien, EuGH, Gutachten 1/91, EWR, Slg. 1991, I-6079.

anerkanntermaßen nach der herrschenden Meinung und den Aussagen des AEUV eines Unterbaus mit Verwaltungsbehörden bedienen darf. Die entscheidende Frage und Abgrenzung muss danach getroffen werden, welche Reichweite die von den Verwaltungseinheiten übernommenen Aufgaben haben dürfen und inwieweit die Kontrolle und letztliche Entscheidungshoheit bei der Kommission verbleiben muss.[771] Die Meroni-Rechtsprechung wies diesbezüglich eine restriktive Haltung auf, nach der die Grenze bei der Einräumung von Ermessensentscheidungen überschritten sein sollte. In der heutigen Union mit einer weiterentwickelten und vertieften Integration mit vielfältigen Kompetenzen und Aufgaben auf der europäischen Ebene und den daraus folgenden Anforderungen an eine effiziente und bürgernahe Verwaltung ist zu fragen, ob diese Grenze weiter hinaus geschoben werden kann.

Der empirischen Feststellung, dass in den letzten Jahren ein Aufbau einer europäischen Verwaltungsstruktur stattgefunden hat, kann die dogmatische Frage angeschlossen werden, welcher Natur diese Verwaltung sein soll und welche Stellung und Kompetenzen ihr zukommen sollen. Auch hier kann wiederum anhand der in den Verträgen niedergelegten Regelungen untersucht werden, welchen Raum europäische Verwaltung einnimmt. Dazu ist bereits dargestellt worden, dass der AEUV sich hinreichend konkreter Aussagen enthält und allenfalls allgemeingültige Feststellungen trifft.[772] Andererseits, und dies ist die durchaus interessantere Frage im Zuge der Beurteilung der Meroni-Rechtsprechung, kann normativ begutachtet werden, was eine europäische Verwaltung können dürfen oder können sollte und inwieweit die Ausstattung der Verwaltung auf diese Weise das institutionelle Gleichgewicht der Gemeinschaft nicht verletzt. In dieser Hinsicht wird ein Blick in die Verwaltungstraditionen der Mitgliedstaaten der Europäischen Union als lohnenswert und erkenntnisbringend erachtet. Es liegt dem die Erwartung zugrunde, dass die anerkannte Ausgestaltung der Verwaltungsstruktur in einer Mehrzahl der unstreitig demokratisch und gewaltenteilig verfassten Mitgliedstaaten als Referenzmodell genommen werden kann.[773]

771 So auch *Bartodziej*, Reform der EG-Wettbewerbsaufsicht und Gemeinschaftsrecht, S. 247; *Weller*, Regulierungsagenturen der Europäischen Union: Rechtliche und integrationspolitische Gesichtspunkte, S. 37.

772 Vgl. dazu § 6 VII.

773 *Von Danwitz* spricht sogar von einer „rechtlichen Beachtlichkeit" der Grundsätze des mitgliedschaftlichen Gemeinschaftsrechts für die Entstehung des europäischen Verwaltungsrechts, von Danwitz, Europäisches Verwaltungsrecht, S. 123; *Schiera* sieht eine gegenseitige Beeinflussung der Verwaltungsrechtslehren und folglich auch eines

Ein essentieller Teil des staatlichen Aufbaus, der in den Mitgliedstaaten als in Einklang mit den Grundsätzen von Demokratie und Rechtsstaatlichkeit stehend erachtet wird, wird bei Übertragung auf die europäische Ebene dort nicht als Verstoß gegen ebendieselben Grundsätze verstanden werden können.

Bei aller Unterschiedlichkeit der europäischen Verwaltungstraditionen und Verwaltungslehren fällt nunmehr auf, dass – ohne dass hier ins Detail gegangen werden kann – die gewisse Eigenständigkeit der Verwaltung gegenüber anderen Staatsorganen gemeinsames Merkmal des Staatsaufbaus ist und diese Verwaltungseinheiten mit mehr oder weniger großen eigenen und nur eingeschränkt überprüfbaren Entscheidungsbefugnissen ausgestattet sind.[774] Durch

---

europäischen Verwaltungsrechts, in: von Bogdandy/Cassese/Huber, Handbuch Ius Publicum Europaeum, § 68, Rn. 49 ff.

774 *Hoffmann-Riem* in: ders./Schmidt-Aßmann/Voßkuhle (Hrsg.), Grundlagen des Verwaltungsrechts, § 10, Rn. 6 ff. m.w.N.; ausführlich: *Schneider*, Verwaltungsrecht in Europa, von Bogdandy/Cessese/Huber, Handbuch Ius Publicum Europaeum, Band IV, § 58–67, *Schwarze*, Europäisches Verwaltungsrecht, S. 246–280 und *von Danwitz*, Europäisches Verwaltungsrecht, Zweites Kapitel (S. 11–140) jeweils m.w.N. In Frankreich herrscht trotz der in den letzten Jahrzehnten zunehmenden verwaltungsgerichtlichen Überprüfung eine relative Kontrollzurückhaltung und allgemein ein großes Vertrauen in die Kompetenz und Fähigkeiten der Administration, deren Handlungsspielräume noch wesentlich stärker als in Deutschland respektiert werden. In England wirkt aufgrund der starken Betonung der Souveränität des Parlaments und der daraus folgenden Unüberprüfbarkeit von Gesetzen durch Gerichte eine mächtige Verwaltung, die bereits keiner eigenständigen Verwaltungsgerichtsbarkeit unterworfen sei. Zwar sei die Verwaltung an das Recht gebunden, dieses weise aber eine deutlich weniger starke „Programmierungsdichte" auf. Im spanischen Recht hat die institutionelle Verwaltung (Administración institucional) eine gewisse Autonomie bei den Aufgaben, die ihr übertragen wurden. Daneben existieren besondere unabhängige Verwaltungsbehörden (Administraciones independientes), die in erhöhtem Maße rechtlich und politisch unabhängig sind und in nur geringem Umfang der Weisungsabhängigkeit gegenüber der Regierung unterliegen. Im italienischen Verwaltungsrecht steht der Administration ein weiter Ermessensspielraum zu, der die strenge Gesetzesbindung abmildert. Neben dem reinen Verwaltungsermessen besteht ein technisches Ermessen (discrezionalità tecnica), von dem dann Gebrauch gemacht werden kann, wenn schwierige technische Entscheidungen im Rahmen der Ermessensabwägung getroffen werden müssen und mehrere Entscheidungsmöglichkeiten als vertretbar erachtet werden. Die getroffene Entscheidung unterliegt hinsichtlich der technischen Erwägungen einer eingeschränkten gerichtlichen Kontrolle. Ebenso kennt das polnische Verwaltungsrecht, das stark von deutschen und österreichischen Rechtstraditionen beeinflusst wurde, eine eigenständige Verwaltung, auch wenn Ermessensentscheidungen den Verwaltungsbehörden nur eine rechtlich begrenzte

die fachliche Ausdifferenzierung der Verwaltung und der Einräumung von weiterreichenden Befugnissen wie Beurteilungsspielräume und Ermessensentscheidungen gelingt es, komplexe Probleme und technisch schwierige Zusammenhänge der Verwaltung zugänglich zu machen und durch die Bündelung von Expertenwissen maßgeschneiderte, an den Bedürfnissen aller Betroffenen orientierte Einzelfallentscheidungen zu treffen, ohne dass von den Rahmen- und Zielvorgaben des Gesetzgebers abgewichen wird.[775]

Aber auch im Primärrecht der Union lassen sich Argumente für eine freiere und mit eigenen (Ermessens-)Kompetenzen ausgestattete Verwaltung erkennen. Wenn Art. 298 AEUV ausdrücklich von einer effizienten und unabhängigen Verwaltung spricht (s.o.) und beispielsweise auch die Präambel des EUV den Wunsch erwähnt

> *„Demokratie und Effizienz in der Arbeit der Organe weiter zu stärken, damit diese in die Lage versetzt werden, die ihnen übertragenen Aufgaben in einem einheitlichen institutionellen Rahmen besser wahrzunehmen"*,

so lässt sich konstatieren, dass die Gewährleistung der *guten Verwaltung* anerkanntermaßen zu den Grundüberzeugungen der Europäischen Union zählt.[776] Effizienz bedeutet in diesem Zusammenhang, das gewünschte Ziel mit dem möglichst geringsten Einsatz von Mitteln zu erreichen. Hierzu lässt sich für die Rechtfertigung für Beurteilungs- und Ermessensspielräume vorbringen, dass die Verlagerung

---

Entscheidungsfreiheit zugestehen. Das niederländische Verwaltungsrecht finden sich neben relativ autonomen Behörden auch, wie im deutschen Recht, Spielräume auf der Tatbestandsseite (Beurteilungsspielraum) und der Rechtsfolgenseite (Ermessen) (zusammen beleid genannt). Neben dem niederländischen Recht unterscheidet das ähnliche belgische Verwaltungsrecht zwischen gebundenen Verwaltungsakten und Ermessenentscheidungen, wobei auch keine klare Abgrenzung zwischen Ermessen (pouvoir discrétionnaire/discretionaire bevoegdheid) und Beurteilungsspielraum (beoordelingsbevoegdheid) getroffen wird. Das dänische Recht kennt Ermessensentscheidungen, bei denen das Gericht nur die Rechtmäßigkeit der Maßnahme der überprüfen kann und die Zweckmäßigkeit in der Zuständigkeit der Exekutive verbleibt. Die am französischen Recht orientierte Praxis in Griechenland und Luxemburg räumen der Verwaltung ebenfalls einen Entscheidungsspielraum außerhalb einer gesetzlichen Kontrolle ein. Irland wiederum weist starke Ähnlichkeiten zum englischen Verwaltungssystem auf. Auch in Portugal können Traditionen administrativer Spielräume aufgefunden werden.

775 *Hoffmann-Riem* in: ders./Schmidt-Aßmann/Voßkuhle, Grundlagen des Verwaltungsrechts, § 10, Rn. 17.

776 Dazu bereits das „Governance"-Weißbuch Europäisches Regieren, KOM (2001) 428 endg.

von Kompetenzen auf kleine und spezialisierte Behördenstrukturen zu einer wesentlich schnelleren und besseren Entscheidung führen kann, als dies bei einem großen und omnipotenten Verwaltungsapparat der Fall wäre.[777] Daher kann man davon ausgehen, dass die Verlagerung von Kompetenzen auf nachgelagerte Ebenen, zumal wenn sie sich, wie die meisten Agenturen, noch externen Sachverstands bedienen, im Sinne einer effizienten Verwaltung verstanden werden kann.

Die Gewährleistung eines adäquaten Rechtsschutzes gegen Maßnahmen der – dem Grundsatz nach als zulässig eingestuften vertragsfremden – Organe hingegen darf als eherner Pfeiler der Meroni-Rechtsprechung bezeichnet werden. Die Überprüfung staatlicher Entscheidungen durch unabhängige Gerichte und effektiver Rechtsschutz sind notwendige Kriterien des Rechtsstaates und als solches sowohl allen Mitgliedstaaten als Verfassungstraditionen und auch der Europäischen Union immanent.[778] Daher kann auf diesem Gebiet keinesfalls von einer Lockerung oder Änderung der Grundaussagen der Meroni-Rechtsprechung ausgegangen werden. Die Ausweitung der Kompetenzen auf der unionalen Ebene bzw. die vertikale Verlagerung auf eine immer stärker differenzierte EU-Eigenverwaltung ließe eher das Bedürfnis nach einer klarer geregelten und ausdifferenzierten europäischen Gerichtsbarkeit begründen. Allerdings ist die Problematik zumindest heute von nur noch eingeschränkter Aktualität. Während früher mangels ausreichender Vorschriften der individuelle Rechtsschutz gegen Handlungen von Agenturen höchst umstritten war und die einzelnen Agenturen unterschiedliche Modelle von Individualrechtsschutz vorsahen, ist nun in mehrfacher Hinsicht eine Klärung eingetreten. Zum einen hat der EuG in der Sogelma-Entscheidung anerkannt, dass bei einer Regelungslücke Maßnahmen einer Agentur mit einer analog angewandten Nichtigkeitsklage (Art. 263 AEUV) angegriffen werden können.[779] Für eine solche Lösung hatten sich zuvor mehrere Stimmen in der Literatur stark gemacht.[780] Mit Inkrafttreten des Vertrages von

777 *Brenner*, Die Agenturen der Europäischen Union – Segen oder Fluch?, in: Europa im Wandel, Festschrift Rengeling, S. 194; *Weller*, Regulierungsagenturen der Europäischen Union: Rechtliche und integrationspolitische Gesichtspunkte, S. 36.

778 Dies folgt auch bereits aus Art. 6 Abs. 1 und Art. 13 EMRK; grundlegend: EuGH, Rs. 222/84, Slg. 1986, 1651; EuGH, Rs. 294/83, „Les Verts", Slg. 1986, 1339; EuGH, Rs. 222/84, „Johnston", Slg. 1986, 1651.

779 EuG, Rs. T-411/06, „Sogelma", EuR 2009, 1021; dazu Urteilsanmerkungen: *Saurer*, EuR 2010, 51.; *ders.*, DVBl. 2009, 1021; *Riedel*, EuZW 2009, 565; *Gundel*, EuR 2009, 383.

780 *Uerpmann*, AöR 2000, 577 (577 ff.); *Wittinger*, EuR 2008, 609 (624 f.); *Koch*, EuZW 2005, 455 (458); auch der Bundesrat forderte 2008 im Hinblick auf bestehende Rechtsschutzlücken „umfassende Rechtsschutzregelungen gegenüber Handlungen

Lissabon ist nun aber auch eine primärrechtliche Grundlage für Rechtsschutz gegen Handlungen von Agenturen geschaffen worden: Art. 263 Abs. 1 Satz 2, Abs. 5 AEUV und Art. 265 Abs. 1 Satz 2 AEUV sehen nun bei Handlungen „der Einrichtungen oder sonstigen Stellen der Union mit Rechtswirkung gegenüber Dritten“ Rechtsschutzmöglichkeiten in Form der Nichtigkeits- und der Unterlassungsklage vor.[781] Bereits in den Rahmenbedingungen für die europäischen Regulierungsagenturen vom 11.12.2002[782] und im Entwurf über eine interinstitutionelle Vereinbarung bzgl. Rahmenbedingungen für Regulierungsagenturen vom 25.02.2005[783] stellte auch die Kommission klar, dass künftig neben der administrativen und politischen Kontrolle die justizielle Kontrolle durch den Gerichtshof ausgeübt werden solle, weshalb die Gewährleistung von Rechtsschutz als absoluter Konsens bezeichnet werden kann.

Um die Effektivität des Rechtsschutzes sicherzustellen, dem Adressaten der Maßnahme die Möglichkeit zu geben, Erfolgsaussichten eines eventuell einzulegenden Rechtsmittels zu prüfen und dem EuGH Entscheidungskriterien an die Hand zu geben, muss wohl auch auf dem Begründungs- und Veröffentlichungszwang aus der Meroni-Doktrin bei Handlungen von Agenturen bestanden werden.

IV. Fazit

Seit dem Urteil in der Rechtssache Meroni sind Jahrzehnte vergangen, in denen sich die Gemeinschaft grundlegend verändert hat. Insgesamt scheint es aufgrund der veränderten institutionellen und kompetentiellen Rahmenbedingungen vertretbar, wenn die Einräumung von sich im Rahmen haltenden Ermessensspielräumen an Verwaltungseinheiten oder vertragsfremde Einheiten, wie einer Agentur, heute als möglich erachtet wird.[784] Dies vor allem, weil sich mittlerweile eine Unionsverwaltung entwickelt hat und diese primärrechtlich anerkannt ist und zweitens weil Einzelfallentscheidungen mit Ermessensausübung der Tradition der Verwaltungen der Mitgliedstaaten entsprechen. Darin wird kein Verstoß

---

und Entscheidungen der EU-Agenturen“, BR-Drs. 228/08 (B), Ziff. 23 und BR-Drs. 134/08 (B).

781 Dazu: *Saurer*, EuR 2010, 51 (64 ff.); *ders.*, DVBl. 2009, 1021; *Gärditz*, DÖV 2010, 453 (459).

782 KOM (2002) 718 endg., S. 12.

783 KOM (2005) 59 endg., S. 9.

784 So auch *Weller*, Regulierungsagenturen der Europäischen Union: Rechtliche und integrationspolitische Gesichtspunkte, S. 37; *Haller*, Der Verwaltungsverbund in der Energieregulierung, S. 111.

gegen das Demokratie- oder das Gewaltenteilungsprinzip gesehen werden können. Somit wäre das institutionelle Gleichgewicht auch nicht gestört, dessen Bedeutung sich im Laufe der Fortentwicklung der Gemeinschaft geändert hat und der zeitgemäß interpretiert werden muss. Den immer wieder vorgebrachten – oft pauschal vorgetragen – Argumente, einer Übertragung von Kompetenzen auf vertragsfremde Organe stehe die Rechtsprechung des EuGH entgegen, kann somit nicht vollends überzeugen. Die Aussagen der Meroni-Rechtsprechung können daher in gewisser Weise und in einigen Teilen gelockert werden.[785]

Zwar ist normativ schwierig zu bestimmen, wo in toto die genauen Grenzen eines heute möglichen Kompetenztransfers liegen sollen. Diese Untersuchung kann aber zumindest wagen, konkret prüfen, ob die ACER übertragenen Kompetenzen die Grenzen wahren. Dazu werden in § 10 die einzelnen Aufgaben und Kompetenzen der Agentur untersucht. Bei der Frage nach der Wahrung des institutionellen Gleichgewichts müssen aber ebenfalls die Einflussmöglichkeiten der anderen Organe und vor allem die Gewährleistung eines adäquaten Rechtsschutzes Berücksichtigung finden. Zunächst wird daher der Aufbau der Agentur, d.h. die Organisation der Organe und die Entscheidungsstrukturen, untersucht. Dabei werden bereits die laufenden Einflussmöglichkeiten des Europäischen Parlaments, der Kommission und des Rates dargestellt (§ 9). In § 11 folgt schließlich die Untersuchung der Struktur von Haushalt, Personal und Finanzen. Die Präsentation des Ergebnisses, ob die Wahrung des institutionellen Gleichgewichts gewährleistet ist, bildet den Schluss. Es sei darauf hingewiesen, dass die Kapitel §§ 9–11 jedoch nicht ausschließlich aus der Untersuchungsperspektive des institutionellen Gleichgewichts heraus betrachtet werden. Vielmehr

785 So auch *Kühling*, EuZW 2008, 129; *Neveling*, IR 2007, 173 (176); *Schmidt-Preuß* in: Baur, Salje, Schmidt-Preuß, § 10, Rn. 41; *Gärditz* vermutet, dass der EuGH die restriktive Haltung zum Kompetenztransfer heute aufgeben würde, würde selbst aber ein Beibehalten oder strengere Fassung begrüßen, da der Ausbau einer europäischen Verwaltung die institutionelle Balance zwischen den Verwaltungen der Mitgliedstaaten und der Union stören würde, AöR 2010, 251 (271); im Ergebnis wohl auch *Ludwigs*, DVBl. 2011, 61 (66); *Wittinger* („abgeschwächte Meroni-Doktrin"), EuR 2008, 609 (621); *Calliess* in: Calliess/Ruffert, EUV/AEUV, Art. 13 AEUV, Rn. 56 f.; *Ehlermann*, EuR 1973, 193 (200), der allerdings kein Ermessen übertragen will; für eine Lockerung auf dem Gebiet des Kartell- und Wettbewerbsrechts auch bereits *Bartodziej*, Reform der EG-Wettbewerbsaufsicht und Gemeinschaftsrecht, S. 313–315; *Kühling/Hermeier*, IR 2008, 98 (101), halten sogar einen erwünschten noch stärkeren Kompetenztransfer auf ACER mit der Meroni-Rechtsprechung für vereinbar; ebenso: *Hofer*, The Future Role of Regulation – More Europe, S. 143.

wird die Agentur unter verschiedenen Gesichtspunkten beschrieben und an den dafür relevanten Stellen auf die Besonderheiten der Kompetenz und möglicher eingegangen. Anderenfalls käme es in dieser Untersuchung entweder zu ständigen Wiederholungen oder zu einer zu starken Aufsplitterung, unter der der Gesamtkontext leiden würde.

§ 8 Unabhängigkeit der Agentur und demokratische Legitimation

Nachdem die generelle Zulässigkeit der Übertragung von Kompetenzen von den Primärorganen auf nachgeordnete, vertragsfremde Verwaltungseinrichtungen bejaht worden ist und dabei bereits Überlegungen zum institutionellen Gleichgewicht, Demokratie- und Rechtsstaatserwägungen angestellt wurde, stellt sich zum Zweiten die Frage der Legitimation der Entscheidungen von Verwaltungsbehörden, die relativ frei und unabhängig tätig werden. Das vielbeschworene demokratische Defizit der europäischen Union wird zu einem immer größeren Problem, je mehr sich die EU einen großen und teilweise unabhängig operierenden Verwaltungsunterbau schafft. Die Agentur ist eine Gemeinschaftseinrichtung mit eigener Rechtspersönlichkeit, die eine „unabhängige zentrale Stelle" sein soll.[786] Fraglich ist erstens, inwieweit ACER tatsächlich unabhängig ist und zweitens wie weit eine solche Unabhängigkeit gehen darf.

Gegenstand der zweiten Frage ist die Legitimität. Legitimität wird als ein Zustand definiert, in dem Herrschaft gerechtfertigt ist.[787] Diese Rechtfertigung wurde in den verschiedenen Epochen durch unterschiedliche Formen hergeleitet, wie etwa die Autorität des Herrschers von Gottes Gnaden, die Kontinuität einer als rechtmäßig anerkannten Dynastie oder der Friedenssicherung. Im modernen (westlichen) Staatsverständnis folgt die Legitimation aus der demokratischen politischen Willensbildung und der Rückführung jeglichen staatlichen Handelns auf das Volk.[788] Neben dem unmittelbaren Ausdruck des Volkswillen in Wahlen und Abstimmungen gehört dazu auch eine letztendlich dem Volk verantwortliche Verwaltung, die durch das Hierarchieprinzip, Weisungsgebundenheit und Verantwortlichkeit vor dem Parlament zum Ausdruck kommt.

Indem maßgebliche zu treffende Entscheidungen auf Experten in den Agenturen oder Sachverständigenausschüsse oder –beiräte oder sogar mit betroffenen Dritten besetzten Gremien delegiert werden, deren Entscheidungen übernommen oder weitestgehend ungeprüft Rechtswirkung entfalten, wird die bis zum *Demos* reichende Legitimationskette unterbrochen oder zumindest geschwächt. Der Bürger als Souverän und Ursprung aller staatlichen Gewalt hat möglicherweise keinen Einfluss mehr auf die Entscheidung. Gerade in den Agenturen ist es

786 Art. 2 Abs. 1, Erwägungsgrund 5 ACER-VO.

787 *Peuker*, Bürokratie und Demokratie in Europa, S. 93.

788 *Böckenförde* in: Isensee/Kirchhof, Handbuch des Staatsrechts, Band II, § 24, Rn. 1.

in den letzten Jahren zu einer wachsenden Bedeutung von Experten gekommen, die in Ausschüssen oder Beiräten Stellungnahmen formulieren, die nicht selten die Entscheidung der Agenturen vorweggreifen oder maßgeblich bestimmen.[789] Zusätzlich ist die Bedeutung der Experten durch das EuG gestärkt worden, in dem es in einem Verfahren urteilte, die Kommission dürfe von den Schlussfolgerungen eines wissenschaftlichen Gutachtens nur abweichen, wenn sie die Abweichung mittels eines anderen Gutachtens hinreichend begründe.[790] Auch die Absicht der Kommission, die Unabhängigkeit von Behörden auf nationaler und europäischer Ebene zu stärken, begegnet demokratischen Bedenken, die im Folgenden untersucht werden sollen, da auch ACER von den Diskussionen unmittelbar betroffen ist.

I. Ministerialfreie Räume in der deutschen Dogmatik als Grundlage für die Diskussion

In der deutschen Verfassungs- und Verwaltungsrechtsdogmatik ist diese demokratietheoretische Problematik unabhängiger Behörden unter dem Schlagwort „ministerialfreie Räume" bekannt und diskutiert worden.[791] Ministerialfreie Räume bilden das Gegenstück zum Ministerial- oder Ressortprinzip, nach dem jedes Verwaltungshandeln einem mit umfassender Weisungsbefugnis ausgestattetem Minister zugeordnet werden muss.[792] Ministerialfreie Räume sind gerade dadurch gekennzeichnet, dass Verwaltungsstellen nicht oder nur eingeschränkt der Weisung eines zuständigen Ministers unterliegen. Dabei wird im Grundsatz davon ausgegangen, dass aufgrund des in Art. 20 Abs. 1 und 2 GG statuierten Demokratieprinzips jegliches Staatshandeln vom Volk ausgehen muss und sich sämtliche Akte in einer ununterbrochenen Legitimationskette zum *Demos*

---

789 *Wittinger*, EuR 2008, 609 (621) spitzt mit der provokanten Frage zu, ob die Experten sogar die „heimlichen Gesetzesmacher" seien?

790 EuG, Rs. T-13/99, Slg. 2002 II-3305, Rn. 199 f.

791 *Füsslein*, Ministerialfreie Verwaltung; *Klein*, Die verfassungsrechtliche Problematik des ministerialfreien Raumes; *Krebs* in: Handbuch des Staatsrechts, Bd. V, § 108, Rn. 95 ff.; *Tettinger* in: Handbuch des Staatsrechts, Bd. V, § 111, Rn. 59 ff.; *Ibler* in: Maunz/Dürig, GG, Art. 86 GG, Rn. 57; *Müller*, JuS 1985, 497; *Fichtmüller*, AöR 1966, 297; ausführlich zu der Problematik einer nach dem dritten Binnenmarktpaket zu schaffenden „ministerialfreien" Bundesnetzagentur: *Ludwigs*, DV 2011, 41 ff. Die rechtliche Problematik zur Stellung der Bundesnetzagentur sollen im Rahmen dieser Arbeit nicht weiter vertieft werden.

792 *Fichtmüller*, AöR 1966, 297 (297).

zurückverfolgen lassen müssen.[793] Sobald eine Stelle der Verwaltung hoheitliche Aufgaben übernehmen kann, ohne dabei umfänglich an sachliche Einzelanweisungen des Ministers gebunden zu sein, ist die Legitimationskette durchbrochen. Das Bundesverfassungsgericht und die überwiegende Meinung in der Literatur gehen von der grundsätzlichen Unzulässigkeit ministerialfreier Räume aus.[794] Allerdings existieren auch anerkannte Ausnahmen. Ministerialfreie Räume sind nicht stets wegen Verstoßes gegen das Demokratieprinzip verfassungswidrig, sondern sogar im Grundgesetz selbst teilweise anerkannt, wie die Ausnahmen der Bundesbank (Art. 88 Satz 1 GG) und des Bundesrechnungshofes (Art. 114 Abs. 2 Satz 1 GG) als unabhängige Behörden ohne ministeriale Weisungsbefugnis zeigen.[795] Auch die Europäische Zentralbank, deren Unabhängigkeit in Art. 88 Satz 2 GG Erwähnung findet, kann hier angeführt werden. Die Unabhängigkeit der EZB wurde vom Bundesverfassungsgericht als Instrument zur Sicherung des in die Währung gesetzten Vertrauens als hinreichender Grund für einen ministerialfreien Raum akzeptiert.[796] Schließlich sind auch Selbstverwaltungsaufgaben kraft der Natur der Sache der Aufsicht eines Ressorts entzogen.[797]

---

793 Dies wird besonders deutlich in Art. 20 Abs. 2 Satz 1 GG: „Alle Staatsgewalt geht vom Volke aus."

794 BVerfG 9, 268, 281; 83, 130, 150; 93, 37, 67 f; 107, 59, 87 f.; *Pieroth* in: Jarass/Pieroth, GG, Art. 86, Rn. 3; *Ibler* in: Maunz/Dürig, GG, Art. 86 GG, Rn. 58; *Tettinger* in: Handbuch des Staatsrechts, Bd. V, § 111, Rn. 59; *Krebs* in: Handbuch des Staatsrechts, Bd. V, § 108, Rn. 96.

795 BVerfG 9, 268, 281; *Fichtmüller*, AöR 1966, 297 (298, 330).

796 BVerfG 89, 155, 207: „Diese Modifikation des Demokratieprinzips im Dienste der Sicherung des in eine Währung gesetzten Einlösungsvertrauens ist vertretbar, weil es der Besonderheit Rechnung trägt, dass eine unabhängige Zentralbank den Geldwert und damit die allgemeine ökonomische Grundlage für die staatliche Haushaltspolitik und für private Planungen und Dispositionen bei der Wahrnehmung wirtschaftlicher Freiheitsrechte eher sichert als Hoheitsorgane, die ihrerseits in ihren Handlungsmöglichkeiten und Handlungsmitteln wesentlich von Geldmenge und Geldwert abhängen und die kurzfristige Zustimmung politischer Kräfte angewiesen sind."; allerdings erwähnte das BVerfG auch, die Gründe für die Zulässigkeit einer unabhängigen Zentralbank ließen sich „auf andere Politikbereiche nicht übertragen", BVerfG 89, 155, 209.

797 Weitere Beispiele für die Schaffung einer unabhängigen, aus den herkömmlichen Verwaltungsstrukturen herausgelösten Stelle mit administrativen Aufgaben sind der Bundesbeauftragte für den Datenschutz, das Bundeskartellamt, die Bundesprüfstelle für jugendgefährdende Schriften und der Bundesbeauftragte für die Unterlagen des Staatssicherheitsdienstes der ehemaligen Deutschen Demokratischen Republik.

Andererseits muss das Vorliegen eines ministerialfreien Raumes nicht automatisch einen Verstoß gegen das Demokratieprinzip nach sich ziehen, da demokratische Legitimation sich auch auf andere Weise als durch ministerielle Weisung und Kontrolle entfalten kann.[798] „Ministerialfrei“ bedeutet zuerst einmal lediglich, dass keine ministerielle Aufsicht und Kontrolle über die Tätigkeit der unabhängigen Stelle stattfindet. Die dadurch fehlende indirekte Aufsicht des Verwaltungshandelns durch das Parlament kann aber durch eine Form der direkten Kontrolle der Verwaltungseinheit wiederhergestellt werden, so dass die ununterbrochene Legitimationskette nicht nur wieder geschlossen, sondern auch um ein Glied verkürzt wäre.[799] Ob die Ausgestaltung der direkten Kontrolle dann den Erfordernissen des Demokratiegebots genügt oder aber sogar unzulässigerweise in die ebenfalls geschützten Regierungs- oder Verwaltungsvorbehalte eingreift und zu einer Ausfransung der Einheit der Verwaltung führt, muss dann im Einzelfall entschieden werden.

II. Demokratische Legitimation in der EU

Auf europäischer Ebene ist das Problem der ministerialfreien Räume bisher nicht so umfassend wie in Deutschland diskutiert worden. Dennoch sind spätestens seit der Etablierung von Agenturen oder der unabhängigen EZB die gleichen Fragestellungen der demokratischen Legitimation aufgekommen und vor allem unter dem Stichwort „Demokratiedefizit“ behandelt worden.[800] Dabei ist zunächst zu klären, ob die EU überhaupt den Anforderungen an ein modernes Demokratieverständnis Genüge leisten kann. Während eine Meinung ein strukturelles Demokratiedefizit erkennt, das schon nicht ausgeglichen werden könne, da die Union prinzipiell demokratieunfähig sei[801], sieht die herrschende Meinung

Ebenfalls sind Prüfungsausschüsse und Wahlausschüsse ministerialfrei (BVerwG 12, 359).

798 *Fichtmüller*, AöR 1966, 297 (318 ff.); *Krebs* in: Handbuch des Staatsrechts, Bd. V, § 108, Rn. 95.

799 *Ehlers*, Verwaltung in Privatrechtsform, S. 126; *Oebbecke*, Weisungs- und unterrichtsfreie Räume, S. 122 ff.

800 *Holznagel/Schumacher*, RdE 2007, 225 (230); in Deutschland nahm die Diskussion vor allem nach dem Maastricht-Urteil des BVerfG, BVerfGE 89, 155, an Fahrt auf.

801 *Zuleeg*, Demokratie ohne Volk oder Demokratie der Völker? Zur Demokratiefähigkeit der Europäischen Union, in: Drexl, Europäische Demokratie, S. 11 ff, vor allem weil Demokratie nur in einem „Volk“ bestehen könne und als solches ein „europäisches Volk“ nicht existiere und es zweitens keinen notwendigen europäischen Meinungs- und Gedankenaustausch gebe.

bestehende Defizite, die jedoch grundsätzlich bei einer Veränderung der Strukturen behebbar seien.[802] Eine dritte Meinung vertritt die Auffassung, dass die EU bereits über eine hinreichende demokratische Legitimation verfüge.[803]

Auch wenn in den Gründungsverträgen das Wort „Demokratie" nicht vorkam und erst mit der Präambel der EEA ein eigener Verweis in die Verträge Einzug hielt[804], muss doch konstatiert werden, dass die Europäische Gemeinschaft sich schon immer als Wertegemeinschaft und „demokratischer Club" verstanden hat, auch wenn die Demokratie möglicherweise nur indirekt aus den Mitgliedstaaten abgeleitet werden konnte.[805] Von einer indirekten Anerkennung immerhin kann seit den ersten direkt-demokratischen Wahlen des Europäischen Parlaments im Jahre 1979 gesprochen werden.[806] Der EuGH formulierte ebenfalls schon früh den Anspruch einer auf demokratischen Grundlagen beruhenden Gemeinschaft und sorgte damit für eine Lückenfülllung durch Rechtsfortbildung.[807] Im heutigen EUV postuliert Art. 2 Satz 1 die Demokratie als grundlegenden Wert der

---

802 *Kirsch*, Demokratie und Legitimation in der Europäischen Union, S. 51 f.; *Grewe*, Demokratie ohne Volk oder Demokratie der Völker? Zur Demokratiefähigkeit der Europäischen Union, in: Drexl, Europäische Demokratie, S. 59 ff.; *Huber*, Demokratie ohne Volk oder Demokratie der Völker? Zur Demokratiefähigkeit der Europäischen Union, in: Drexl, Europäische Demokratie, S. 27; *Oppermann/Classen/Nettesheim* sprechen allerdings von einer Vertiefung des demokratischen Defizits in den letzten Jahren aufgrund des Kompetenzzuwachses, Europarecht, § 16, Rn. 31; *Wittinger*, EuR 2008, 609 (620 f.); *Kadelbach*, EuGRZ 2006, 384 ff.; *Gerkrath*, EuGRZ 2006, 371 ff; *Häberle*, EuGRZ 1992, 429 (432).

803 Deutlich: *Randelzhofer*, Zum behaupteten Demokratiedefizit der Europäischen Gemeinschaft, in: Hommelhoff/Kirchhof, Der Staatenverbund der Europäischen Union, S. 39 ff.; *Kluth*, Die demokratische Legitimation der Europäischen Union, S. 43; *Kaufmann*, Europäische Integration und Demokratieprizip; *Di Fabio*, Das Recht offener Staaten, S. 139 ff.

804 Dort bekannten die Mitgliedstaaten u. a. ihre Entschlossenheit, „gemeinsam für die Demokratie einzutreten"; allerdings war die Bindungswirkung dieser Formulierung ebenso umstritten wie die Frage, ob daraus auch die Geltung des Demokratieprinzips für die EG folgen sollte; ausdrücklich bekannte sich die Union erst mit dem Vertrag von Maastricht zum Demokratieprinzip (Art. F Abs. 1 EUV).

805 Zum Demokratieprinzip der EU: *Görisch*, Demokratische Verwaltung durch Unionsagenturen, S. 259–280.

806 *Kirsch*, Demokratie und Legitimation in der Europäischen Union, S. 66.

807 vgl. oben Meroni-Rspr.; aber auch EuGH, Rs. 138/79, „Roquettes Frères", Slg. 1980, 3333 Rn. 33 zur unterlassenen Anhörung des Parlaments als unheilbaren Verfahrensfehler; EuGH C-176/03, „Titandioxid", Slg. 1991, I-2867, Rn. 20 zur Beteiligung des Parlaments.

Union.[808] Zugleich bestimmt Art. 10 Abs. 1 EUV, dass die Arbeitsweise der Union auf der repräsentativen Demokratie beruht. Im institutionellen Aufbau der Union wird dabei die demokratische Repräsentation durch zwei Legitimationsstränge hergestellt, wie das Bundesverfassungsgericht herausgearbeitet hat[809] und nun auch von Art. 10 Abs. 2 EUV eindeutig normiert wird. So sind die Bürger unmittelbar auf der Unionsebene durch die Mitglieder des Europäischen Parlaments und mittelbar im Rat durch die demokratisch in den Mitgliedstaaten gewählten Regierungschefs repräsentiert.[810] Darüber hinaus wird die demokratische Legitimation der Kommission durch das Verfahren zu ihrer Einsetzung und der Kontrolle durch das Parlament hergestellt. Der Kommissionspräsident wird vom Europäischen Parlament auf mit qualifizierter Mehrheit bestimmten Vorschlag des Europäischen Rates gewählt.[811] Nach Bestimmung der übrigen Kommissionsmitglieder stellt sich die Kommission dem Parlament als Kollegium und wird mit qualifizierter Mehrheit ernannt. Ferner ist die Kommission als Kollegium dem Parlament verantwortlich, das diese durch einen Misstrauensantrag zum Rücktritt zwingen kann.[812] Besonderheit ist allerdings, dass es sich um eine Demokratie ohne klassischen *Demos* handelt; vielmehr muss man die EU als eine „Vielvölkerdemokratie" oder „Demoï-Kratie" bezeichnen.[813]

Unabhängig davon, ob man der EU nun eine ausreichende demokratische Struktur oder aber bestehende Demokratiedefizite attestiert, so ist doch zumindest der allgemeine Anspruch formuliert, der sich zum Selbstbildnis der EU gesellt, die Gemeinschaft solle sich an demokratischen Grundregeln ausrichten und Demokratie gewährleisten. An diesem Anspruch müssen sich der Aufbau und das Verhalten der EU messen lassen. Die Schaffung von unabhängigen Einrichtungen, wie Agenturen mit bedeutenden Entscheidungsspielräumen, zeigt daher parallele Problematiken zu den ministerialfreien Räumen auf. Auch auf

---

808 „Die Werte, auf die sich die Union gründet, sind die Achtung der Menschenwürde, Freiheit, Demokratie, Gleichheit, Rechtsstaatlichkeit und die Wahrung der Menschenrechte einschließlich der Rechte der Personen, die Minderheiten angehören."

809 BVerfG 89, 155, 184 ff.; 123, 267, 368 ff.

810 *Gärditz*, AöR 2010, 251 (277); *Schmidt*, Demokratietheorien, S. 400.

811 Art. 17 Abs. 7 EUV.

812 Art. 17 Abs. 8 EUV.

813 *Gerkrath*, EuGRZ 2006, 371 (373); *Schmidt*, Demokratietheorien, S. 282; für *Görisch*, Demokratische Verwaltung durch Unionsagenturen, S. 33, handelt es sich bei der Diskussion um den Volksbegriff um eine akademische Debatte, da der eigentliche Bezugspunkt des Demokratieprinzips im mitgliedstaatlichen Verhältnis nicht „das Volk", sondern „der Einzelne" sei.

EU-Ebene setzt aus legitimatorischer Sicht die Übertragung von Kompetenzen auf nachgelagerte Einrichtungen primär die Verantwortlichkeit gegenüber dem Übertragungsorgan und dieser wiederum gegenüber den unmittelbar oder mittelbar demokratisch legitimierten Organen voraus.[814] Daher müssten von der Kommission als Exekutivbehörde geschaffene nachgelagerte Verwaltungseinheiten weiterhin unter der Kontrolle eines die Generaldirektion leitenden Kommissars bleiben, der seinerseits gegenüber dem Europäischen Parlament (oder zumindest dem Rat) verantwortlich ist. Unabhängige Behörden ohne Weisungsrecht würden demnach zum begründungsbedürftigen Sonderfall.[815] Dabei gilt der Grundsatz eines steigenden Bedürfnisses demokratischer Kontrolle parallel zur Steigerung des Entscheidungsspielraums der Verwaltungsstelle und dessen Bedeutsamkeit für den Bürger.[816] Festzuhalten bleibt daher, dass die Errichtung von unabhängigen Agenturen und die Übertragung weit reichender Befugnisse auf Expertengruppen oder selbst auf Adressaten von Maßnahmen demokratietheoretischen Bedenken begegnen.

III. Auflösung des Demokratieproblems

Klargestellt wurde, dass die EU dem Demokratieprinzip verpflichtet ist und ACER als europäische Agentur sich an der notwendigen demokratischen Legitimität messen lassen muss. Die europäischen Agenturen eigene Unabhängigkeit und Weisungsfreiheit (die freilich in unterschiedlichen Maßen und Ausprägungen bestehen) stoßen nach dem herkömmlichen hierarchischen demokratietheoretischen Legitimationsmodellen wie gesehen in Deutschland auf Bedenken. Von dieser Perspektive aus betrachtet muss es aber Erstaunen hervorbringen, dass unabhängige Agenturen in den USA, vielleicht dem „Mutterland" der modernen Demokratie, allgemein bekannt und akzeptiert sind und auf keine schwerwiegenden demokratietheoretischen Bedenken stoßen.[817] Der Grund dafür ist, dass die recht einseitige klassische „deutsche" Sichtweise in anderen Ländern nicht so streng nachvollzogen wird und unterschiedliche Legitimationsmodelle diskutiert werden, die (bislang) im deutschen (rechtswissenschaftlichen) Diskurs kaum vorkommen. Gerade in Bezug auf europäische Agenturen

814 *Gärditz*, AöR 2010, 251 (277).

815 Wie z. B. die EZB, deren politische Unabhängigkeit mit der Wahrung der Geldwertstabilität begründet wird.

816 *Gärditz*, AöR 2010, 251 (277).

817 Dazu: *Ludwigs*, DV 2011, 55–57; *Fischer-Appelt*, Agenturen der Europäischen Gemeinschaft, S. 459–537.

und bei der Frage nach einer europäischen Sicht oder Entwicklung der demokratischen Legitimation muss aber ein Blick über den sprichwörtlichen nationalen Tellerrand gewagt werden. Daher werden zunächst im Folgenden einige unterschiedliche Legitimationsmodelle vorgestellt. Anschließend werden die Auffassungen des EuGH und der Kommission untersucht.

1. Demokratietheoretische Legitimationsüberlegungen

a) Das hierarchische Legitimationsmodell

Nach dem im Rahmen der deutschen Diskussion vorgestellten klassischen hierarchischen Legitimationsmodell folgt die Berechtigung jeglichen staatlichen Handelns aus der ununterbrochenen Bevollmächtigung durch den Souverän, das Volk. Aufgrund der Unmöglichkeit der direktdemokratischen Entscheidungsfindung in den Bereichen alltäglicher Politik und Regierens moderner, bevölkerungsreicher Staaten hat sich das Modell der repräsentativen Demokratie entwickelt. Auch wenn die Legitimationskette vom direkt gewählten Volksvertreter bis zum auf der untersten Verwaltungshierarchiestufe stehenden und entscheidenden Amtswalter lang sein mag, so lässt sich doch zumindest jede getroffene staatliche Entscheidung idealtypisch auf den Willen des Volkes zurückführen. In der berühmten Definition Abraham Lincolns, Demokratie sei *„government of the people, by the people, for the people"*[818], werden mit dem hierarchischen Legitimationsmodell die ersten beiden Variationen konnotiert.

Andererseits müssen ein Unterbrechen der Legitimationskette und damit das Entstehen eines ministerialfreien Raums nicht automatisch einen Verstoß gegen das hierarchische Legitimationsmodell bedeuten. Zum Einen kann eine personelle Legitimation dadurch hergestellt werden, dass die Mitglieder der ministerialfreien Behörde von demokratisch legitimierten Organen bestimmt werden.[819] Dadurch würde sogar die bis zum Volk zurückverfolgbare Legitimationskette um ein Glied verkleinert. Selbst wenn nur die obersten Mitglieder der unabhängigen Behörde vom Parlament direkt bestellt würden, diese aber gegenüber den weiteren Amtswaltern der Behörde weisungsbefugt wären, könnte von einer ausreichenden demokratischen Legitimation gesprochen werden.

Die Unabhängigkeit und Weisungsfreiheit einer administrativen Stelle kann ferner durch eine enge Kontrolle und Aufsicht durch direktdemokratisch

818 *Lincoln*, The Collected Works of Abraham Lincoln, Band 7, S. 22; dieser Kernspruch findet sich heute wortgleich in der französischen Verfassung: Art. 2 alinéa 5: *„gouvernement du peuple, par le peuple et pour le peuple"*.

819 *Ludwigs*, DV 2011, 41 (50), der dies im Ergebnis aber ablehnt.

legitimierte Stellen, beispielsweise das Parlament, wieder aufgewogen werden. Dabei ist nicht erforderlich, dass das Parlament unmittelbare und zwingende Weisungen gegenüber der Verwaltungsbehörde erlässt und somit Einzelfälle entscheiden kann. Dies wäre faktisch auch nur ein Austausch des Ministers durch das Parlament und zugleich ein unzulässiger Verstoß gegen den Grundsatz der Gewaltenteilung. Ausreichend ist, wenn das Parlament Kontrolle über die großen Linien der Politik und grundlegende strategische Entscheidungen inne hat. Vorbild könnten hier die im US-amerikanischen Recht vorzufindenden *Subcommittees* in Senat und Repräsentantenhaus sein, die ihre Kontrolle über die unabhängigen Agenturen durch eine ganze Reihe von Möglichkeiten, u.a. Verlangen von Begründungen, Stellungnahmen, Testaten oder sonstigen Auskünften ausüben.[820]

Legitimation kann außerdem über eine funktionierende und umfassende gerichtliche Kontrolle erreicht werden.

b) *Das Partizipationsmodell als Form alternativer demokratischer Legitimation*

Das hierarchische Legitimationsmodell kann durch das Partizipationsmodell ergänzt werden, das nach direkteren Mitteln sucht, den Willen des Volkes umzusetzen. Partizipatorische Demokratiemodelle erheben Zweifel am klassischen Repräsentativmodell der Demokratie. Gerade in den modernen und bevölkerungsreichen Massendemokratien könne der Wille des Volkes durch das Parlament kaum erfasst, geschweige denn umgesetzt werden. Der Volkswille könne wirksam nur durch direkte Beteiligungs- und Einflussnahmemöglichkeiten mittels institutionalisierter Foren, Interessengruppen oder ähnlichen Einrichtungen der Adressaten staatlicher Maßnahmen herausgefiltert und umgesetzt werden.[821] Gerade in Bezug auf die demokratischen Defizite supranationaler und internationaler Organisationen sind verschiedene Spielarten der Partizipationsmodelle als Lösungsmöglichkeiten entwickelt und angepriesen worden. Auch das Bundesverfassungsgericht hat sich mittlerweile zu partizipatorischen Elementen geäußert und geurteilt, die Einbeziehung von Betroffenen trage „zur Effektivierung des primären repräsentativ-demokratischen Legitimationszusammenhang bei", könne ihn aber nicht ersetzen.[822]

---

820 *Fischer-Appelt*, Agenturen der Europäischen Gemeinschaft, S. 492.

821 Vgl. etwa *Pateman*, Participation and Democratic Theory; *Goodin*, Reflective Democracy; *Habermas*, Drei normative Modelle der Demokratie, in: *ders.*, Die Einbeziehung des Anderen. Studien zur Politischen Theorie, S. 277–292.

822 BVerfG, Urteil vom 30.06.2009, 2 BvE 2/08.

c) *Das Expertisemodell als Output-Legitimation*

Während das Hierarchie- und das Partizipationsmodell demokratische Legitimation von der *Input*-Seite herleiten und damit das Zustandekommen von Entscheidungen als Maßstab nehmen, fragen Legitimationsmodelle der *Output*-Seite nach der Effektivität und Effizienz staatlichen Handelns und ob die Maßnahmen im Ergebnis mit dem Willen der vertretenen Subjekte in Einklang stehen.[823] Es geht darum, ob die Adressaten die Entscheidung akzeptieren und als richtig anerkennen. In der Definition von Lincoln wird damit die Dimension des *„for the people"* angesprochen. Gewisse politische Bereiche eigneten sich nicht für Mehrheitsentscheidungen, sondern müssten im Hinblick auf Effizienz und Gemeinwohl dem parlamentarischen Einfluss entzogen sein und einzelnen unabhängigen Experten überantwortet werden.[824] Als Beispiel lassen sich die bereits oben angesprochenen und allseits, trotz fehlender hierarchischer Demokratielegitimierung, anerkannten Zentralbanken benennen.[825] Ebenso sind die Personen der rechtsprechenden Gewalt größtenteils allenfalls schwach demokratisch durch Wahl legitimiert. Gleichwohl genießt die dritte Gewalt aufgrund der besonderen Qualifikation und Expertise der Richter grundsätzlich ein hohes Ansehen und eine breite Akzeptanz in Deutschland, weshalb hier von einer *Output*-Legitimation gesprochen werden kann. Problematisch an der *Output*-Legitimation ist allerdings, dass die Legitimation in dem Moment gerade nicht mehr besteht, wenn die Entscheidungen nicht mehr auf Akzeptanz der Betroffenen stoßen. Wenn dann keine anderweitige Legitimation durch Hierarchie oder Partizipation vermittelt wird, kann nicht mehr von einem demokratisch herbeigeführten Handeln gesprochen werden.

d) *Zwischenergebnis*

Wenn hier ein nur kurzer Überblick über die Fülle demokratietheoretischer Legitimationsstränge nachgezeichnet werden soll, so bedeutet dies nicht, dass einem der drei vorgestellten Modelle Ausschließlichkeit eingeräumt werden soll. Vielmehr können sich die Ansätze ergänzen und eventuelle Defizite untereinander ausgleichen. Für die nachfolgende Untersuchung, ob ACER den Anforderungen

823 Grundlegend: *Scharpf*, Demokratietheorie zwischen Utopie und Anpassung, S. 21 ff., 66 ff.

824 In den USA wird dies unter dem Terminus „non-majoritarian" diskutiert.

825 *Görisch*, Demokratische Verwaltung durch Unionsagenturen, S. 311, erkennt in dem oben unter Fn. 850 zitierten Satz des BVerfG eine Anerkennung des Effizienzgrundsatzes als demokratische Legitimation.

der demokratischen Legitimation genügt, soll primär aber die demokratische Rückkopplung durch Hierarchie als Maßstab genommen werden, da dieser unmittelbaren Bezug zum Volk als Souverän herstellt. Weisungsfreiheit soll aber sogar innerhalb dieses Modells durch andere Formen parlamentarischer Kontrolle ausgeglichen werden können. Legitimation durch Partizipation und Expertise ergänzen die Herstellung demokratischer Legitimität.[826]

2. Die Ansicht des EuGH

Zum Demokratieprinzip und den daraus folgenden Konsequenzen für weisungsunabhängige Verwaltungsstellen hat auch der EuGH nunmehr Stellung genommen und eindeutig Position gegen die ausschließliche demokratische Legitimation durch ministerielle Weisungsbefugnis bezogen. In der Rechtssache C-518/07, Kommission gegen Bundesrepublik Deutschland,[827] vertrat die Bundesrepublik die Ansicht, das zwingende Unabhängigkeitserfordernis des Datenschutzbeauftragten gemäß der EG-Datenschutzrichtlinie[828] verstoße gegen den Grundsatz der Demokratie, da Eingriffe in die Rechte von Bürgern und Unternehmen der Rechtsaufsicht des zuständigen Ministers unterliegen müssten, der seinerseits der parlamentarischen Kontrolle unterliege. Der Gerichtshof stellt zunächst fest, dass das Demokratieprinzip zur Gemeinschaftsrechtsordnung gehöre und in Art. 6 Abs. 1 EUV ausdrücklich als Grundlage der EU verankert sei.[829] Es sei auch bei der Auslegung jeglichen sekundärrechtlichen Aktes zu berücksichtigen. Mit Verweis auf die deutsche Verwaltungsrechtspraxis stellt der EuGH jedoch eindeutig klar, dass Weisungsunabhängigkeit keinesfalls zwangsläufig dem Demokratieprinzip widerspreche:

> *„Dieser Grundsatz bedeutet nicht, dass es außerhalb des klassischen hierarchischen Verwaltungsaufbaus keine öffentlichen Stellen geben kann, die von der Regierung mehr oder weniger unabhängig sind. Das Bestehen und die Bedingungen für das Funktionieren*

---

826 Im Ergebnis auch: *Görisch*, Demokratische Verwaltung durch Unionsagenturen, S. 328: „Deshalb liegt es näher davon auszugehen, dass die klassisch-hierarchische Form der Aufgabenwahrnehmung nur eine und nicht etwa die einzig demokratiekonforme Variante der Verwaltungsorganisation darstellt. A.A.: *Gärditz*, AöR 2010, 251 (278 f.), der die *Output*-Legitimation grundsätzlich ablehnt; ebenso: *Ludwigs*, DV 2011, 41 (49).

827 EuGH, Rs. C-518/07, Kommission/Bundesrepublik Deutschland.

828 Speziell Art. 28 der Richtlinie 95/46/EG des Europäischen Parlaments und des Rates vom 24.10.1995 zum Schutz natürlicher Personen bei der Verarbeitung personenbezogener Daten und zum freien Datenverkehr, ABl. Nr. L 281 S. 31–50 vom 23.11.1995.

829 EuGH, Rs. C-518/07, Slg. 2000, I-8419, Rn. 41.

solcher Stellen sind in den Mitgliedstaaten durch Gesetz und in einigen Mitgliedstaaten sogar in der Verfassung geregelt, und diese Stellen sind an das Gesetz gebunden und unterliegen der Kontrolle durch die zuständigen Gerichte. Solche unabhängigen öffentlichen Stellen, wie es sie im Übrigen auch im deutschen Rechtssystem gibt, haben häufig Regulierungsfunktion oder nehmen Aufgaben wahr, die der politischen Einflussnahme entzogen sein müssen, bleiben dabei aber an das Gesetz gebunden und der Kontrolle durch die zuständigen Gerichte unterworfen."[830]

Der EuGH führt allerdings weiter aus, dass „*ein Fehlen jeglichen parlamentarischen Einflusses*" nicht in Betracht kommen dürfe.[831] Das Parlament könne nach den nationalen Regelungen mit Kontrollrechten ausgestattet werden. Ebenso könnten die nach der Richtlinie einzuführenden Kontrollstellen für den Datenschutzbeauftragten durch die Regierung oder das Parlament bestellt werden, die ihrerseits dem Parlament gegenüber rechenschaftspflichtig wären. Daraus lässt sich schließen, dass der EuGH zumindest gewisse Kontrollrechte als zwingend ansieht, auch wenn er diese hier aufgrund der Ausgestaltungsrahmens des nationalen Gesetzgebers nicht weiter ausführt. Mit dieser Entscheidung darf aber als geklärt angesehen werden, dass, zumindest auf europäischer Ebene und nach Ansicht des EuGH, die demokratische Legitimation nicht allein durch die Weisungsabhängigkeit hergestellt werden muss.[832]

3. Die Ansicht der Kommission im Rahmen des „Europäischen Regierens"

Auch für die Kommission lässt sich konstatieren, dass demokratisches Regieren nicht allein an hierarchischen Legitimationsmustern gemessen wird, sondern andere Begriffe wie Partizipation, Transparenz und Kontrolle als mögliche Legitimationskriterien herangezogen werden. Anfang der 2000er Jahre erkannte die Kommission unter anderem in dem Trend niedriger Wahlbeteiligungen bei dem Europawahlen und der Ablehnung des Nizza-Vertrages im irischen Referendum eine schwindende Akzeptanz des Unionshandelns und ein Entfremden vieler Europäer von dem Wirken der Union trotz der Erfolge der europäischen Integration. Als Antwort darauf sprach sich die Kommission in einem Weißbuch[833]

830 EuGH, Rs. C-518/07, Slg. 2000, I-8419, Rn. 42.

831 EuGH, Rs. C-518/07, Slg. 2000, I-8419, Rn. 43.

832 Das Urteil kritisierend: *Gärditz*, AöR 2010, 251 (282).

833 Europäisches Regieren, Ein Weißbuch, KOM (2001) 428 endg., sog. „Governance-Weißbuch".

für eine Reform der europäischen *Governance*[834] aus, mit der die Bürger wieder mehr Vertrauen in die Institutionen der EU gewinnen sollten.[835]

Demokratie und Rechtstaatlichkeit würden sich danach auf die fünf Grundsätze Offenheit, Partizipation, Verantwortlichkeit, Effektivität und Kohärenz stützen und gutes Regieren im Sinne von Governance ausmachen.[836] Unter Offenheit versteht die Kommission die Verwendung einer allgemeinverständlichen Sprache und die Benutzung von Erklärungsmustern, die den Bürger erläutern, warum Entscheidungen auf diese Weise getroffen werden. Als wichtige Mittel können dazu vor allem Zugang zu Dokumenten und eine professionalisierte Öffentlichkeitsarbeit genannt werden. Der Grundsatz der Partizipation bedeutet vor allem die Einbeziehung von Bürgern und Interessengruppe in den Politikgestaltungsprozess, um größeres Vertrauen in die Ergebnisse der Politik bei den Adressaten zu gewinnen. Mit dem Bekenntnis zu verstärkter Partizipation lässt die Kommission daher erkennen, dass sie demokratische Legitimation nicht allein aus dem hierarchischem Legitimationsmodell herleitet, sondern ergänzend auf das Partizipationsmodell abstellt. Verantwortlichkeit definiert die Kommission im Weißbuch mit Klarheit, verstanden in dem Sinne, dass jeder Bürger die Rollenverteilung im Gesetzgebungsprozess nachvollziehen und Maßnahmen und Entscheidungen den einzelnen Organen eindeutig zuordnen kann. Mit der Effektivität von Governance greift die Kommission dagegen ein Charakteristikum der Output-Legitimation auf. Danach soll die Politik der EU wirksam sein, zur rechten Zeit kommen und die vorher klar definierten Ziele umsetzen. Demnach soll der Demokratiegehalt des Handelns auch danach bemessen werden, ob für den Bürger die Maßnahmen von Nutzen sind. Fünftens sollen Politik und konkretes Handeln kohärent sein, um den Anforderungen an gute Governance zu genügen. Gerade aufgrund der wachsenden Aufgaben und Kompetenzen der Union komme Kohärenz einige Relevanz zu. Auch das Merkmal der Kohärenz lässt sich in die Reihe der Output-Legitimationsformen einordnen.

Insgesamt lässt sich festhalten, dass die Kommission die Anforderungen an Demokratie und Rechtsstaatlichkeit nicht an den Maßstäben einer Weisungsabhängigkeit oder allein nach hierarchisch-legitimatorischen

834 Der Begriff *Governance* lässt sich nur unzureichend ins Deutsche mit „Regieren" übersetzen, gerade in dem hier zu erörternden Kontext. Nach eigener Definition der Kommission steht er für die „Regeln, Verfahren und Verhaltensweisen, die die Art und Weise, wie auf europäischer Ebene Befugnisse ausgeübt werden, kennzeichnen, und zwar insbesondere in Bezug auf Offenheit, Partizipation, Verantwortlichkeit, Wirksamkeit und Kohärenz". Vgl. KOM (2001) 428 endg., S. 10.

835 *Peuker*, Bürokratie und Demokratie in Europa, S. 54.

836 KOM (2001) 428 endg. S. 13.

Gesichtspunkten beurteilt, sondern auch alternative Ansätze wie das Partizipationsmodell oder Output-Optionen ausdrücklich heranzieht, um aus ihrer Sicht zu einer demokratischeren Politikgestaltung zu kommen.[837]

IV. Fazit

Wie alle Stellen der Europäischen Union bedarf auch ACER grundsätzlich der demokratischen Legitimation. Als eine der Verwaltungsebene zuzurechnenden Agentur kommt ACER aber eine gewisse Unabhängigkeit und Eigenständigkeit zu. Sie trifft in einigen Bereichen Einzelfallentscheidungen, die nicht mehr von der Kommission oder einer anderen exekutivischen oder legislativen Stelle überprüft werden. Es besteht auch kein Weisungsrecht der Kommission gegenüber den entscheidungsbefugten Amtswaltern. Daher müssen zumindest teilweise bestehende weisungsfreie Räume konstatiert werden. Nach einer strengen demokratietheoretischen Ansicht, die vermehrt in Deutschland vertreten wird und nach der nicht nur ein hierarchisches Verhältnis, sondern auch ein direktes Weisungsrecht notwendig ist, würde die Ausgestaltung der Agentur gegen das auch in den europäischen Verträgen verankerte Demokratieprinzip verstoßen. Nach der vom EuGH, der Kommission, anderen Literaturstimmen und auch der hier vertretenen Auffassung können unabhängige und weisungsunabhängige Stellen jedoch auch durch andere, verschiedenste Ausgestaltungen demokratisch legitimiert werden. Dazu bieten sich insbesondere die Beteiligung des Parlaments bei der Auswahl der Personen oder Aufsichts-, Kontroll-, und Evaluationsmechanismen an. Zusätzlich können auch Partizipation von Interessengruppen und Adressaten oder die Einholung von Expertise Legitimation erzeugen.[838] Um zu überprüfen, ob die verschiedenen Ausgestaltungen, die Rechte und Aufsichts- und Kontrollmöglichkeiten ausreichend sind, um bei ACER von einer hinreichend demokratisch-legitimierten Agentur sprechen zu können, muss im Folgenden eine detaillierte Untersuchung vorgenommen werden, die in den §§ 9–11 erfolgt und an den entscheidenden Stellen auf die legitimatorischen Aspekte hinweist.

837 In der Geschäftsordnung des Regulierungsrates wird auch ausdrücklich auf die Grundsätze des good governance Bezug genommen, vgl. Rules of Procedures of the BoR, Ref: A10-BoR-01-03.

838 *Weiss* spricht davon, dass die Existenz des europäischen Verwaltungsverbunds eine Fortentwicklung des demokratischen Legitimationskonzepts schon an sich erfordere, Der Europäische Verwaltungsverbund, S. 165.

§ 9 Der institutionelle Aufbau ACERs

Die Agentur für die Zusammenarbeit der Energieregulierungsbehörden ist eine Gemeinschaftseinrichtung mit eigener Rechtspersönlichkeit und verfügt in allen Mitgliedstaaten über die weitestreichende Rechtsfähigkeit, die einer juristischen Person nach dem jeweiligen nationalen Recht zuerkannt werden kann.[839] In ihrem Aufbau folgt sie dem Muster klassischer europäischer Regulierungsagenturen mit mehreren Organen und jeweils unterschiedlichen Aufgabenzuweisungen. Allerdings ist die Einrichtung eines Regulierungsrats, der hauptsächlich aus Vertretern der nationalen Regulierungsbehörden besteht, eine Besonderheit.

Die Agentur besteht aus vier Organen: dem Verwaltungsrat, dem Regulierungsrat, dem Direktor und dem Beschwerdeausschuss. Im Folgenden sollen ihre Zusammensetzung, ihre Aufgaben, Funktionen und Kompetenzen vorgestellt und analysiert werden, auch unter den Gesichtspunkten der Meroni-Rechtsprechung, Fragen des Rechtsschutzes und eines demokratisch-legitimatorischen Blickwinkels.

I. Der Verwaltungsrat

Der Verwaltungsrat kann als das planerisch tätig werdende und die Rahmenbedingungen für den operationellen Betrieb der Agentur festsetzende Organ beschrieben werden. Daneben befasst sich der Verwaltungsrat mit der agenturinternen Verwaltungsorganisation, wie teilweise der Besetzung der anderen Organe. Gleichzeitig spiegelt sich in ihm die Verknüpfung der unterschiedlichen Organe der EU und ihrer Einflussmöglichkeiten wieder.

1. Zusammensetzung und Organisation

a) Wahl der Mitglieder

Der Verwaltungsrat besteht aus neun Mitgliedern.[840] Dabei werden je zwei Mitglieder von der Kommission und vom Europäischen Parlament und fünf Mitglieder vom Europäischen Rat ernannt.[841] Um das reibungslose Funktionieren zu gewährleisten, wird für jedes Mitglied des Verwaltungsrats auch direkt ein Stellvertreter

839 Art. 2 Abs. 1, Abs. 2 ACER-VO.

840 Art. 12 Abs. 1 Satz 1 ACER-VO.

841 Art. 12 Abs. 1 Satz 3 ACER-VO.

bestimmt, der im Verhinderungsfall das betreffende Mitglied vertritt.[842] Das Übergewicht der vom Rat ernannten Mitglieder stieß vor allem auf Bedenken des Parlaments und lässt den Wunsch der nationalen Regierungen erkennen, einer zu schnellen Verlagerung von Kompetenzen im Energiesektor durch die Schaffung von Fakten mittels ACER entgegenzuwirken. Aus demokratielegitimatorischen Aspekten wäre eine stärkere Einbindung des Parlaments wünschenswert gewesen. Zwar sind die Mitglieder des Rates in ihren jeweiligen Heimatstaaten gewählt und damit demokratisch legitimiert. Auch bei der Kommission, deren Mitglieder vom Rat bestimmt und die vom Parlament kollektiv bestätigt werden muss, ist die Legitimationskette zum Volk (bzw. den Völkern) gegeben. Andererseits ist das Europäische Parlament das einzige direktdemokratisch legitimierte Organ auf europäischer Ebene, dem somit eine höhere Bedeutung zuzumessen ist. Es ist allerdings zu berücksichtigen, dass der ursprüngliche Entwurf der Kommission einen lediglich von der Kommission und dem Rat zu gleichen Teilen zu bestimmenden Verwaltungsrat vorsah.[843] Aufgrund des Grundsatzes der demokratischen Rückkopplung hat sich das Europäische Parlament jedoch eine stärkere Rolle der Einflussnahme gewünscht und sich hiermit zumindest auch teilweise durchsetzen können.[844] Eine erhöhte personelle Legitimation durch Auswahlentscheidungen des Parlaments verkürzt die Legitimationskette in gewisser Weise und ist damit prinzipiell ein adäquater Ersatz für fehlende Ministerverantwortlichkeit.[845] Hinzu kommt, dass durch das grundsätzlich eingeführte Zweidrittelerfordernis bei Abstimmungen[846] einer koordinierten und konzertierten Aktion der vom Rat bestimmten Mitglieder ein Riegel vorgeschoben wird. Vor allem aber ist im Vergleich zu der Zusammensetzung des Verwaltungsrats bei vielen anderen Agenturen das Parlament bei ACER in einer starken Situation. In die meisten Agenturen sendet jeder Mitgliedstaat einen Vertreter, so dass dort von einem deutlichen Übergewicht der nationalen Interessen gesprochen werden kann.[847] Nicht nur aufgrund der erwarteten und von der Kommission kritisierten unzureichenden Berücksichtigung der Interessen der Gemeinschaft, sondern auch wegen der abnehmenden Effektivität eines Gremiums, in das seit der Erweiterung der EU mittlerweile bereits 28 Mitglieder aus den Mitgliedsstaaten entsendet werden müssten, wurde

---

842 Art. 12 Abs. 1 Satz 2 ACER-VO.

843 Art. 9 Abs. 1 Entwurf ACER-VO, KOM (2007) 530 endg., S. 32.

844 „Chichester-Bericht“, Europäisches Parlament, A6–0226/2008, S. 91.

845 *Ludwigs*, DV 2011, 50.

846 Art. 12 Abs. 4 ACER-VO.

847 *Groß*, EuR 2005, 54 (59); *Fischer-Appelt*, Agenturen der Europäischen Gemeinschaft, S. 226 f.

dieses Modell aber für nicht mehr tragbar erachtet. Daher kann man insgesamt von einer Stärkung des Parlaments hinsichtlich der Besetzung des Verwaltungsrats von ACER ausgehen.

Um Kontinuität zu gewährleisten und eine komplette Neuwahl aller Mitglieder des Verwaltungsrats zu verhindern, beträgt die Amtszeit für die Hälfte der ersten Mitglieder sechs Jahre, abweichend von der regulären Amtszeit von vier Jahren.[848] Dabei handelt es sich um ein redaktionelles Versehen des Verordnungsgebers, da der Verwaltungsrat aus neun Mitgliedern besteht. Der Verwaltungsrat hat in seiner Geschäftsordnung bestimmt, dass fünf der ersten Mitglieder eine Amtszeit von sechs Jahren haben.[849] Die Wiederwahl in den Verwaltungsrat ist einmal möglich.[850]

b) Unabhängigkeit der Mitglieder

Die Mitglieder des Verwaltungsrats sind weitgehend unabhängig. Daher sind die Möglichkeiten der Einflussnahme und der Kontrolle des Parlaments begrenzt. Zum einen besteht eine Unvereinbarkeit zwischen der Mitgliedschaft im Parlament und der Mitgliedschaft im Verwaltungsrat der Agentur.[851] Zum anderen verpflichteten sich die Mitglieder, im öffentlichen Interesse unabhängig und objektiv zu handeln und keine politischen Weisungen einzuholen oder zu befolgen.[852] Besonders kommt dies dadurch zum Ausdruck, dass, sogar in jedem Jahr erneut, Erklärungen abzugeben und öffentlich bekannt zu machen sind, in der jedes Mitglied sich zur Unabhängigkeit und Weisungsfreiheit verpflichtet und sich über eventuell bestehende Interessen, die als Beeinträchtigung seiner Unabhängigkeit angesehen werden könnten, erklärt.[853] Auffällig ist, dass die ACER-VO keine ausdrückliche Unvereinbarkeit der Mitgliedschaft im Verwaltungsrat mit derjenigen in der Kommission, im Rat oder einem anderen europäischen Organ vorsieht. Es ist möglich, dass ein für Energie zuständiger nationaler Minister oder der für Energie zuständige Kommissar Mitglied im Verwaltungsrat von ACER wird. Vor diesem Hintergrund ist es erstaunlich, dass das Parlament keine mandatierten Vertreter aus seinen Reihen bestimmen darf. Dies folgt jedoch aus der Überlegung, dass das Parlament nicht in seiner objektiven Fähigkeit

848 Art. 12 Abs. 1 Satz 5, 6 ACER-VO.
849 Art. 1.2 Rules of Procedure, Decision AB No 03/2010.
850 Art. 12 Abs. 1 Satz 5 ACER-VO.
851 Art. 12 Abs. 1 Satz 3 ACER-VO.
852 Art. 12 Abs. 7 Satz 1 ACER-VO.
853 Art. 12 Abs. 7 Satz 2, 3 ACER-VO.

zur externen Kontrolle, insbesondere in seiner Eigenschaft als Entlastungsbehörde, eingeschränkt werden soll.[854] Ferner wäre es mit einer strengen Auslegung des Gewaltenteilungsprinzips nicht vereinbar, wenn Mitglieder des Parlaments in der der Exekutive zuzuordnenden Agentur unmittelbar vertreten wären. Fest steht jedoch, dass ein Mitglied des Verwaltungsrats nicht gleichzeitig Mitglied des Regulierungsrats sein kann.[855] Auch der Rat ist in der Wahl der von ihm zu bestimmenden Mitglieder ab der zweiten Wahlperiode eingeschränkt, denn der Verwaltungsrat selbst hat in seiner ersten Zusammensetzung ein Rotationsprinzip einzusetzen und in seiner Geschäftsordnung zu beschließen, nach der die vom Rat bestimmten Mitglieder aus den unterschiedlichen Mitgliedstaaten der Union kommen müssen.[856] Verschiedentlich ist angedeutet worden, die Besetzung des Verwaltungsrats mit zumindest indirekt demokratisch legitimierten Vertretern aus den Mitgliedstaaten könne die demokratische Legitimation der Agentur selbst verstärken.[857] Selbst wenn man diesen Überlegungen folgen wollte, muss jedoch konstatiert werden, dass bereits dann die demokratische Legitimation schwach ist, wenn alle Mitgliedstaaten einen Vertreter aus ihrer Bürokratie in den Verwaltungsrat entsenden würden. Die Mitgliedstaaten benennen durch den Rat nur fünf Mitglieder. Vor allem aber die Unabhängigkeit der Mitglieder des Verwaltungsrats steht einer indirekten Kontrolle durch die Minister oder Regierungschefs der Mitgliedstaaten juristisch und faktisch gegenüber.

c) Partizipation durch Interessenvertreter

Nicht ausdrücklich beteiligt im Verwaltungsrat sind somit die Regulierungsbehörden der Mitgliedstaaten (deren Gremium aber vor allem der Regulierungsrat ist, dazu s.u.) und die Vertreter der betroffenen Kreise, deren Mitwirkung in Agenturen von der Kommission grundsätzlich als begrüßenswert erachtet wurde, um ihren Standpunkten und Interessen ausreichend Rechnung tragen zu können. In den Rahmenbedingungen für die europäischen Regulierungsagenturen wurde dazu vorgeschlagen, den betroffenen Kreisen bis zu drei Sitze ohne Stimmrecht im Verwaltungsrat einzuräumen.[858] Da dies nicht geschehen ist

---

854 So der Entwurf über eine interinstitutionelle Vereinbarung bezüglich Rahmenbedingungen für Regulierungsagenturen, KOM (2005) 59 endg., S. 8.
855 Art. 12 Abs. 6 ACER-VO.
856 Art. 12 Abs. 5 b) ACER-VO.
857 *Wittinger*, EuR 2008, 609 (623); *Groß*, EuR 2005, 55 (59 f.).
858 Rahmenbedingungen für die europäischen Regulierungsagenturen, KOM (2002) 718 endg., S. 11.

und auch in sonstiger Weise die betroffenen Kreise in der Agentur nur schlecht vertreten sind, konnte die Benennung von Herrn Eugen Nicolescu von Petrom durch den Rat als ausgleichende Maßnahme empfunden werden. Gleichzeitig kommt hierdurch der Legitimationsgedanke der Partizipation, wie er auch von der Kommission im Governance-Weißbuch formuliert wird, zum Tragen.

Fakultativ kann der Verwaltungsrat jedoch auch von weiteren Personen unterstützt werden. Dazu kann er Personen, deren Auffassung möglicherweise relevant ist, als Beobachter zu seinen Sitzungen einladen.[859] Zu denken ist hier an die angesprochenen betroffenen Akteure der Energiewirtschaft, etwa wenn im Rahmen der Festlegung des Arbeitsprogramms für das folgende Jahr oder das Mehrjahresprogramm über sie betreffende Maßnahmen diskutiert oder entschieden wird. Auch damit erfüllt der Verordnungsgeber die von der Kommission erwünschten Vorgaben der Transparenz, Partizipation und Offenheit unter der Maxime des „guten Regierens".[860] Allerdings sind die Akteure, im Gegensatz zum Modell des ständigen Sitzes, jeweils von der Einladung des Verwaltungsrats abhängig, um ihren Anliegen Gehör zu verschaffen. Andererseits erscheint gerade im Bereich der Energiewirtschaft eine so starke Beteiligung der (privat) wirtschaftlichen Akteure im Bereich der Agentur selbst, anders als bei anderen Regulierungsagenturen, nicht so dringend, weil bereits mit den ENTSOs im Bereich der Netzbetreiber und mit den Foren ein reger gegenseitiger institutionalisierter Austausch stattfindet.

d) Externe Expertise

Des Weiteren können sich die Mitglieder des Verwaltungsrats von Beratern oder Sachverständigen unterstützen lassen.[861] Nicht explizit geregelt ist damit, wie vieler Externer sich ein Mitglied bedienen darf und ob auch hierunter Vertreter der Wirtschaft fallen können. Genaueres kann aber in der Geschäftsordnung des Verwaltungsrats geregelt werden. Auch mit dieser Regelung wird dem Bedürfnis Rechnung getragen, externen Sachverstand unter der Prämisse des guten Regierens in die Arbeit der Agentur zu integrieren und gleichzeitig für Transparenz und Öffentlichkeit zu sorgen.

---

859 Art. 12 Abs. 3 Satz 5 ACER-VO.

860 Vgl. Entwurf über eine interinstitutionelle Vereinbarung bezüglich Rahmenbedingungen für Regulierungsagenturen, KOM (2005) 59 endg., S. 2.

861 Art. 12 Abs. 3 Satz 6 ACER-VO.

e) Interne Organisationsgewalt

Zu seiner inneren Organisation wählen die Mitglieder des Verwaltungsrats aus ihrer Mitte einen Vorsitzenden und dessen Stellvertreter[862], deren Amtszeit zwei Jahre beträgt und einmal verlängert werden kann.[863] Der Vorsitzende ist in erster Linie dafür verantwortlich, die Sitzungen des Verwaltungsrats einzuberufen und seine ordnungsgemäße Tagung zu gewährleisten.[864] Der Verwaltungsrat tritt lediglich mindestens zweimal im Jahr zu einer ordentlichen Sitzung zusammen.[865] Schon daraus wird deutlich, dass er nicht das Organ ist, das die Geschäfte der tagtäglichen Verwaltung führt. Außerordentliche Sitzungen können „auf Initiative" seines Vorsitzenden, „auf Antrag" eines Drittels seiner Mitglieder und „auf Wunsch" der Kommission anberaumt werden.[866] Hieraus wird bereits die enge Verknüpfung zwischen der Agentur als teilweise unabhängige Verwaltungseinheit deutlich, die aber in ein System der gegenseitigen Verflechtung integriert ist, in der die Kommission als dominierender Akteur beschrieben werden kann. Faktisch bedeutet diese Regelung, dass die von der Kommission bestimmten Mitglieder des Verwaltungsrats, sofern sie nicht ohnehin den Vorsitz inne haben, auch ohne das Drittelquorum eine außerordentliche Sitzung des Verwaltungsrats verlangen können, indem sie die maßgeblichen Vertreter der Kommission davon überzeugen. An den Sitzungen des Verwaltungsrats nehmen auch der Vorsitzende des Regulierungsrats und der Direktor teil, allerdings ohne ein Stimmrecht zu haben.[867] Aus dem Nebensatz in Art. 12 Abs. 3 Satz 3 ACER-VO ergibt sich aber auch, dass der Verwaltungsrat zumindest dem Direktor ein Stimmrecht einräumen kann. Fraglich ist, inwiefern dies auch für den Vorsitzenden des Regulierungsrats durch Beschluss des Verwaltungsrats möglich sein kann. Angesichts des Wortlauts, der nur auf den Direktor verweist, und um eine zu starke Vermischung der Kompetenzen zwischen den unterschiedlichen Organen von ACER zu vermeiden, scheint dies aus systematischen Gründen jedoch nicht möglich zu sein.

---

862 Art. 12 Abs. 2 Satz 1 ACER-VO.
863 Art. 12 Abs. 2 Satz 3 ACER-VO.
864 Art. 12 Abs. 3 Satz 1 ACER-VO.
865 Art. 12 Abs. 3 Satz 3 ACER-VO.
866 Art. 12 Abs. 3 Satz 4 ACER-VO.
867 Art. 12 Abs. 3 Satz 2 ACER-VO.

f) Beschlussfassung

Die Beschlüsse des Verwaltungsrats werden mit einer Zweidrittelmehrheit der anwesenden Mitglieder gefasst, wobei jedes Mitglied eine Stimme hat.[868] Dies bedeutet, dass ein vom Rat bestimmter Vertreter des deutschen Ministeriums ebenso viel Stimmengewicht besitzt, wie ein Mitarbeiter aus dem Ministerium Maltas. Der im Rat geltende Grundsatz des unterschiedlichen Stimmengewichts, an dem sich beispielsweise auch die Abstimmungsregelungen in der Generalversammlung des CEER orientieren, gilt hier nicht.[869] Dies erscheint aus Gründen der demokratischen Legitimation unbefriedigend.

2. Aufgaben

Wie bereits angesprochen, ist der Verwaltungsrat für einen bedeutenden Teil der innerorganisatorischen Abläufe zuständig. So ist es seine Aufgabe, die Personen der übrigen Organe der Agentur, den Direktor[870], die Mitglieder des Regulierungsrates[871] und die Mitglieder des Beschwerdeausschusses[872] zu ernennen. Während die Ernennung der beiden Letztgenannten ein rein formeller Akt ist und dem Verwaltungsrat dabei keine faktischen Entscheidungsbefugnisse zukommen, hat er bei der Auswahl des Direktors ein echtes Wahlrecht aus der von der Kommission vorgeschlagenen Liste mit mindestens drei Personen.[873] Damit kommt dem Verwaltungsrat eine entscheidende Aufgabe zu, mit der er durch die Auswahl einer bestimmten Persönlichkeit die Richtung von ACER möglicherweise in nicht unerheblichem Maße beeinflussen kann. Der Verwaltungsrat lässt sich auch als Kontrollorgan bezeichnen, da er über den Direktor, in Abstimmung mit dem Regulierungsrat, die Disziplinargewalt ausübt.[874]

Die zentrale Bedeutung des Verwaltungsrats und der ihm eingeräumten Stellung lässt sich an der in Art. 13 Abs. 4 ACER-VO normierten Regelung ablesen. Darin wird bestimmt, dass der Verwaltungsrat gewährleistet, dass die Agentur ihren Auftrag erfüllt und die ihr zugewiesenen Aufgaben im Einklang mit dieser

---

868 Art. 12 Abs. 4 ACER-VO.

869 S.o. § 3 VI 2. a.

870 Gem. Art. 13 Abs. 1 ACER-VO.

871 Gem. Art. 13 Abs. 2 ACER-VO.

872 Gem. Art. 13 Abs. 3 ACER-VO.

873 Unter Berücksichtigung der befürwortenden Stellungnahme des Regulierungsrats; näher dazu auch unter § 9 III, der Direktor.

874 Art. 13 Abs. 9 ACER-VO; für *Ehricke* kommt er daher dem Wesen eines Aufsichtsrats nahe, IR 2008, 122 (125).

Verordnung wahrnimmt. Dies erstaunt allerdings aus dem Grunde, weil er letztlich über die Handlungen des wichtigen Regulierungsrates weder eine disziplinarische noch eine inhaltliche Kontrolle ausübt und seine Einwirkungen auf dieses Organ als begrenzt zu bezeichnen sind.

Die die Rahmenbedingungen des operationellen Bereichs setzende Funktion des Verwaltungsrats wird durch die Aufgaben im Bereich der Arbeitsprogramme deutlich. Der Verwaltungsrat legt vor dem 30. September eines jeden Jahres das Arbeitsprogramm der Agentur für das kommende Jahr fest.[875] Dabei konsultiert er allerdings die Kommission und lässt sich das Programm vom Regulierungsrat genehmigen. Anschließend übermittelt der Verwaltungsrat es dem Parlament, der Kommission und dem Rat, woraufhin es später veröffentlicht wird. Aus dieser Verstrickung und Einbeziehung der unterschiedlichen Organe lässt sich die ungewöhnlich starke Verflechtung und das hohe Maß an Kooperation, Zusammenarbeit und gleichzeitiger Kontrolle erkennen. Vor allem die Einbeziehung des Parlaments dient dabei der Herstellung demokratischer Legitimität. Andererseits wird die Bedeutung des Parlaments aufgrund der Vielzahl der Akteure – Parlament, Kommission, Rat – erheblich geringer einzuschätzen sein, als wenn es alleiniges Kontrollorgan wäre. Neben der kurzfristigen Aufstellung im Rahmen des Jahresprogramms legt der Verwaltungsrat ferner die langfristigen Ziele und Planungen der Agentur im Mehrjahresprogramm fest und überarbeitet dieses erforderlichenfalls.[876] Hierbei kann sich der Verwaltungsrat eines unabhängigen, externen Experten bedienen, der einen Bewertungsbericht über den Mehrjahresbericht erstellt, woran auch hier wieder die Möglichkeit der Generierung externen Fachwissens zum Ausdruck kommt.[877] Die öffentliche Bekanntmachung dieser Dokumente ist wiederum der Transparenz und den Anforderungen an ein gutes Regieren geschuldet. Während die ständige Überarbeitung des Mehrjahresplanes aus einer auf die Zukunft gerichteten Perspektive erfolgt, wird durch den Jahresbericht die Arbeit der Agentur im vergangenen Jahr untersucht und evaluiert. Der aus einem die Regulierungstätigkeiten der Agentur und einem die administrativen und finanziellen Angelegenheiten behandelnden Teil bestehende Jahresplan wird vom Direktor als Entwurf erstellt[878] und anschließend auf dieser Grundlage vom Verwaltungsrat angenommen und veröffentlicht, sowie anschließend bis zum 15. Juli eines jeden Jahres an das Parlament,

875 Art. 13 Abs. 5 ACER-VO.
876 Art. 13 Abs. 6 Satz 1 ACER-VO.
877 Art. 13 Abs. 6 Satz 2 ACER-VO.
878 Art. 17 Abs. 8 ACER-VO.

die Kommission, den Rat, den Ausschuss der Regionen, den Wirtschafts- und Sozialausschuss und den Rechnungshof übermittelt.[879]

Schließlich ist der Verwaltungsrat zuständig für weitere organisatorische Fragen und das ordnungsgemäße Funktionieren der Agentur im Einklang mit der ACER-VO. So erstellt er einen Voranschlag für den Haushaltsplan inklusive eines Stellenplans und stellt den Haushaltsplan letztendlich fest.[880] Außerdem beschließt er, allerdings nach Zustimmung durch die Kommission, über die Annahme von Legaten, Schenkungen oder Zuschüssen aus anderen Quellen der Gemeinschaft oder freiwillig geleisteter Beiträge der Mitgliedstaaten oder der Regulierungsbehörden[881] und erlässt nach Anhörung der Kommission die für die Agentur geltende Finanzregelung.[882] Neben den finanziellen Rahmenbedingungen besitzt der Verwaltungsrat des Weiteren eine personelle Verantwortung, in dem er über geeignete Durchführungsbestimmungen zum Statut und die Beschäftigungsbedingungen über die Vorrechte und Befreiungen der Europäischen Gemeinschaften beschließt.[883] Schließlich ist er auch für die praktischen Maßnahmen zum Recht auf Zugang zu den Dokumenten der Agentur verantwortlich.[884]

II. Der Regulierungsrat

Der Regulierungsrat ist das zentrale Direktivorgan der Agentur in inhaltlichen Fragen und spielt eine Schlüsselrolle im Gefüge der Agentur.[885] Gemeinsam mit dem Direktor bestimmt er die konkrete Regulierungspolitik von ACER und hat einen maßgeblichen Einfluss auf die von der Agentur verabschiedeten Beschlüsse, Entscheidungen und Empfehlungen.

1. Zusammensetzung und Organisation

a) Zusammensetzung

Der Regulierungsrat kann als das Partizipationsorgan der nationalen Regulierungsbehörden bezeichnet werden. Er setzt sich zusammen aus je einem ranghohen Vertretern der Regulierungsbehörden und einem nicht stimmberechtigten

879 Art. 13 Abs. 12 Satz 1 ACER-VO.
880 Art. 23 Abs. 1 Satz 2, Abs. 5 ACER-VO.
881 Art. 13 Abs. 8 Satz 1 ACER-VO.
882 Art. 25 Satz 1 ACER-VO.
883 Art. 13 Abs. 10, Art. 28 Abs. 1, 2 und 4 ACER-VO.
884 Art. 13 Abs. 11, Art. 30 ACER-VO.
885 *Gundel/Germelmann*, EuZW 2009, 763 (767).

Vertreter der Kommission.[886] Weder in den Rahmenbedingungen für die europäischen Regulierungsagenturen[887] noch in dem Entwurf über eine institutionelle Vereinbarung bezüglich Rahmenbedingungen für Regulierungsagenturen[888] ist die Errichtung eines solchen Regulierungsrats erwähnt. Auch bei den anderen eingerichteten Agenturen findet sich ein solches Organ bisher nicht. Allenfalls ist ein Exekutivbüro erwähnt, das mit einer begrenzten Zahl von Mitgliedern dem Rat zur Hilfe gestellt werden soll, wenn dieser aufgrund seines zahlenmäßigen Umfangs nicht in der Lage sein sollte, die ihm übertragenen Aufgaben zu erfüllen.[889] In den anderen Regulierungsagenturen wurde grundsätzlich versucht, in den Verwaltungsrat zum Zwecke des Kompetenzgewinns Mitglieder der mitgliedstaatlichen Exekutiven zu integrieren. Dabei stößt man aber auf ein Dilemma der Partizipation, denn bei einer garantierten Vertretung jedes Mitgliedstaates und einer paritätischen Besetzung der Kommission würde der Verwaltungsrat bei aktuell 28 EU-Mitgliedstaaten bereits 56 Mitglieder umfassen, was dem Erfordernis eines schlanken und effektiv arbeitenden Organs entgegengelaufen wäre.[890] Da die unabhängigen nationalen Regulierungsbehörden gem. Art. 35 EltRL und Art. 39 GasRL auf der nationalen Ebene die entscheidungsrelevanten Exekutivkörperschaften sind, erscheint es in einem gerade die vertiefte Zusammenarbeit erfordernden Bereich zweckmäßig, die Erfahrungen und Kompetenzen zu bündeln und in einem neuen Gremium zu vereinen, auch wenn dies nur zulasten der Bildung einer Doppelorganschaft im Bereich der operationellen Tätigkeit der Agentur mit den entsprechenden Abstimmungs- und Koordinierungserfordernissen und weiteren Verflechtungen möglich ist. Insgesamt kann ACER aufgrund der Besonderheit des Regulierungsrates, mit dessen Struktur man aber auf bereits gemachte gute Erfahrungen in der ERGEG aufbauen konnte, als Agentur sui generis bezeichnet werden.

Die Mitglieder des Regulierungsrats werden durch die jeweilige nationale Regulierungsbehörde aus ihren Reihen bestimmt.[891] Eine Amtszeit, wie beim

886 Art. 14 Abs. 1 ACER-VO.

887 Rahmenbedingungen für die europäischen Regulierungsagenturen, KOM (2002) 718 endg.

888 Entwurf über eine interinstitutionelle Vereinbarung bezüglich Rahmenbedingungen für Regulierungsagenturen, KOM (2005) 59 endg.

889 Entwurf über eine interinstitutionelle Vereinbarung bezüglich Rahmenbedingungen für Regulierungsagenturen, KOM (2005) 59 endg., S. 8.

890 Rahmenbedingungen für die europäischen Regulierungsagenturen, KOM (2002) 718 endg., S. 10 f.

891 Art. 14 Abs. 1 UAbs. 3 ACER-VO.

Verwaltungsrat, gibt es grundsätzlich nicht. Daher amtieren die Mitglieder auf unbestimmte Zeit bis zu ihrer, jederzeit möglichen, Abberufung durch ihre heimatliche Behörde, weshalb der Regulierungsrat als ein kontinuierliches Organ zu bezeichnen ist.

Der Regulierungsrat wählt aus seiner Mitte einen Vorsitzenden und dessen Stellvertreter,[892] deren Amtszeit jeweils zweieinhalb Jahre beträgt und verlängert werden kann.[893] Die Amtszeit endet jedoch in jedem Fall bei einer Abberufung aus dem Regulierungsrat.[894] Der Vorsitzende des Regulierungsrates nimmt ohne Stimmrecht an den Sitzungen des Verwaltungsrates teil.[895] Er präsentiert und erklärt nach außen die Sichtweisen und Handlungsprogramme des Regulierungsrates und ist befugt, vor den zuständigen Ausschüssen des Europäischen Parlaments über die Arbeit des Regulierungsrats Rede und Antwort zu stehen.[896]

Bereits oben ist angesprochen worden, dass in verschiedenen Agenturen jeder Mitgliedstaat einen Vertreter entsendet, worin zumindest eine indirekte, wenn auch schwache demokratische Legitimation gesehen wird.[897] Während in anderen Agenturen das Organ der Vertretung der Mitgliedstaaten der Verwaltungsrat ist, finden sie sich bei ACER im Regulierungsrat wieder. Trotz der formalen Unabhängigkeit der Mitglieder (s.u.) und der Verpflichtung zum Gemeinwohl im Sinne einer europäischen Perspektive ist anzunehmen, dass der Einfluss der nationalen Regulierungsbehörden auf die von ihnen entsendeten Vertreter groß ist. Auf der anderen Seite muss beachtet werden, dass bereits die entsendenden Behörden unabhängige Regulierer sind, die gerade keiner Weisung der jeweiligen Regierung unterliegen und daher schon bereits selber dem Vorwurf der mangelnden demokratischen Legitimation ausgesetzt sind.[898] Daher scheidet bereits aus diesem Grund eine Weitervermittlung von Legitimation aus.

b) Interne Entscheidungsfindung

Erstaunlich ist die Stimmgewichtsverteilung bei Abstimmungen. Entgegen den Modalitäten von ERGEG und CEER, die sich an der unterschiedlichen Stimmgewichtsverteilung im Rat orientierten, gilt im Regulierungsrat der Grundsatz

892 Art. 14 Abs. 2 Satz 1 ACER-VO; derzeitiger Vorsitzender ist Lord Mogg, sein Stellvertreter Walter Boltz.
893 Art. 14 Abs. 2 Satz 3 ACER-VO.
894 Art. 14 Abs. 2 Satz 4 ACER-VO.
895 Art. 12 Abs. 3 Satz 2 ACER-VO.
896 Art. 15 Abs. 5 ACER-VO.
897 *Wallnöfer*, wbl 2008, 163 (167).
898 Vgl. für die Diskussion in Deutschland, *Ludwigs*, DV 2011, 41–74.

eines egalitären Stimmgewichts, unabhängig von der Größe oder Einwohnerzahl des Landes der entsendenden Regulierungsbehörde.[899] Hält man sich vor Augen, dass die deutsche Bundesnetzagentur Aufgaben für über 80 Millionen Einwohner wahrnimmt und aufgrund der geographischen Mittellage der Bundesrepublik Deutschland als Transitland mit vielen grenzüberschreitende Leitungen besondere Bedeutung für den Binnenmarkt hat, muss dieses Stimmgleichgewicht gegenüber den nationalen Regulierungsbehörden kleiner Ländern wie Malta oder Zypern als nicht sachgerecht erscheinen. Zudem ist auch nicht ersichtlich, und die Erfahrungen aus der ERGEG sprechen dafür, dass eine Regelung des unterschiedlichen Stimmgewichts, etwa analog zu den Abstimmungsmodalitäten im Rat, zu einer nicht hinnehmbaren Verkomplizierung des Abstimmungsprozesses geführt hätten. Im Übrigen beschließen die Mitglieder mit der Mehrheit von zwei Dritteln der anwesenden Mitglieder.[900] Um eine gültige Abstimmung herbeizuführen, muss eine Mehrheit der wahlberechtigten Mitglieder bei der Abstimmung anwesend sein.[901]

c) *Unabhängigkeit*

Schließlich bestimmt die ACER-VO eindeutig, dass der Regulierungsrat bei der Wahrnehmung seiner Aufgaben stets unabhängig handelt und keine Weisungen von der Regierung eines Mitgliedstaats, der Kommission oder einer anderen öffentlichen oder privaten Stelle einholt oder befolgt.[902] Die Unabhängigkeit von den Regierungen der Mitgliedstaaten ist hier nicht nur rein deklaratorischer Natur. Zwar ist bereits in Art. 35 Abs. 4 Satz 2 b) ii) EltRL 2009 und Art. 39 Abs. 4 b) ii) GasRL 2009 die Weisungsfreiheit von der Regierung als ausdrückliches Merkmal der Unabhängigkeit statuiert. Durch Art. 14 Abs. 5 ACER-VO wird aber ausdrücklich klargestellt, dass die einzelnen Mitglieder und das Plenum in ihrer Arbeit unabhängig von jeglicher Beeinflussung einer nationalen Regierung, d.h. auch der Regierung eines fremden Mitgliedstaates, sind. Einer indirekten Einflussnahme durch eine Regierung eines mächtigen Mitgliedstaates soll dadurch begegnet werden. Hingegen ist gegenüber der entsendenden Regulierungsbehörde gerade keine Unabhängigkeit normiert, so dass der Vertreter kein „freies Mandat“ hat, sondern

899 Art. 14 Abs. 3 Satz 2 ACER-VO, s. auch *Neveling*, ZNER 2007, 378 (380).
900 Art. 14 Abs. 3 Satz 1 ACER-VO.
901 Art. 6.3 Rules of Procedures of the BoR, Ref: A10-BoR-01-03.
902 Art. 14 Abs. 5 ACER-VO.

ausdrücklich im Namen seiner entsendenden Regulierungsbehörde handelt und hierin eine Weisungsbefugnis zum Ausdruck kommt.[903]

2. Aufgaben

Der Regulierungsrat bildet zusammen mit dem Direktor ein organisatorisches Duo, das den operationellen Teil der Arbeit wahrnimmt.[904] Bei allen Aufgaben, die dem Direktor nach den Art. 5 bis 9 ACER-VO auferlegt sind und die Stellungnahmen, Empfehlungen und Beschlüsse umfassen, unterbreitet der Regulierungsrat dem Direktor Stellungnahmen, wenn diese „in Erwägung gezogen" werden.[905] Diese weite Formulierung lässt auf ein umfassendes Beteiligungsrecht des Regulierungsrats schließen, so dass ihm wohl das Initiativrecht zusteht. Die Einrichtung des Direktors und die Ausgestaltung der Doppelorganschaft im operativen Bereich gehen aber eindeutig zulasten des Regulierungsrats, bei dem in den Vorüberlegungen der Kommission noch die alleinige Entscheidungsgewalt konzentriert lag.[906] Insgesamt ist damit auch eine Schwächung der Position der nationalen Regulierungsbehörden bei der Verabschiedung von Stellungnahmen und Leitlinien im Vergleich zum System unter der ERGEG zu beobachten.[907] Allerdings geht aus dem Wortlaut in Art. 15 Abs. 1 Satz 1 ACER-VO nicht eindeutig hervor, wie das Verhältnis zwischen Regulierungsrat und Direktor genau ausgestaltet sein soll. In der Praxis scheint es sich jedoch so herauskristallisiert zu haben, dass der Direktor den Vorgaben des Regulierungsrats folgen muss.[908]

Zweitens soll der Regulierungsrat innerhalb seines Zuständigkeitsbereichs den Direktor bei der Wahrnehmung seiner Aufgaben „*anleiten*".[909] Es stellt sich auch hier angesichts der Wortwahl die Frage, wie genau das Verhältnis zwischen Direktor und Regulierungsrat ausgestaltet sein soll. Unter „*Anleiten*" könnte man ein Weisungsrecht des Regulierungsrats gegenüber dem Direktor verstehen. Dies scheint aber angesichts der Kompetenzen des Direktors und seiner Verantwortung gegenüber dem Europäischen Parlament für die Tätigkeit der Agentur[910] nach einer systematischen Analyse nicht der Fall zu sein. In der englischen Textversion der Verordnung heißt es

903 Art. 14 Abs. 5 ACER-VO.
904 *Neveling*, ZNER 2007, 378 (380).
905 Art. 15 Abs. 1 Satz 1 ACER-VO.
906 *Neveling*, ZNER 2007, 378 (380).
907 Ebd.
908 So zumindest die Beschreibung auf der ACER-Homepage (www.acer.europa.eu).
909 Art. 15 Abs. 1 Satz 2 ACER-VO.
910 Vgl. Art. 16 Abs. 8 ACER-VO.

„the Board of Regulators […] shall provide guidance to the Director in the execution of its tasks." Auf französisch heißt es: *"le conseil de régulateurs, dans son domaine de compétence, donne des indications au directeur concernant l'éxecution des tâches de ce dernier."*

In Spanischen ist von *"asesoramiento"* (= Beratung) die Rede, während sich in der italienischen Version die Formulierung *„fornisce degli orientamenti"* (= Orientierung, Ausrichtung geben) findet und im Niederländischen das Wort *„richtsnoeren"* gebraucht wird. Auch hieraus ließen sich unterschiedliche Weiten der Zusammenarbeit im Sinne des Art. 15 Abs. 1 Satz 2 ACER-VO zwischen Regulierungsrat und Direktor hinein interpretieren. Fest steht, dass ein Weisungsrecht, wie bereits oben systematisch ausgeschlossen, nicht gemeint sein kann. Inwiefern den Stellungnahmen des Regulierungsrats aber eine einigermaßen bindende Bedeutung zukommt, wie es *„richtsnoeren"* oder *„indications"* suggerieren könnten, oder eine reine Beratungsfunktion vorliegt, wie die englischen, italienischen und spanischen Textvarianten nahe legen, wird sich daher wohl erst durch die praktische Übung in der täglichen Arbeit zwischen den beiden Gremien ergeben. Fraglich ist auch, ob der Regulierungsrat nur bei Bedarf und auf Anfrage des Direktors tätig werden und Informationen, Meinungen und Prognosen liefern soll, somit hier eine reine Hilfstätigkeit für den Direktor gemeint ist. Oder ob der Regulierungsrat von sich aus eine aktive Rolle spielen soll, Initiativen ergreifen kann und dem Direktor durch regelmäßige und gezielte Stellungnahmen auf besondere Punkte in seinem Interesse hinweisen kann. Es kann hier lediglich konstatiert werden, dass die nicht ganz klare sprachliche Regelung einer Zementierung in der praktischen Arbeit bedarf.

Der Regulierungsrat bekommt jährlich bis zum 30. Juni vom Direktor den Entwurf des Arbeitsprogramms der Agentur für das folgende Jahr zur Genehmigung vorgelegt und übermittelt dieses dann dem Verwaltungsrat.[911] Daher hat der Regulierungsrat auch eine gewisse Planungskontrolle und Mitbestimmung über die künftigen Vorhaben der Agentur. Daneben billigt der Regulierungsrat den separaten Teil des Jahresberichts, der nur die regulatorischen Angelegenheiten der Agentur betrifft, nicht aber die administrativen und finanziellen.[912]

In personeller Hinsicht übt der Regulierungsrat auch Einfluss auf die Besetzung des Postens des Direktors aus. Bevor der Verwaltungsrat aus den mindestens drei von der Kommission vorgeschlagenen Bewerbern seinen Favoriten zum Direktor ernennt, bedarf es der befürwortenden Stellungnahme des Regulierungsrats.[913] Die

911 Art. 15 Abs. 3, Art. 13 Abs. 5, Art. 17 Abs. 6 ACER-VO.

912 Art. 15 Abs. 4 ACER-VO.

913 Art. 15 Abs. 2 Satz 1, Art. 13 Abs. 1, Art. 16 Abs. 2 ACER-VO.

Entscheidung darüber muss mit einer Mehrheit von drei Vierteln der Mitglieder des Regulierungsrats getroffen werden.[914] Folglich muss der Verwaltungsrat in seiner Wahl bereits die Ansichten und Interessen der Mitglieder der Regulierungsrats und quasi die Meinungen der nationalen Regulierungsbehörden der Mitgliedstaaten berücksichtigend zur Kenntnis nehmen. Zwar hat dadurch der Regulierungsrat kein direktes Auswahlrecht, das hohe erforderliche Zustimmungsquorum sichert ihm aber ein quasi Mitentscheidungsrecht zu, da es aktuell nur acht Mitglieder des Regulierungsrats bedarf, um die Wahl des Verwaltungsrat zu blockieren. Das hohe Quorum soll von Anfang an für die Gewährleistung einer ausreichenden Vertrauensgrundlage zwischen Direktor und Regulierungsrat als maßgebliche Doppelexekutive in der operationellen Arbeit von ACER sorgen.

III. Der Direktor

1. Stellung des Direktors

Der Direktor kann als das geschäftsführende Organ bzw. Vorstand von ACER bezeichnet werden.[915] Er leitet und repräsentiert die Agentur nach außen.[916] Der Direktor ist der repräsentative Kopf der Agentur und zuständig für alle organisatorischen, personellen und finanziellen Fragen sowie, zusammen mit dem Regulierungsrat, Verantwortlicher der im operationellen Tagesgeschäft zu treffenden Entscheidungen.

Schließlich wird, wie bei den anderen Mitgliedern der Organe auch, noch einmal klargestellt, dass der Direktor weder Weisungen von Regierungen, der Kommission oder sonstigen öffentlichen oder privaten Stellen einholt noch sie befolgt, um die besondere Unabhängigkeit des Organs nochmals zu klarifizieren.[917]

2. Wahl und Kontrolle des Direktors

a) Wahl des Direktors

Wie teilweise oben bereits angesprochen, besteht das Verfahren zur Bestimmung des Direktors aus einem komplizierten Verfahren mit Einbeziehung unterschiedlicher Akteure. In einem ersten Schritt hat die Kommission das Initiativrecht

---

914 Art. 15 Abs. 2 Satz 2 ACER-VO.

915 So auch *Ehricke*, IR 2008, 122 (125); *Neveling*, ZNER 2007, 378 (379).

916 Art. 16 Abs. 1 Satz 1 ACER-VO.

917 Art. 16 Abs. 1 Satz 2 ACER-VO.

und startet einen Aufruf an interessierte Personen zur Interessenbekundung. Aus den Bewerbern erstellt sie dann eine Liste mit mindestens drei Personen, die nach den Kriterien der erworbenen Verdienste, Qualifikation und Erfahrung auf dem Gebiet des Energiesektors ausgewählt werden.[918] Anschließend wählt der Verwaltungsrat aus den Bewerbern einen Kandidaten und ernennt ihn unter der Voraussetzung des zustimmenden Votums des Regulierungsrats zum Direktor.[919] Vor der Ernennung kann zudem noch das Europäische Parlament den Kandidaten auffordern, sich vor dem zuständigen Ausschuss des Parlaments zu äußern und die Fragen seiner Mitglieder zu beantworten.[920] Dadurch hat das Parlament zwar formell keine Entscheidungsgewalt, kann aber zumindest ein Informations- und Kontrollbedürfnis wahrnehmen, was zumindest einen schwachen Schein demokratischer Legitimation verschafft. Insgesamt sind daher mit der Kommission, dem Verwaltungsrat, dem Regulierungsrat und dem Parlament bis zu vier Organe bei der Auswahl des Direktors beteiligt. Zum ersten Direktor wurde der Italiener Alberto Pototschnig ernannt.

b) Kontrolle durch Amtszeit und Wiederwahlmodalität

Die Amtszeit des Direktors beträgt fünf Jahre[921] und kann nur unter der Bedingung, dass dies *„durch die Aufgaben und Erfordernisse der Agentur zu rechtfertigen ist“* einmalig um höchstens bis zu drei Jahren verlängert werden.[922] Diese interessante Regelung lässt darauf schließen, dass unter normalen Umständen von der Verlängerung des Mandats des Direktors abgesehen werden soll und nur bei besonderen Leistungen des Direktors oder bei dem Wunsch nach Vollendung wichtiger laufender Projekte die Möglichkeit der Verlängerung, aber auch dann nur für eine nach den Umständen des Einzelfalls zu bestimmende Zeit, besteht. Der Maßstab müssen dabei die Aufgaben und Erfordernisse der Agentur sein. Gleichzeitig kann in der Regelung auch ein Mittel gesehen werden, den Direktor zu anhaltend guter Arbeit zu motivieren, sich durch eine möglichst positive Beurteilung in eine gute Position für eine Neumandatierung zu bringen und den sog. Effekt der „lahmen Ente“ zu vermeiden. Die für die Entscheidung über eine mögliche Amtsverlängerung maßgebliche Bewertung wird durch die Kommission in den letzten neun Monaten vor Ablauf der Amtszeit

918 Art. 16 Abs. 2 Satz 1 ACER-VO.
919 Art. 16 Abs. 2 Satz 1, Art. 15 Abs. 2, Art. 13 Abs. 1 ACER-VO.
920 Art. 16 Abs. 2 Satz 2 ACER-VO.
921 Art. 16 Abs. 3 Satz 1 ACER-VO.
922 Art. 16 Abs. 4 ACER-VO.

vorgenommen[923], in der sie die Leistung des Direktors und die Aufgaben und Erfordernisse der Agentur in den kommenden Jahren, letzteres mit der Unterstützung eines unabhängigen externen Experten, evaluiert.[924] Bei der Verlängerung der Amtszeit des Direktors wirken wiederum die Kommission, der Verwaltungsrat, der Regulierungsrat und, fakultativ, der zuständige Ausschuss des Parlaments mit.[925] Die zumindest anfängliche fünfjährige Amtszeit führt außerdem zu einer Verzerrung der Termine der Neumandatierungen, da die Mitglieder des Verwaltungsrats nach vier bzw. sechs Jahren neu bestimmt werden müssen.

c) Interner Kontrollmechanismus der Abberufung

Der Direktor kann im umgekehrten Fall auch bereits vorzeitig aus seiner Funktion abberufen werden. Dies geschieht durch Beschluss des Verwaltungsrats als Kontrollgremium nach befürwortender Stellungnahme des Regulierungsrats, wobei für die Entscheidung im Verwaltungsrat eine Mehrheit von drei Vierteln der Mitglieder erforderlich ist.[926]

d) Externe Kontrolle durch Parlament und Rat

Der Direktor unterliegt auch einer weiteren Kontrolle durch das Parlament und den Rat. Beide Organe können den Direktor auffordern, einen Bericht über die Wahrnehmung seiner Aufgaben vorzulegen.[927] Damit wird ein Bericht gemeint sein, in dem der Direktor Stellung zu seinen persönlichen Zielen, Vorstellungen, Auffassungen, Erfolgen und Misserfolgen nehmen muss und der dadurch deutlich über die bereits im Jahresarbeitsprogramm und Jahresbericht genannten Informationen hinausgeht. Zweitens hat das Parlament auch die Möglichkeit, den Direktor zur Abgabe einer Erklärung vor dem zuständigen Ausschuss des Parlaments und zur Beantwortung von Fragen der Mitglieder dieses Ausschusses zu zwingen.[928] Dadurch wird eine Möglichkeit zu demokratischer Kontrolle und Legitimation eröffnet, sowie den Erfordernissen einer transparenten und öffentlichen Verwaltung Rechnung getragen.

---

923 Art. 16 Abs. 3 Satz 2 ACER-VO.
924 Art. 16 Abs. 3 Satz 3, UAbs. 2 ACER-VO.
925 Art. 16 Abs. 4, 5 ACER-VO.
926 Art. 16 Abs. 7 ACER-VO.
927 Art. 16 Abs. 8 Satz 1 ACER-VO.
928 Art. 16 Abs. 8 Satz 2 ACER-VO.

3. Aufgaben des Direktors

Der Direktor ist der bevollmächtigte Vertreter der Agentur und mit ihrer Verwaltung in organisatorischer, finanzieller und personeller Hinsicht beauftragt.[929] Auf der operationellen Ebene beginnt zeitlich gesehen der Direktor mit dem Entwurf des Arbeitsprogramms der Agentur für das kommende Jahr, das er bis zum 30. Juni dem Regulierungsrat, dem Parlament und der Kommission vorlegen muss.[930] Zwar ist durch die Einbindung insbesondere des Regulierungsrats und später des Verwaltungsrats, der das Arbeitsprogramm dann festlegt, die Erarbeitung desselben ein Gemeinschaftsprojekt und die künftigen Aufgaben und Prioritäten im konsensualen Miteinander zu bestimmen, dennoch kann davon ausgegangen werden, dass der Direktor aufgrund seiner Initiativbefugnis bereits maßgeblichen Einfluss auf die Ausgestaltung des Arbeitsprogramms ausübt und hier die Möglichkeit hat, entscheidende Prioritäten zu setzen und Weichenstellungen vorzunehmen. Nach erfolgreich abgeschlossenem Prozess der Erarbeitung und Festlegung des Jahresprogramms ist es dann die Aufgabe des Direktors, das Jahresarbeitsprogramm durchzuführen, wobei der Regulierungsrat eine Beratungs- und Lenkungsfunktion übernimmt und der Verwaltungsrat die administrative Kontrolle ausübt.[931] Wie bereits oben bei der „Anleitung" ist das Verhältnis zwischen Regulierungsrat und Direktor nicht eindeutig. Das Wort „Lenkungsfunktion" lässt auf eine stärkere Machtposition und Einflussnahme schließen als das bloße Zurverfügungstellen von Informationen und Sachverstand. Dabei gilt allerdings wie oben, dass sich das wahre Verhältnis zwischen Regulierungsrat und Direktor in der täglichen Arbeit justieren und einpendeln muss. Die konkrete Durchführung des Jahresarbeitsprogramms wird hauptsächlich durch die Stellungnahmen, Empfehlungen und Beschlüsse gemäß den Artikeln 5 bis 9 erfolgen, die der Direktor annimmt und veröffentlicht.[932] Es ist hier also nach der Verordnung davon auszugehen, dass der Direktor gemeinsam mit dem Regulierungsrat die erforderlichen Maßnahmen trifft. Nicht ausdrücklich geregelt ist allerdings, wie in der Binnenstruktur die Entscheidungsfindung vonstattengehen soll und wer im Konfliktfall das ausschlaggebende Organ ist. Denkbar ist, dass die übrigen Mitarbeiter der Agentur dem Direktor direkt unterstehen, er also als Kopf der Verwaltung das Weisungsrecht und die Letztentscheidungsbefugnis besitzt. Dann könnte sich der Direktor möglicherweise auch über

929 Art. 17 Abs. 1 ACER-VO; vgl. auch *Ehricke*, IR 2008, 122 (125).
930 Art. 17 Abs. 6 ACER-VO.
931 Art. 17 Abs. 4 ACER-VO.
932 Art. 17 Abs. 3 ACER-VO.

gegensätzliche Stellungnahmen des Regulierungsrats nach Art. 15 Abs. 1 Satz 1 ACER-VO hinwegsetzen. Denkbar wäre auf der anderen Seite auch ein durch Geschäftsordnung, innerbehördliche Vereinbarung oder schlicht durch konkludentes Handeln entstandene Entscheidungsbinnenstruktur zwischen dem Regulierungsrat, dem Direktor und den bei der Agentur beschäftigten Mitarbeitern, dessen Ergebnis nach Abschluss des Entscheidungsprozesses der Direktor nach außen verantworten und durchführen muss.[933] Für die Beantwortung dieser Frage kann möglicherweise auf die Rahmenbedingungen für die europäischen Regulierungsagenturen zurückgegriffen werden. Dort wird dem Direktor generell die Verantwortlichkeit für die operativen Aufgaben seiner Agentur zugewiesen, worunter zu verstehen sei, dass er in einer Agentur mit Entscheidungsbefugnissen die Sorge dafür zu tragen habe, dass die anstehenden Einzelfallentscheidungen getroffen werden.[934] Gerade in technisch und wissenschaftlich schwierigen Fragen müsse er aber durch andere Experten in dieser Arbeit unterstützt werden, was zum einen durch die Bediensteten der Agentur, zum anderen durch „agenturinterne spezielle Konsultativgremien“ geschehen könne, denen externe Experten angehören sollen.[935] Diese Konsultativgremien hätten danach die Aufgabe, technische und wissenschaftliche Gutachten innerhalb eines Rechtsrahmens anzufertigen, die den Ermessensspielraum des Direktors in angemessener Weise wahren. Würde man den Regulierungsrat als ein solches Gremium verstehen, so wäre der Regulierungsrat in seinen Stellungnahmen auf die Unterstützung des Direktors reduziert, dem ein Letztentscheidungsrecht eingeräumt werden müsste. Allerdings lässt sich gegen diese Einordnung hervorbringen, dass sich der Gesetzgeber gerade mit der Einrichtung eines Regulierungsrats für die besondere Mitgestaltung der nationalen Regulierungsbehörden mit ihren Expertisen entschlossen hat und vom in den Rahmenbedingungen von 2002 beschriebenen Modell abgewichen ist. Ferner spricht der 18. Erwägungsgrund der ACER-Verordnung von den *Entscheidungen* des Regulierungsrats, die im Einklang mit dem Gemeinschaftsrecht stehen müssten, was ein Indiz für die beabsichtigten Kompetenzen über eine bloße Vorbereitung, Unterstützung und Konsultation des Direktors ist.

Ferner erstellt der Direktor nach Ablauf des Jahres den Entwurf des Jahresberichts, der einen separaten Teil über die regulativen Tätigkeiten der Agentur und

933 beide Möglichkeiten ansprechend: *Ehricke*, IR 2008, 122 (126); auch *Neveling*, ZNER 2007, 378 (380).

934 *Europäische Kommission*, Rahmenbedingungen für die europäischen Regulierungsagenturen, KOM (2002) 718, S. 11.

935 Ebd.

einen weiteren Teil über die finanziellen und administrativen Angelegenheiten enthält.[936]

Grundsätzlich ist der Direktor das Organ, das das ordnungsgemäße Funktionieren der Agentur zu gewährleisten hat. Dafür trifft er alle erforderlichen Maßnahmen, insbesondere im Hinblick auf den Erlass interner Verwaltungsanweisungen und die Veröffentlichung von Mitteilungen.[937] In personeller Hinsicht übt er gegenüber den Bediensteten der Agentur diejenigen Befugnisse aus, die der Agentur als Anstellungsbehörde durch das Statut und die Beschäftigungsbedingungen in europäischen Institutionen übertragen wurden.[938] Die finanziellen Befugnisse und Pflichten bringen es mit sich, dass der Direktor sowohl einen Vorentwurf des Haushaltsplans gemäß Art. 23 Abs. 1 ACER-VO erstellen muss und den Haushaltsplan der Agentur gemäß Art. 24 ACER-VO ausführt.[939]

Schließlich zeigt sich erneut die besondere Verflechtung der Organe innerhalb der Agentur dadurch, dass der Direktor die Arbeiten des Verwaltungsrats vorbereitet und an den Sitzungen des Verwaltungsrats, jedoch ohne Stimmrecht, teilnimmt.[940] Insbesondere durch die Tätigkeit der Vorbereitung nimmt der Direktor einen nicht unerheblichen Einfluss auf die Arbeit des Verwaltungsrats wahr.

IV. Rechtsschutz durch den Beschwerdeausschuss und den EuGH

Als eine Thematik von besonderer Bedeutung lässt sich der Rechtsschutz bezeichnen. Die Gewährleistung eines effektiven und vollumfänglichen Rechtsschutzes gegen Handlungen von Agenturen ist bereits oben als nicht revidierbarer Grundsatz der Meroni-Rechtsprechung und Bestandteil des auf jeden Fall zu wahrenden institutionellen Gleichgewichts bezeichnet worden.[941] Dies folgt bereits aus dem Bekenntnis der EU zu Rechtsstaats- und Demokratieprinzipien und ist insbesondere nach dem Sogelma-Urteil des EuG und der Einfügung der Art. 263 Abs. 1 Satz 2, Abs. 5 AEUV und Art. 265 Abs. 1 Satz 2 AEUV richterlich und primärrechtlich klarifiziert worden. Trotz dieser evident erscheinenden Feststellung waren in der

936 Art. 17 Abs. 8 ACER-VO.
937 Art. 17 Abs. 5 ACER-VO.
938 Art. 17 Abs. 9, Art. 28 Abs. 3 ACER-VO.
939 Art. 17 Abs. 7 ACER-VO.
940 Art. 17 Abs. 2 ACER-VO.
941 S.o. unter § 8 III; auch: *Wittinger*, EuR 2008, 609 (624); *Uerpmann*, AöR 2000, 551 (571 ff.).

Vergangenheit die Rechtsschutzmöglichkeiten gegen Agenturen umstritten und bei den verschiedenen Agenturen höchst unterschiedlich geregelt.[942]

Teilweise wird in den frühen Agenturmodellen Rechtsschutz gegen Maßnahmen der Agentur durch ein Aufsichtsmodell gewährleistet, in dem Mitgliedstaaten und von Handlungen der Gemeinschaftseinrichtungen unmittelbar und individuell betroffene Dritte Beschwerde bei der Kommission einreichen können.[943] Im Falle einer ablehnenden Entscheidung, die bei Ausbleiben einer solchen in der erforderlichen Frist fingiert wird, ist der Rechtsweg nach Art. 263 AEUV zum EuGH eröffnet. Dieses früher häufiger benutzte Aufsichtsmodell ist bei den Exekutivagenturen, die in besonderem Maße der Kommission unterstehen, in jüngster Zeit wieder aufgegriffen worden und in eine sog. „Verwaltungsbeschwerde" zur Kommission umgewandelt worden.[944]

Andere Gemeinschaftseinrichtungen hingegen eröffnen den direkten Rechtsweg zum Gerichtshof der Union.[945]

Ein drittes Modell sind die agenturinternen Beschwerdeverfahren, die Beschwerden gegen Maßnahmen der Agentur zu speziell dort eingerichteten Beschwerdekammern vorsehen. Gerade in den seit Mitte der 1990er Jahre mit umfangreichen Kompetenzen ausgestatteten und in technisch komplexen Bereichen agierenden etablierten Agenturen ist diese Variante zum Einsatz gekommen.[946] Beim Harmonisierungsamt für den Binnenmarkt entscheiden interne Beschwerdekammern etwa über Beschwerden gegen Entscheidungen von

---

942 *Görisch*, Demokratische Verwaltung durch Unionsagenturen, S. 215 ff.; *Fischer-Appelt*, Agenturen der Europäischen Gemeinschaft, S. 308 ff.; *Saurer*, EuR 2010, 51 ff; *Wittinger*, EuR 2008, 609 (624 ff.); *Riedel*, EuZW 2009, 565; *Uerpmann*, AöR 2000, 551 ff.

943 *Görisch*, Demokratische Verwaltung durch Unionsagenturen, S. 219; *Saurer*, EuR 2010, 51 (57); *Uerpmann*, AöR 2000, 551 (573); dieses Modell findet sich beim Europäischen Zentrum für die Förderung der Berufsbildung (Art. 18 VO (EG) Nr. 354/95), der Europäischen Stiftung zur Verbesserung der Lebens- und Arbeitsbedingungen (Art. 22 VO (EWG) Nr. 1365/75), der Europäischen Agentur für Zusammenarbeit (Art. 19 VO (EWG) Nr. 3245/81), (partiell) dem Harmonisierungsamt für den Binnenmarkt (Art. 118 VO (EG) Nr. 40/94), (partiell) dem Gemeinschaftlichen Sortenamt (Art. 44 VO (EG) Nr. 2100/94) und der Europäischen für Sicherheit und Gesundheitsschutz am Arbeitsplatz (Art. 22 VO (EG) Nr. 2062/94).

944 Art. 22 VO (EG) Nr. 58/2003 über den Status der Exekutivagenturen.

945 Beispielsweise bei der Drogenbeobachtungsstelle (Art. 17 VO (EWG) Nr. 302/93), der Grundrechteagentur (Art. 27 Abs. 3 VO (EG) Nr. 168/2007) und der Europäischen Agentur für Flugsicherheit (Art. 50 Abs. 1 VO (EG) Nr. 216/2008.

946 *Saurer*, EuR 2010, 51 (57).

Prüfern oder der Markenverwaltung.[947] Beim Gemeinschaftlichen Sortenamt können bestimmte enumerativ aufgeführte Entscheidungen angegriffen werden, wie beispielsweise die Nichtigkeitserklärung und die Aufhebung des gemeinschaftlichen Sortenschutzes.[948] Ebenfalls sind die Europäische Agentur für Flugsicherheit und die Chemikalienagentur mit solcherlei internen Rechtsschutzmechanismen ausgestattet.[949] Die Gründungsverordnungen selbst enthalten detaillierte Regelungen zum Verfahren, wie beispielsweise Zulässigkeitsvoraussetzungen wie Form- und Fristerfordernisse.[950]

Die interne Selbstkontrolle von Maßnahmen der Agenturen wird auch in personeller Hinsicht deutlich, indem teilweise die Verwaltungsräte der Agentur über die Besetzung der Beschwerdekammern entscheiden.[951] Nach Durchführung des agenturinternen Beschwerdeverfahrens muss das Recht auf richterliche Entscheidung gewährleistet sein, weshalb der Rechtsweg zum EuG in quasi zweiter Instanz eröffnet wird.[952]

Demgegenüber sieht eine stattliche Anzahl von Agenturen in ihren jeweiligen Gründungsverordnungen gar keine Rechtsschutzregelung vor.[953] Dieser war bis vor der Neuregelung in Art. 263 Abs. 1 Satz 2, Abs. 5, 265 Abs. 1 Satz 2 AEUV nur dann möglich, wenn die (Vorbereitungs)Handlung der vertragsfremden Einrichtung eine Maßnahme der Kommission nach sich zog, im Rahmen

---

947 Art. 57 VO (EG) Nr. 40/94.

948 Art. 67 i.V.m. Art. 20, 21, 59, 61, 62, 63, 66 VO (EG) Nr. 2100/94.

949 Art. 35 i.V.m. Art. 15, 46, 53 VO (EG) Nr. 1592/2002; Art. 91 i.V.m. Art. 9, 20, 30, 51 VO (EG) Nr. 1907/2006.

950 Art. 59 VO (EG) Nr. 40/94, Art. 69 VO (EG) Nr. 2100/94 und Art. 46 VO (EG) Nr. 216/2008 sehen jeweils eine Zwei-Monatsfrist bei Beschwerden vor.

951 z.B. Art. 78 VO (EG) 1907/2006.

952 Art. 63 Abs. 1 VO (EG) Nr. 40/1994, Art. 73 Abs. 1 VO (EG) Nr. 2100/1994, Art. 50 Abs. 2 VO (EG) Nr. 216/2008, Art. 94 Abs. 1 VO (EG) Nr. 1907/2006.

953 Darunter die Europäische Behörde für Lebensmittelsicherheit (EFSA), die Europäische Stiftung für Berufsbildung (ETF), die Europäische Eisenbahnagentur (ERA), die Europäische Fischereiaufsichtsbehörde (CFCA), das Europäische Institut für Gleichstellungsfragen (EIGE), die Europäische GNSS-Aufsichtsbehörde (GSA), die Europäische Agentur für die operative Zusammenarbeit an den Außengrenzen (FRONTEX), die Europäische Agentur für Netz- und Informationssicherheit (ENISA), die Europäische Agentur dir die Sicherheit des Seeverkehrs (EMSA), das Übersetzungszentrum (Cdt), die Europäische Umweltagentur (EEA), die bis 2008 existierende Agentur für den Wiederaufbau (EAR), das Satellitenzentrum der Europäischen Union (EUSC), dem Institut der Europäischen Union für Sicherheitsstudien (ISS), die Europäischen Verteidigungsagentur (EDA und die Europäischen Polizeiakademie (CEPOL).

deren Überprüfung nach Art. 230 EG a.F. quasi inzident die Rechtmäßigkeit des Agenturhandelns überprüft wurde.

Der Entwurf über eine interinstitutionelle Vereinbarung beschränkte sich auf die Feststellung, dass die justizielle Kontrolle durch den Gerichtshof auszuüben sei, möglicherweise erst nach der Erschöpfung eines durch Beschwerdekammern vorgesehenen internen Rechtswegs.[954]

Die ACER-VO sieht die Einrichtung einer eigenen Rechtsaufsicht auf einer ersten Stufe, den Beschwerdeausschuss, vor. Daher sind zunächst der Aufbau und die Zusammensetzung des Beschwerdeausschusses, dann die Rechtsschutzmöglichkeiten auf behördeninterner Ebene und schließlich die Geltendmachung von Rechtsschutz bei der EU-Gerichtsbarkeit darzustellen.

1. Zusammensetzung und Organisation des Beschwerdeausschusses

Der Beschwerdeausschuss der Agentur setzt sich aus sechs Mitgliedern und sechs stellvertretenden Mitgliedern zusammen.[955] Sie werden aus dem Kreis der derzeitigen oder früheren leitenden Mitarbeiter der nationalen Regulierungsbehörden, Wettbewerbsbehörden oder anderer nationaler oder gemeinschaftlicher Einrichtungen mit einschlägiger Erfahrung im Energiesektor ausgewählt[956] und weisen damit ein hohes Maß an Kompetenz und Fachwissen auf.[957] Die Mitglieder werden auf Vorschlag der Kommission nach einem öffentlichen Aufruf zur Interessenbekundung und nach Konsultation des Regulierungsrats vom Verwaltungsrat förmlich ernannt[958], worin wiederum die Einbeziehung der unterschiedlichen Organe und beabsichtigte Kooperation zum Ausdruck kommt. Innerhalb der Agentur dürfen sie keinerlei Aufgaben außer der im Beschwerdeausschuss haben und nicht gleichzeitig Mitglied im Verwaltungsrat oder Regulierungsrat sein.[959] Sie sind in ihrer Beschlussfassung unabhängig und

954 Entwurf für eine interkonstitutionelle Vereinbarung zur Festlegung von Rahmenbedingungen für die europäischen Regulierungsagenturen vom 25.02.2005, KOM (2005) 59, S. 7, 9.

955 Art. 18 Abs. 1 Satz 1 ACER-VO.

956 Art. 18 Abs. 1 Satz 1 ACER-VO.

957 Zu den ersten Mitgliedern des Beschwerdeausschusses wurden Jacques de Jong, Callum McCarthy, Ignacio Perez-Arriaga, Rippo Ranci Ortigos, Herbert Ungerer und Wolfgang Urbantschitsch bestimmt. Vertreter sind Viorel Alicus, Mariano Bacigalupo Seggese, Olivier Beatrix, Nadia Horstmann, Peter Kaderjak und Constantinos Maniatopoulus.

958 Art. 18 Abs. 2 ACER-VO.

959 Art. 18 Abs. 3 Satz 5 ACER-VO.

an keinerlei Weisungen gebunden.[960] Um diese Unabhängigkeit und Weisungsfreiheit nochmals zum Ausdruck zu bringen, verpflichten sich die Mitglieder des Beschwerdeausschusses, auch selbständig, unabhängig und im öffentlichen Interesse zu handeln.[961] Wie die Mitglieder des Verwaltungsrats geben sie zur Bekräftigung eine schriftliche Verpflichtungserklärung und eine schriftliche Interessenserklärung ab, aus der hervorgeht, dass keinerlei die Unabhängigkeit gefährdende Interessen bestehen oder dass solche bestimmten Interessen mittelbar oder unmittelbar bestehen, die als die Unabhängigkeit der Mitglieder beeinträchtigend angesehen werden können.[962] Diese Erklärungen werden ebenfalls jedes Jahr öffentlich bekannt gemacht.[963] Nach einer Befangenheitsvorschrift dürfen die Mitglieder des Beschwerdeausschusses dann nicht an den Entscheidungen mitwirken, wenn sie durch dieses Verfahren in ihren persönlichen Interessen berührt sind oder sie zuvor als Vertreter eines Verfahrensbeteiligten tätig geworden sind bzw. sie an der Entscheidung, gegen die Beschwerde eingelegt wird, mitgewirkt haben.[964] Über die Befangenheit in diesen normierten Fällen oder aufgrund der Befangenheit aus sonstigem Grund mit der Konsequenz des Ausschlusses des Mitglieds von der betreffenden Entscheidung entscheiden die restlichen Mitglieder des Beschwerdeausschusses ohne die Mitwirkung des betroffenen Mitglieds, wobei dieses von seinem Stellvertreter bei der Entscheidung vertreten ist.[965] Der Beschwerdeausschuss ist daher zwar ein Organ von ACER, dabei aber von der administrativen und regulatorischen Struktur unabhängig und streng dem öffentlichen Wohl verpflichtet.

Die Amtszeit der Mitglieder des Beschwerdeausschusses beträgt fünf Jahre.[966] Sie kann verlängert werden, und zwar unbegrenzt, da hier keine Limitierung wie bei den Mitgliedern des Verwaltungsrats und dem Direktor ausgesprochen ist.[967] Beschlüsse des nur bei Bedarf zusammentretenden Beschwerdeausschusses müssen stets mit einer Mehrheit von mindestens vier von sechs Mitgliedern getroffen werden.[968]

---

960 Art. 18 Abs. 3 Satz 3, 4 ACER-VO.
961 Art. 18 Abs. 7 Satz 1 ACER-VO.
962 Art. 18 Abs. 7 Satz 2 ACER-VO.
963 Art. 18 Abs. 7 Satz 3 ACER-VO.
964 Art. 18 Abs. 4 ACER-VO.
965 Art. 18 Abs. 5, 6 ACER-VO.
966 Art. 18 Abs. 3 Satz 1 ACER-VO.
967 Art. 18 Abs. 3 Satz 2, vgl. Art. 12 Abs. 1 Satz 5, 16 Abs. 3, 4 ACER-VO.
968 Art. 18 Abs. 1 Satz 3, 4 ACER-VO.

2. Verfahrensablauf

Der Beschwerdeausschuss ist zuständig für Beschwerden gegen Entscheidungen, die nach den Artikeln 7, 8 oder 9 ACER-VO von der Agentur getroffen wurden.[969] Beschwerdebefugt ist dabei zum einen jede natürliche oder juristische Person, einschließlich der nationalen Regulierungsbehörden, gegen die die Entscheidung unmittelbar gerichtet ist oder zum anderen jede Person, die durch eine Entscheidung an einen anderen unmittelbar und individuell betroffen ist.[970] Die Ausweitung des Kreises der Beschwerdebefugten auf die betroffenen Nicht-Adressaten einer Maßnahme stellt dabei eine erfreuliche Entwicklung und Expansion des Rechtsschutzes dar. Allerdings ist auffallend, dass nach Art. 19 ACER-VO kein Rechtsschutz gegen nach Art. 6 ACER-VO vorgenommene Maßnahmen der Agentur besteht, also Maßnahmen der Agentur gegenüber den ENTSOs, wie beispielsweise Stellungnahmen oder der Entwurf eines Netzkodex. Eine Rechtsschutzlücke ist hier indes nicht zu sehen, denn bei fehlender Zuständigkeit des Beschwerdeausschusses kann beim EuG oder EuGH Klage nach Art. 263 AEUV eingereicht werden. Die Beschwerdeeinreichungs- und Begründungsfrist beträgt zwei Monate, laufend ab dem Tag der Bekanntgabe der Entscheidung.[971] Bei einer zulässigen Beschwerde prüft der Beschwerdeausschuss, ob die Beschwerde begründet ist, wobei nicht näher ausgeführt wird, unter welchen Voraussetzungen eine solche Begründetheit anzunehmen ist.[972] Dies wird aber zumindest dann der Fall sein, wenn eine Entscheidung der Agentur rechtswidrig ist und der Adressat dadurch in seinen Rechten verletzt wird. Im Rahmen der Entscheidungsfindung innerhalb des Beschwerdeverfahrens kann der Beschwerdeausschuss die Beteiligten auffordern, innerhalb bestimmter Fristen Stellungnahmen zu Bescheiden oder zu den Schriftsätzen der anderen Beteiligten abzugeben.[973] Des Weiteren können auch mündliche Erklärungen durch die Parteien abgegeben werden, so dass das Verfahren insgesamt wohl wenig reguliert ist und der relativ freien Entscheidungsgewalt des Beschwerdeausschusses unterliegt. Dies wird auch dadurch illustriert, das der Beschwerdeausschuss entweder selber eine Entscheidung treffen oder die Angelegenheit zurück an die zuständige Stelle der Agentur verweisen kann, welche im zweiten Fall an die Entscheidung des Beschwerdeaus-

969 Art. 19 Abs. 1 ACER-VO.
970 Art. 19 Abs. 1 ACER-VO.
971 Art. 19 Abs. 2 Satz 1 ACER-VO.
972 Art. 19 Abs. 4 Satz 1 ACER-VO.
973 Art. 19 Abs. 4 Satz 2 ACER-VO.

schusses gebunden ist.[974] Mit dieser gewählten Formulierung „zuständige Stelle“ wird ferner deutlich, dass es unterschiedliche Entscheidungsträger in der Agentur geben muss, mithin eine unterhalb des Direktors angeordnete Binnen- und Arbeitsstruktur mit Mitarbeitern und maßgeblicher Entscheidungsgewalt, über die sich die ACER-VO allerdings ausschweigt.[975] Aus Gründen der Transparenz werden die Entscheidungen des Beschwerdeausschusses veröffentlicht.[976]

Grundsätzlich kommt der Beschwerde gegen eine Maßnahme der Agentur im Beschwerdeverfahren keine aufschiebende Wirkung zu.[977] Um die Vermeidung irreparabler Nachteile beim Adressaten gewährleisten zu können, kann der Beschwerdeausschuss aber bei Erforderlichkeit den Vollzug der angefochtenen Entscheidung aussetzen.[978]

Trifft der Beschwerdeausschuss schließlich eine Entscheidung, so kann gegen diese Entscheidung Klage vor dem Gericht erster Instanz oder dem Gerichtshof nach Art. 263 AEUV eingereicht werden.[979] Unterlässt es die Agentur hingegen, eine Entscheidung zu treffen, so kann Untätigkeitsklage vor dem EuG oder EuGH gemäß Art. 265 AEUV erhoben werden.[980] Mit diesem zweistufigen Rechtsschutzmodell folgt der Verordnungsgeber dem Modell der schon in den 1990er und 2000er Jahren eingerichteten Agenturen.[981] Mit dem Sogelma-Urteil des EuG und dem Vertrag von Lissabon haben sich nun aber auch die damit bisher einhergehenden Rechtsprobleme erledigt, denn bei den Verweisungen durch die Gründungsverordnungen auf Art. 230 EGV wurde problematisiert, dass dieser Artikel des Vertrages den Rechtsweg nur gegen Handlungen des Europäischen Parlaments, des Rates, der Kommission und der Europäischen Zentralbank eröffnete.[982] Agenturen hingegen wurden gerade nicht erwähnt. Problematisch war also, dass ihnen durch Sekundärrecht, entgegen dem Primärrecht, die Parteifähigkeit eingeräumt

974 Art. 19 Abs. 5 ACER-VO.
975 *Ehricke*, IR 2008, 122 (126).
976 Art. 19 Abs. 6 ACER-VO.
977 Art. 19 Abs. 3 Satz 1 ACER-VO.
978 Art. 19 Abs. 3 Satz 2 ACER-VO.
979 Art. 20 Abs. 1 ACER-VO.
980 Art. 20 Abs. 2 ACER-VO.
981 Vgl. Art. 73 f. VO (EG) Nr. 2100/94; Art. 63 VO (EG) Nr. 40/90; Art. 94 VO (EG) Nr. 1907/2006; Art. 14 VO (EG) Nr. 1592/2002.
982 Dies noch problematisierend: *Ehricke*, IR 2008, 146 (146 f.), der darin einen großen Schwachpunkt der ACER-VO sah.

werden sollte.[983] Diese Problematik hat sich mit dem Sogelma-Urteil, das den *„allgemeinen Grundsatz"* erkannte, dass

> *„jede Handlung einer Gemeinschaftseinrichtung, die dazu bestimmt ist, Rechtswirkungen gegenüber Dritten zu erzeugen, gerichtlich nachprüfbar sein muss"*[984]

und daher Agenturen ausdrücklich in den Kreis der Parteifähigen aufnahm, aber auch mit der nunmehrigen Formulierung in Art. 263 Abs. 1 Satz 2 AEUV, nach der der Gerichtshof ebenfalls *„die Rechtmäßigkeit der Handlungen der Einrichtungen oder sonstigen Stellen der Union"* überwacht, erledigt.[985]

3. Fazit

Der umfassende, wirksame und effektiv gewährleistete Rechtsschutz gegen Handlungen von Agenturen war das zeitweilig wohl größte Problem im Hinblick auf die Einführung von vertragsfremden Einrichtungen. Aus rechtsstaatlichen Gesichtspunkten wird auf ihn keinesfalls verzichtet werden können und die Meroni-Grundsätze erfordern gleichermaßen seine Verwirklichung. Eine Agentur ohne hinreichenden gerichtlichen Schutz gegen ihre Maßnahmen stellt daher einen Verstoß gegen das aus heutiger Sicht zu interpretierende und auszufüllende institutionelle Gleichgewicht dar. Zugleich ist eine effektive gerichtliche Kontrolle Ausdruck demokratischer Legitimation und kann einen Beitrag zur Ausgleichung der aufgrund von Unabhängigkeit und Weisungsfreiheit bestehenden legitimatorischen Defizite leisten.

Mit dem von ACER bereit gehaltenen Modell wird ein wirksamer Rechtsschutz für alle Betroffenen gewährleistet, so dass dem Erfordernis Genüge getan wird. Mit dem zweistufigen Verfahren und der Ausgestaltung orientiert sich der Verordnungsgeber dabei an den in den anderen neueren Agenturen verwendeten Modellen, worin das Bemühen nach einer Vereinheitlichung in der Ausgestaltung von (Regulierungs)Agenturen erkennbar wird. Rechtliche Probleme dieses Modells, die bei Beginn der Arbeiten an der ACER-VO noch bestanden, haben sich mittlerweile durch die Rechtsprechung des EuG und die Vertragsänderung erledigt. Die interne Auseinandersetzung auf der ersten Stufe durch mit

983 Teilweise wurde sich hier mit einer analogen Anwendung des Art. 230 EG a.F. geholfen: *Fischer-Appelt*, Agenturen der Europäischen Gemeinschaft, S. 318 ff; *Groß*, EuR 2005, 54 (66); *ders.*, DÖV 2004, 20 (25); *Uerpmann*, AöR 2000, 551 (577).

984 EuG, Rs. T-411/06, „Sogelma", Slg. 2008, II-2771, Rn. 37.

985 *Saurer*, EuR 2010, 51 (61); noch klarer ist die englische Sprachfassung des Art. 263 AEUV: „It [the Court] shall also review the legality of acts of bodies, offices or agencies of the Union intended to produce legal effects vis-à-vis third parties".

unabhängigen Experten besetzte Beschwerdeausschüsse lassen zudem erwarten, dass gerade in dem technischen und schwierig für Externe zu durchdringenden Bereich, in dem das Verständnis für die Zusammenhänge eine große Rolle spielt, ein wirksamer und effektiver Rechtsschutz gewährleistet und zur Akzeptanz der getroffenen Entscheidungen beitragen wird.

V. Zusammenfassung zur Legitimation

Trotz der Unabhängigkeit der einzelnen Personen in den verschiedenen Organen der Agentur sind verschiedene Mechanismen erkennbar geworden, die demokratische Legitimation herstellen können.

So üben das Parlament, die Kommission und der Rat eine gewisse Kontrolle durch die Auswahl der Mitglieder des Verwaltungsrats als Kontrollorgan der Agentur aus. Im Vergleich zu anderen Agenturen ist insbesondere das Parlament in einer stärkeren Position hinsichtlich der Anzahl der ausgewählten Mitglieder. Legitimität kann ferner durch die Einbeziehung privater Akteure verschafft werden, wie es im nun besetzten Verwaltungsrat auch geschehen ist. Hierin findet sich also ein Element der Partizipation. Dieses kann verstärkt werden durch das Heranziehen von Experten und Sachverständigen.

Auch die Gewährleistung eines effektiven Rechtsschutzes durch den Beschwerdeausschuss und die Rechtswegeröffnung zum EuGH bewirken Legitimität.

Bei der Erstellung des Jahresprogramms, des Mehrjahresprogramms und des Jahresberichts sind zudem das Parlament, die Kommission und der Rat in unterschiedlichem Ausmaße beteiligt und vermitteln damit durch Einfluss und Kontrolle Legitimität. Die Veröffentlichungspflichten als Transparenzelement sind nach den Leitlinien des good governance ebenso dafür geeignet.

Durch die Besetzung des Regulierungsrats bedient sich die Agentur des Expertenwissens und des Erfahrungsschatzes der nationalen Regulierungsbehörden. Dies führt vermutlich zu besseren qualitativen Ergebnissen und somit einer output-Legitimation. Zudem bewirkt der Vertreter der Kommission im Regulierungsrat eine gewisse Kontrolle.

Insgesamt kann nach Betrachtung der einzelnen Organe ein sehr hoher Verflechtungsgrad innerhalb der Agentur attestiert werden. Auch darin ist eine gegenseitige Kontrolle und folglich Gewinnung von Legitimation zu erkennen.

§ 10 Aufgaben und Kompetenzen der Agentur

Ein wichtiger Punkt bei der Einordnung von ACER in das institutionelle Geflecht des europäischen Regulierungsverbunds sind die der Agentur erteilten Aufgaben und eingeräumten Kompetenzen. Regelungen dazu finden sich nicht nur allein in der ACER-VO, sondern verteilt in den gesamten Rechtsakten des Dritten Binnenmarktpakets und mittlerweile in weiteren Rechtsakten. Die vielseitigen Aufgaben und Verknüpfungen zwischen den verschiedenen Akteuren sollen im Folgenden untersucht werden. Die Menge, Art und Qualität der Aufgaben sind ein maßgeblicher Gradmesser für die Einschätzung der Bedeutung und Unabhängigkeit der Agentur, ihrer Einbettung in den europäischen Energieregulierungsverbund und zur Beantwortung der Frage, ob bei der Ausgestaltung der Agentur die Grenzen des institutionellen Gleichgewichts nicht überschritten worden sind. Allgemein bestimmt Art. 1 Abs. 2 ACER-VO den Zweck der Agentur mit der Unterstützung der nationalen Energieregulierungsbehörden bei deren Versuch, die in den Mitgliedstaaten wahrgenommenen Regulierungsaufgaben auf Gemeinschaftsebene zu erfüllen und soweit erforderlich, die Maßnahmen dieser Behörden zu koordinieren. Insgesamt lassen sich jedoch 36 einzelne Aufgaben herausgreifen, die in den Vorschriften des Dritten Binnenmarktpakets vorgesehen sind. Dabei kann einerseits zwischen der rechtlichen Qualität der Maßnahmen und andererseits zwischen den Adressaten bzw. beteiligten Akteuren differenziert werden.

I. Einteilung nach Rechtsqualität

Die ACER-VO sieht mehrere Handlungsmöglichkeiten bzw. Aufgaben für die Agentur vor, die von unterschiedlicher Reichweite und Verbindlichkeit sind und anhand derer die Agentur entweder als Kooperations- und Hilfsorgan der Kommission oder als starker, eigenständiger Regulierer eingeordnet werden kann. Diese Aufgaben und Kompetenzen sollen im Folgenden dargestellt werden.

1. Beobachtung und Analyse

Eine der ACER übertragenen Aufgaben besteht in der Beobachtung und Analyse des Funktionierens des durch die Vorschriften des Dritten Binnenmarktpakets eingerichteten Institutionen- und Aufgabengeflechts. So wird eine gewisse gesamtheitliche Aufsichts- und Kontrollfunktion wahrgenommen. Beispielsweise beobachtet ACER die Ausführung der Aufgaben, die den ENTSOs im Rahmen der Vorschriften des Dritten Binnenmarktpakets auferlegt worden sind.[986] Darunter fallen unter anderem die Ausarbeitung der Netzkodizes[987], die Erstellung gemeinsamer Notfallpläne für den Netzbetrieb[988] oder Empfehlungen zur Koordinierung der technischen Zusammenarbeit zwischen der Gemeinschaft und den Übertragungsnetzbetreibern/ Fernleitungsnetzbetreibern in Drittstaaten[989]. Ebenso beobachtet und analysiert die Agentur die Umsetzung der Kodizes und der von der Kommission nach Art. 6 Abs. 11 StromhandelZVO und Art. 6 Abs. 11 ErdgasZVO erlassenen Leitlinien und deren Auswirkungen auf die Harmonisierung der geltenden Regeln zur Förderung der Marktintegration sowie auf Nichtdiskriminierung, wirksamen Wettbewerb und das effiziente Funktionieren des Marktes.[990] Im Falle einer Nichtumsetzung der Kodizes fordert die Agentur die ENTSOs zu einer ordnungsgemäßen Erklärung auf.[991]

Einen Schwerpunkt der Arbeit von ACER stellt die Überwachung der technischen Vorhaben zur Überwindung der Hindernisse eines europaweiten Energiemarktes dar. So wird die Durchführung der Projekte zur Schaffung neuer Verbindungsleitungen, eines der elementaren Voraussetzungen für ein Zusammenwachsen des europäischen Netzes, ebenso wie die Umsetzung des gemeinschaftsweiten Netzentwicklungsplans von der Agentur beobachtet.[992] Darin reiht sich auch die anschließende Erforschung der Gründe für festgestellte Widersprüche zwischen einem Plan und dessen Durchführung als Aufgabe der Agentur ein.[993] Schließlich ist die Beobachtung der regionalen Zusammenarbeit der Übertragungs- und Fernleitungsnetzbetreiber nach Art. 12 StromhandelZVO 2009 bzw. Art. 12 ErdgasZVO 2009 eine Aufgabe der Agentur. Wie die Beobachtung konkret ausgestaltet werden soll und welche, notfalls mit Zwang durchsetzbaren, Befugnisse ACER für die Erfüllung dieser Aufgabe zur Verfügung stehen, ist in der ACER-VO nicht explizit geregelt. Allerdings ist den ENTSOs die Pflicht aufgegeben, Informationen nicht nur an die Agentur, sondern verschiedentlich auch an die anderen Akteure herauszugeben. Art. 9 StromhandelZVO 2009 und

986 Art. 6 Abs. 2 ACER-VO, Art. 9 StromhandelZVO 2009, Art. 9 ErdgasZVO 2009.

987 Art. 8 Abs. 1 StromhandelZVO 2009, Art. 8 Abs. 1 ErdgasZVO 2009.

988 Art. 8 Abs. 3 lit. a) StromhandelZVO 2009, Art. 8 Abs. 3 lit. a) ErdgasZVO 2009.

989 Art. 8 Abs. 3 lit. c) StromhandelZVO 2009, Art. 8 Abs. 3 lit. c) ErdgasZVO 2009.

990 Art. 6 Abs. 6 ACER-VO, Art. 9 Abs. 1 UAbs. 2 StromhandelZVO 2009, Art. 9 Abs. 1 UAbs. 2 ErdgasZVO 2009.

991 Art. 9 Abs. 1 UAbs. 2 Satz 2 StromhandelZVO 2009, Art. 9 Abs. 1 UAbs. 2 Satz 2 ErdgasZVO 2009.

992 Art. 6 Abs. 7, 8 Satz 1 ACER-VO.

993 Art. 6 Abs. 8 Satz 2 ACER-VO.

Art. 9 ErdgasZVO 2009 statuieren etwa die Pflicht für die ENTSOs, der Agentur alle Informationen zur Verfügung zu stellen, die diese zur Erfüllung ihrer Aufgaben bei der Beobachtung nach Art. 9 Abs. 1 StromhandelZVO 2009 bzw. Art. 9 Abs. 1 ErdgasZVO 2009 benötigt.

Neben den speziellen Beobachtungspflichten wird ACER daneben noch eine allgemeine Beobachtungsaufgabe über den Strom- und Erdgassektor übertragen. Danach beobachtet die Agentur in enger Zusammenarbeit mit der Kommission, den Mitgliedstaaten, den nationalen Regulierungsbehörden und anderen zuständigen nationalen Behörden den Strom- und Erdgassektor und dabei insbesondere die Endkundenpreise, den Zugang zu den Netzen einschließlich des Zugangs für den Strom aus erneuerbaren Energiequellen sowie die Einhaltung von Verbraucherrechten.[994] Daraus wird deutlich, dass die Beobachtungsfunktion einem ganzheitlichen Ansatz sowohl inhaltlich als auch institutionell folgen soll, die Agentur also als zentrale Beobachtungs- und Informationssammelstelle im europäischen Energieregulierungsverbund bezeichnet werden kann. Beobachtung und Analyse setzen formal keine Rechtsfolge. Dennoch ist die Informationsbeschaffung von nicht zu unterschätzender Bedeutung, da sie die Grundvoraussetzungen für weiteres Handeln, sei es durch die Agentur selbst, durch die Kommission oder für einen notwendigen zukünftigen Umbau des Institutionengeflechts bzw. des Binnenmarktkonzepts, darstellt.

2. Unterrichtung und Konsultation

ACER soll auch in möglichst transparenter und offener Weise mit den anderen Akteuren zusammenarbeiten. Schon aufgrund des organisatorischen Aufbaus findet zwangläufig eine Konsultation und Unterrichtung der in den Organen vertretenen Mitglieder und Akteure statt. Ebenso sind bereits an verschiedenen Stellen Mechanismen der Zusammenarbeit zwischen der Agentur und anderen Akteuren angesprochen worden, die durch die Verknüpfung entstehen. Daneben sieht die ACER-VO explizit einige Unterrichtungs- und Konsultationspflichten im Rahmen der ACER auferlegten Aufgaben und Kompetenzen vor, die hier kurz angesprochen werden sollen. So kann eine nationale Regulierungsbehörde oder die Kommission die Stellungnahme der Agentur zu der Frage verlangen, ob eine von einer Regulierungsbehörde getroffene Entscheidung mit den Vorschriften des Dritten Binnenmarktpakets im Einklang steht.[995] Kommt die nationale Regulierungsbehörde der daraufhin abgegebenen Stellungnahme der Agentur nicht nach, werden

994 Art. 11 ACER-VO.
995 Art. 7 Abs. 4 ACER-VO.

die Kommission und die betreffenden Mitgliedstaaten durch die Agentur von dem Sachverhalt unterrichtet. Konsultation und Unterrichtungen finden auch statt bei Entscheidungen zu den Modalitäten für den Zugang und die Betriebssicherheit grenzüberschreitender Infrastrukturen.[996] Bevor ACER eine Entscheidung trifft, konsultiert sie die nationalen Regulierungsbehörden und die betroffenen Übertragungs- bzw. Fernleitungsbetreiber und wird über alle Positionen der betroffenen Übertragungs- bzw. Fernleitungsnetzbetreiber unterrichtet.

Allgemein werden an die Agentur hohe Anforderungen an rechtzeitige Konsultation und Öffentlichkeitsarbeit gestellt. Art. 10 Abs. 1 ACER-VO postuliert, dass sie bei der Wahrnehmung ihrer Aufgaben die Marktteilnehmer, die Übertragungs- bzw. Fernleitungsnetzbetreiber, die Verbraucher, die Endnutzer und gegebenenfalls auch die Wettbewerbsbehörden ausführlich, frühzeitig und auf offene und transparente Art und Weise zu konsultieren hat. Damit trägt sie dazu bei, zusammen mit den Anforderungen der noch zu erörternden Veröffentlichungen, die von der Kommission festgelegten Maßstäben des *Guten Regierens* zu erfüllen.

3. Veröffentlichungen

Ebenfalls an den Anforderungen der *Good Governance* orientiert sind die Veröffentlichungspflichten der Agentur. Diese dienen der Nachvollziehbarkeit des Verwaltungshandelns und dementsprechend der Ermöglichung von Kontrolle und Akzeptanz durch die Adressaten der Verwaltungsmaßnahme. Veröffentlichungspflichten finden sich, wie bereits erwähnt, auch an anderer Stelle der ACER-VO, beispielsweise bei der Veröffentlichungspflicht des endgültigen Jahresabschlusses in Art. 24 Abs. 7 ACER-VO. Die im Aufgaben-Kapitel der ACER-VO geregelten Vorschriften zur Veröffentlichung beziehen sich aber direkt auf die konkreten Arbeitsergebnisse der Agentur und darauf, wie Entscheidungen zustande gekommen sind. Die Agentur hat dabei sicherzustellen, dass die Öffentlichkeit sowie sämtliche interessierte Parteien objektive, zuverlässige und leicht zugängliche Informationen erhalten, sofern dies angezeigt ist.[997] Insbesondere erwähnt werden dabei die Ergebnisse der Arbeit der Agentur.[998] Neben diesem umfassenden und einen nahezu unbegrenzten Berechtigtenkreis einbeziehenden generellen Auftrag werden der Agentur auch spezielle Veröffentlichungen hinsichtlich der Ausarbeitung der Rahmenleitlinien und Netzkodizes aufgegeben. Danach werden alle Dokumente

996 Art. 8 ACER-VO.
997 Art. 10 Abs. 2 ACER-VO.
998 Ebd.

und Protokolle von Konsultationssitzungen, die im Rahmen der Ausarbeitung der Rahmenleitlinien nach Art. 6 StromhandelZVO 2009 und Art. 6 ErdgasZVO 2009 oder im Rahmen der Änderungen von Netzkodizes nach Art. 7 StromhandelZVO 2009 und Art. 7 ErdgasZVO 2009 durchgeführt werden, veröffentlicht.[999] In diesem Zusammenhang muss die Agentur auch angeben, wie den Beobachtungen bei den Konsultationen Rechnung getragen wurde und begründen, wenn diese Beobachtungen bei den Rahmenleitlinien oder Netzkodizes nicht berücksichtigt wurden.[1000]

Ferner ist ACER verpflichtet, auf ihrer Internetseite mindestens die Tagesordnung, die Hintergrundpapiere und gegebenenfalls die Protokolle der Sitzungen des Verwaltungsrats, des Regulierungsrats und des Beschwerdeausschusses zu veröffentlichen, so dass sich jeder Interessierte, unabhängig davon, ob er von Maßnahmen betroffen ist oder nicht, umfassend über die Arbeit in den Organen informieren kann und somit der erforderlichen Transparenz in ausreichendem Maße Genüge getan wird. Schließlich veröffentlicht die Agentur auch einen Jahresbericht über ihre gem. Art. 11 Abs. 1 ACER-VO zu machenden Beobachtungen zum Strom- und Erdgassektor einschließlich der aus ihrer Sicht bestehenden Hemmnisse für die Vollendung des Elektrizitäts- und Erdgasbinnenmarktes.[1001]

4. Anhörungen

Ein weiteres Instrument der Agentur, das sich allerdings nicht in einer expliziten Regelung in der ACER-VO findet, sind Anhörungen. Art. 5 Abs. 2 StromhandelZVO 2009 sieht eine solche förmliche Anhörung aller vertretenen Organisationen nach der Übermittlung des Entwurfs der Satzung, der Geschäftsordnung und der Liste der Mitglieder bei der Gründung des ENTSO Strom vor. Der ansonsten wortgleiche Art. 5 Abs. 2 ErdgasZVO 2009 spricht von „Konsultation“ statt „Anhörung“, womit allerdings das Gleiche gemeint sein dürfte. Anhörungen kommen ferner bei der Festlegung der Netzkodizes zur Geltung, auf dessen Verfahren noch konkreter eingegangen wird.[1002]

5. Stellungnahmen und Empfehlungen

Die mit Abstand am häufigsten in der ACER-VO genannten Instrumente sind Empfehlungen und Stellungnahmen der Agentur, die gegenüber den Übertragungs- und Fernleitungsnetzbetreibern, den nationalen Regulierungsbehörden und der

---

999 Art. 10 Abs. 2 UAbs. 1 ACER-VO.
1000 Art. 10 Abs. 3 ACER-VO.
1001 Art. 11 Abs. 2 ACER-VO.
1002 Vgl. § 10 II 1 c) cc).

Kommission, dem Rat und dem Parlament abgegeben werden können. Das Wort „Empfehlung" findet sich im Text der ACER-VO 19 Mal, „Stellungnahme" 39 Mal wieder. Empfehlungen und Stellungnahmen haben dabei keine unmittelbare rechtliche Wirkung, sind somit juristisch relativ schwache Instrumente.[1003] Nichtsdestotrotz kommt ihnen faktisch eine große Rolle zu und die Agentur kann mit Hilfe von Empfehlungen und Stellungnahmen eine gehörige Portion Einfluss geltend machen und Kontrolle ausüben.

Als die wichtigsten Stellungnahmen lassen sich dabei die Stellungnahmen charakterisieren, die gegenüber den ENTSOs abgegeben werden. Bereits zum Entwurf der fakultativen Netzkodizes durch die ENTSOs, zum Entwurf deren Jahresarbeitsprogramme, zum Entwurf des gemeinschaftsweiten Netzentwicklungsplans sowie anderen Dokumentenentwürfen unterbreitet die Agentur ihre Stellungnahme unter Berücksichtigung der Ziele der Nichtdiskriminierung, des wirksamen Wettbewerbs und des effizienten und sicheren Funktionierens des Elektrizitäts- und Erdgasbinnenmarkts.[1004] Man kann davon ausgehen, dass bereits dadurch eine wirksame Kontrolle der Arbeit der ENTSOs durchgeführt wird und wichtige Weichenstellungen in einem frühen Stadium vorgenommen werden können, da im Falle des Abweichens von der Meinung der Agentur diese begründete Stellungnahmen und Empfehlungen an das Parlament, den Rat und die Kommission senden kann und so der Druck auf die ENTSOs stark erhöht wird.[1005] Stellungnahmen und Empfehlungen kommen auch gegenüber den nationalen Regulierungsbehörden zum Einsatz, etwa bei den nationalen zehnjährigen Netzentwicklungsplänen und deren Vereinbarkeit mit dem gemeinschaftsweiten Netzentwicklungsplan[1006] oder zu der Frage, ob getroffene Entscheidungen der nationalen Regulierungsagentur im Einklang mit den Vorschriften des Dritten Binnenmarktpakets stehen.[1007] Dergestalt sorgt ACER mit den Empfehlungen und Stellungnahmen nicht nur für eine Harmonisierung auf europäischem Niveau, sondern erweist sich auch als wirkungsvolle Stelle

---

1003 So auch der Beschwerdeausschuss zur Empfehlung 9/2015 zur Trennung der deutsch-österreichischen Preiszone. Gegen die Entscheidung hat Österreich Klage vor dem EuG erhoben. Insofern wird eine gerichtliche Entscheidung getroffen werden.

1004 Art. 6 Abs. 3 ACER-VO, Art. 8 Abs. 2 StromhandelZVO 2009, Art. 8 Abs. 2 ErdgasZVO 2009.

1005 Art. 6 Abs. 4 ACER-VO, Art. 9 Abs. 2 UAbs. 2 StromhandelZVO 2009, Art. 9 Abs. 2 UAbs. 2 ErdgasZVO 2009.

1006 Art. 8 Abs. 11 StromhandelZVO 2009, Art. 8 Abs. 11 ErdgasZVO 2009.

1007 Art. 7 Abs. 4 ACER-VO.

mit Interpretationshoheit über die Vorschriften. Abgesehen von den einzeln aufgeführten speziellen Aufgaben im Zusammenhang mit der Erstellung von Stellungnahmen und Empfehlungen statuiert Art. 5 ACER-VO als umfassende Generalvollmacht daneben auch die allgemeine Befugnis der Agentur, auf Verlangen des Parlaments, des Rates, der Kommission oder von sich selbst aus Stellungnahmen und Empfehlungen zu allen Fragen im Zusammenhang mit ihren Aufgaben an das Parlament, den Rat oder die Kommission zu richten, womit der Agentur auch eine bedeutende Initiativmöglichkeit eingeräumt wurde. Daher ist insgesamt davon auszugehen, dass trotz der vermeintlich schwachen juristischen Wirkung der Agentur faktisch durch die Kompetenz zu Empfehlungen und Stellungnahmen ein einflussreiches Mittel an die Hand gegeben wurde.

6. Einzelfallentscheidungen

Von den Tätigkeiten und Instrumenten der Agentur kommt den Einzelfallentscheidungen eine besondere Stellung zu. Solche Einzelfallentscheidungen sind in insgesamt drei Fällen vorgesehen.

a) Fallgruppen von Einzelfallentscheidungen

Erstens kann ACER bei Fragen grenzüberschreitender Sachverhalte relevante Einzelfallentscheidungen treffen. Treten bei grenzüberschreitenden Infrastrukturen Meinungsverschiedenheiten über Regulierungsfragen zwischen mehreren nationalen Regulierungsbehörden auf, die Modalitäten für den Zugang und die Betriebssicherheit betreffen, so fällt die Entscheidungskompetenz unter gewissen Voraussetzungen ACER zu. Der Kompetenztransfer auf die europäische Ebene geschieht allerdings nur dann, wenn die nationalen Regulierungsbehörden nicht innerhalb von sechs Monaten (verlängerbar um noch einmal sechs Monate) eine Einigung erzielen[1008] oder wenn sie einen gemeinsamen Antrag auf Entscheidung durch die Agentur stellen.[1009] Folglich liegt die Initiative zunächst bei den nationalen Regulierungsbehörden und der Agentur kommt lediglich eine Reservefunktion zu, um den Zugang oder die Versorgungssicherheit im europäischen Binnenmarkt zu gewährleisten. Bei der Entscheidung hat ACER die betreffenden nationalen Regulierungsbehörden zu konsultieren und die Vorschläge und Bemerkungen der betroffenen Übertragungsnetzbetreiber oder Fernleitungsnetzbetreiber zu berücksichtigen.[1010] Für das Treffen der Entscheidung steht der

1008 Art. 8 Abs. 1 lit. a) ACER-VO.
1009 Art. 8 Abs. 1 lit. b) ACER-VO.
1010 Art. 8 Abs. 1 UAbs. 3 ACER-VO.

Agentur ein Zeitraum von höchsten sechs Monaten zur Verfügung, innerhalb dessen sie aber erforderlichenfalls Zwischenentscheidungen zur Sicherstellung der Versorgungssicherheit oder Betriebssicherheit der grenzüberschreitenden Infrastruktur erlassen kann.[1011]

Zweitens kann die Agentur über Ausnahmen bei neuen Verbindungsleitungen im Strombereich von der Pflicht zum Netzzugang zu regulierten Preisen entscheiden.[1012] Dies gilt allerdings auch wieder nur dann, wenn sich die nationalen Regulierungsbehörden, in deren Zuständigkeit die neue Verbindungsleitung fällt, nicht innerhalb von sechs Monaten über eine Ausnahme einigen konnten oder sie gemeinsam die Agentur mit dem Treffen einer Entscheidung beauftragt haben. Hinzu kommt, dass die Kommission in einer Überwachungsposition ist und eine Änderung oder den Widerruf der Ausnahmegenehmigung verlangen kann, so dass hier zwar Einzelfallentscheidungen an ACER übertragen wurden, die Kommission jedoch faktisch die Entscheidungshoheit behält.[1013]

Drittens können nach dem gleichen Prinzip auch große neue Gasinfrastrukturen, also Verbindungsleitungen, LNG- und Speicheranlagen, von den Regulierungsvorschriften für eine gewisse Zeit ausgenommen werden und ACER darüber eine Entscheidung auferlegt werden, wenn sich die Infrastrukturanlage auf mehr als ein Land erstreckt.[1014]

b) Relevanz von Einzelfallentscheidungen

Einzelfallentscheidungen sind als entscheidender Punkt in der Frage der Wahrung des institutionellen Gleichgewichts im Lichte der Meroni-Rechtsprechung bei der Errichtung von Agenturen herausgearbeitet worden. Dabei wurde argumentiert, dass die strengen Maßstäbe gelockert werden müssen und Spielräume von Verwaltungseinheiten bei der Beurteilung und der Ausübung von Ermessen in der heutigen Europäischen Union ihre Berechtigung haben und zulässig sein sollen. Dennoch hat sich der Verordnungsgeber bei der Errichtung der Agentur für eine konservative und eher vorsichtige Einräumung von Einzelfallkompetenzen entschieden. Vor allem bei den Regulierungsbefreiungen bleibt die Kommission Herrin des Verfahrens und kann von der Agentur erlaubte Sachverhalte wieder rückgängig machen. Allerdings lassen die Entscheidungen über technische Feinheiten und die Entscheidungen über Modalitäten zu Zugang

1011 Art. 8 Abs. 3 ACER-VO.
1012 Art. 9 Abs. 1 Satz 1 ACER-VO, Art. 17 Abs. 5 StromhandelZVO 2009.
1013 Art. 17 Abs. 8 StromhandelZVO 2009.
1014 Art. 9 Abs. 1 Satz 2 ACER-VO, Art. 36 GasRL 2009.

und Betriebssicherheit bei grenzüberschreitenden Infrastrukturen nach Art. 8 ACER-VO eine wirklich freie und selbständige Entscheidung von ACER zu. Es findet hier weder eine direkte Kontrolle noch Überwachung noch sonstige Einflussnahme durch die Kommission statt, weshalb in diesem Fall von einer wirklich unabhängigen, eigenen Entscheidung durch ACER gesprochen werden kann. Dies bedeutet, dass die Kommission Ausführungsbefugnisse auf eine Einrichtung übertragen hat, deren Ausübung sie nicht mehr im vollen Umfang beaufsichtigt. Auch wenn dies lediglich einen Fall umfassen sollte, ist hierin eine Überschreitung der durch die Meroni-Rechtsprechung gezogenen roten Linien zu sehen. Bereits oben wurde aber umfassend erörtert, dass die in der Meroni-Entscheidung statuierten Grundsätze heute nicht mehr Geltung beanspruchen können und die Grenzen der Kompetenzübertragung sich verschoben haben.[1015] Gegen die Einzelfallenscheidung der Agentur steht der Rechtsweg offen. Auch erfolgt die Entscheidung in einer sehr transparenten Art und Weise. Zudem sind umfangreiche Rechtfertigungspflichten und Kontrollmöglichkeiten vorgesehen. Von daher sind nach einer Gesamtabwägung die wenigen der Agentur übertragenen Einzelfallentscheidungskompetenzen nicht geeignet, um einen Verstoß gegen den Grundsatz des institutionellen Gleichgewichts anzunehmen. Es ist vielmehr davon auszugehen, dass sogar noch weitere Kompetenzen der Agentur hätten übertragen werden können, als dies bisher geschehen ist.

7. Mitwirkung bei der Erarbeitung von Rahmenleitlinien und Netzkodizes

Ein weiteres wichtiges Rechtsinstrument, an dem die Agentur zumindest beteiligt ist, sind die Rahmenleitlinien und Netzkodizes. Rahmenleitlinien (Framework Guidelines) und Netzkodizes werden im Dritten Binnenmarktpaket an keiner Stelle definiert, sollen aber Rahmenbedingungen für den konkreten und grenzüberschreitenden Energiehandel schaffen und so zur Verwirklichung des Energiebinnenmarktes führen.[1016] Aus den von der Kommission gesetzten Prioritäten werden die noch unverbindlichen Rahmenleitlinien durch die Agentur erarbeitet, die präzise und objektive Grundsätze für die daraus zu erarbeitenden Netzkodizes vorgeben. Rahmenleitlinien müssen dabei zur Nichtdiskriminierung, einem echten Wettbewerb und zum effektiven Funktionieren des Marktes

---

1015 S.o. unter § 8 III.

1016 *Hofer*, Kooperation der Regulierungsbehörden auf europäischer Ebene, Vortrag vom 29.07.2009, Folie 6.

beitragen.[1017] Die Netzkodizes müssen den Rahmenleitlinien entsprechen und Rahmenbedingungen für den Zugang zu grenzüberschreitenden Netzen schaffen, eine abgestimmte und zukunftsfähige Planung ermöglichen, können aber nationale Netzkodizes oder regionale Spezifika erlauben.[1018] Sie können nach Durchführung eines Komitologieverfahrens durch die Kommission Bindungswirkung entfalten. Die Vorschriften des Dritten Binnenmarktpakets sehen Netzkodizes in insgesamt zwölf Bereichen vor:[1019]

- Netzsicherheit und –zuverlässigkeit einschließlich der Regeln für technische Übertragungsreservekapazitäten zur Sicherstellung der Netzbetriebssicherheit
- Netzanschluss
- Netzzugang Dritter
- Datenaustausch und Abrechnung
- Interoperabilität
- operative Verfahren bei Notfällen
- Kapazitätsvergabe und Engpassmanagement
- Handel in Bezug auf Netzzugangsdienste und Ausgleichsenergie/-gas
- Transparenz
- Austausch von Ausgleichsenergie/Ausgleich von Mengenabweichungen bei Gas
- harmonisierte Übertragungs-/Fernleitungsentgeltstrukturen, die ortsabhängige Preissignale einbeziehen
- Energieeffizienz

Aufgrund der fehlenden Definition von Netzkodizes und einer daher möglichen weiten Auslegung und Einbeziehung aller Kernaspekte des grenzüberschreitenden Energieaustausches werden Netzkodizes als erfolgversprechendstes Mittel der Marktintegration gehandelt.[1020] Das genaue, im Einzelnen komplizierte Verfahren zur Erarbeitung von Rahmenleitlinien und Netzkodizes, an dem sowohl Kommission, ACER und die Übertragungs-/Fernleitungsnetzbetreiber in unterschiedlichen Konstellationen beteiligt sind, wird sogleich behandelt.

1017 Art. 6 Abs. 2 Satz 2 StromhandelZVO 2009, Art. 6 Abs. 2 Satz 2 ErdgasZVO 2009.

1018 *Hofer*, Kooperation der Regulierungsbehörden auf europäischer Ebene, Vortrag vom 29.07.2009, Folie 6.

1019 Art. 8 Abs. 6 StromhandelZVO 2009, Art. 8 Abs. 6 ErdgasZVO 2009.

1020 *Swanson*, The Agency for the Cooperation of Energy Regulators, in: European Energy Law Report VI, S. 45.

II. Einteilung nach Einbindung von Beteiligten

Im Folgenden sollen die unterschiedlichen Verpflechtungen zwischen ACER und anderen Akteuren untersucht werden.

1. ACER und die ENTSOs

a) *Entstehungsgedanken zu den ENTSOs*

Die Verwirklichung des schrankenlosen europäischen Binnenmarktes für Energie lässt sich nur durch einen ausreichenden und problemlos möglichen grenzüberschreitenden Transport des Produktes gewährleisten. Aufgrund der Leitungsgebundenheit der Waren Strom und Gas kann diese europaweite Vernetzung nur mittels der Bereitstellung ausreichender Übertragungsnetzkapazitäten zwischen den Nationalstaaten durch die Netzbetreiber geschehen. Allerdings war in der Vergangenheit bei der Errichtung der erforderlichen Infrastruktur in Europa der Fokus lediglich auf die nationalen Märkte und die Sicherstellung mit Energie für die Einwohner des jeweiligen Mitgliedstaats gerichtet, so dass Anstrengungen und Investitionen lediglich hierauf bedacht waren und die Schaffung von Verbindungslinien ins Ausland sehr stiefmütterlich behandelt wurde.[1021] Grenzüberschreitende Übertragungsnetze für Strom waren in nur geringem Umfang vorhanden und dienten primär der Netzstabilisierung. Zwar gab es auch schon in der Vergangenheit in gewissem Umfang Zusammenarbeit der europäischen Netzbetreiber und anderer Marktteilnehmer, durch den umfangreiche technische Regelwerke (wie z.B. das UCTE-Operation-Handbuch) und vereinheitlichte Verfahren erarbeitet wurden.[1022] Allerdings war die Zusammenarbeit weitestgehend auf den technischen Bereich beschränkt und die Freiwilligkeit der Zusammenarbeit und die dabei stets vorhandene Möglichkeit des „opting out" verhinderte die allzu starke Öffnung des „eigenen Marktes".[1023] Durch die Fokussierung auf die Verwirklichung des europäischen Binnenmarktes aber wurden erheblich darüber hinaus gehende Investitionen in ein grenzüberschreitendes Netz notwendig.[1024] Insbesondere hielt die Kommission eine

---

1021 S.o. § 1 IV; *Hermeier*, RdE 2007, 249 (254).

1022 *Britz* spricht in diesem Zusammenhang von „normierender Zusammenarbeit", ZNER 2006, 92.

1023 *Wallnöfer*, wbl 2008, 163 (166).

1024 Mitteilung der Kommission an den Rat und das Europäische Parlament „Aussichten für den Erdgas- und den Elektrizitätsbinnenmarkt vom 10.01.2007, KOM (2006) 841 endg., S. 19.

stärkere Zusammenarbeit und Koordinierung der Übertragungsnetzbetreiber für erforderlich, als dies bisher im Rahmen der bisherigen Gremien der Zusammenarbeit geschehen war.[1025]

Vor allem die Ausarbeitung von Netzkodizes für die Bereitstellung und Handhabung des konkreten und transparenten grenzüberschreitenden Zugangs zu den Übertragungsnetzen und die ausreichende und abgestimmte Planung für den notwendigen Ausbau grenzüberschreitender Übertragungskapazitäten sollte angegangen werden.[1026] Doch nicht nur über den Bau neuer Verbindungsleitungen kann der grenzüberschreitende Stromfluss intensiviert werden, sondern ebenfalls durch Maßnahmen wie z. B. Redispatching, eine Verbesserung des Engpassmanagements sowie intra-day-Vergabe. Weitere Kapazitäten könnten durch Maßnahmen wie die Erneuerung wichtiger Transformatoren, die Installation von Phasenschiebern, zusätzlichen Verdichtungsanlagen im Erdgasbereich oder einfach durch vermehrte Information der Übertragungs- bzw. Fernleitungsnetzbetreiber untereinander erreicht werden.

Im Bereich Gas besteht das Problem weniger in den fehlenden grenzüberschreitenden Verbindungsleitungen, als in vertraglich bedingten Engpässen. Dem soll ebenfalls, wie beim Strom, mit den Instrumentarien des Engpassmanagements und der Kapazitätszuweisung begegnet werden. Ein weiteres Problem ist die in einigen Mitgliedstaaten unzureichende Zugangsmöglichkeit zu Gasspeicheranlagen und Anlagen für verflüssigtes Erdgas, weshalb auch hier die vereinbarten freiwilligen Leitlinien für die gute Praxis verbindlich gemacht werden sollen.[1027]

Die Kommission kam zu dem Schluss, dass die Übertragungs- und Fernleitungsnetzbetreiber auch detaillierte Betriebsstandards miteinander vereinbaren müssten, wozu ein hoher Grad an technischer Zusammenarbeit und ein intensiver Informationsaustausch bezüglich der langfristigen Netzplanung und des

---

1025 Vgl. Erwägungsgrund 6 der Verordnung (EG) Nr. 714/2009 des Europäischen Parlaments und des Rates vom 13.07.2009 über die Netzzugangsbedingungen für den grenzüberschreitenden Stromhandel und zur Aufhebung der Verordnung (EG) Nr. 1228/2003); Erwägungsgrund 13 der Verordnung (EG) Nr. 715/2009; „Our findings suggest that purely voluntary cooperation schemes of regulators do not provide the investment certainty and regulatory coherence necessary to develop international pipelines und interconnectors.“, Kommissarin für Wettbewerb Neelie Kroes, Rede vom 16.02.2006.

1026 Vgl. Erwägungsgrund 6 der StromhandelZVO 2009; zu dieser Notwendigkeit vlg. auch *Hermeier*, RdE 2007, 249 (249).

1027 Erwägungsgrund 27 ErdgasZVO 2009.

Echtzeitbetriebs notwendig seien.[1028] Die als notwendig ausgemachten Maßnahmen seien aber unter dem bestehenden Regulierungsregime und der Organisation in ETSO bzw. GTE wahrscheinlich nicht erreichbar, zumal für die nationalen Regulierungsbehörden zum Teil sogar die Verpflichtung bestehe, einer nationalen und gerade nicht grenzüberschreitenden Ausrichtung zu folgen.[1029] Daher befürwortete die Kommission in ihrer Mitteilung die Weiterentwicklung der ETSO und GTE zu einem neuen institutionellen Rahmen, in dem ihre Funktion und ihre Kompetenzen deutlich erweitert würden.[1030]

b) Errichtung und Zusammensetzung der ENTSOs

ENTSO-E (European Network of Transmission System Operators for Electricity)[1031] ist der seit Dezember 2008 bestehende, institutionalisierte Zusammenschluss der europäischen Übertragungsnetzbetreiber, sozusagen das „Europäische Netz“[1032]. Damit bauten die Übertragungsnetzbetreiber in vorauseilendem Gehorsam mit hoher Geschwindigkeit die Organisation auf. Nach dem vorgesehenen Zeitplan sollten spätestens bis zum 3. März 2011 alle wesentlichen Gründungsunterlagen, nämlich der Entwurf der Satzung, die Liste der vorläufigen Mitglieder und der Entwurf der Geschäftsordnung einschließlich der Verfahrensregeln für die Konsultation anderer Akteure der Kommission und ACER zur Verfügung gestellt werden.[1033] Binnen zweier Monate nach Zugang dieser Unterlagen führte die Agentur mit allen betroffenen Akteuren Anhörungen durch und nahm zum Entwurf der Satzung, der Mitgliederliste und dem Entwurf der Geschäftsordnung Stellung.[1034] Eine weitere Stellungnahme erfolgte daraufhin durch die Kommission, wobei sie

---

1028 Mitteilung der Kommission an den Rat und das Europäische Parlament „Aussichten für den Erdgas- und den Elektrizitätsbinnenmarkt vom 10.01.2007, KOM (2006) 841 endg., S. 19.

1029 S. auch Erwägungsgrund 6 StromhandelZVO.

1030 Mitteilung der Kommission an den Rat und das Europäische Parlament „Aussichten für den Erdgas- und den Elektrizitätsbinnenmarkt vom 10.01.2007, KOM (2006) 841 endg., S. 19; *Neveling*, IR 2007, 173.

1031 https://www.entsoe.eu

1032 So die Bezeichnung in der amtlichen Überschrift des Art. 4 der StromhandelZVO 2009.

1033 Art. 5 Abs. 1 StromhandelZVO 2009; Art. 5 Abs. 1 ErdgasZVO 2009; *Lecheler* spricht bei der Einführung dieser neuen Kooperationsstrukturen der Übertragungs- bzw. Fernleitungsnetzbetreiber vom „Herzstück“ der StromhandelZVO 2009 und der ErdgasZVO 2009, RdE 2008, 167.

1034 Art. 5 Abs. 2 StromhandelZVO 2009; Art. 5 Abs. 2 ErdgasZVO 2009.

die Stellungnahme der Agentur berücksichtigte.[1035] Schließlich hatte die Gründung der ENTSOs spätestens drei Monate nach der Stellungnahme der Kommission zu erfolgen.[1036] Allein schon dieses aufwendige und von starker Kontrolle und Aufsicht durchzogene Gründungsverfahren der ENTSOs macht deutlich, dass bei diesem zwangsweisen Zusammenschluss der Übertragungs- und Fernleitungsnetzbetreiber die Agentur zusammen mit der Kommission eindeutig Herren des Verfahrens waren und auf einer konsequenten und nachdrücklichen Kontrolle beharrten.[1037]

In dem aus insgesamt sechs Vorgängern ATSOI (Regionalverband für Irland), BALTSO (Regionalverband Baltikum), ETSO (Verband Europäischer Übertragungsnetzbetreiber, European Transmission System Operators), NORDEL (Regionalverband Skandinavien), UCTE (Verband für die Koordinierung des Transports elektrischer Energie, Union for the Co-ordinatinon of the Transmission of Electricity), UKTSO (Regionalverband Vereinigtes Königreich) hervorgegangenen Zusammenschluss sind zur Zeit 41 Übertragungsnetzbetreiber aus 34 Ländern vertreten. Neben den Übertragungsnetzbetreibern aus 28 Mitgliedstaaten der EU sind das die Übernetzbetreiber aus Bosnien-Herzegowina, Schweiz, Island, Montenegro, Norwegen und Serbien, was den internationalen Charakter unterstreicht und die Zielsetzung eines über die EU-Grenzen hinaus gehenden, den gesamten europäischen Kontinent umfassenden einheitlichen Marktes erkennen lässt. Insbesondere die Balkanstaaten sind nicht nur wegen ihrer Beitrittsperspektive wichtig für die Eingliederung, sondern auch, weil nur über ihr Territorium Verbindungskapazitäten zwischen dem EU-Mitglied Griechenland und den restlichen EU-Staaten geschaffen werden können, um somit die Insellage Griechenlands zu überwinden. Aus Deutschland sind die vier Übertragungsnetzbetreiber TransnetBW GmbH, TenneT TSO GmbH, Amprion GmbH, 50Hertz Transmission GmbH in ENTSO-E organisiert, was eine Besonderheit darstellt, denn bis auf das Vereinigte Königreich (ebenfalls vier Netzbetreiber) und Österreich (deren zwei) ist in den jeweiligen Staaten jeweils nur ein Unternehmen als Netzbetreiber aktiv.

Organisatorisch besteht ENTSO-E aus einer alle Mitglieder umfassenden Hauptversammlung, einem Direktorium, bestehend aus zwölf Personen, einem Sekretariat, drei Gruppen (Legal and Regulatory Group, Data Expert Group, Compliance Monitoring Expert Group) sowie vier Ausschüssen (System

1035 Art. 5 Abs. 3 StromhandelZVO 2009; Art. 5 Abs. 3 ErdgasZVO 2009.

1036 Art. 5 Abs. 4 StromhandelZVO 2009; Art. 5 Abs. 4 ErdgasZVO 2009.

1037 Zustimmend: *Ludwigs*, DVBl. 2011, 61 (63).

Development Committee, System Operations Committee, Market Committee und Research and Development Committee). Die Ausschüsse wiederum haben verschiedene Arbeitsgruppen, Regionale Gruppen, Ad hoc Teams und freiwillige Regionale Gruppen eingerichtet.

Beim ENTSOG (European Network of Transmission System Operators for Gas) dauerte es länger bis zur ordnungsmäßen Konstituierung, was an einer weniger langen Tradition und koordinierten Zusammenarbeit der Fernleitungsnetzbetreiber lag.[1038] Die Organisation wurde am 1. Dezember 2009 gegründet. Sie besteht aus 41 Übertragungsnetzbetreibern aus 24 Ländern sowie drei Beobachtern aus Nicht-EU-Staaten. Allein elf der Mitgliedsunternehmen stammen aus Deutschland.[1039] Der institutionelle Aufbau ist dem des ENTSO-E ähnlich.

c) Aufgaben

aa) Allgemeines

Die ENTSOs sind die organisierte Form der Übertragungs-/Fernleitungsnetzbetreiber, die auf Gemeinschaftsebene zur Vollendung und zum Funktionieren des Elektrizitätsbinnenmarktes zusammenarbeiten sollen.[1040] Durch sie soll der grenzüberschreitende Handel nicht nur gefördert und die optimale Verwaltung hergestellt, sondern auch der koordinierte Betrieb und die sachgerechte technische Weiterentwicklung des europäischen Strom- und Gasnetzes gewährleistet werden.[1041] Daneben kommt den ENTSOs die Aufgabe zu, die Interessen der Netzbetreiber gegenüber der Kommission und der Agentur zu vertreten.[1042]

bb) Ausarbeitung von Netzkodizes

Eine Hauptaufgabe der ENTSOs besteht in der Ausarbeitung von Netzkodizes u.a. in den Bereichen Netzanschluss, Netzzugang Dritter, Kapazitätsvergabe und Engpassmanagement sowie Transparenzregeln.[1043] Damit werden die Übertragung-s/Fernleitungsnetzbetreiber mittels der ENTSOs erstmals wirksam in das

---

1038 *Schulte-Beckhausen*, RdE 2011, 77, 78.

1039 Vollständige Liste der Mitglieder einsehbar unter: http://www.entsog.eu/members (Zugriff: 25.06.2016).

1040 Art. 4 StromhandelZVO 2009; Art. 4 ErdgasZVO 2009.

1041 Ebd.

1042 *Schulte-Beckhausen*, RdE 2011, 77 (78).

1043 Vgl. Aufzählung in Art. 8 Abs. 1, 6 lit. a) – l) StromhandelZVO 2009, Art. 8 Abs. 1, 6 lit. a) – l) ErdgasZVO 2009.

Gesetzgebungsverfahren der europäischen Institutionen integriert.[1044] Allerdings ist das Verfahren relativ festgezurrt und die Einflussmöglichkeiten daher insgesamt als gering einzuschätzen.

(1) Grundfall

Zunächst wird durch die Kommission nach Anhörung der Agentur, der ENTSOs und anderer betroffener Akteure jedes Jahr eine Prioritätenliste aufgestellt, welche in die Ausarbeitung der Netzkodizes mit einzubeziehen ist.[1045] Alsdann beauftragt die Kommission ACER, ihr eine Rahmenleitlinie innerhalb von sechs Monaten vorzulegen, die zur Beseitigung von Diskriminierung, zur Herstellung eines echten Wettbewerbs und zum effizienten Funktionieren des Marktes beitragen soll.[1046] Bei der Ausarbeitung dieser Rahmenleitlinie, die keine Bindungswirkung besitzt, sind die ENTSOs und andere betroffenen Akteure, Verbraucher, Endnutzer und gegebenenfalls die Wettbewerbsbehörden durch eine offene und transparente, ausführliche und frühzeitige förmliche Anhörung zu beteiligen, so dass eine gewisse Einflussnahme seitens der Netzbetreiber schon in diesem Stadium erfolgt.[1047] Nach Wiedervorlage an die Kommission und Prüfung durch diese wird schließlich die Rahmenleitlinie wieder den ENTSOs übermittelt, verbunden mit dem Auftrag, binnen einer angemessenen Frist, die zwölf Monate nicht überschreiten darf, einen Netzkodex aus ihr zu entwickeln.[1048] Nach Fertigstellung des Netzkodex übermitteln die ENTSOs ihren Entwurf ACER, die ihn auf das Entsprechen mit der zugrundeliegenden Rahmenleitlinie prüft und im positiven Falle der Kommission mit der Empfehlung der Annahme vorlegt.[1049] Entspricht der Netzkodex nicht den Vorstellungen ACERs, so haben die ENTSOs die Möglichkeit, innerhalb von drei Monaten eine Überarbeitung vorzunehmen, bei der die schriftliche Stellungnahme der Agentur die Richtschnur bildet. Das lange und sehr auf Einbindung und Kooperation aller Beteiligten zielenden Verfahren zeigt, dass die Hauptlast der Ausarbeitung der Netzkodizes bei den organisierten Netzbetreibern liegt und ein entsprechender Einfluss durch

---

1044 *Schulte-Beckhausen*, RdE 2011, 77 (79).

1045 Art. 6 Abs. 1 StromhandelZVO 2009; Art. 6 Abs. 1 ErdgasZVO 2009.

1046 Art. 6 Abs. 2 StromhandelZVO 2009; Art. 6 Abs. 2 ErdgasZVO 2009.

1047 Art. 6 Abs. 3 StromhandelZVO 2009; Art. 6 Abs. 3 ErdgasZVO 2009; Art. 10 Abs. 1 ACER-VO.

1048 Art. 6 Abs. 6 StromhandelZVO 2009; Art. 6 Abs. 6 ErdgasZVO 2009.

1049 Art. 6 Abs. 9 StromhandelZVO 2009; Art. 6 Abs. 9 ErdgasZVO 2009; dabei müssen die ENTSOs der Stellungnahme der ACER gem. Art. 8 Abs. 2 Satz 3 StromhandelZVO 2009 bzw. Art. 8 Abs. 2 Satz 3 ErdgasZVO 2009 gebührend Rechnung tragen.

eine erkennbare Handschrift durch sie möglich ist. Auf der anderen Seite ist ihr Spielraum nicht besonders groß. Zum einen müssen sie sich streng an den vorgelegten Rahmenleitlinien orientieren, zum anderen sind die Vorstellungen der Agentur und der Kommission quasi stets zu berücksichtigen, wollen sie nicht Gefahr laufen, dass der Netzkodex von einem von beiden abgelehnt wird. Spätestens bei einer mit Gründen versehenen ablehnenden Stellungnahme nach Art. 8 Abs. 7 StromhandelZVO 2009 bzw. Art. 8 Abs. 7 ErdgasZVO 2009 werden die ENTSOs daher wohl auf die Linie von ACER einschwenken oder ihr zumindest weit entgegenkommen.[1050] Denn sowohl die Agentur als auch die Kommission können im Falle einer aus ihrer Sicht nicht befriedigenden Ausarbeitung des Netzkodex' durch die ENTSOs diese Aufgabe selbst übernehmen.[1051] Die Kommission sitzt dabei im Vergleich zur Agentur stets am längeren Hebel und ist die letztlich maßgebliche Entscheidungsinstanz.

(2) Ausarbeitung durch die Kommission

Abweichend vom Grundfall und dem eben beschriebenen Verfahren kann die Kommission jedoch auch selbst einen Netzkodex in bestimmten Bereichen im Rahmen des Kommitologieverfahrens erlassen und muss dafür lediglich die ENTSOs, die Agentur sowie andere betroffene Marktteilnehmer anhören, aber nicht weitergehend beteiligen.[1052] Nebenbei sind die Möglichkeiten der Kommission auch deswegen weitergehender, weil es ihr nicht unbenommen bleibt, rechtlich bindende Leitlinien zu erlassen, die möglicherweise gleiche Thematiken betreffen.[1053] *Lecheler*[1054] kritisiert daher die Neuerungen und bemerkt, dass die Kommission nur scheinbar die Verantwortung in die Hände der Übertragungs-/Fernleitungsnetzbetreiber lege. In der Realität werde sie die Herrin des Verfahrens bleiben und die technischen Inhalte, notfalls mit dem zwingenden Instrument der Leitlinien, so detailliert vorschreiben können, dass den Übertragungs-/Fernleitungsnetzbetreibern kein Gestaltungsspielraum mehr verbleibe.

1050 *Lecheler*, RdE 2008, 167 (170) befürchtet eine dominierende Rolle der Kommission bei der Erstellung der Netzkodizes und eine unterwürfige Haltung der nur scheinbar unabhängigen ENTSOs.

1051 Art. 6 Abs. 10, 11 StromhandelZVO 2009; Art. 6 Abs. 10, 11 ErdgasZVO 2009.

1052 Art. 6 Abs. 11 StromhandelZVO 2009; Art. 6 Abs. 11 ErdgasZVO 2009.

1053 Art. 6 Abs. 12, Art. 18 StromhandelZVO 2009; Art. 6 Abs. 12, Art. 18 ErdgasZVO 2009; *Lecheler*, RdE 2008, 167 (170); weitergehend zur rechtlichen Einordnung der Leitlinien s. *Lecheler*, DVBl 2008, 837 ff.

1054 *Lecheler*, RdE 2008, 167 (170).

(3) Änderung von Netzkodizes

Nach Annahme der Netzkodizes können Entwürfe zur Änderung derselben wiederum u.a. durch die ENTSOs, aber auch durch einen einzelnen Netzbetreiber und andere Personen, die Interesse an der Änderung haben, einschließlich der Agentur selber, ACER vorgetragen werden.[1055] Dabei konsultiert die Agentur wie bei der erstmaligen Festlegung der Netzkodizes alle Interessenträger nach Art. 10 Abs. 1 ACER-VO und unterbreitet im Anschluss der Kommission eine mit Gründen versehene Stellungnahmen zu den Änderungsvorschlägen.[1056] Anschließend kann die Kommission Änderungen der Netzkodizes vornehmen, wobei sie den von der Agentur erarbeiteten Vorschlägen Rechnung tragen soll.[1057]

(4) Freiwillige Netzkodizes

Schließlich können die ENTSOs aber auch freiwillig weitere Netzkodizes in den in Art. 8 Abs. 6 StromhandelZVO 2009 bzw. Art. 8 Abs. 6 ErdgasZVO 2009 genannten Bereichen verabschieden, wenn sie das für sinnvoll erachten, dies den Zielen des Art. 4 StromhandelZVO 2009 bzw. Art. 4 ErdgasZVO 2009 (Vollendung und Funktionieren des Energiebinnenmarktes, Förderung des grenzüberschreitenden Handels, Gewährleistung der optimalen Verwaltung, des koordinierten Betriebs und der sachgerechten technischen Weiterentwicklung des Stromübertragungsnetzes bzw. Erdgasfernleitungsnetzes) dient und es keine Überschneidungen zu bereits erarbeiteten Netzkodizes gibt.[1058] Dies geschieht dann in einem wesentlich einfacheren Verfahren, in dem die Netzkodizes der Agentur lediglich zur Stellungnahme zuzuleiten sind und die Stellungnahme durch die ENTSOs *„gebührend"* berücksichtigt werden muss.[1059]

(5) Herstellung von Transparenz und Öffentlichkeit durch ACER

ACER übernimmt bei dem Verfahren der Ausarbeitung von Rahmenleitlinien und der Änderung von Netzkodizes neben den dargestellten Verfahren die Aufgabe der Herstellung von Transparenz und Öffentlichkeit. So muss die Agentur alle Dokumente und Protokolle von den Konsultationssitzungen veröffentlichen.[1060] Außerdem ist vor der Annahme der Rahmenleitlinie oder vor

---

1055 Art. 7 Abs. 1 StromhandelZVO 2009, Art. 7 Abs. 2 ErdgasZVO 2009.
1056 Art. 7 Abs. 2 StromhandelZVO 2009, Art. 7 Abs. 2 ErdgasZVO 2009.
1057 Art. 7 Abs. 3 StromhandelZVO 2009, Art. 7 Abs. 3 ErdgasZVO 2009.
1058 Art. 8 Abs. 2 Satz 1 StromhandelZVO 2009, Art. 8 Abs. 2 Satz 1 ErdgasZVO 2009.
1059 Art. 8 Abs. 2 Satz 2, 3 StromhandelZVO 2009, Art. 8 Abs. 2 Satz 2,3 ErdgasZVO 2009.
1060 Art. 10 Abs. 2 UAbs. 2 ACER-VO.

der Unterbreitung von Vorschlägen zur Änderung von Netzkodizes anzugeben, wie den bei den Konsultationen gemachten Beobachtungen Rechnung getragen wurde.[1061] Im Falle der Nichtberücksichtigung von Beobachtungen tritt die Verpflichtung zu einer begründenden Stellungnahme zu der Nichtberücksichtigung ein, so dass insgesamt von einem offenen und transparenten Verfahren gesprochen werden kann.[1062]

(6) Rechtscharakter und Bedeutung von Netzkodizes

Den Netzkodizes kommt keine unmittelbare rechtliche Bindungswirkung zu.[1063] Allerdings ist vorgesehen, dass die Netzbetreiber ihre Netze nach diesen Netzkodizes betreiben. Daher könnte auf die Einhaltung der Netzkodizes bei der Frage abgestellt werden, ob der Netzbetreiber sein Netz diskriminierungsfrei betreibt und somit eine zumindest indirekt erheblich wichtige Rechtsfolge eintreten.[1064]

Netzkodizes können zudem durch das Komitologieverfahren zu bindenden Rechtsakten erhoben werden.[1065] Die Kommission interpretierte beim Zustandekommen der Vorschriften des Dritten Binnenmarktpakets die Meroni-Rechtsprechung in dem Maße, dass der Agentur selbst nicht die Kompetenz der Verabschiedung bindender Netzkodizes zukommen sollte.[1066] Damit ist ACER zwar insgesamt in entscheidender Weise bei der Erarbeitung von Netzkodizes involviert und ihr kommen zumindest teilweise legislatorische Kompetenzen zu. Diese sind jedoch aufgrund der Kontrolle der Kommission nicht so weitgehend, dass hier von einer Verletzung der Meroni-Grundsätze ausgegangen werden kann.

Nach Implementierung der Netzkodizes gehört es zu den Aufgaben der ENTSOs, die Umsetzung derselben zu beobachten und zu analysieren, ebenso wie die von der Kommission angenommenen Leitlinien und deren Wirkung auf die Harmonisierung der geltenden Regeln zur Förderung der Marktintegration.[1067] Die dabei gewonnenen Erkenntnisse melden die ENTSOs an die Agentur und

---

1061 Art. 10 Abs. 3 ACER-VO.

1062 Ebd.

1063 *Schulte-Beckhausen*, RdE 2011, 77 (79).

1064 Ebd.

1065 So auch *Ludwigs*, DVBl. 2011, 61 (63).

1066 *Swanson*, The Agency for the Cooperation of Energy Regulators, in: European Energy Law Report VI, S. 46; gleichwohl kritisiert *Gottschal*, dass die quasi legislative Tätigkeit ACERs bei der Erarbeitung der Netzkodizes nicht demokratischen Anforderungen entspreche, The Role of an Energy Agency in Regulating an Internal Energy Market, in: European Energy Law Report VI, S. 59.

1067 Art. 8 Abs. 8 Satz 1 StromhandelZVO 2009, Art. 8 Abs. 8 Satz 1 ErdgasZVO 2009.

nehmen die Erkenntnisse auch in ihren Jahresbericht auf, der wiederum einer gewissen Kontrolle durch die Agentur unterliegt.[1068]

cc) Engpassmanagement

Eine weitere wichtige Aufgabe der Netzbetreiber stellt das Engpassmanagement dar. Dazu hat die Kommission Leitlinien erlassen, an deren Ausarbeitung die Netzbetreiber beteiligt waren und die der StromhandelZVO 2009 bzw. der ErdgasZVO 2009 angefügt sind.[1069] Hintergrund ist, dass sich ein ausreichend grenzüberschreitender Handel nur dann vollständig entfalten kann, wenn zwischen den nationalen Netzen ausreichende Verbindungskapazitäten zur Übertragung und eine optimale und diskriminierungsfreie Bewirtschaftung derselben bestehen. Allerdings sind hier noch erhebliche Defizite vorhanden und die Übertragungskapazitäten in weitem Maße nicht ausreichend. Ein Engpass besteht dann, wenn eine Verbindung zwischen nationalen Übertragungsnetzen wegen unzureichender Kapazität der Verbindungsleitungen und/oder der betreffenden nationalen Übertragungsnetze nicht alle Stromflüsse im Rahmen des von den Marktteilnehmern gewünschten internationalen Handels bewältigen kann (Legaldefinition in Art. 2 Abs. 2 c) StromhandelZVO). Tritt ein sogenannter Engpass auf, d.h. stehen nicht genug Kapazitäten zur Verfügung, wie Marktteilnehmer Strom durchleiten wollen, stellt sich die Frage, welchen Marktteilnehmern die Durchleitung gestattet werden soll und welchen dies versagt werden muss. Netzengpässen müssen mit nichtdiskriminierenden marktorientierten Lösungen behandelt werden, die wirksame wirtschaftliche Signale an die Marktteilnehmer und beteiligten Übertragungsnetzbetreiber weitergeben.[1070] Die Leitlinien für das Management und die Vergabe verfügbarer Übertragungskapazitäten auf Verbindungsleitungen zwischen nationalen Netzen regeln dazu Genaueres. Durch die Leitlinien wird den Übertragungsnetzbetreibern zwar aufgegeben, alle verfügbaren Mittel einzusetzen, um alle kommerziellen Transaktionen anzunehmen.[1071] Falls jedoch die Übertragung zu einer Situation führt, in der der sichere Betrieb des Stromversorgungsnetzes nicht mehr gewährleistet werden kann, werden durch marktorientierte Engpassmanagementmethoden der Übertragungsnetzbetreiber die Vergabe der Kapazitäten an die Marktteilnehmer geregelt.

1068 Art. 8 Abs. 8 Satz 2 StromhandelZVO 2009, Art. 8 Abs. 8 Satz 2 ErdgasZVO 2009.

1069 Anhang I zur StromhandelZVO 2009; Anhang I zur ErdgasZVO 2009.

1070 Art. 16 Abs. 1 StromhandelZVO 2009.

1071 1.1 der Leitlinien.

Die Kapazitätsvergabe erfolgt danach lediglich durch explizite (Kapazitäts-) Auktionen oder implizite (Kapazitäts- und Energie-)Auktionen.[1072] Die höchsten abgegebenen Gebote erhalten den Zuschlag für die Übertragungskapazität. Lang- oder mittelfristige Vergaben müssen dabei bei Nichtnutzung weiterverkauft werden (use it or sell it) oder verlieren ihre Gültigkeit (use it or lose it).[1073] Darüber hinaus haben Marktteilnehmer ein kostenorientiertes Entgelt zu zahlen, wenn sie ihre erworbene Kapazität weder selbst nutzen noch weiterveräußern oder zurückgeben.[1074] Durch diese Art Vertragsstrafe soll auf eine effektive und vollständige Nutzung der knappen Übertragungskapazitäten hingewirkt und der Gefahr eines missbräuchlichen und rein auf Konkurrenten verdrängenden Verhaltens begegnet werden. Dass mit den Auktionen möglicherweise hohe Erlöse erzielt werden können, kann zu der Situation führen, dass die Übertragungsnetzbetreiber wenig Interesse an einem Ausbau der Interkonnektoren und Verbesserung der Kapazitäten haben. Daher unterliegt das Engpassmanagement der Kontrolle der nationalen Regulierungsbehörden, die überprüfen, ob die Vergabe von Engpasserlösen zu einem negativen Anreiz für die Verringerung von Engpässen führt.[1075] Folglich dürfen die Erlöse als zweite Sicherungsmaßnahme auch nur ausnahmsweise den Übertragungsnetzbetreibern als Gewinne zufließen und zu ihrer freien Verfügung stehen, sondern müssen für Zwecke verwendet werden, die der Gewährleistung der tatsächlichen Verfügbarkeit der vergebenen Kapazitäten oder dem Erhalt oder Ausbau von Verbindungskapazitäten, vor allem auch dem Neubau von Interkonnektoren, dienen.[1076] So wird mit den Maßnahmen gleichzeitig das Ziel erreicht, auf die Beseitigung der ursprünglichen Problematik hinzuwirken. Die Überwachung der Verfahrensmaßnahmen ist dabei den nationalen Regulierungsbehörden auferlegt worden.[1077]

dd) Gemeinschaftsweiter Netzentwicklungsplan

Eine der wichtigsten Schritte auf dem Weg in ein europäisches Netz und Aufgabe der ENTSOs stellt die Ausarbeitung und Veröffentlichung des gemeinschaftsweiten zehnjährigen Netzentwicklungsplans (TYNDP – Ten-Year Network

---

1072 2.1 der Leitlinien.
1073 2.5 der Leitlinien.
1074 2.13 der Leitlinien.
1075 6.1 der Leitlinien.
1076 Art. 16 Abs. 6 StromhandelZVO 2009, 6.4 und 6.6 der Leitlinien.
1077 Art. 19 StromhandelZVO 2009, 1.10 der Leitlinien.

Development Plan) dar.[1078] Der gemeinschaftsweite Netzentwicklungsplan soll Prognosen und Szenarien zum Ausbau und Modernisierung des europäischen Netzes in den kommenden Jahren darstellen. Zwar kommt ihm keine rechtlich bindende Form zu, aber es ist allein aufgrund des Aufwandes und der Vielzahl der beteiligten Akteure davon auszugehen, dass seine verabschiedete Form mit großer Wahrscheinlichkeit tatsächlich realisiert wird und daher in einer hohen Planungssicherheit mündet. Der Plan wird nicht nur aus den (rechtlich bindenden) nationalen Investitionsplänen unter Berücksichtigung der regionalen Investitionsplänen von den ENTSOs erstellt, sondern beruht auch auf der Berücksichtigung der Stellungnahmen und Teilnahme der Kommission, der nationalen Regulierungsbehörden und einer Vielzahl von Marktteilnehmern nach öffentlicher und transparenter Konsultation.[1079] Dem gemeinschaftsweiten Netzentwicklungsplan liegen Prognosen über Erzeugung von Strom in fünf bis fünfzehn Jahren zugrunde. Er wagt daher einen weiten Blick in die Zukunft. Auf dieser Basis und der Entwicklung weiterer Szenarien und dem begründeten Bedarf von Netznutzern bewertet er die Belastbarkeit des Netzes, zeigt Investitionslücken auf und analysiert Hemmnisse für die Erhöhung grenzüberschreitender Kapazitäten durch verschiedene Verfahren. Die Arbeit der Übertragungs-/Fernleitungsnetzbetreiber am gemeinschaftsweiten Netzentwicklungsplan in den ENTSOs kann daher als wichtiger Schritt für die Herstellung und langfristige Sicherstellung des Energiebinnenmarktes betrachtet werden.

Der erste, im März 2011[1080] veröffentlichte gemeinschaftsweite Netzentwicklungsplan sah für die ersten fünf Jahre nicht weniger als 500 Infrastrukturmaßnahmen mit einem Volumen von 23 bis 28 Milliarden Euro Investitionen vor. Dazu sollen ca. 18.700 km Stromleitungen gebaut bzw. modernisiert werden. Der Netzentwicklungsplan muss im regelmäßigen Abstand von zwei Jahren angepasst und aktualisiert werden.

Nach Vorlage des zehnjährigen Netzentwicklungsplans gibt ACER eine Stellungnahme zum Entwurf ab und richtet gegebenenfalls Empfehlungen an die ENTSOs und die Kommission, wenn der Entwurf nicht den Erfordernissen entspricht, die an eine Verhinderung von Diskriminierung, der Herstellung des wirksamen Wettbewerbs und eines effizienten Funktionierens des Marktes und einem

1078 Art. 8 Abs. 3 b), Abs. 10 StromhandelZVO 2009, Art. 8 Abs. 3 b), Abs. 10 ErdgasZVO 2009; dazu s. auch *Schulte-Beckhausen*, RdE 2011, 77 (79); *Weyer*, ZNER 2009, 210 (211).

1079 Art. 8 Abs. 10 StromhandelZVO 2009, Art. 8 Abs. 10 ErdgasZVO 2009.

1080 Abrufbar unter: https://www.entsoe.eu/fileadmin/user_upload/_library/SDC/TYNDP/TYNDP-final_document.pdf (Zugriff: 24.06.2016).

ausreichenden Maß an grenzüberschreitenden Verbindungsleitungen beiträgt oder Unvereinbarkeiten mit einem nationalen zehnjährigen Entwicklungsplan bestehen.[1081] Ist der gemeinschaftsweite Netzentwicklungsplan verabschiedet, so überprüft ACER die ihr vorzulegenden nationalen zehnjährigen Netzentwicklungspläne, ob sie in Einklang mit dem gemeinschaftsweiten Netzentwicklungsplan stehen.[1082] Nötigenfalls empfiehlt die Agentur eine Änderung des nationalen zehnjährigen Netzentwicklungsplans oder des gemeinschaftsweiten Netzentwicklungsplans.[1083] Es ist aber davon auszugehen, dass sich in der Regel der nationale zehnjährige Netzentwicklungsplan eher am gemeinschaftsweiten Netzentwicklungsplan zu orientieren hat und dementsprechend dort Änderungen vorzunehmen sind. In dem Instrument des gemeinschaftsweiten Netzentwicklungsplans, zu dessen Erstellung die ENTSOs verpflichtet wurden, ist daher ein wichtiges Mittel zur Erreichung des Energiebinnenmarktes zu erkennen.

ee) Regionale Zusammenarbeit

Die Übertragungsnetzbetreiber sind innerhalb der ENTSOs auch zur regionalen Zusammenarbeit verpflichtet.[1084] Die Regionen entsprechen den durch die ERGEG 2006 ins Leben gerufenen. Dazu hat die Kommission nun auch ausdrücklich die Befugnis, das geographische Gebiet, in dem diese Kooperation stattfinden soll, zu bestimmen bzw. neu zu bestimmen.[1085] Die regionale Zusammenarbeit in Art. 12 StromhandelZVO 2009/ErdgasZVO 2009 verpflichtet ausdrücklich nur die Übertragungs-/Fernleitungsnetzbetreiber. Neben den anderen beschriebenen Aufgaben, die die einst von der ERGEG eingesetzten regionalen Initiativen auch unter dem neuen Regime übernehmen sollen, sehen die StromhandelZVO 2009/ErdgasZVO 2009 explizit vor, dass in den Regionen alle zwei Jahre regionale Investitionspläne erarbeitet werden, die grundlegend für neue Investitionsentscheidungen sein sollen.[1086] Insofern lässt sich hier erkennen, dass trotz des grundsätzlich geltenden top-down-Ansatzes im dritten Binnenmarktpaket sich die Erkenntnis durchgesetzt hat, einige Abstimmungen auf regionaler Ebene durch den bottom-up-Ansatz weiterzuverfolgen. Zweitens lässt sich aus der gesetzgeberisch hervorgehobenen Erwähnung der Übertragungs-/Fernleitungsnetzbetreiber schließen, dass die regionalen Initiativen mit weiteren

---

1081 Art. 6 Abs. 3 b) ACER-VO.

1082 Art. 8 Abs. 11 Satz 1 StromhandelZVO 2009, Art. 8 Abs. 11 Satz 1 ErdgasZVO 2009.

1083 Art. 8 Abs. 11 Satz 2 StromhandelZVO 2009, Art. 8 Abs. 11 Satz 2 ErdgasZVO 2009.

1084 Art. 12 StromhandelZVO 2009, Art. 12 ErdgasZVO 2009.

1085 Art. 12 Abs. 3 Satz 1 StromhandelZVO 2009, Art. 12 Abs. 3 Satz 1 ErdgasZVO 2009.

1086 Art. 12 Abs. 1 Satz 2 StromhandelZVO 2009, Art. 12 Abs. 1 Satz 2 ErdgasZVO 2009.

Akteuren lediglich als Zwischenschritt auf dem Weg zur Vollendung des Binnenmarktes angesehen werden und sich in absehbarer Zeit überflüssig machen sollen und aufgelöst werden können.

d) *Beobachtung durch die Agentur*

Im Verhältnis zu den ENTSOs kommt der Agentur schließlich auch die Funktion einer Überwachungs- und Kontrollinstanz zu. Dazu beobachtet ACER umfangreich die Durchführung und Umsetzung der Netzkodizes und erstattet der Kommission darüber Bericht.[1087] Dazu sind die ENTSOs Zurverfügungstellung aller Informationen verpflichtet, die die Agentur benötigt, um diese Aufgaben zu erfüllen.[1088]

Auch hinsichtlich der anderen Tätigkeiten der ENTSOs besteht eine enge Zusammenarbeit mit der Agentur mit dem Ziel der Überwachung und der Kontrolle. Es besteht seitens der ENTSOs die Pflicht zur Unterbreitung des Entwurfs des gemeinschaftsweiten Netzentwicklungsplans, des Entwurfs des Jahresarbeitsprogramms einschließlich der Informationen zum Konsultationsverfahren, des Jahresberichts, der jährlichen Sommer- und Winterversorgungsprognosen, der gemeinsamen technischen Instrumente zur Sicherstellung der Koordination des Netzbetriebs unter normalen Bedingungen und im Notfall und der Empfehlungen zur Koordinierung der technischen Zusammenarbeit zwischen Übertragungs- bzw. Fernleitungsnetzbetreibern in der Gemeinschaft und in Drittstaaten.[1089] Die Entwürfe des Jahresarbeitsprogramms und des gemeinschaftsweiten Netzentwicklungsplans müssen zur Nichtdiskriminierung, zum echten Wettbewerb, zum effizienten Funktionieren des Marktes und zu einem ausreichenden Maß an grenzüberschreitenden, Dritten offen stehenden Verbindungsleitungen beitragen. Sofern dies aus der Sicht von ACER jedoch nicht der Fall ist, gibt die Agentur innerhalb von zwei Monaten eine begründete Stellungnahme zu dem betreffenden Entwurf ab und richtet Empfehlungen an den ENTSO und an die Kommission.[1090]

2. ACER und die Europäische Kommission

Die Stellung zwischen der Agentur und der Kommission ist bisher unterschiedlich eingeordnet worden. Teilweise wird ACER als reines Hilfsorgan der Kommission

---

1087 Art. 9 Abs. 1 StromhandelZVO 2009, Art. 9 Abs. 1 ErdgasZVO 2009.
1088 Art. 8 Abs. 9 StromhandelZVO 2009, Art. 8 Abs. 9 ErdgasZVO 2009.
1089 Art. 9 Abs. 2 UAbs. 1 StromhandelZVO 2009, Art. 9 Abs. 2 UAbs. 1 ErdgasZVO 2009.
1090 Art. 9 Abs. 2 UAbs. 2 StromhandelZVO; Art. 9 Abs. 2 UAbs. 2 ErdgasZVO.

beschrieben, bei dem die Kommission weiterhin alle Fäden in der Hand hält.[1091] Dahinter lässt sich zumindest auch der Vorwurf erkennen, die Kommission habe mit der Gründung der Agentur und der Auslagerung einiger Kompetenzen von einem zu starken eigenen Machtgewinn und einer zu deutlichen Kompetenzkonzentration auf der europäischen Zentralebene ablenken wollen. In der Tat sind die Machtbefugnisse der Kommission durch das Dritte Binnenmarktpaket in erheblichem Umfang recht beachtlich erweitert worden.[1092] Andererseits ist anzuerkennen, dass durch den Aufbau, die Ausstattung, die personelle Besetzung und die Rechtsstellung der Agentur sowie auch durch die geographische Auslagerung eine gewisse Selbstständigkeit und Freiheit von der Kommission gewollt ist. Schließlich muss Erwähnung finden, dass die Kommission sich in einem möglicherweise erwünschten stärkeren Kompetenztransfer auf die Agentur durch die restriktiven Grundsätze der Meroni-Rechtsprechung gehindert sah. Im Folgenden soll das Verhältnis zwischen Agentur und Kommission genauer dargestellt werden, um eine Einschätzung am Ende vornehmen zu können.

a) *Institutionelle Verflechtung*

Wie bereits gesehen, sind die Kommission und ACER institutionell eng miteinander verwoben. Die Kommission ernennt zwei Mitglieder und deren Stellvertreter des neunköpfigen, wichtigen Organs des Verwaltungsrats.[1093] Anders als die anderen ernennenden Organe Parlament und Rat hat die Kommission sogar die Möglichkeit, den Verwaltungsrat auf ihren Wunsch hin zu einer außerordentlichen Sitzung zusammentreten zu lassen.[1094] Ein solches externes Einberufungsrecht fällt auf, da, neben den mindestens zwei Mal im Jahr stattfindenden regulären Sitzungen, nur der Vorsitzende oder ein Drittel der Mitglieder des Verwaltungsrats eine außerordentliche Sitzung einberufen bzw. beantragen kann. Andererseits sagt die Möglichkeit der Einberufung durch die Kommission noch nichts über eine tatsächliche Reichweite der Einflussnahme hinsichtlich der Inhalte oder gar der Beschlussfassung der außerordentlichen Sitzung aus.

1091 *Ehricke* spricht hingegen von der Rolle eines „Einflüsterers" der Agentur gegenüber der Kommission, vor allem mit Blick auf die allgemeine Beratungsfunktion. Die Kommission könne dann aufgrund der Empfehlungen geeignete Maßnahmen treffen, IR 2008, 122 (124).

1092 *Ludwigs*, DVBl. 2011, 61 (62).

1093 Art. 12 Abs. 1 Satz 3 ACER-VO.

1094 Art. 12 Abs. 3 Satz 4 ACER-VO.

In den Regulierungsrat, der sich hauptsächlich aus je einem ranghohen Vertreter jeder nationalen Regulierungsbehörde zusammensetzt, entsendet die Kommission einen nicht stimmberechtigten Vertreter.[1095] Damit erlangt die Kommission zumindest Kenntnis von den Vorgängen der Regulierungstätigkeit und den internen Vorgängen, auch wenn der Regulierungsrat ansonsten unabhängig arbeitet und von keiner Stelle, insbesondere auch nicht von der Kommission Weisungen einholen darf.[1096]

Eine wichtige Rolle spielt die Kommission ferner auch bei der Besetzung des Direktorenpostens. Da die Kommission nach einem öffentlichen Aufruf zur Interessenbekundung eine Liste mit mindestens drei Bewerbern zusammenstellt, aus der der Verwaltungsrat nach befürwortender Stellungnahme des Regulierungsrats einen Kandidaten ernennt, besteht hier eine gewisse Vorauswahl, mit der die Kommission ihr genehme und geeignet erscheinende Anwärter ins Spiel bringen kann.[1097] Ferner bewertet die Kommission kurz vor Ablauf seiner Amtszeit den Direktor[1098] und kann dem Verwaltungsrat vorschlagen, die Amtszeit des Direktors einmalig um drei Jahre zu verlängern.[1099] In seiner konkreten Arbeit ist der Direktor allerdings von der Kommission vollkommen unabhängig und an Weisungen ausdrücklich nicht gebunden.[1100]

Schließlich ist die Kommission bei der Bestimmung der sechs Mitglieder des Beschwerdeausschusses und deren Stellvertreter involviert. Wie bei der Ernennung des Direktors sieht das Verfahren die Initiative bei der Kommission, die entsprechende Vorschläge unterbreitet, die dann durch Regulierungsrat und Verwaltungsrat bestätigt werden.[1101]

Insgesamt ist die Kommission daher maßgeblich bei der personellen Zusammensetzung der Organe von ACER beteiligt und kann dementsprechend schon mit der Auswahl entsprechender Kandidaten einen gewissen Einfluss geltend machen, auch wenn die konkrete Arbeit des Direktors, des Regulierungsrats und des Beschwerdeausschusses unabhängig von Weisungen ist. Im Regulierungsrat ist die Kommission sogar, wenn auch ohne Stimmrecht, direkt mit einem Mitglied vertreten.

1095 Art. 14 Abs. 1 UAbs. 1 ACER-VO.
1096 Art. 14 Abs. 5 ACER-VO.
1097 Art. 16 Abs. 2 Satz 1 ACER-VO.
1098 Art. 16 Abs. 3 Satz 2, 3 ACER-VO.
1099 Art. 16 Abs. 4 ACER-VO.
1100 Art. 16 Abs. 1 Satz 2 ACER-VO.
1101 Art. 18 Abs. 3 ACER-VO.

b) Tätigkeit ACERs in Verbindung mit der Kommission

Die Agentur dient der Kommission hauptsächlich als Hilfs- und Unterstützungsorgan, das in vielfältiger Weise Stellungnahmen für die Kommission und deren Arbeit verfasst. Allgemein kann die Agentur von sich aus zu allen Fragen im Zusammenhang mit ihren Aufgaben Stellungnahmen und Empfehlungen gegenüber der Kommission abgeben. Umgekehrt kann die Kommission ebensolche Stellungnahmen und Empfehlungen zu einem bestimmten Thema von ACER verlangen.[1102]

Bei der Zertifizierung von Übertragungs- bzw. Fernleitungsnetzbetreibern durch die nationale Regulierungsbehörde muss diese eine Mitteilung an die Kommission machen und überwacht damit für die Kommission die Tätigkeit der nationalen Regulierungsbehörde.[1103] Innerhalb von zwei Monaten muss die Kommission daraufhin eine Stellungnahme hinsichtlich der Entscheidung der nationalen Regulierungsbehörde abgeben und mitteilen, ob die Zertifizierung nach Art. 10 EltRL 2009 bzw. Art. 10 GasRL 2009 zurecht erfolgt ist. Bei dieser Einschätzung und bei dem Vorgang der Entscheidungsfindung kann die Kommission die Stellungnahme der Agentur zur Entscheidung der nationalen Regulierungsbehörde beantragen.[1104] Ebenso kann die Kommission die Standpunkte der Agentur einholen, wenn diese eine Stellungnahme zur Zertifizierung eines Übertragungsnetzbetreibers aus Drittländern durch eine nationale Regulierungsbehörde abgeben muss.[1105]

Dabei sorgt die Kommission insgesamt dafür, dass sie Herrin des Verfahrens bleibt, auch wenn sie einzelne Aufgaben an die Agentur übertragen kann. Bei grenzüberschreitenden Infrastrukturen, bei denen ACER Regulierungskompetenzen nach der ACER-VO eingeräumt sind, kann die Kommission Leitlinien erlassen, in denen festgelegt ist, in welchen Situation die Agentur über die Modalitäten für den Zugang zu den grenzüberschreitenden Infrastrukturen und für deren Betriebssicherheit zu entscheiden hat.[1106] Damit hat die Kommission es zuallererst selbst in der Hand, welche Kompetenzen sie aus Gründen der Aufgabenteilung nicht selbst wahrnimmt, sondern der nachgeordneten Agentur überverantwortet. Nach Art. 18 Abs. 1–3 StromhandelZVO 2009 und Art. 23 Abs. 1 ErdgasZVO 2009 regeln gegebenenfalls Leitlinien zum Zwecke

1102 Art. 5 ACER-VO.

1103 Art. 10 Abs. 6 EltRL 2009, Art. 10 Abs. 6 GasRL 2009.

1104 Art. 3 Abs. 1 UAbs. 2 Satz 1 StromhandelZVO 2009, Art. 3 Abs. 1 UAbs. 2 Satz 1 ErdgasZVO 2009.

1105 Art. 11 Abs. 6 UAbs. 2 Satz 1 EltRL 2009, Art. 11 Abs. 6 UAbs. 2 Satz 1 GasRL 2009.

1106 Art. 8 Abs. 4 ACER-VO.

der Harmonisierung weitere aufgeführte Bereiche, wie z.B. Einzelheiten zu den Dienstleistungen für den Zugang Dritter oder Einzelheiten zu den Tarifberechnungsmethoden. Werden solche Leitlinien eingesetzt, konsultiert die Kommission die Agentur und die ENTSOs.[1107]

Auch die Aufsicht über die institutionalisierte Selbstregulierung der Netzbetreiber in den ENTSOs durch ACER kann als Entlastung der Kommission und deren Unterstützung angesehen werden. Schließlich geht die Idee der Schaffung der ENTSOs auf die Kommission zurück und ohne Gründung der Agentur wäre ihr die Überwachung des ordnungsgemäßen Funktionierens zugefallen. Konkret unterbreitet ACER der Kommission eine Stellungnahme zum Entwurf der Satzung zur Liste der Mitglieder und zum Entwurf der Geschäftsordnung der ENTSOs und ist damit schon bei der Gründung überwachend tätig.[1108] Auch die bereits darstellte Beobachtung und Mitentwicklung von Jahresarbeitsprogramm, Netzentwicklungsplan und Netzkodizes lässt sich als eine Entlastung der Kommission und Vorarbeit für diese deuten.

Die Beobachtung und Berichterstattung in enger Zusammenarbeit u.a. mit der Kommission des Strom- und Erdgassektors spricht weiterhin für die Hilfsfunktion der Agentur.[1109] Dabei kommt ihr aufgrund ihrer Erfahrungen und Expertise sogar die Aufgabe zu, dem Europäischen Parlament und der Kommission Vorschläge zu möglichen und geeigneten Maßnahmen zum Abbau der Hemmnisse für die Vollendung des Elektrizitäts- und Erdgasbinnenmarktes zu präsentieren.[1110] Hieraus erhellt auch, dass ACER sich nicht auf eine reine Ausführungseinrichtung beschränken soll, sondern die gebündelte Expertise und Erfahrung durchaus zu selbstständigen und freien Überlegungen führen sollen, wie festgestellten Problemen begegnet werden kann. Die Umsetzung allerdings von präsentierten Lösungsvorschlägen obliegt weiterhin der Kommission, so dass das institutionelle Gleichgewicht nicht gestört wird.

Eine nicht zu unterschätzende Kontrolle der Agentur durch die Kommission geschieht auch durch die Haushaltsaufsicht[1111] und die Bewertung der Tätigkeit der Agentur durch die Kommission und unabhängige Experten (dazu s.u.).[1112]

1107 Art. 18 Abs. 3 StromhandelZVO 2009, Art. 23 Abs. 1 ErdgasZVO 2009.
1108 Art. 6 Abs. 1 ACER-VO.
1109 Art. 11 Abs. 1 ACER-VO.
1110 Art. 11 Abs. 3 ACER-VO.
1111 Art. 21 ff. ACER-VO.
1112 Art. 34 ACER-VO.

c) *Fazit*

In den meisten Fällen behält tatsächlich die Kommission das letzte Wort. Zwar lagert sie gewisse Kompetenzen aus und fördert Selbstregulierung durch Einbindung der betroffenen Kreise und Kreativität bei der Lösung der anstehenden Probleme. Letztlich entscheidet sie aber zum einem großen Teil, ob sie nicht korrigierend eingreift. Die Kommission behält daher das Heft in der Hand. Eine wahre Unabhängigkeit kommt der Agentur aber in den Fällen der Einzelfallentscheidungen zu. Vor allem bei der Einzelfallentscheidung über Regulierungsfragen bei grenzüberschreitenden Verbindungsleitungen nach Art. 8 ACER-VO ist es allein die Agentur, die die maßgebliche Entscheidung trifft. Für die Zukunft ist also noch Spielraum vorhanden, um ACER zu einer stärker ausgeprägten Unabhängigkeit zu verhelfen.

3. ACER und die nationalen Regulierungsbehörden

a) *Institutionelle Verflechtung*

Wie oben ausführlich erläutert, besteht eine enge Einbindung der nationalen Regulierungsbehörden allein schon durch den institutionellen Aufbau der Agentur. Der aus je einem Vertreter jeder nationalen Regulierungsbehörde und einem Vertreter der Kommission bestehende Regulierungsrat stellt wichtige Weichen bei der konkreten Arbeit von ACER. Damit stellt der Aufbau der Agentur zugleich eine Besonderheit dar, denn die meisten Agenturen verfügen nicht über einen Regulierungsrat, sondern gewährleisten die Mitwirkung der Mitgliedstaaten durch Vertreter im Aufsichtsrat, in dem diese aber zum einen wesentlich weniger Einflussmöglichkeiten auf die praktische Arbeit der Agentur haben und zum anderen im Aufsichtsrat noch andere Mitglieder vertreten sind. Insofern ist schon zu erwarten, dass die Vorstellungen der nationalen Regulierungsbehörden großes Gewicht auf die Arbeit von ACER haben werden und durch eine enge Kooperation und Konsultation die Standpunkte der nationalen Regulierungsbehörde in die tatsächliche Arbeit und Verwaltungspraxis der Agentur einfließen wird.[1113]

b) *Tätigkeit ACERs in Verbindung mit den nationalen Regulierungsbehörden*

Hauptaufgabe der Agentur im Zusammenhang mit den nationalen Regulierungsbehörden soll ausdrücklich die Schaffung eines Rahmens der Zusammenarbeit und die Förderung der Zusammenarbeit auf regionaler-, nationaler

1113 So auch *Wallnöfer*, wbl 2008, 163 (167).

Ebene und Unionsebene sein.[1114] Dazu ist sie zur Abgabe von Stellungnahmen und Empfehlungen befugt.[1115] Wenn damit zunächst eher weiche und interpretationsbedürftige Mittel beschrieben sind, darf dies nicht darüber hinweg täuschen, dass bereits die Verabschiedung verbindlicher Regelungen im Scheitern einer freiwilligen Kooperation in der ACER-VO angesprochen ist. Erachtet die Agentur den bisherigen voluntativen Rahmen der Zusammenarbeit als nicht ausreichend, kann sie der Kommission die Verabschiedung von verbindlichen Regelungen für eine derartige Zusammenarbeit empfehlen.[1116] Allein das Vorhandensein dieser Option erzeugt einen gewissen Druck und lässt vermuten, dass die Akteure zu einer die Agentur zufriedenstellenden Art und Weise zusammenarbeiten werden und den Empfehlungen, Stellungnahmen und Beschlüssen größeres Gewicht beimessen werden.

Hinsichtlich der Regulierungstätigkeit kann die Agentur nach Maßgabe ihrer Arbeitsprogramms oder auf Verlangen der Kommission Empfehlungen gegenüber nationalen Regulierungsbehörden oder Marktteilnehmern aussprechen und sie beim Austausch von bewährten Verfahren unterstützen.[1117] Durch diese best-practice-Empfehlungen kann es gelingen, zu einer schnelleren Vereinheitlichung in Europa zu kommen, auch wenn die Empfehlungen keinerlei Bindungskraft entfalten. Die Hauptlast der tatsächlichen Regulierungstätigkeit verbleibt indes bei den nationalen Regulierungsbehörden. Die Richtlinien des Dritten Binnenmarktpakets übertragen ihnen die Aufgabe, echten Wettbewerb und einen funktionierenden Energiebinnenmarkt herzustellen.[1118]

ACER funktioniert aber auch als eine Art Streitbeilegungsbehörde, wenn bei grenzüberschreitenden Sachverhalten unüberbrückbare Differenzen zwischen nationalen Regulierungsbehörden bestehen und die nationalen Regulierungsbehörden entweder binnen sechs Monaten keine Einigung erzielen oder gemeinsam einen Antrag auf Entscheidung der Agentur stellen. Insofern kann auch von einer Disziplinierungs- oder Reservefunktion ACERs gesprochen werden, die

1114 Art. 7 Abs. 3 Satz 1, 2 ACER-VO, Art. 6 Abs. 2 Satz 1 EltRL 2009, Art. 7 Abs. 2 Satz 1 GasRL 2009, Art. 36 a) EltRL 2009, Art. 37 Abs. 1 c) EltRL 2009, Art. 40 a) GasRL 2009, Art. 41 Abs. 1 c) GasRL 2009, Art. 38 Abs. 1 Satz 1, Abs. 5 EltRL 2009, Art. 42 Abs. 1 Satz 1, Abs. 5 GasRL 2009.

1115 beispielsweise Vorschläge zur kompatiblen Gestaltung technischer Vorschriften, Art. 5 Satz 3 EltRL 2009.

1116 Art. 7 Abs. 3 Satz 3 ACER-VO, Art. 6 Abs. 2 Satz 2 EltRL 2009, Art. 7 Abs. 2 Satz 2 GasRL 2009.

1117 Art. 7 Abs. 2 ACER-VO.

1118 Art. 36 lit. a) EltRL 2009, Art. 40 lit. a) GasRL 2009.

eine der wichtigsten Neuheiten im europäischen Energieregulierungsverbund darstellen und das Dilemma eines Stillstandes bei Nichteinigung der nationalen Regulierungsbehörden auflöst.

Insofern kann der Agentur auch eine Regulierungsvereinheitlichungs- und Kontrollfunktion zugeschrieben werden. Dazu sieht die EltRL 2009 bzw. die GasRL 2009 vor, dass die nationalen Regulierungsbehörden jedes Jahr der Agentur einen umfassenden Bericht über ihre Tätigkeiten, die Erfüllung ihrer Aufgaben sowie die Darstellung der getroffenen Maßnahmen und die erzielten Ergebnisse übermitteln müssen.[1119] Ferner überprüft ACER, ob von einer nationalen Regulierungsbehörde getroffene Entscheidungen den Vorschriften oder den darauf gestützten Leitlinien der EltRL 2009, GasRL 2009, StromhandelZVO 2009 oder ErdgasZVO 2009 entsprechen. Dies geschieht auf Antrag einer Regulierungsbehörde, die damit die Möglichkeit der Kontrolle fremder Regulierungsbehörden hat, oder der Kommission.[1120] Die Prüfung der Agentur mündet in einer Stellungnahme binnen dreier Monate[1121], der die nationale Regulierungsbehörde innerhalb von vier Monaten nachkommen muss. Anderenfalls unterrichtet ACER die Kommission und die betroffenen Mitgliedstaaten.[1122] Daneben kann sich auch eine nationale Regulierungsbehörde mit der Bitte um eine Stellungnahme an die Agentur wenden, wenn ihr die Anwendung der festgelegten Leitlinien Schwierigkeiten bereitet.[1123] Die Agentur gibt ihre Stellungnahme dann innerhalb von drei Monaten nach Konsultation der Kommission ab.[1124] Es darf aus dem Verständnis des Textes heraus erwartet werden, dass nicht nur die Möglichkeit der Hilfestellung anvisiert ist, sondern durchaus auch Ausnahmen von der Anwendung der Leitlinien von der Agentur ausgesprochen werden dürfen. Außerdem unterstützt bzw. kontrolliert ACER die nationalen Regulierungsbehörden in einigen Bereichen, wie beispielsweise bei der Kontrolle des zehnjährigen Netzentwicklungsplans der Übertragung- bzw. Fernleitungsnetzbetreiber. Die nationalen Regulierungsbehörden sind verpflichtet, den von den Übertragungs- bzw. Fernleitungsnetzbetreibern entwickelten zehnjährigen Netzentwicklungsplan zu prüfen und auf Kohärenz mit dem gemeinschaftsweiten Netzentwicklungsplans zu untersuchen.[1125] Hat die nationale Regulierungsbehörde Zweifel an der

---

1119 Art. 37 Abs. 1 lit. e) EltRL 2009, Art. 41 Abs. 1 lit. e) GasRL 2009.

1120 Art. 7 Abs. 4 ACER-VO, Art. 39 Abs. 1 EltRL 2009, Art. 43 Abs. 1 EltRL 2009.

1121 Art. 39 Abs. 2 EltRL 2009, Art. 43 Abs. 2 GasRL 2009.

1122 Art. 7 Abs. 5 ACER-VO, Art. 39 Abs. 3 EltRL 2009, Art. 43 Abs. 3 GasRL 2009.

1123 Art. 7 Abs. 6 Satz 1 ACER-VO.

1124 Art. 7 Abs. 6 Satz 2 ACER-VO.

1125 Art. 22 Abs. 5 Satz 1 EltRL 2009, Art. 22 Abs. 5 Satz 1 GasRL 2009.

Kohärenz mit dem gemeinschaftsweiten Netzentwicklungsplans, so konsultiert sie zu dieser Fragestellung die Agentur.[1126] Andererseits überprüft auch ACER die nationalen Netzentwicklungspläne, und zwar in Hinblick auf deren Kohärenz mit dem gemeinschaftsweiten Netzentwicklungsplan.[1127] Sollte die Agentur im Rahmen dieser Prüfung Widersprüche zwischen dem nationalen und dem gemeinschaftsweiten Netzentwicklungsplan feststellen, so ist sie dazu befugt, eine Änderung eines der Pläne zu empfehlen.[1128] Auch wenn dabei ausdrücklich auch die Möglichkeit der Änderung des gemeinschaftsweiten Netzentwicklungsplans angesprochen ist, so wird aller Voraussicht nach davon ausgegangen werden können, dass dieser schon allein aufgrund des komplizierteren Entwicklungsverfahrens Vorrang hat und Maßstab für die Erarbeitung der nationalen Netzentwicklungspläne sein soll. In der Praxis wird es daher wohl auf eine Aufforderung zur Änderung des nationalen Netzentwicklungsplans hinauslaufen. Dabei kann ACER der nationalen Regulierungsbehörde empfehlen, Maßnahmen zur Durchsetzung einer Änderung des nationalen Netzentwicklungsplans nach der Vorschrift des Art. 22 Abs. 7 der EltRL 2009 vorzunehmen und setzt davon die Kommission in Kenntnis.[1129] Dementsprechend besteht zwar keine direkte Durchgriffsmöglichkeit der Agentur auf den nationalen Netzentwicklungsplan, es stehen ihr aber faktisch psychologische Druckmittel zur Verfügung, mit der sie die nationalen Regulierungsbehörden zum korrigierenden Handeln auffordern kann.

Genehmigt die nationale Regulierungsagentur beim Engpassmanagement die Verwendung der Einnahmen aus der Vergabe von Verbindungen für andere als die in Art. 16 Abs. 6 a) oder b) StromhandelZVO 2009 genannten Zwecke, so ist auch von dieser Entscheidung eine Unterrichtung der Agentur notwendig, um notwendige Kontrolle über die sachgerechte Verwendung der Einnahmen zu gewährleisten.[1130]

c) Fazit

Insgesamt bleibt zwar die Regulierungstätigkeit in erster Linie im Aufgabenbereich und in den Händen der nationalen Regulierungsbehörden. Die Agentur stellt aber ein wichtiges Unterstützungs- und Kontrollorgan da, dass in dem

---

1126 Art. 22 Abs. 5 Satz 2 EltRL 2009, Art. 22 Abs. 5 Satz 2 GasRL 2009.
1127 Art. 8 Abs. 11 Satz 1 StromhandelZVO 2009, Art. 8 Abs. 11 Satz 1 ErdgasZVO 2009.
1128 Art. 8 Abs. 11 Satz 2 StromhandelZVO 2009, Art. 8 Abs. 11 Satz 2 ErdgasZVO 2009.
1129 Art. 8 Abs. 11 Satz 3 StromhandelZVO 2009, Art. 8 Abs. 11 Satz 3 ErdgasZVO 2009.
1130 Art. 16 Abs. 6 UAbs. 3 StromhandelZVO 2009.

Zusammenwirken mit den nationalen Regulierungsbehörden die Einheitlichkeit der europaweiten Regulierungstätigkeit überwacht und gewährleistet.

4. ACER und das Europäische Parlament

a) Institutionelle Verflechtung

Bereits institutionell ist das Parlament in die Zusammensetzung des Verwaltungsrats eingebunden und ernennt zwei Mitglieder dieses neunköpfigen Gremiums.[1131] Zwar dürfen keine Mitglieder des Parlaments in den Verwaltungsrat beordert werden, dennoch macht das Parlament mit seiner Entscheidung einen gewissen Einfluss geltend, indem es sich für Persönlichkeiten entscheiden wird, die seinem Verständnis von der Arbeit der Agentur nahe kommen.[1132]

b) Aufgaben und Tätigkeiten des Parlaments mit Bezug auf ACER

Einzelne Handlungen der Agentur können vom Parlament nicht beeinflusst oder gar geändert werden. Vielmehr überwacht das Parlament politisch, ob die Agentur im Großen und Ganzen seinen Aufgaben nachkommt und ihre Tätigkeit geeignet ist, die Hindernisse auf dem Energiebinnenmarkt zu beseitigen und Wettbewerb zu gewährleisten. Dem Parlament werden etwa der Entwurf des Arbeitsprogramms des Direktors und das Arbeitsprogramms der Agentur, ausgearbeitet durch den Verwaltungsrat, übermittelt.[1133] Ebenso erhält es Kenntnis vom Jahresbericht über die Tätigkeiten der Agentur[1134], so dass insofern eine Kontrolle des abgearbeiteten Programms stattfinden kann.

In besonderem Maße kontrolliert das Parlament die Agentur in finanzieller Hinsicht, da es in das komplizierte Haushaltsverfahren involviert ist. Es erhält Kenntnis vom Voranschlag der Einnahmen und Ausgaben[1135], vom Bericht über die Haushaltsführung und das Finanzmanagement[1136] und vom endgültigen Jahresabschluss[1137]. Schließlich muss das Parlament das Entlastungsverfahren für jedes Haushaltsjahr durchführen und sich alle dafür erforderlichen Informationen

1131 Art. 12 Abs. 1 Satz 3 ACER-VO.
1132 Art. 12 Abs. 1 Satz 4 ACER-VO.
1133 Art. 17 Abs. 6, Art. 13 Abs. 5 ACER-VO.
1134 Art. 13 Abs. 12 ACER-VO.
1135 Art. 23 Abs. 2 ACER-VO.
1136 Art. 24 Abs. 2, 3 ACER-VO.
1137 Art. 24 Abs. 6 ACER-VO.

unterbreiten lassen.[1138] Durch eine so vorgenommene haushalterische Kontrolle ist eine geeignete Überwachung der Tätigkeit der Agentur gewährleistet.

Daneben kann das Parlament auch ganz konkret von den operationell handelnden Organen verlangen, Rechenschaft über ihr Handeln abzulegen. Dies geschieht dadurch, dass es jederzeit den Vorsitzenden des Regulierungsrats oder den Direktor auffordern kann, vor dem zuständigen Ausschuss des Europäischen Parlaments eine Erklärung abzugeben und Fragen der Mitglieder des Ausschusses zu beantworten.[1139] Der Direktor kann vor seiner Ernennung und im Falle der Amtszeitverlängerung aufgefordert werden, sich vor dem Ausschuss zu äußern und Fragen zu beantworten.[1140] Außerdem können Rat und Parlament den Direktor jederzeit auffordern, einen Bericht über die Wahrnehmung seiner Aufgaben vorzulegen.[1141] Gerade in diesen Verfahren ist ein wirksames Mittel der Informationsbeschaffung zu sehen. Gleichzeitig ist davon auszugehen, dass eine solche „Vorladung", oder auch nur die Möglichkeit derselben, einen erheblichen Rechtfertigungsdruck für die Arbeit der Organe der Agentur entstehen lassen, obwohl sie in ihrer Unabhängigkeit ausdrücklich nicht beeinträchtigt werden sollen.

Die Agentur ist außerdem verpflichtet, auf Verlangen des Parlaments (sowie des Rats und der Kommission) Stellungnahmen oder Empfehlungen zu allen Fragen im Zusammenhang mit den Aufgaben, für die sich eingerichtet wurde, an das Parlament (und den Rat und die Kommission) zu richten.[1142] Auch dadurch ist dem Parlament eine Möglichkeit an die Hand gegeben, sich umfänglich Informationen zu beschaffen, die Arbeit der Agentur zu kontrollieren und ihr Handeln zu überwachen.

Neben dieser Kontrollfunktion kann dem Parlament aber noch eine weitere Aufgabe zukommen. Es wirkt nach der ACER-VO selber bei der Verwirklichung des Energiebinnenmarktes durch eine mögliche Weiterentwicklung des aktuellen Rahmens mit. So empfängt das Parlament, gemeinsam mit der Kommission, Stellungnahmen der Agentur zu möglichen Maßnahmen, die zum Abbau der Hemmnisse für die Vollendung des Energiebinnenmarktes führen sollen.[1143] Dies ist so zu verstehen, dass ACER dem Parlament und der Kommission Anregungen geben kann, wie im Rahmen des ordentlichen Rechtssetzungsverfahrens

1138 Art. 24 Abs. 9, 10 ACER-VO.
1139 Art. 15 Abs. 5, Art. 16 Abs. 8 Satz 2 ACER-VO.
1140 Art. 16 Abs. 2 Satz 2, Art. 16 Abs. 5 Satz 2 ACER-VO.
1141 Art. 16 Abs. 8 Satz 1 ACER-VO.
1142 Art. 5 ACER-VO.
1143 Art. 11 Abs. 3 ACER-VO.

Änderungen im derzeitigen Regulierungsregime herbeigeführt werden können, wenn dadurch Verbesserungen erwartet werden. Ähnliche Anstöße sind auch in den weiteren Rechtsakten des Dritten Binnenmarktpakets enthalten.[1144] Auch im Bewertungsverfahren nach Art. 34 ACER-VO finden sich solche Mechanismen. Nach der Bewertung der Tätigkeiten der Agentur legt der Regulierungsrat Empfehlungen für Änderungen der ACER-VO, der Agentur und deren Arbeitsmethoden vor, die, gegebenenfalls mit geeigneten Vorschlägen, der Kommission, dem Parlament und dem Rat übermittelt werden.[1145]

c) Fazit

Die Stellung des Europäischen Parlaments gegenüber ACER lässt sich am ehesten als politische Kontroll- und Überwachungsposition bezeichnen.

Insgesamt sind vielerlei Möglichkeiten der Kontrolle und Überwachung durch das Europäische Parlament vorgesehen. Oben wurde bereits dargestellt, dass eine Unabhängigkeit von Behörden mit Weisungsfreiheit legitimatorisch mittels einer engen Einbindung und Kontrolle durch das Parlament aufgewogen werden kann. Dieses Modell findet sich vor allem bei den *independent agencies* im amerikanischen Rechtssystem.[1146] Hier kann nun konstatiert werden, dass durch die enge Einbindung des Europäischen Parlaments in die Arbeit von ACER keinerlei Bedenken hinsichtlich eines Fehlens demokratischer Legitimation bestehen bzw. eventuelle, aufgrund von Weisungsfreiheit und Unabhängigkeit auftretende, Legitimationsprobleme durch die Kontrolle des Parlaments aufgelöst werden.

5. ACER und der Rat

Der Rat bestimmt mit fünf Mitgliedern mehr als die Hälfte des Verwaltungsrats. Folglich üben über den Rat die Mitgliedstaaten einen gewissen Einfluss auf die Arbeit von ACER aus. Allerdings darf nicht außer Acht gelassen werden, dass der Verwaltungsrat nur für die administrative Kontrolle in der Agentur zuständig ist. Die aktuelle Besetzung zeigt zudem, dass nicht unbedingt immer Mitarbeiter aus den nationalen Verwaltungen ernannt, sondern auch andere Experten eingebunden werden. Die Mitgliedstaaten müssen langfristig ausgewogen beteiligt

---

1144 Vgl. Art. 45 Abs. 1, UAbs. 3, Art. 47 Abs. 5 EltRL 2009, Art. 47 Abs. 5, Art. 50 Abs. 3 GasRL 2009.

1145 Art. 34 Abs. 1, 2 ACER-VO; ähnlich auch: Art. 47 Abs. 1, 3, 4 EltRL 2009, Art. 50 Abs. 1, 3; Art. 48 Abs. 6 GasRL 2009.

1146 Vgl. *Fischer-Appelt*, Agenturen der Europäischen Gemeinschaft, S. 459 ff.

werden, weshalb die Agentur eine Regelung über ein geeignetes Rotationsprinzip für die vom Rat bestimmten Mitglieder festlegen muss.[1147]

Ansonsten ähneln die Aufgaben und Befugnisse des Rats im Verhältnis zu ACER denjenigen des Parlaments, wenn sie auch etwas geringer im Umfang sind. Von daher lässt sich auch hier von einer (eingeschränkteren) Kontroll- und Überwachungsposition sprechen. Dem Rat werden ebenfalls das Arbeitsprogramm und der Jahresbericht übermittelt.[1148] Zusammen mit dem Parlament kann er den Direktor auffordern, einen Bericht über die Wahrnehmung seiner Aufgaben vorzulegen.[1149] Ebenfalls spielt der Rat eine Rolle bei der haushalterischen Kontrolle, da ihm der Voranschlag Haushaltsplan, der Bericht über die Haushaltsführung und das Finanzmanagement und der endgültige Jahresabschluss vorgelegt werden und er dem Parlament mit qualifizierter Mehrheit die Entlastung der Agentur vorschlagen muss.[1150]

Auch der Rat kann allgemein Stellungnahmen und Empfehlungen zu allen Fragen im Zusammenhang mit den Aufgaben, für die ACER eingerichtet wurde, von der Agentur verlangen.[1151] Hier ist er der Kommission und dem Parlament gleichgestellt. Schließlich ist der Rat als gemeinschaftsrechtsetzendes Organ ebenfalls in den Prozess der Bewertung der Agentur und die Vorschläge zu einer Verbesserung der ACER-VO oder der Arbeitsmethoden der Agentur eingebunden und wird über mögliche Vorschläge unterrichtet.[1152]

III. Nachträgliche Kompetenzerweiterungen

Bereits kurze Zeit nach Erlangung der vollständigen operationellen Arbeitsfähigkeit und noch vor einer möglichen grundsätzlichen und gründlichen Auseinandersetzung mit der Arbeit der neuen Agentur, gewann diese durch zwei Rechtsakte neue Kompetenzen hinzu. Es handelt sich dabei um die Bereiche Energiehandel und Energieinfrastruktur. Darin lässt sich nicht nur ein ACER entgegengebrachtes Vertrauen, sondern auch der Wunsch nach einem noch verstärkterem institutionellen Zusammenwachsen der europäischen Energiepolitik erkennen.

1147 Art. 12 Abs. 5 lit. b) ACER-VO.
1148 Art. 13 Abs. 5, 12 ACER-VO.
1149 Art. 16 Abs. 8 Satz 1 ACER-VO.
1150 Art. 23 Abs. 2, Art. 24 Abs. 2, 3, 6, Art. 24 Abs. 10 ACER-VO.
1151 Art. 5 ACER-VO.
1152 Art. 34 Abs. 2, 3 ACER-VO.

1. REMIT-Verordnung

Im Oktober 2011 erließen das Europäische Parlament und der Rat die Verordnung (EU) Nr. 1227/2011 über die Integrität und Transparenz des Energiegroßhandels (Regulation on wholesale Energy Market Integrity and Transparency – Akronym: REMIT), die am 28.12.2011 in Kraft trat.[1153] Ziel der Verordnung ist die Erhöhung der Transparenz und der Stabilität der europäischen Energiemärkte. Wesentliche Elemente von REMIT sind die Verbote von Insiderhandel[1154] und Marktmanipulationen[1155], die Verpflichtung der Marktteilnehmer zur Registrierung[1156], zur Meldung von Transaktionen am Energiegroßhandelsmarkt[1157], zum Publizieren von Insiderinformationen[1158] und zur Meldung von aufgedeckten Vorkommnissen.

Hierzu wurden ACER neue Kompetenzen zugewiesen und ihr eine Schlüsselposition zuerkannt. Gemäß Art. 1 der VO (EU) Nr. 1227/2011 wird die Überwachung der Energiegroßhandelsmärkte der Agentur auferlegt, und zwar in enger Zusammenarbeit mit den nationalen Regulierungsbehörden. Grund dafür ist, dass die Agentur als am besten geignet identifiziert wurde, da sie über einen „unionsweiten Überblick über die Strom- und Gasmärkte" und die „erforderliche Sachkompetenz hinsichtlich des Funktionierens der Strom- und Gasmärkte und -systeme in der Union" verfüge.[1159]

Alle Marktteilnehmer sind verpflichtet, der Agentur Aufzeichnungen der Transaktionen am Energiegroßhandelsmarkt einschließlich der Handelsaufträge zukommen zu lassen, inklusive Informationen über die gehandelten Produkte, Preise und Mengen, Tage und Uhrzeiten der Ausführung, Parteien und Begünstigte der Transaktionen sowie „sonstige einschlägige Informationen".[1160] Zweitens müssen die Marktteilnehmer, ACER und den nationalen Regulierungsbehörden Informationen über die Kapazität und Nutzung von Anlagen zur Erzeugung und Speicherung, zum Verbrauch und zur Übertragung/Fernleitung von Strom und Gas mitteilen.[1161] Dazu zählen auch geplante und ungeplante Nichtverfügbarkeiten der Anlagen. Die Agentur erstellt ferner ein europäisches Verzeichnis der

1153 Abl. EU L 326/1.
1154 Art. 3 VO (EU) Nr. 1227/2011.
1155 Art. 5 VO (EU) Nr. 1227/2011.
1156 Art. 9 VO (EU) Nr. 1227/2011.
1157 Art. 8 VO (EU) Nr. 1227/2011.
1158 Art. 4 VO (EU) Nr. 1227/2011.
1159 Erwägungsgrund 17 VO (EU) Nr. 1227/2011.
1160 Art. 8 Abs. 1 VO (EU) Nr. 1227/2011.
1161 Art. 8 Abs. 5 VO (EU) Nr. 1227/2011.

Marktteilnehmer unter Wahrung der Grundsätze des Datenschutzes, jedoch mit der Möglichkeit, das europäische Verzeichnis oder Auszüge für die Öffentlickkeit zugänglich zu machen.[1162] Die umfassende Konsultation und Zusammenarbeit umfasst auch die zuständigen Finanz- und Wettbewerbsbehörden der Mitgliedstaaten, die Europäische Wertpapier- und Marktaufsichtsbehörde (ESMA) und den Handel mit Emissionszertifikaten und damit zusammenhängengen Derivaten.[1163]

Für die konkrete Umsetzung der Verbote von Insiderhandel und Marktmanipulation sind die nationalen Regulierungsbehörden verantwortlich.[1164] Direkte Eingriffsbefugnisse gegenüber Marktteilnehmer auf Seiten der Agentur bestehen also nicht. Dennoch verfügt ACER über Möglichkeiten, die ihr zugewiesenen Aufgaben zu erfüllen. Die nationalen Regulierungsbehörden sind verpflichtet, die Agentur zu unterrichten, wenn der Verdacht besteht, dass in ihrem oder einen anderen Mitgliedstaat gegen die REMIT-Verordnung verstoßen wurde oder die Energiegroßhandelsmärkte oder der Preis von Energiegroßhandelsprodukten beeinflusst werden.[1165] Daraufhin kann ACER eine oder mehrere nationale Regulierungsbehörden auffordern, Auskünfte zu erteilen, Untersuchungen einzuleiten und geeignete Maßnahmen zur Abhilfe ermittelter Verstöße zu treffen.[1166] Diesen Aufforderungen muss Folge geleistet werden.[1167]

Der Agentur ist schließlich ein gewisser Einfluss auf die Weiterentwicklung der bestehenden gesetzlichen und regulatorischen Rahmenbedingungen zuzuerkennen. Nach Art. 7 Abs. 3 VO (EU) Nr. 1227/2011 legt sie der Kommission mindestens einmal jährlich einen Bericht vor, in dem sie unter anderem die Funktionsweise und die Transparenz verschiedener Kategorien von Marktplätzen und verschiedener Handelsarten bewertet. Damit einher geht die Möglichkeit, der Kommission Empfehlungen auszusprechen, Marktregeln, Normen und Verfahren zu modifizieren, die geeignet sind, die Integrität des Marktes und das Funktionieren des Binnenmarktes zu verbessern. Ebenso kann ACER Empfehlungen hinsichtlich eines besseren Überwachungsregimes und einer effektiveren Kontrolle abgeben.

1162 Art. 10 Abs. 3 VO (EU) Nr. 1227/2011.
1163 Art. 10 VO (EU) Nr. 1227/2011.
1164 Art. 13 VO (EU) Nr. 1227/2011.
1165 Art. 16 Abs. 2 VO (EU) Nr. 1227/2011.
1166 Art. 16 Abs. 4 VO (EU) Nr. 1227/2011.
1167 Art. 16 Abs. 5 VO (EU) Nr. 1227/2011.

2. Verordnung (EU) Nr. 347/2013

Nach wie vor sind fehlende Netzinfrastrukturen ein wesentliches Hindernis für den europäischen Stromhandel. Weder ist das 2002 auf der Tagung des Europäischen Rats in Barcelona vereinbarte Ziel für den Stromverbundgrad, wonach Verbindungsleitungen für mindestens 10 % der vorhandenen Erzeugungskapazitäten herzustellen sind, erreicht, noch sind Energieinseln vollständig beseitigt. Gleichzeitig werden an die Netze neue Anforderungen, wie Integration eines steigenden Anteils erneuerbarer Energien, Effizienz und Weiterentwicklung zum „intelligenten Netz", gestellt. Mit der Verordnung (EU) Nr. 347/2013[1168] hat der europäische Gesetzgeber die schnellere Modernisierung der vorhandenen Energieinfrastruktur und eine schnellere Realisierung neuer Energieinfrastruktur in den Fokus genommen.[1169] In bewährter Manier werden dabei die unterschiedlichen Akteure Kommission, nationale Regulierungsbehörden, Mitgliedstaaten, ACER, Netzbetreiber sowie weitere Akteure zusammengeführt.

Dazu wurden zwölf transeuropäische Energieinfrastrukturkorridore und -gebiete definiert (jeweils vier vorrangige Strom- bzw. Gaskorridore, ein vorrangiger Erölkorridor und drei vorrangige thematische Gebiete) und jeweils die geografisch betroffenen Mitgliedstaaten benannt.[1170] In einem Korridor bzw. Gebiet wirken jeweils Verteter von Mitgliedstaaten, nationalen Regulierungsagenturen, Kommission, ACER und beteiligten Akteuren als Gruppe zusammen und bestimmen in einem Wechselspiel mit der Kommission „Vorhaben von gemeinsamem Interesse". Diese Vorhaben von gemeinsamem Interesse müssen anschließend unter Verkürzung der nationalen Genehmigungsverfahren bei gleichzeitiger Beteiligung der Öffentlichkeit und Steigerung der Transparenz vorrangig und schnell verwirklicht werden, um so den europäischen Energieinfrastrukturausbau zu beschleunigen.

ACER ist zum einen dafür zuständig, Kohärenz zwischen den einzelnen Gruppen herzustellen und Informationen zu diesem Zweck unter den beteiligten Gruppen auszutauschen.[1171] Zweitens spielt sie bei der Erarbeitung der energiesystemweiten Kosten-Nutzen-Analyse nach Art. 11 VO (EU) Nr. 347/2013 eine

1168 Verordnung (EU) Nr. 347/2013 des Europäischen Parlaments und des Rates vom 17. April 2013 zu Leitlinien für die transeuropäische Infrastruktur und zur Aufhebung der Entscheidung Nr. 1364/2006/EG und zur Änderung der Verordnungen (EG) Nr. 713/2009, (EG) Nr. 714/2009 und (EG) Nr. 715/2009.

1169 Erwägungsgrund 7 VO (EU) Nr. 347/2013.

1170 Art. 3 VO (EU) 347/2013.

1171 Anhang 3 1. Nr. 7 VO (EU) 347/2013.

Rolle und gibt eine Stellungnahme ab, die von den ENTSOs erabeitet wird und von der Kommission genehmigt werden muss. Drittens erarbeitet die Agentur Stellungnahmen zu den Entwürfen der Gruppe für regionale Listen ab, insbesondere in Bezug auf die einheitliche Anwendung der dafür festgelegten Kriterien und die regionenübergreifende Kosten-Nutzen-Analyse.[1172] Darüberhinaus kommt ACER eine wichtige Letztentscheidungskompetenz bei der Verteilung von Kosten zu. Nach Art. 12 VO (EU) Nr. 347/2013 sollen die Kosten für Investitionen mit grenzüberschreitenden Auswirkungen von den Übertragungs- bzw. Fernleitungsnetzbetreibern in gerechter Weise geteilt werden. Die Entscheidung über die konkrete Kostenaufteilung obliegt den betroffenen nationalen Regulierungsbehörden. Gelingt es diesen nicht innerhalb von sechs Monaten, eine Kostenaufteilungsentscheidung zu treffen oder wollen die nationalen Regulierungsbehörden die Agentur eine Entscheidung treffen lassen, so kommt ACER als letzte Instanz hier zum Zuge.[1173]

3. Zwischenfazit

Die Einräumung neuer Kompetenzen zeugt einerseits von dem Bedürfnis, die Zusammenarbeit im europäischen Energieregulierungsverbund weiter zu verstärken und andererseits von einer gewissen Zufriedenheit mit der Struktur und der bisherigen Arbeit der Agentur. Für die Zukunft kann vermutet werden, dass ein weiterer Kompetenzzuwachs und eine Aufwertung erfolgen wird. Qualitativ bewegen sich die neuen Befugnisse im Rahmen desssen, was schon in den anderen Bereichen möglich war. Der Fokus liegt auf der Beobachtung, Kooperation und Beratung.

IV. Zusammenfassung zu Legitimation und Kompetenztransfer

Die Agentur ist mit vielfältigen Aufgaben und Befugnissen ausgestattet worden und nimmt so eine zentrale Rolle im neuen europäischen Regulierungsverbund ein. Allerdings ist der europäische Gesetzgeber angesichts der bekannten Meroni-Rechtsprechung größtenteils vorsichtig geblieben und hat ACER kaum Alleinentscheidungsbefugnisse eingeräumt.[1174] Dies hat sich auch nicht durch die neuen Kompetenzen grundlegend verändert. Die Arbeit der Agentur beschränkt

---

1172 Anhang 3 2. Nr. 12 VO (EU) 347/2013.

1173 Art. 12 Abs. 6 VO (EU) Nr. 347/2013.

1174 So auch *Ludwigs*, der von von einem „qualitativen Sprung“ spricht, ACER aber nicht als echten europäischen Regulierer bezeichen will, DVBl. 2011, 61 (62).

sich fast ausschließlich auf eine Gewährleistung einer Kooperationsplattform, Beobachtung, Analyse, Konsultation, Stellungnahmen und Empfehlungen usw. Lediglich in wenigen Fällen werden Einzelfallbefugnisse eingeräumt. Unter Zugrundelegung der strengen Meroni-Rechtsprechung ist aber in einem Fall die Einräumung der Kompetenz problematisch. Bei den Einzelfallentscheidungen zu Regulierungsfragen bei grenzüberschreitenden Verbindungsleitungen ist die Kommission weder involviert, noch kann sie die Entscheidung von ACER rückgängig machen. Die Agentur übt hier ein Ermessen aus, ohne dass eine konkrete Kontrolle erfolgt. Folglich ist hierin eine Überschreitung der in der Meroni-Rechtsprechung manifestierten Grenzen zu sehen.

Die Grundsätze der Meroni-Rechtsprechung sind jedoch teilweise als überholt zu betrachten. Die vorgestellte Einzelentscheidungskompetenz für eine Agentur verletzt das heutige institutionelle Gleichgewicht der EU nicht. Es ist sogar davon auszugehen, dass der Agentur noch wesentlich weitreichendere Entscheidungs- und Regelungskompetenzen hätten eingeräumt werden können. Umfangreiche Veröffentlichungsvorschriften und die Gewährleistung eines effektiven Rechtsschutzes sorgen dafür, dass betroffene Akteure sich auch in angemessener Weise zur Wehr setzen können.

Hinsichtlich der Problematik der Unabhängigkeit der Agentur und der notwendigen demokratischen Legitimation schließt sich hier an, dass die Fälle, in denen ACER allein und vollständig unabhängig rechtswirksame Entscheidungen treffen kann, sehr begrenzt sind. Dementsprechend sind auch an wirksame Kontroll- und Legitimierungsmechanismen von vorneherein weniger strenge Anforderungen zu stellen, als wenn es sich um weitreichende und umfangreiche Kompetenzen handeln würde. Zumeist bleibt die Kommission Herrin des Verfahrens, soweit es um handfeste und weitreichende Entscheidungen geht. Jedoch hat ACER angesichts der Fülle der Aufgaben zahlreiche Möglichkeiten, eine aktive Rolle zu spielen und mit ihren Tätigkeiten zur Weiterentwicklung des Energiebinnenmarkts entscheidend beizutragen. Daher kann sie gewissermaßen als europäischer Regulierer unter Aufsicht der Kommission bezeichnet werden. Die Mitglieder der einzelnen Organe ACERs sind in ihrem Handeln weitgehend unabhängig, indem sie frei von Weisungen handeln und keinem Direktionsrecht unterliegen. Die aus einer fehlenden hierarchischen Struktur entstehenden demokratielegitimatorischen Defizite werden jedoch durch andere Mechanismen aufgewogen. Dabei sorgen eine umfangreiche Partizipation der Marktteilnehmer, vor allen der Übertragungs- bzw. Fernleitungsnetzbetreiber in den ENTSOs, viele Veröffentlichungs-, Konsultations-, Unterrichtungs- und Anhörungspflichten dafür, dass die Arbeit der Agentur als ausgesprochen transparent, nachvollziehbar und anschaulich betrachtet werden kann. Durch die Einbindung der nationalen Regulierungsbehörden hat die Agentur Erfahrung und Expertise auf ihre Seite gezogen. Daher kann erwartet werden, dass die Arbeit qualitativ hochwertig ist und, auch aufgrund der ständigen Einbindung vieler Akteure, große Akzeptanz hervorrufen wird. Auch dadurch kann nach den oben dargestellten Grundsätzen Legitimität verliehen werden. Schließlich wirken der Rat und vor allem das Europäische Parlament als wichtige Kontroll- und Beobachtungsorgane, so dass die Arbeit von ACER eine hinreichende Aufsicht erfährt.

Insgesamt begegnen der Aufbau und die Kompetenzen der Agentur daher keinen Bedenken im Hinblick auf das institutionelle Gleichgewicht der EU und der notwendigen demokratischer Legitimation.

§ 11 Unabhängigkeit und Kontrolle in Relation zu Finanzen, Haushalt und Personal

Die Unabhängigkeit einer Behörde und die Kontrollmöglichkeiten durch demokratisch legitimierte Organe lassen sich nicht alleine an den Entscheidungs- und Organisationsstrukturen der Behörde ablesen. Eine auf dem Papier bestehende formale Unabhängigkeit kann in beträchtlichem Maße von engen finanziellen Spielräumen und deren Kontrollmöglichkeiten sowie den personellen Ausgestaltungen eingegrenzt sein. Finanzielle und haushalterische Unabhängigkeit sowie die Personalhoheit sind daher gleichfalls wichtige Gradmesser für die Bestimmung, von wem und in welchem Maße die Agentur abhängig ist. Daher soll im Folgenden untersucht werden, welche Möglichkeiten ACER hat, um über eigene Ausgaben oder eigenes Personal selbständig zu entscheiden.

I. Finanzielle Ausstattung ACERs

Eine erste Einschätzung der Unabhängigkeit der Agentur lässt sich an der Einnahmenstruktur ablesen. Die Agentur bedarf zur Erfüllung ihrer Aufgaben und Deckung der laufenden Kosten finanzieller Mittel in nicht unerheblichem Ausmaß.[1175] Schon hier lässt sich erkennen, dass eine Struktur, in der die Höhe der Einnahmen allein von externen Stellen bestimmt wird, die Unabhängigkeit der auf die Einnahmen angewiesenen Stelle schrumpfen lässt.

Die Einnahmen von ACER speisen sich aus unterschiedlichen Quellen. Erstens erhält die Agentur einen Zuschuss der Gemeinschaft aus dem Gesamthaushalt der Europäischen Union.[1176] Dieser Zuschuss dürfte den größten Teil der Ausgaben bereits abdecken und damit verdeutlichen, dass die Agentur in dieser Weise durch die Organe der EU einer Kontrolle unterworfen ist. Zweitens speisen sich die Einnahmen aus Gebühren, die die Agentur für die Entscheidungen über die Gewährung einer Ausnahme nach Art. 9 Abs. 1 ACER-VO (Befreiungen

1175 Die Kommission bezifferte in ihrem Vorschlag zur Einrichtung von ACER die Kosten auf sechs bis sieben Millionen Euro jährlich, davon 5 Mio. für Personalkosten, 1 Mio. für Betriebskosten (Sitzungen, Studien, Übersetzungen, Veröffentlichungen, Öffentlichkeitsarbeit) und 1 Mio. für Kapitalkosten (Anschaffung bewegliche Güter und damit verbundene Ausgaben) und Reisekosten, KOM 2007, 530 endg., S. 15.

1176 Art. 21 Abs. 1 lit. a) ACER-VO.

von neuen Verbindungsleitungen und neuer Infrastruktur) trifft.[1177] Demgemäß kann die Agentur auch in gewissem Umfang selbst zur Einnahmensteigerung beitragen, wobei festgehalten werden muss, dass die Gewährung der Ausnahmen erstens von einem Antrag der nationalen Regulierungsbehörden abhängig ist und zweitens die Höhe der zu zahlenden Gebühr nicht von ACER, sondern von der Kommission festgesetzt wird.[1178] Drittens kann die Agentur auch freiwillig geleistete Beiträge von den Mitgliedstaaten oder nationalen Regulierungsbehörden empfangen[1179], womit eine Möglichkeit des Fundraisings eröffnet ist. Gleichzeitig besteht damit die Möglichkeit für Dritte, die Arbeit von ACER entweder zu honorieren und zu fördern, wenn einzelne Mitgliedstaaten oder Regulierungsbehörden der Auffassung sind, die sinnvolle Arbeit der Agentur müsse ausgeweitet und dafür finanziell unterstützt werden. In die gleiche Richtung zielen die viertens aufzuzählenden Legaten, Schenkungen oder Zuschüsse von jedweder Seite.[1180] Lassen die beiden letztgenannten Möglichkeiten zunächst eine größere Flexibilität und finanzielle Autonomie bei der Einnahmenakquise vermuten, so muss im Gegenzug aber eine Einschränkung gemacht werden, denn die Annahme von Legaten, Schenkungen, Zuschüssen oder freiwilligen Beiträgen steht unter dem Zustimmungsvorbehalt der Kommission.[1181] Aus Gründen der Transparenz hat der Verwaltungsrat auch ausdrücklich in seiner Stellungnahme zum endgültigen Jahresabschluss auf diese Finanzierungsquellen einzugehen.[1182]

II. Haushalterische Kontrolle

ACER ist dem Grundsatz der Haushaltsdisziplin verpflichtet. Die Einnahmen und Ausgaben der Agentur müssen ausgeglichen sein.[1183] Die Haushaltsdisziplin gehört daher auch zu den grundlegenden Kontrollformen über das Handeln einer Agentur.[1184] Mithilfe der Entscheidung über die Mittelvergabe kann die effektive Arbeit erheblich gestört oder sogar quasi zum Erliegen gebracht werden. Daher sind Unabhängigkeit und finanzielle und haushalterische Autonomie stets zwei Seiten derselben Medaille. ACER ist verpflichtet, für jedes Haushaltsjahr,

1177 Art. 21 Abs. 1 lit. b), 22 Abs. 1 ACER-VO.
1178 Art. 22 Abs. 2 ACER-VO.
1179 Art. 21 Abs. 1 lit. c) ACER-VO.
1180 Art. 21 Abs. 1 lit. d) ACER-VO.
1181 Art. 13 Abs. 8 Satz 1 ACER-VO.
1182 Art. 13 Abs. 8 Satz 2 ACER-VO.
1183 Art. 21 Abs. 3 ACER-VO.
1184 *Fischer-Appelt*, Agenturen der Europäischen Gemeinschaft, S. 278.

welches einem Kalenderjahr entspricht, sämtliche Einnahmen und Ausgaben zu veranschlagen und in einen Haushaltsplan einzustellen.[1185] Die Relevanz der Haushaltsdisziplin lässt sich auch daran ablesen, dass um diese Thematik stets die meisten Streitigkeiten zwischen den Gemeinschaftsorganen aufgetreten sind und dementsprechend den finanziellen Entscheidungsbefugnissen erhebliche Bedeutung zuerkannt wird.[1186] Bei den Kontrollmöglichkeiten anderer Organe kann wiederum auf der zeitlichen Ebene unterschieden werden. Die Haushaltsbehörde kann erstens den finanziellen Spielraum für das zukünftige Wirtschaftsjahr erweitern oder beschränken. Damit ist eine ex-ante-Kontrolle etabliert. Zum Zweiten können im Rahmen einer ex-post-Kontrolle die Ausgaben der Behörde genehmigt bzw. entlastet werden. Schließlich können Kontrollmechanismen durch einen Finanzkontrolleur oder den Rechnungshof hinzutreten.

1. Aufstellung des Haushaltsplans als ex-ante-Kontrolle

Die Agentur unterliegt einer finanziellen Kontrolle über ihre Tätigkeit für die folgenden Haushaltsjahre (ex-ante) und muss daher bereits im Vorhinein rechtfertigen, was sie mit welchen Mitteln zu verwirklichen plant. Bei der Aufstellung des Haushaltsplans sind wieder die verschiedenen Organe der Agentur beteiligt, so dass einerseits von einer Vernetzung der verschiedenen Akteure, andererseits von einer daraus folgenden Verkomplizierung des Verfahrens gesprochen werden kann.

Bereits bis zum 15. Februar eines jeden Jahres muss der Direktor einen Vorentwurf des Haushaltsplans erstellen und diesen zusammen mit einem vorläufigen Stellenplan dem Verwaltungsrat vorlegen.[1187] Der Vorentwurf muss auch die Betriebsaufwendungen und das Arbeitsprogramm für das betreffende Haushaltsjahr enthalten.[1188]

Auf dieser Grundlage hat der Verwaltungsrat jährlich den Voranschlag der Einnahmen und Ausgaben der Agentur für das folgende Haushaltsjahr aufzustellen, wobei der Entwurf des Stellenplans enthalten sein muss.[1189] Der Vorentwurf des Direktors muss außerdem dem Regulierungsrat zugeleitet werden, der vor Annahme des Voranschlags eine Stellungnahme abgeben kann.[1190] Somit sind alle Organe der Agentur beim Zustandekommen des Haushaltsplans

1185 Art. 21 Abs. 4 ACER-VO.
1186 *Fischer-Appelt*, Die Agenturen der Europäischen Gemeinschaft, S. 279.
1187 Art. 23 Abs. 1 Satz 1 ACER-VO.
1188 Ebd.
1189 Art. 23 Abs. 1 Satz 2, 3 ACER-VO.
1190 Art. 23 Abs. 1 Satz 4 ACER-VO.

beteiligt. Aufgrund der Besetzung des Verwaltungsrats findet auch bereits in diesem frühen Stadium eine gewisse demokratisch legitimierte Kontrolle statt, die aber nicht überbewertet werden sollte.

Der vom Verwaltungsrat angenommene Voranschlag des Haushaltsplans wird durch ihn bis zum 31. März der Kommission zugeleitet, womit dem Verwaltungsrat mindestens sechs Wochen für die Erstellung zur Verfügung stehen.[1191]

Die Kommission übermittelt den Voranschlag gemeinsam mit dem Vorentwurf des Gesamthaushaltsplans der Europäischen Union dem Parlament und dem Rat als Haushaltsbehörde.[1192] Gleichzeitig stellt die Kommission anhand des Stellenplans die für erforderlich erachteten Mittel fest und folglich auch die Höhe des Zuschusses, den die Agentur aus dem Gesamthaushaltsplan der EU erhält, in den Vorentwurf des Gesamthaushalts der EU ein.[1193] Die Festlegung des Gesamthaushalts der Europäischen Union erfolgt nach dem komplizierten, das Parlament, die Kommission und den Rat einschließende Verfahren des Art. 314 AEUV. Schließlich stellt die Haushaltsbehörde den Stellenplan der Agentur fest[1194] und entscheidet mit der Feststellung des Gesamthaushalts auch über den Betrag, den ACER als Zuschuss der Gemeinschaft erhält. Bereits vor der endgültigen Entscheidung der Haushaltsbehörde soll aber bereits der Haushaltsplan der Agentur vom Verwaltungsrat festgestellt werden.[1195] Dies wird wohl auf der Basis des von der Kommission angenommenen Zuschusses der Gemeinschaft geschehen müssen. Als endgültig festgestellt gilt der Haushaltsplan jedoch erst mit der endgültigen Feststellung des Haushaltsplans der Europäischen Union, weshalb nötigenfalls entsprechende Anpassungen nötig werden.[1196]

Insgesamt lässt sich also festhalten, dass der bereits oben als deutlich wichtigster Haushaltsposten erkannte Zuschuss der Gemeinschaft nach Art. 21 Abs. 1 lit. a) ACER-VO von der Kommission vorgeschlagen, aber vom Parlament und vom Rat im Rahmen des normalen Haushaltsverfahrens der Europäischen Union festgelegt wird. Den demokratisch legitimierten Organen Parlament und Rat steht es also frei, den Umfang der Arbeit der Agentur durch entsprechende Erweiterungen oder Kürzungen von Finanzmitteln zu bestimmen und ihr dabei deutliche Schranken zu setzen oder die Arbeit zu honorieren und ihr neue Spielräume zu erschließen bzw. zu einer qualitativen Verbesserung der Arbeit

---

1191 Art. 23 Abs. 1 Satz 3 ACER-VO.
1192 Art. 23 Abs. 2 ACER-VO.
1193 Art. 23 Abs. 3 ACER-VO.
1194 Art. 23 Abs. 4 ACER-VO.
1195 Art. 23 Abs. 5 Satz 1ACER-VO.
1196 Art. 23 Abs. 5 Satz 2, 3 ACER-VO.

beizutragen. Aus legitimatorischen Gründen ist daher eine wirksame ex-ante-Kontrolle im Rahmen der Finanzierung der Agentur etabliert, die geeignet erscheint, Defizite aufgrund der Unabhängigkeit auszugleichen.

Geplante Vorhaben der Agentur, die erhebliche finanzielle Auswirkungen auf die Finanzierung des Haushaltsplans haben könnten, müssen vom Verwaltungsrat der Haushaltsbehörde und auch der Kommission mitgeteilt werden.[1197] Darunter sollen insbesondere Vorhaben zum Erwerb oder zur Anmietung von Gebäuden fallen. Parlament und Rat können dazu eine Stellungnahme abgeben und müssen dies innerhalb von zwei Wochen nach Mitteilung des Vorhabens gegenüber der Agentur anzeigen.[1198] Im Falle einer ausbleibenden Antwort gilt die Zustimmung für das Vorhaben als erteilt.[1199]

2. Ex-post-Kontrolle nach Abschluss des Haushaltsjahres

Eine finanzielle Kontrolle der Tätigkeit der Agentur durch die Gemeinschaftsorgane findet auch nach Abschluss des Haushaltsjahres ex post statt. Auch bei dieser Kontrolle sind die unterschiedlichen Organe von ACER und die Kommission, das Parlament, der Rat sowie der Rechnungshof der Europäischen Union involviert. Für die Durchführung der ex-post-Kontrolle muss der Verwaltungsrat einen Rechnungsführer gemäß Art. 43 der Verordnung (EG) Nr. 2343/2002 ernennen, dem die Aufgabe übertragen wird, die finanziellen Angelegenheiten der Agentur zu übernehmen und zu überwachen.

Der Rechnungsführer der Agentur übermittelt nach Abschluss eines Haushaltsjahres bis zum 1. März dem Rechnungsführer der Kommission und dem Rechnungshof die vorläufigen Rechnungen und den Bericht über die Haushaltsführung und das Finanzmanagement für das abgeschlossene Haushaltsjahr.[1200] Außerdem wird der genannte Bericht auch dem Parlament und dem Rat bis zum 31. März des folgenden Jahres übermittelt.[1201]

Der Rechnungshof prüft die ihm vom Rechnungsführer zugeleiteten Unterlagen gemäß der Verordnung (EG) Nr. 1605/2002 über die Haushaltsordnung für den Gesamthaushalt der Europäischen Gemeinschaften[1202] und übermittelt die mit Anmerkungen versehenen vorläufigen Rechnungen der Agentur an

1197 Art. 23 Abs. 6 Satz 1, 2 ACER-VO.
1198 Art. 23 Abs. 6 Satz 3 ACER-VO.
1199 Art. 23 Abs. 6 Satz 4 ACER-VO.
1200 Art. 24 Abs. 2 Satz 1 ACER-VO.
1201 Art. 24 Abs. 2 Satz 2 ACER-VO.
1202 ABl. L 248 vom 16.09.2002.

den Direktor. Dieser erstellt daraufhin in eigener Verantwortung den endgültigen Jahresabschluss der Agentur und übermittelt diesen dem Verwaltungsrat zur Stellungnahme.[1203] Der endgültige Jahresabschluss wird gemeinsam mit der Stellungnahme des Verwaltungsrats bis zum 1. Juli an das Parlament, den Rat, die Kommission und den Rechnungshof übermittelt.[1204] An den Rechnungshof übermittelt der Direktor ferner eine Antwort auf dessen Bemerkungen bis zum 15. Oktober, deren Kopie er auch der Kommission und dem Verwaltungsrat zukommen lässt.[1205] Um den Anforderungen des guten Regierens und dem Transparenzgebot zu entsprechen, wird der endgültige Jahresabschluss am Ende veröffentlicht.[1206]

Nach Übermittlung aller relevanten Unterlagen und Anhörung aller involvierten Kreise entscheiden das Parlament und der Rat über die Entlastung für die Ausführung des Haushaltsplans. Das Parlament hat vor der Entscheidung ein umfassendes Aufsichtsrecht, mit der es seiner Kontrollpflicht hinsichtlich der vorgenommen Handlungen nachkommt. Gemäß der Haushaltordnung ist der Direktor verpflichtet, dem Parlament alle Informationen, die für die ordnungsgemäße Durchführung des Entlastungsverfahrens erforderlich sind, zu unterbreiten.[1207] Das Entlastungsverfahren beendet die ex-post-Kontrolle mit der Entlastung für die Ausführung des Haushaltsplans, welche das Parlament auf Empfehlung des Rates, der mit qualifizierter Mehrheit beschließt, erteilt.[1208]

Insgesamt zeigt auch die ex-post-Kontrolle, dass die Unabhängigkeit und Weisungsfreiheit der Agentur durch eine umfassende Aufsicht durch mehrere Organe der EU wirksam eingegrenzt wird.

3. Weitere Kontrollmöglichkeiten hinsichtlich der Finanzen

Abgesehen von den gerade dargestellten haushalterischen Vorgehensweisen ist die Agentur auch durch eine weitere festgelegte Finanzregelung determiniert. Der Verwaltungsrat hat für ACER eine Finanzregelung zu verabschieden, die jedoch von der Verordnung (EG, Euratom) Nr. 2343/2002 nur dann abweichen darf, wenn dies die besonderen Erfordernisse der Arbeitsweise der Agentur verlangen und die Kommission zuvor ihre Zustimmung für die Abweichung

1203 Art. 24 Abs. 4, 5 ACER-VO.
1204 Art. 24 Abs. 6 ACER-VO.
1205 Art. 24 Abs. 8 ACER-VO.
1206 Art. 24 Abs. 7 ACER-VO.
1207 Art. 24 Abs. 9 ACER-VO.
1208 Art. 24 Abs. 10 ACER-VO.

erteilt.[1209] Die Verabschiedung der VO (EG, Euratom) Nr. 2334/2002 sollte dem Ziel der Vereinheitlichung der unterschiedlichen Agenturen dienen.

Weitere Bestimmungen gibt es im Bereich der Bekämpfung von Betrug, Korruption und anderen rechtswidrigen Handlungen. Art. 26 Abs. 1 ACER-VO bestimmt, dass die Verordnung (EG) Nr. 1073/1999 des Europäischen Parlaments und des Rates über die Untersuchungen des Europäischen Amtes für Betrugsbekämpfung (OLAF)[1210] uneingeschränkt Anwendung auf die Agentur findet. Zweitens wird bestimmt, dass die Agentur der Interinstitutionellen Vereinbarung zwischen dem Parlament, dem Rat und der Kommission vom 25.05.1995 über die internen Untersuchungen von OLAF[1211] unmittelbar beizutreten hat und unverzüglich die entsprechenden Vorschriften erlassen muss, die Geltung für sämtliche Mitglieder von ACER haben.[1212] Die in diesem Zusammenhang erlassenen Maßnahmen führen dazu, dass OLAF und der Rechnungshof bei den Empfängern der von ACER ausgezahlten Geldern und bei den für die Vergabe dieser Gelder Verantwortlichen Kontrollen durchführen können, um Betrug, Korruption und sonstige rechtswidrige Handlungen wirksam zu bekämpfen.[1213]

Auch bei diesen Ausführungen wird deutlich, dass die Agentur durchaus einer gewissen Kontrolle unterliegt und die Unabhängigkeit durch verschiedene Maßnahmen eingeschränkt ist.

III. Unabhängigkeit und Kontrolle durch Entscheidungen über das Personal

Für das Personal der Agentur einschließlich des Direktors gelten das Statut und die Beschäftigungsbedingungen und die von den Gemeinschaftsorganen einvernehmlich erlassenen Regelungen über die Anwendung des Statuts und der Beschäftigungsbedingungen.[1214] Daher sind bereits bedeutende Inhaltsbestimmungen vorgegeben. Allerdings kann der Verwaltungsrat im Einvernehmen mit der Kommission und im Einklang mit Art. 110 des Status geeignete Durchführungsbestimmungen erlassen.[1215] Die Agentur besitzt gegenüber den bei ihr angestellten Mitarbeitern die Befugnisse, die das Statut und die Beschäftigungsbedingungen

1209 Art. 25 ACER-VO.
1210 ABl. L 136 vom 31.05.1999, S. 1.
1211 ABl. L 136 vom 31.05.1999, S. 15.
1212 Art. 26 Abs. 2 ACER-VO.
1213 so Art. 26 Abs. 2 ACER-VO.
1214 Art. 28 Abs. 1 ACER-VO.
1215 Art. 28 Abs. 2 ACER-VO.

der Anstellungsbehörde einräumen.[1216] Ferner können durch den Verwaltungsrat Vorschriften erlassen werden, nach denen nationale Sachverständige aus den Mitgliedstaaten als Beschäftigte von ACER abgeordnet werden können.[1217]

IV. Transparenz durch Zugang zu Dokumenten

Wie bereits oben angesprochen, kann auch durch transparentes Handeln Legitimation nach neueren demokratietheoretischen Strömungen und insbesondere der Auffassung der Kommission im Governance-Weißbuch vermittelt werden. Die ACER-Verordnung verweist auch hier auf ein bestehendes Rechtsdokument, nämlich die Verordnung (EG) Nr. 1049/2001 über den Zugang der Öffentlichkeit zu Dokumenten des Europäischen Parlaments, des Rates und der Kommission[1218] und erklärt sie für anwendbar.[1219] Der Verwaltungsrat war aufgefordert, praktische Maßnahmen zur Anwendung der VO Nr. 1049/2001 zu treffen.[1220] Verstöße gegen Vorschriften der Verordnung können durch Beschwerde beim Europäischen Bürgerbeauftragten oder durch Klage beim EuGH gerügt werden.[1221]

V. Kontrolle durch Bewertung

Eine Kontrolle wird ferner durch eine offizielle Bewertung vorgenommen.[1222] Die Einführung eines solchen Instruments führt zu einem Rechtfertigungsdruck, ob die Agentur die ihr übertragenen Aufgaben ordnungsgemäß ausgeführt und die erklärten Ziele in hinreichendem Ausmaße erreicht hat. Die Bewertung muss alle vier Jahre, zum ersten Mal abweichend drei Jahre nach Amtsantritt des ersten Direktors, vorgenommen werden.[1223] Dazu wird die Kommission mit der Unterstützung eines unabhängigen externen Experten tätig und untersucht die von der Agentur erzielten Ergebnisse und ihre Arbeitsmethoden, gemessen an Zielen, Mandat und Aufgaben, wie sie in der ACER-VO und in den jeweiligen

---

1216 Art. 28 Abs. 3 ACER-VO.
1217 Art. 28 Abs. 4 ACER-VO.
1218 ABl. L 145 vom 31.05.2001, S. 43.
1219 Art. 30 Abs. 1 ACER-VO.
1220 Art. 30 Abs. 2 ACER-VO.
1221 Art. 30 Abs. 3 ACER-VO.
1222 *Ludwigs*, DV 2011, 51 ff.
1223 Art. 34 Abs. 3 ACER-VO.

Jahresarbeitsprogrammen festgelegt sind.[1224] Dabei wird auch ein ausführliches Konsultationsverfahren nach Art. 10 ACER-VO durchgeführt.[1225]

Nachdem die Kommission mit dem unabhängigen externen Experten die Bewertung vorgenommen hat, übersendet sie den Bericht dem Regulierungsrat. Dieser kann anschließend Vorschläge für Änderungen der Verordnung, der Agentur oder der Arbeitsmethoden machen.[1226] Lediglich fakultativ ist die Übermittlung an den Rat und das Parlament durch die Kommission, so dass davon ausgegangen werden kann, dass nur im Falle geplanter Änderungswünsche der Kommission die Einbindung der beiden anderen Organe geschehen wird. Ein Recht des Parlaments auf Einsicht in den Bewertungsbericht lässt sich daraus allerdings nicht ableiten.

VI. Gesamtergebnis zur Legitimation

Die Unabhängigkeit der Agentur und die Weisungsfreiheit der Mitglieder werden durch vielfältige Maßnahmen und Mechanismen eingeschränkt, die in den §§ 9 – 11 vorgestellt wurden. Nach den Auffassungen des EuGH, der Europäischen Kommission im Rahmen der Good Governance und Stimmen der Literatur kann dem Problem der demokratischen Legitimation in weisungsfreien Räumen dadurch wirksam begegnet werden. Die Arbeit der Agentur weist einen hohen Grad an Transparenz und Öffentlichkeit auf. Ebenso ist die Partizipation aller Akteure Merkmal der Agentur und als solches ein wirksames Mittel für die Herbeiführung von Akzeptanz. Die Organe der EU und die Organe von ACER sind in einem hohen Maß in der Struktur und den Entscheidungsmechanismen miteinander verflochten und involviert. Expertise und Erfahrungen aus den nationalen Regulierungsbehörden sowie von beteiligten privaten Akteuren fließen in die Tätigkeit der Agentur ein. Ein wirksamer Rechtsschutz wird gewährleistet und insbesondere das Europäische Parlament kontrolliert in vielfältiger Weise die Tätigkeit der Agentur.

Insgesamt ist die Summe der Mechanismen geeignet, die Unabhängigkeit in angemessener Weise einzuschränken und die Agentur zu kontrollieren, so dass auch hiermit eine hinreichende demokratische Legitimation erreicht wird.[1227]

1224 Art. 34 Abs. 1 Satz 1, 2 ACER-VO.

1225 Art. 34 Abs. 1 Satz 3 ACER-VO.

1226 Art. 34 Abs. 2 ACER-VO.

1227 Im Ergebnis auch: *Haller*, Der Verwaltungsverbund in der Energieregulierung, S. 114, 122.

§ 12 Fazit und Ausblick nach langjähriger Tätigkeit

Zum Zeitpunkt der Drucklegung dieser Arbeit (Sommer 2016) ist das Dritte Binnenmarktpaket bereits sieben Jahre alt; ACER hat vor fünf Jahren die Arbeit aufgenommen. Insofern bietet es sich an, ein Fazit zu ziehen und einen Ausblick zu wagen.

Legt man den Maßstab eines von den europäischen Institutionen und ACER selbst gewählten und verlautbarten Ziels, der Verwirklichung des europäischen Energiebinnenmarktes, an, so muss an dieser Stelle Ernüchterung konstatiert, wenn nicht sogar von einer Zielverfehlung gesprochen werden. Dies gilt zumal angesichts des als ambitioniert zu bezeichnenden, jedoch offensiv vertretenen Zeithorizonts mit einer Festlegung auf das Jahr 2014. Es sei dahingestellt, inwieweit – außerhalb einer idealtypischen Welt – überhaupt der Maßstab eines „vollendeten" Marktes angelegt und das Wort geredet werden kann. Jedenfalls erkennt das Europäische Parlament jüngst, dass „die Energiemärkte und speziell die Strommärkte heute noch stark nationalstaatlich geprägt auf der Grundlage der nationalen Verantwortung für den Energiemix" sind.[1228] Die Kommission urteilte Anfang 2015: „Zwischen mehreren Ländern fehlen jedoch Verbindungsleitungen. Der Bau dieser Verbindungsleitungen setzt dringend die Mobilisierung aller Anstrengungen auf allen Ebenen voraus, um das gemeinsame Ziel eines in vollem Umfang funktionierenden und verbundenen Energiebinnenmarktes zu erreichen."[1229] Insofern sind die Erwartungen eindeutig nicht erfüllt worden.

Andererseits muss hierfür nicht unbedingt die Ursache in der Arbeit ACERs, einer fehlerhaften Konstruktion oder generell den Rechtsnormen des Dritten Binnenmarktpakets liegen. Vielmehr lässt sich gerade in den letzten Jahren eine Fokussierung der Mitgliedstaaten auf nationale Energiepolitik und ein mangelndes Interesse oder Willen am Zusammenwirken und Gestalten einer gemeinsamen Energiepolitik, bzw. geradezu Alleingänge und einsame Entscheidungen ohne eine nicht nur von Kommission und Nachbarstaaten gewünschte und erwartbare Konsultation konstatieren. Zu nennen sind hier beispielsweise der rapide, endgültige deutsche Atomausstieg u.a. mit der sofortigen Stillegung

---

1228 Entwurf eines Berichts über das Thema „Auf dem Weg zur Umgestaltung des Energiemarkts" (2015/2322(INI)) des Ausschusses für Industrie, Forschung und Energie vom 27.01.2016, S. 9.

1229 Europäische Kommission, KOM (2015) 82 endg.

von acht Kernkraftwerken im Frühjahr 2011, die massive Förderung mittels Einspeisevorrang und großzügigen Einspeisetarifen von erneuerbaren Energien in Deutschland, die mehrere Ausbauerwartungen weit übertrafen, ein daraus resultierendes starkes Sinken der Strompreise mit Implikationen auch für Kraftwerke im Ausland (konventionelle aber auch erneuerbare wie Wasserkraft in den Alpenländern), sog. Ringflüsse von Nord- nach Süddeutschland über polnische und tschechiche Stromleitungen wegen fehlender innerdeutsche Stromleitungskapazitäten, die massiven Förderzusagen der britischen Regierung für ein zu errichtendes Kernkraftwerk Hinkley Point C, die unerwartete und rückwirkende Kürzung der Förderung erneuerbarer Energien durch den spanischen Staat nach einer massiven Wirtschaftskrise, Debatten um diverse Gaspipelines in Richtung Russland, die Errichtung von Kapazitätsmechanismen in einigen Staaten wie Frankreich oder dem Vereinigten Königreich oder die quasireligiöse Verklärung der Kohle in Polen. Insgesamt zeigen diese Beispiele, dass trotz mancher Bekenntnisse zugunsten einer gemeinschaftlichen Energiepolitik vor allem die Nationalstaaten das Heft in die Hand genommen haben, was freilich gemäß Art. 194 AEUV aus Kompetenzgesichtspunkten nicht zu beanstanden wäre. Die Beobachtungen lassen den Schluss zu, dass fehlende Fortschritte im Bereich des Energiebinnenmarktes nicht ACER anzulasten wären.

Andererseits lässt sich gerade in letzter Zeit eine vermehrte Aktivität der Kommission und Bemühen um Rechtsangleichung feststellen. So hat die Kommission am 25.02.2015 ihr Strategiepapier zur Schaffung einer Energieunion vorgelegt, mit dene sich wenig später auch der Rat beschäftigte. Die Strategie umfasst die Versorgungssicherheit, die Verwirklichung des Energiebinnenmarktes, Energieeffizienz, der Übergang zu einer kohlenstoffarmen Gesellschaft und Fortschritte bei Förderung und Innovation. Hierzu gehören etwa Diskussionen um Fördermöglichkeiten von erneuerbaren Energien (Einspeisetarife versus Ausschreibungen, die Regelung des sog. Besonderen Ausgleichsmechanismus) oder die Errichtung von Kapazitätsmärkten anbetrifft, die auch von einigem Erfolg (aus Sicht der Kommission) gekrönt sind. Insofern sind wieder Re-Europäisierungstendenzen erkennbar. Schließlich gerät Energiepolitik nunmehr auch verstärkter in den Blick einer breiteren Öffentlichkeit und wohl zum ersten Mal werden in der öffentlichen Diskussion nationale Grenzen und die alleinige Kompetenz im Bereich des Energiemixes eines Mitgliedstaates nicht mehr ungefragt akzeptiert. So werden in Deutschland von einigen Akteuren (Greenpeace, aber auch kommunale Energieversorgungsunternehmen) nicht nur die Entscheidung der britischen Regierung für eine Förderung der Atomkraft kritisiert, sondern auch Klagen vor dem EuGH vorbereitet. Ebenso hat Österreich angekündigt, rechtliche Schritte geltend zu machen.[1230] In Bezug auf einige belgische und französische Kernkraftwerke und Bedenken hinsichtlich deren Sicherheit haben sich die Landesregierungen von Nordrhein-Westfalen und Rheinland-Pfalz sowie eine Vielzahl von Kommunen und zuletzt auch die Bundesumweltministerin zu Wort gemeldet – eine grenzüberschreitende Tendenz, die so eher neu ist. Insgesamt scheint daher ein neues Interesse an europäischer Energiepolitik erwacht zu sein.

Paradox ist jedoch aus jüngser Zeit die Stellungnahme von ACER vom 23.09.2015 Nr. 9/2015 zur Auftrennung der seit 2002 zwischen Deutschland und Österreich existierenden Preiszone für Strom, die geradezu einer Rückkehr vom grenzüberschreitenden Energiebinnenmarkt gleichkommt.[1231] Anlass waren Beschwerden der polnischen Regulierungsbehörde. Die österreichische Regulierungsbehörde E-Control legte Beschwerde gegen die Stellungnahme vor dem Beschwerdeausschuss ein und erhob Nichtigkeitsklage vor dem EuG. Der Beschwerdeausschuss entschied im Dezember 2015, dass die Stellungnahme ACERs rechtlich unverbindlich sei. Das EuG muss nun entscheiden, ob es sich um einen Rechtsakt oder eine unverbindliche Rechtshandlung geht. Die Entscheidung, die frühestens 2017 getroffen werden soll, darf mit Spannung abgewartet werden.

Dennoch muss konstatiert werden, dass die Marktteilnehmer einer weiteren verstärkten Zusammenarbeit und Aktivität von ACER positiv gegenüber stehen und ausdrücklich begrüßen. So werden zumindest die Weiterentwicklung des Regulierungsrahmens und die Umsetzung der Instrumente des Dritten Binnenmarktpakets und Schritte dorthin als vordringliche Schritte im Rahmen des Diskussionspapier „A Bridge do 2025“[1232] bewertet.[1233] Das neue institutionelle Gefüge der Energieunion, das derzeit noch nicht nicht ganz deutlich hervortritt, soll im Jahre 2016 vollendet werden. Die Rolle von ACER wird darin noch nicht besonders detailliert beschrieben. So schreibt die Agentur in ihrem Arbeitsplan für 2016, dass die Rolle und Kompetenzen noch unklar seien, es aber einen

1230 http://www.euractiv.de/section/energie-und-umwelt/news/atomsubventionen-fur-hinkley-point-unternehmensbundnis-reicht-klage-gegen-eu-kommission-ein/, zuletzt abgerufen am 06.04.2016.

1231 http://www.acer.europa.eu/Official_documents/Acts_of_the_Agency/Opinions/Opinions/ACER%20Opinion%2009-2015.pdf (zuletzt abgerufen am 06.04.2016).

1232 ACER, Energy Regulation: A Bridge to 2025.

1233 BDEW, ACER Consultation „Energy Regulation: A Bridge to 2025; CEDEC Answer, Discussion Paper on Energy Regulation: A Bridge to 2025; ENTSO-E Response, Energy Regulation: A Bridge to 2025 – Electricity.

klaren Konsens hinsichtlich einer zentralen Rolle von ACER gebe. Insgesamt scheinen sich das europäische Energierecht und die Agentur im europäischen Regulierungsverbund erneut in einem Umbruchprozess zu befinden und – um es mit einer literarischen Beschreibung der europäischen Entwicklung zu sagen – einem Fluss gleichen, dessen Ufer nicht klar erkennbar sind, der sich aber sicher seinen Weg in Richtung Meer bahnt.

Zusammenfassung der Ergebnisse in Thesen

1. Die Europäische Union hat sich zum Ziel gesetzt, den Binnenmarkt für Energie endlich zu verwirklichen. Darunter wird die freie, grenzüberschreitende und diskriminierungsfreie Handelbarkeit von Strom und Gas innerhalb der gesamten Europäischen Union verstanden.
2. Dazu hat die EU bereits in der Vergangenheit umfangreiche Maßnahmen verabschiedet, vor allem das Erste und Zweite Energiebinnenmarktpaket. Unter anderem ist dabei in jedem Mitgliedstaat eine unabhängige Regulierungsbehörde errichtet worden. Hindernisse auf dem Weg zum funktionierenden Binnenmarkt bestehen aber in nicht ausreichenden Übertragungsnetzkapazitäten, mangelhaftem Kapazitäts- und Engpassmanagement, uneinheitlichen Regulierungspraktiken der nationalen Regulierungsbehörden und vermachteten Marktstrukturen. Die Rechtsakte des Dritten Binnenmarktpakets sollen diese Hindernisse beseitigen.
3. Die Agentur für die Zusammenarbeit der Regulierungsbehörden ist Teil des Dritten Binnenmarktpakets. Sie ist eine unabhängige zentrale Stelle auf europäischer Ebene und kann daher als europäische Regulierungsinstanz beschrieben werden.
4. Bereits zuvor existierte eine Vielzahl unterschiedlicher Kooperationen und Zusammenschlüsse verschiedenster Akteure auf dem Gebiet der europäischen Energiewirtschaft, in deren Tradition ACER steht. ACER ist insbesondere als Nachfolgerin der Gruppe europäischer Regulierungsbehörden für Elektrizität und Gas (ERGEG) zu betrachten.
5. Im europäischen Verwaltungsverbund war schon zuvor eine stattliche Anzahl von Agenturen aktiv, die aber zum Teil beträchtliche Unterschiede in ihrem Aufbau und ihren Kompetenzen aufweisen. Aufgrund ihrer weitrechenden Kompetenzen und der Einbindung vieler Akteure, unionaler, mitgliedstaatlicher und privater, ist aber mit ACER eine neue Qualität der Vertiefung der Integration erreicht. Vor allem der erzwungene Zusammenschluss der Übertragungs- bzw. Fernleitungsnetzbetreiber zu den ENTSOs, die Übertragung von Aufgaben an dieselben und die diesbezügliche Kontrolle durch die Agentur sind Ausdruck dieser Integration.
6. ACER besteht aus vier Organen, die institutionell und in ihrer Aufgabenwahrnehmung untereinander und teils mit anderen EU-Organen stark verflochten sind. Die Besetzung des Regulierungsrats mit Mitgliedern aus den nationalen Regulierungsbehörden macht die Agentur in der Einordnung

mit anderen Agenturen zu einer Agentur sui generis. Der Verwaltungsrat hat die administrative Kontrolle. Der Direktor und der Regulierungsrat sind für die konkrete Durchführung des Arbeitsprogramms verantwortlich. Der Beschwerdeausschuss gewährleistet effektiven Rechtsschutz gegen Maßnahmen der Agentur.

7. Bei der Errichtung der Agentur hat sich der europäische Gesetzgeber rechtswidrigerweise auf die Binnenmarktangleichungsvorschrift des Art. 95 EGV gestützt. Art. 95 EGV erlaubt nicht die Gründung von Agenturen mit weitreichenden Einzelfallbefugnissen. Die schon weit gezogenen Grenzen des EuGH im ENISA-Urteil dürfen nicht noch weiter ausgedehnt werden.
8. Auch die anderen speziellen Ermächtigungsgrundlagen, etwa im Bereich Umwelt oder transeuropäische Netze, rechtfertigten nicht die Errichtung einer solchen Agentur. Lediglich die Generalermächtigungsnorm des Art. 308 EGV wäre tauglich gewesen. Art. 308 EGV hätte aber zum einen Einstimmigkeit im Rat erfordert und soll zum anderen nach dem Willen der Kommission nicht mehr für Gründungen vertragsfremder Einrichtungen herangezogen werden. Nach Inkrafttreten des Vertrages von Lissabon hätte ACER aber unter Zugrundelegung der neuen Ermächtigungsgrundlage des Art. 194 AEUV im Kapital „Energie" gegründet werden dürfen.
9. Der Grundsatz, dass Kompetenzen zum Treffen von Einzelfallentscheidungen mit Ermessensausübung von der Kommission nicht auf andere Einheiten übertragen werden dürfen, gilt heute nicht mehr uneingeschränkt. Die Meroni-Doktrin des EuGH ist vielmehr überholt. Dies folgt nicht nur aus der grundlegenden Weiterentwicklung der Europäischen Union und aus der primärrechtlichen Erwähnung europäischer Agenturen und einer europäischen Verwaltung. Es ergibt sich auch aus den verwaltungsrechtlichen Traditionen der Mitgliedstaaten. Das Vorhandensein europäischer Verwaltungsstrukturen mit Ermessensbefugnissen verfälscht nicht grundsätzlich das institutionelle Gleichgewicht der Union. Der Begriff des institutionellen Gleichgewichts ist wandlungsfähig und hat sich seit der Meroni-Rechtsprechung auch in vielfältiger Weise verändert.
10. Die Kompetenzen und Aufgaben der Agentur sind vielfältig. Sie reichen von Beobachtung und Analyse, Unterrichtung und Konsultation, Veröffentlichungen, Anhörungen, Stellungnahmen und Empfehlungen über Einzelfallentscheidungen bis zur Mitwirkung bei der Erarbeitung von Rahmenleitlinien.
11. Einzelfallentscheidungen kann die Agentur nur in wenigen Fällen treffen. Wiederum nur in einem Fall erfolgt keine Mitwirkung oder Kontrolle durch

die Kommission oder andere Stellen. Damit ist ACER in ihrer dortigen Entscheidung vollkommen frei. Dies wiederspricht den Grundsätzen der bisherigen Meroni-Rechtsprechung des EuGH. Da die Meroni-Doktrin aber heute als überholt angesehen werden muss, sind diese Einzelfallentscheidungen der Agentur unproblematisch. Es hätten ihr auch wesentlich weitgehendere Befugnisse übertragen werden können bzw. es kann dies noch getan werden.

12. Aufgrund der wenigen Einzelfallentscheidungskompetenzen ist ACER ein lediglich schwacher Regulierer auf europäischer Ebene. Die Regulierungstätigkeit bleibt vor allem in den Händen der nationalen Regulierungsbehörden und der Kommission.
13. Mit dem dritten Binnenmarktpaket sind vor allem die Kompetenzen der Kommission erweitert worden. ACER unterstützt die Kommission in vielfältiger Weise. Daher ist die Agentur, trotz schwacher eigener Regulierungskompetenzen, ein wichtiger Regulierungsakteur im europäischen Energieregulierungsverbund.
14. ACER arbeitet eng mit den in den ENTSOs organisierten Übertragungs- und Fernleitungsnetzbetreibern zusammen und überwacht und kontrolliert deren Arbeit. Dabei ist ACER vor allem in die Erarbeitung von Rahmenleitlinien und Netzkodizes involviert und überwacht die Einhaltung der Netzkodizes. Auch bei der Aufsicht über den wichtigen zehnjährigen gemeinschaftsweiten Netzentwicklungsplans ist ACER entscheidend beteiligt. Insgesamt ist die enge Einbindung der ENTSOs, und damit privater Marktteilnehmer, ein wesentliches Merkmal des europäischen Energieregulierungsverbunds.
15. Die Agentur ist in gewisser Weise unabhängig von der Kommission und anderen Kontrollinstanzen. Es existiert kein hierarchisches Verhältnis und kein explizites Weisungsrecht. Dies ist problematisch für die demokratische Legitimation.
16. Die legitimatorischen Schwächen können allerdings durch andere Legitimationsstränge ausgeglichen werden, z.B. durch Partizipation betroffener Kreise, Herstellung von Transparenz und Offenheit, Effektivität und Kohärenz des Verwaltungshandelns, starke Einbindung und Kontrolle des Europäischen Parlaments und Gewährleistung eines effektiven Rechtsschutzes. Insgesamt bestehen bei ACER angesichts vielseitiger und intensiver Legitimationsaspekte keine Bedenken gegen eine ausreichende demokratische Legitimation.
17. Institutionell bestehen bei der Auswahl des Direktors und der Mitglieder des Verwaltungsrats und des Beschwerdeausschusses Mitwirkungsmöglichkeiten

der Kommission, des Rats und des Parlaments. Im Regulierungsrat sitzt ein nicht stimmberechtigtes Mitglied der Kommission.

18. Die Eingliederung von Mitgliedern der nationalen Regulierungsbehörden im Regulierungsrat sorgt für die Generierung von Expertise und Erfahrung. Dies führt zu Effektivität und Akzeptanz der Entscheidungen.
19. Die Agentur bedient sich stark der Partizipation von beteiligten Akteuren, vor allem der nationalen Regulierungsbehörden und der Übertragungs- und Fernleitungsnetzbetreibern.
20. Die Unabhängigkeit ist durch die finanzielle Ausstattung, haushalterische Kontrolle, Entscheidungen über das Personal und die Bewertung eingeschränkt.
21. Das Europäische Parlament und zum Teil auch der Rat üben wirksame Kontroll- und Aufsichtsbefugnisse aus.
22. Die Arbeit der Agentur folgt in ausgeprägten Maßen den Grundsätzen der Offenheit und Transparenz.
23. Der Agentur können weitere Aufgaben und Kompetenzen zugewiesen werden. Dies ist bereits durch zwei Verordnungen geschehen. In Zukunft wird das Bedürfnis einheitlicher Regulierungspraxis und verstärkter Zusammenarbeit in Europa noch mehr zunehmen. Insgesamt kann vermutet werden, dass sich ACER in Zukunft daher zu einem stärkeren europäischen Regulierer weiterentwickeln wird.

Kommunalwirtschaftliche Forschung und Praxis

Herausgegeben von Prof. Dr. Wolf Gottschalk

Band 1 Ulf Klostermann: Controlling zur Unterstützung von Least-Cost Planning im Elektrizitätsunternehmen. 1998.

Band 2 Heinz Bolsenkötter / Michael Poullie: Rechnerisches Unbundling in der Strom- und Gasversorgung. Rechnungslegung nach dem neuen Energiewirtschaftsgesetz. 3., neubearbeitete Auflage. Die 1. und 2. Auflage sind im Jahre 2000 unter dem Titel *Rechnungslegung nach der Elektrizitätsbinnenmarkt-Richtlinie und nach § 9 EnWG* erschienen. 2003.

Band 3 Klaus Traube / Wolfgang Schulz: Aktuelle Bewertung der Kraft-Wärme-Kopplung. Ökologische und ökonomische Wirkung eines mittelfristigen Ausbaus der Kraft-Wärme-Kopplung zur Nah- / Fernwärmeversorgung in Deutschland. 2001.

Band 4 Axel Thomas: Unternehmensinternes Kostenmanagement in Energieversorgungsunternehmen. Grundlagen effektiver Kostenrechnungsverfahren auf der Basis der SAP-Software. 2001.

Band 5 Georg Raffetseder: Erfolgs- und Mißerfolgsfaktoren der Verwaltungsmodernisierung. Zur Steuerung von Reformprozessen. 2001.

Band 6 Andreas Schmidt: Stadtwerke auf neuen Märkten. Gemeinderechtliche Chancen umweltschonender Energiedienstleistungen. 2002.

Band 7 Hannes Rehm / Sigrid Matern-Rehm: Kommunale Finanzwirtschaft. 2003.

Band 8 Alexander Meckies: Die persönliche Haftung von Geschäftsleitern in Kapitalgesellschaften der öffentlichen Hand. 2003.

Band 9 Nicole Weiß: Liberalisierung der Wasserversorgung. Gestaltungsspielräume und Grenzen einer Reform der Wasserversorgung unter besonderer Berücksichtigung der Rechtslage in Bayern. 2004.

Band 10 Matthias Ganske: Corporate Governance im öffentlichen Unternehmen. 2005.

Band 11 Bohdan Kalwarowskyj: Kommunale Dauerverlustbetriebe und verdeckte Gewinnausschüttung. 2006.

Band 12 Michael Schöneich (Hrsg.): Stadt-Werke. Festschrift für Gerhard Widder. 2007.

Band 13 Stefan Thomas: Aktivitäten der Energiewirtschaft zur Förderung der Energieeffizienz auf der Nachfrageseite in liberalisierten Strom- und Gasmärkten europäischer Staaten: Kriteriengestützter Vergleich der politischen Rahmenbedingungen. 2007.

Band 14 Ulrich Büdenbender / Peter Rosin / Carola Reichold: Berücksichtigung des für ein Netz vor der Energierechtsreform 2005 gezahlten Kaufpreises bei der Kalkulation und Regulierung der Netzentgelte. 2008.

Band 15 Arnt Baer: Abnahmepflichten und Vergütungspflichten in der Energiewirtschaft. Gemeinschaftsrechtliche und verfassungsrechtliche Problemstellungen. 2008.

Band 16 Nikolaus Richter / Stefan Thomas: Perspektiven dezentraler Infrastrukturen im Spannungsfeld von Wettbewerb, Klimaschutz und Qualität. Endbericht der Forschungspartnerschaft INFRAFUTUR. 2009.

Band 17 Joachim Wieland: Rechtsprobleme der Gasnetzbewertung nach der Gasnetzentgeltverordnung. 2009.

Band 18 Jürgen Weigt: Die Förderung der Stromerzeugung aus erneuerbaren Energien in der Europäischen Union. Probleme und Herausforderungen im Spannungsfeld zwischen Binnenmarkt und Umweltschutz. 2009.

Band 19 Sebastian Bolay: Einführung von Energiemanagement und erneuerbaren Energien. Eine Untersuchung von Erfolgsfaktoren in deutschen Kommunen. 2009.

Band 20 Oliver Rottmann: Herausforderungen für die Innensteuerung von Stadtwerken aus der Interdependenz der Außensteuerungspostulate. 2011.

Band 21 Britta Ammermüller: Assessing Cost Recovery. A New Comparative Framework in Line with WFD Article 9. 2011.

Band 22 Sonja Witte: Einflussgrad der deutschen kommunalen Ebene auf die Politikgestaltung der EU. 2013.

Band 23 Jan Schilling: Planerische Steuerung von unterirdischen Raum- und Grundstücksnutzungen. 2013.

Band 24 Michael Poullie: Informationsfunktion der Rechnungslegung und buchhalterischen Entflechtung gemäß § 6b Energiewirtschaftsgesetz. 2013.

Band 25 Christian Untrieser: Die Agentur für die Zusammenarbeit der Energieregulierungsbehörden im europäischen Verwaltungsverbund. 2016.

www.peterlang.com

www.ingramcontent.com/pod-product-compliance
Ingram Content Group UK Ltd.
Pitfield, Milton Keynes, MK11 3LW, UK
UKHW022103051026
15623UKWH00003B/660

9 783631 680964